Feature Engineering pour le Machine Learning moderne avec Scikit-Learn : Science des données avancée et applications pratiques

Première édition

Copyright © 2025 Cuantum Technologies

Première édition : Novembre 2025

Publié par Cuantum Technologies LLC

Plano, Texas (États-Unis)

ISBN: 979-8-90148-890-4

"Artificial intelligence is the new electricity."

- Andrew Ng, Co-founder of Coursera and Adjunct Professor at Stanford University

CUANTUM
TECHNOLOGIES

Qui nous sommes

Bienvenue dans ce livre créé par Cuantum Technologies. Nous sommes une équipe de développeurs passionnés, déterminés à créer des logiciels offrant des expériences créatives et résolvant des problèmes concrets. Notre objectif est de développer des applications web de haute qualité qui offrent une expérience utilisateur fluide et répondent aux besoins de nos clients.

Dans notre entreprise, nous croyons que la programmation ne se limite pas à écrire du code. Il s'agit de résoudre des problèmes et de créer des solutions qui ont un impact réel sur la vie des gens. Nous explorons en permanence de nouvelles technologies et techniques afin de rester à la pointe de l'industrie, et nous sommes ravis de partager nos connaissances et notre expérience avec vous à travers ce livre.

Notre approche du développement logiciel repose sur la collaboration et la créativité. Nous travaillons en étroite collaboration avec nos clients afin de comprendre leurs besoins et de créer des solutions adaptées à leurs exigences spécifiques. Nous pensons qu'un logiciel doit être intuitif, facile à utiliser et visuellement attrayant, et nous nous efforçons de créer des applications qui répondent à ces critères.

Ce livre vise à proposer une approche pratique et concrète pour débuter dans la **maîtrise du pouvoir créatif de l'IA**. Que vous soyez un débutant sans expérience en programmation ou un développeur expérimenté souhaitant élargir ses compétences, ce livre est conçu pour vous aider à développer vos aptitudes et à construire une base **solide en apprentissage profond génératif avec Python**.

Notre philosophie

Au cœur de Cuantum, nous croyons que la meilleure façon de créer des logiciels passe par la collaboration et la créativité. Nous valorisons les contributions de nos clients, et nous travaillons en étroite collaboration avec eux pour créer des solutions qui répondent à leurs besoins. Nous pensons également qu'un logiciel doit être intuitif, simple à utiliser et esthétiquement plaisant, et nous nous efforçons de créer des applications conformes à ces principes.

Nous croyons également que la programmation est une compétence qui peut s'apprendre et se développer avec le temps. Nous encourageons nos développeurs à explorer de nouvelles technologies et techniques, et nous leur fournissons les outils et les ressources nécessaires pour rester à l'avant-garde de l'industrie. Nous pensons aussi que programmer doit être une activité plaisante et gratifiante, et nous nous efforçons de créer un environnement de travail stimulant la créativité et l'innovation.

Notre expertise

Dans notre entreprise de logiciels, nous sommes spécialisés dans le développement d'applications web qui offrent des expériences créatives et résolvent des problèmes réels. Nos développeurs possèdent une expertise dans un large éventail de langages et de frameworks, notamment Python, l'intelligence artificielle, ChatGPT, Django, React, Three.js et Vue.js, entre autres. Nous explorons sans cesse de nouvelles technologies pour rester à la pointe de l'innovation et nous sommes fiers de notre capacité à créer des solutions adaptées aux besoins de nos clients.

Nous avons également une grande expérience dans l'analyse et la visualisation de données, l'apprentissage automatique et l'intelligence artificielle. Nous croyons que ces technologies ont le potentiel de transformer notre façon de vivre et de travailler, et nous sommes fiers de faire partie de cette révolution.

En conclusion, notre entreprise est dédiée à la création de logiciels web favorisant des expériences créatives et apportant des solutions concrètes. Nous privilégions la collaboration et la créativité, et nous nous engageons à développer des solutions intuitives, accessibles et visuellement attractives. Nous sommes passionnés par la programmation et impatients de partager avec vous nos connaissances et notre expérience à travers ce livre. Que vous soyez débutant ou développeur confirmé, nous espérons que ce livre sera pour vous une ressource précieuse dans votre parcours vers la maîtrise de votre domaine.

YOUR JOURNEY STARTS HERE...

Get access to all the benefits of being one of our valuable readers through our new **eLearning Platform:**

1. Free code repository of this book

2. Access to a **free example chapter** of any of our books.

3. Access to the **free repository code** of any of our books.

4. Premium customer support by writing to **books@cuantum.tech**

And much more...

HERE IS YOUR
FREE ACCESS

www.cuantum.tech/books/feature-engineering-machine-learning/code/

TABLE DES MATIÈRES

Introduction

L'évolution rapide de l'apprentissage automatique a transformé les industries et ouvert de nouvelles possibilités pour la prise de décision basée sur les données. Pourtant, bien que les algorithmes avancés et les ressources informatiques puissantes soient largement disponibles, la qualité des données d'entrée reste le facteur déterminant le plus crucial du succès d'un modèle. Ce livre, *L'ingénierie des caractéristiques pour l'apprentissage automatique moderne avec Scikit-Learn*, explore les concepts avancés, les applications pratiques et les techniques de pointe nécessaires pour transformer les données brutes en informations significatives grâce à l'ingénierie des caractéristiques. En se concentrant sur des méthodes pratiques et évolutives, cet ouvrage fournit un guide complet pour maîtriser l'ingénierie des caractéristiques d'une manière qui maximise les performances du modèle et permet une compréhension plus approfondie des relations entre les données.

En tant que complément à *Fondements de l'ingénierie des données : Techniques essentielles pour l'analyse de données avec Pandas, NumPy et Scikit-Learn*, ce livre suppose que vous êtes déjà familiarisé avec les principes fondamentaux de la manipulation des données, du prétraitement et des techniques de base de l'ingénierie des caractéristiques. Ici, nous nous appuyons sur ces fondations, en plongeant en profondeur dans des approches spécialisées d'ingénierie des caractéristiques, des études de cas complexes et des outils d'apprentissage automatique automatisé (AutoML). Notre objectif est de vous fournir l'expertise nécessaire pour élever vos projets de science des données, en relevant les défis du monde réel avec une ingénierie des caractéristiques avancée qui est à la fois créative et techniquement solide.

Pourquoi l'ingénierie avancée des caractéristiques est importante

L'ingénierie des caractéristiques est bien plus que la simple transformation de données brutes en entrées pour des modèles d'apprentissage automatique ; il s'agit de créer des représentations de données qui révèlent des motifs et des relations significatifs. Les techniques modernes d'apprentissage automatique, du gradient boosting à l'apprentissage profond, sont des outils puissants, mais elles ne peuvent pas compenser entièrement des caractéristiques d'entrée de mauvaise qualité ou non pertinentes. Des caractéristiques correctement conçues aident les modèles à se concentrer sur les bons aspects des données, en veillant à ce que les algorithmes d'apprentissage capturent la structure sous-jacente du problème et fassent des prédictions précises et généralisables.

Dans la science des données du monde réel, l'ingénierie des caractéristiques représente souvent la majorité du calendrier du projet. Les scientifiques des données doivent décider quelles caractéristiques conserver, quelles transformations appliquer et comment gérer les nuances spécifiques au domaine. L'ingénierie avancée des caractéristiques vous permet de créer des caractéristiques qui améliorent l'interprétabilité, la précision et l'efficacité du modèle, permettant des insights percutants et une prise de décision fiable. Ce livre met en évidence les techniques clés d'ingénierie des caractéristiques qui vont au-delà des bases, vous guidant à travers le processus de création de caractéristiques qui permettent à vos modèles d'atteindre leur plein potentiel.

La puissance de Scikit-Learn pour l'ingénierie des caractéristiques

Ce livre utilise principalement **Scikit-Learn**, une bibliothèque d'apprentissage automatique open source devenue l'un des outils les plus largement utilisés dans l'écosystème de la science des données. Reconnu pour sa simplicité, sa flexibilité et ses capacités d'intégration, Scikit-Learn offre un ensemble complet d'outils non seulement pour la construction de modèles, mais aussi pour la transformation des données, l'ingénierie des caractéristiques et l'automatisation des pipelines. Sa conception modulaire et sa cohérence en font un choix idéal pour créer des flux de travail reproductibles, où chaque étape de transformation peut être appliquée systématiquement sur différents ensembles de données.

Les modules de prétraitement et d'ingénierie des caractéristiques de Scikit-Learn permettent aux scientifiques des données de mettre à l'échelle, transformer et encoder des caractéristiques avec un minimum de code, laissant plus de temps pour se concentrer sur le perfectionnement des modèles et la dérivation d'insights. Ce livre explore toute la gamme de fonctionnalités de Scikit-Learn, de ses transformateurs standard à sa fonctionnalité de pipeline, qui automatise et organise les étapes d'ingénierie des caractéristiques en flux de travail cohérents. Avec Scikit-Learn, vous serez en mesure de rationaliser vos processus et d'assurer la cohérence à chaque étape du développement du modèle.

Ce que vous allez apprendre

Ce livre est organisé en trois parties, chacune se concentrant sur les étapes clés de l'ingénierie avancée des caractéristiques, de l'automatisation et des applications modernes. Voici un aperçu de ce à quoi vous pouvez vous attendre :

1. **Applications pratiques et études de cas** : Dans cette section, nous nous concentrons sur l'ingénierie des caractéristiques dans le contexte d'applications du monde réel. À travers des projets pratiques dans des domaines tels que la **segmentation client** et l'**analyse de données de santé**, vous apprendrez comment développer des caractéristiques qui répondent aux besoins spécifiques de l'industrie. Chaque étude de cas illustre comment les techniques avancées d'ingénierie des caractéristiques peuvent être appliquées pour résoudre des problèmes du monde réel, tels que la prédiction du comportement des clients, l'identification des patients à haut risque ou la compréhension des tendances d'achat.En travaillant sur ces applications, vous

acquerrez des insights précieux sur la façon dont l'ingénierie des caractéristiques doit s'adapter à différents domaines et types de données. Vous développerez également une intuition pour savoir comment choisir et combiner des caractéristiques qui capturent l'essence de chaque ensemble de données, vous permettant d'aborder des projets complexes avec confiance et précision.

2. **Intégration avec Scikit-Learn pour la construction de modèles** : Cette partie se concentre sur l'intégration pratique de l'ingénierie des caractéristiques avec les capacités d'apprentissage automatique de Scikit-Learn. À travers les **pipelines** et les **unions de caractéristiques**, vous apprendrez comment automatiser les transformations de données, en assurant la cohérence entre les ensembles de données d'entraînement et de test. Nous plongerons dans les outils de Scikit-Learn pour la sélection de caractéristiques, l'optimisation de modèles et les transformations avancées, vous permettant de créer des flux de travail à la fois reproductibles et efficaces.De plus, cette section introduit des techniques d'**ingénierie des caractéristiques spécifiques aux modèles**, où vous apprendrez comment adapter les caractéristiques pour s'aligner sur des algorithmes d'apprentissage automatique spécifiques, tels que les modèles basés sur les arbres, les modèles linéaires et les techniques d'ensemble. En comprenant quelles caractéristiques sont les plus efficaces pour différents types de modèles, vous serez en mesure de prendre des décisions éclairées qui améliorent à la fois les performances et l'interprétabilité.

3. **Sujets avancés et tendances futures en ingénierie des caractéristiques** : La dernière section du livre explore des sujets de pointe, tels que l'**ingénierie des caractéristiques pour l'apprentissage profond**, l'**AutoML** et les **outils de sélection automatisée des caractéristiques**. Avec les modèles d'apprentissage profond qui gagnent en importance, il est essentiel de comprendre comment l'ingénierie des caractéristiques diffère pour les réseaux neuronaux et comment les étapes de prétraitement des données peuvent être adaptées pour ces modèles. Vous apprendrez des techniques comme l'augmentation de données, la normalisation et les couches d'embedding, qui sont essentielles pour optimiser les performances des réseaux neuronaux.De plus, cette section présente des **outils AutoML** comme **TPOT**, **Auto-sklearn** et **MLBox**, qui peuvent automatiser l'ingénierie des caractéristiques, la sélection de modèles et l'optimisation des pipelines. Ces outils offrent un moyen accessible d'expérimenter avec différents ensembles de caractéristiques et modèles, offrant flexibilité et efficacité lors du travail avec de grands ensembles de données ou des tâches complexes. En maîtrisant l'AutoML et l'ingénierie automatisée des caractéristiques, vous serez prêt à relever des projets à enjeux élevés avec confiance, sachant que vos processus sont à la fois évolutifs et efficaces.

Appliquer l'ingénierie des caractéristiques dans des contextes du monde réel

Dans ce livre, nous mettons l'accent sur les applications pratiques et fournissons des études de cas provenant de diverses industries. Ces exemples illustrent comment appliquer les techniques d'ingénierie des caractéristiques dans des domaines spécifiques, tels que la santé, la finance et le commerce de détail. Chaque industrie a ses défis uniques, exigeant des scientifiques des données qu'ils adaptent leurs processus d'ingénierie des caractéristiques pour répondre aux exigences du domaine. En travaillant sur ces études de cas, vous acquerrez de l'expérience dans l'adaptation de techniques à différents ensembles de données, gagnant la flexibilité nécessaire pour gérer divers types et structures de données.

L'ingénierie des caractéristiques est un outil puissant pour transformer les données, mais elle nécessite également un équilibre entre connaissances techniques et créativité. La capacité de puiser dans les connaissances du domaine, l'intuition des données et les principes de l'apprentissage automatique permet aux scientifiques des données de créer des caractéristiques significatives qui capturent véritablement les motifs de données sous-jacents. Dans ce livre, vous verrez comment la résolution créative de problèmes peut générer des caractéristiques qui améliorent les performances du modèle, permettant aux modèles d'apprentissage automatique de fournir des insights exploitables et des prédictions précieuses.

Apprendre par la pratique et l'exploration pratiques

La meilleure façon de maîtriser l'ingénierie des caractéristiques est par la pratique pratique. Chaque chapitre de ce livre comprend des exercices, des projets et des études de cas conçus pour renforcer les concepts abordés. L'expérience pratique avec les outils de Scikit-Learn vous aidera à comprendre les nuances de chaque technique d'ingénierie des caractéristiques, facilitant leur application dans des projets du monde réel. Les exercices vous mettent au défi de réfléchir de manière critique à la préparation et à la transformation des données, vous encourageant à expérimenter avec différentes techniques et à affiner votre compréhension de chaque processus.

De plus, chaque chapitre comprend une section « Que pourrait-il mal tourner ? », où nous abordons les pièges courants et les défis auxquels les scientifiques des données sont confrontés lors de l'ingénierie des caractéristiques. En mettant en évidence ces problèmes potentiels, nous visons à vous fournir une approche proactive du dépannage, vous aidant à éviter les erreurs qui pourraient autrement entraver les performances de votre modèle.

Conclusion

L'ingénierie des caractéristiques pour l'apprentissage automatique moderne avec Scikit-Learn est un guide complet pour maîtriser l'ingénierie des caractéristiques et la préparation automatisée des données d'une manière qui maximise les performances du modèle. Alors que l'apprentissage automatique continue d'évoluer, la capacité de concevoir et de transformer des caractéristiques reste l'une des compétences les plus précieuses pour les scientifiques des données. En développant une compréhension approfondie des techniques d'ingénierie des caractéristiques et en apprenant comment les appliquer dans des contextes du monde réel, vous serez bien équipé pour relever des défis complexes d'apprentissage automatique.

Ce livre est conçu pour vous donner les compétences et les connaissances nécessaires pour créer des flux de travail d'ingénierie des caractéristiques efficaces et évolutifs. En suivant l'approche structurée décrite ici, vous serez prêt à prendre des décisions éclairées concernant la transformation des données, la sélection des caractéristiques et l'intégration des modèles. Que vous travailliez avec des modèles d'apprentissage automatique traditionnels ou que vous exploriez l'apprentissage profond, les insights et les techniques fournis dans ce livre serviront de fondation précieuse pour tout projet.

Commençons ce voyage dans l'ingénierie avancée des caractéristiques, où nous transformons les données brutes en insights significatifs et libérons le plein potentiel de l'apprentissage automatique.

Partie 1 : Applications pratiques et études de cas

Chapitre 1 : Projets d'analyse de données du monde réel

Dans ce chapitre, nous entamons un parcours pratique à travers l'analyse de données, en nous plongeant dans des projets du monde réel qui comblent le fossé entre les concepts théoriques et les applications concrètes. Notre exploration englobera une approche exhaustive du travail avec des ensembles de données réelles, couvrant l'ensemble du spectre depuis la collecte initiale des données et les processus de nettoyage méticuleux jusqu'aux techniques d'analyse sophistiquées et aux visualisations captivantes.

Les projets que nous explorerons s'étendent à travers divers domaines, chacun présentant son propre ensemble de défis uniques et d'opportunités de découverte. Cette variété offre une plateforme inestimable pour appliquer et perfectionner nos techniques analytiques dans un large éventail de contextes, renforçant notre polyvalence en tant qu'analystes de données. En nous engageant dans ces scénarios variés, nous développerons une compréhension plus nuancée de la manière dont différentes industries et secteurs exploitent les données pour orienter la prise de décision et l'innovation.

Notre parcours commence par un projet ambitieux d'**analyse de données de bout en bout** dans le secteur de la santé. Ce choix est délibéré, car la santé représente un domaine où les perspectives fondées sur les données peuvent avoir des impacts profonds et de grande portée. Dans ce domaine, nos conclusions analytiques ont le potentiel d'influencer considérablement les résultats pour les patients, de façonner les stratégies de traitement et d'éclairer les processus décisionnels critiques tant au niveau individuel que systémique. À travers ce projet, nous serons témoins de première main de la manière dont la puissance de l'analyse de données peut être exploitée pour relever des défis du monde réel et contribuer à des améliorations significatives dans la prestation de soins de santé et les soins aux patients.

1.1 Analyse de données de bout en bout : Données de santé

L'analyse de données de santé est une pierre angulaire de la pratique médicale moderne, offrant des perspectives profondes qui peuvent révolutionner les soins aux patients et les systèmes de santé. Cette section se penche sur une analyse exhaustive d'un ensemble de données de santé hypothétique, riche en données démographiques des patients, en antécédents médicaux et en informations diagnostiques. Notre objectif est de mettre au jour des tendances cachées, de déchiffrer des schémas complexes et d'extraire des perspectives exploitables qui peuvent avoir un impact significatif sur les résultats pour les patients et façonner les politiques de santé.

L'analyse que nous mènerons est multidimensionnelle, conçue pour fournir une vision holistique du paysage de la santé. Elle englobe :

1. **Compréhension et préparation des données** : Cette première étape cruciale implique d'examiner minutieusement l'ensemble de données, de traiter les problèmes de qualité des données et de préparer l'information pour l'analyse. Nous explorerons les techniques de gestion des données manquantes, d'encodage des variables catégorielles et d'assurance de l'intégrité des données.

2. **Analyse exploratoire des données (AED)** : Ici, nous plongerons en profondeur dans les données, en utilisant des méthodes statistiques et des techniques de visualisation pour découvrir les schémas et relations sous-jacents. Cette étape est vitale pour générer des hypothèses initiales et guider l'analyse ultérieure.

3. **Ingénierie et sélection des caractéristiques** : En nous appuyant sur nos conclusions d'AED, nous créerons de nouvelles caractéristiques et sélectionnerons les plus pertinentes pour améliorer le pouvoir prédictif de notre modèle. Cette étape implique souvent une expertise du domaine et une manipulation créative des données.

4. **Modélisation et interprétation** : La phase finale consiste à appliquer des techniques statistiques et d'apprentissage automatique avancées pour construire des modèles prédictifs. Nous interpréterons ensuite ces modèles pour en tirer des perspectives significatives qui peuvent éclairer la prise de décision clinique et la stratégie de santé.

Notre parcours commence par la phase critique de **Compréhension et préparation des données**, établissant les fondations d'une analyse robuste et perspicace qui a le potentiel de transformer la prestation de soins de santé et les résultats pour les patients.

1.1.1 Compréhension et préparation des données

Avant de se lancer dans l'analyse, il est crucial de bien comprendre l'ensemble de données en question. Cette phase initiale implique un examen exhaustif des données, qui va au-delà de simples observations superficielles. Nous commençons par charger méticuleusement l'ensemble de données et mener une exploration détaillée de son contenu. Ce processus comprend :

1. L'examen minutieux des types de données de chaque variable pour s'assurer qu'ils correspondent à nos attentes et aux exigences de l'analyse.

2. L'identification et la quantification des valeurs manquantes dans tous les champs, ce qui aide à déterminer la complétude et la fiabilité de notre ensemble de données.

3. L'examen des attributs uniques et de leurs distributions, fournissant des perspectives sur l'étendue et la variété de nos données.

4. L'investigation des valeurs aberrantes ou anomalies potentielles qui pourraient influencer notre analyse.

Cette exploration initiale approfondie sert p usieurs objectifs :

- Elle fournit une base solide pour notre compréhension de la structure et du contenu de l'ensemble de données.

- Elle aide à identifier tout problème de qualité des données nécessitant d'être traité avant de procéder à des analyses plus avancées.

- Elle guide notre processus décisionnel pour les étapes de prétraitement ultérieures, en veillant à ce que nous appliquions les techniques les plus appropriées.

- Elle peut révéler des schémas ou relations initiaux dans les données, éclairant potentiellement nos hypothèses et stratégies d'analyse.

En investissant du temps dans cette étape cruciale, nous préparons le terrain pour une analyse plus robuste et perspicace, minimisant le r sque de négliger des caractéristiques importantes des données qui pourraient impacter nos conclusions.

Chargement et exploration de l'ensemble de données

Pour cet exemple, nous utiliserons un ensemble de données échantillon contenant des détails sur les patients, l'historique médical et des informations diagnostiques. Notre objectif est d'analyser les schémas des patients et les facteurs de risque liés à une condition particulière.

```python
import pandas as pd
import numpy as np
import matplotlib.pyplot as plt
import seaborn as sns

# Load the healthcare dataset
df = pd.read_csv('healthcare_data.csv')

# Display basic information about the dataset
print("Dataset Information:")
print(df.info())

print("\\nFirst Few Rows of Data:")
print(df.head())

print("\\nDescriptive Statistics:")
print(df.describe())

# Check for missing values
print("\\nMissing Values:")
print(df.isnull().sum())

# Display unique values in categorical columns
categorical_columns = df.select_dtypes(include=['object']).columns
```

```
for col in categorical_columns:
    print(f"\\nUnique values in {col}:")
    print(df[col].value_counts())

# Correlation matrix for numerical columns
numerical_columns = df.select_dtypes(include=[np.number]).columns
correlation_matrix = df[numerical_columns].corr()

# Plot correlation heatmap
plt.figure(figsize=(12, 10))
sns.heatmap(correlation_matrix, annot=True, cmap='coolwarm', linewidths=0.5)
plt.title('Correlation Heatmap of Numerical Features')
plt.show()
```

Décomposons cet exemple de code :

1. Importation des bibliothèques :

   o Nous importons pandas (pd) pour la manipulation et l'analyse des données.

   o NumPy (np) est ajouté pour les opérations numériques.

   o Matplotlib.pyplot (plt) et Seaborn (sns) sont inclus pour la visualisation des données.

2. Chargement de l'ensemble de données :

   o L'ensemble de données de santé est chargé à partir d'un fichier CSV en utilisant pd.read_csv().

3. Affichage des informations de base :

   o df.info() fournit un aperçu de l'ensemble de données, y compris les noms de colonnes, les types de données et le nombre de valeurs non nulles.

   o df.head() affiche les premières lignes de l'ensemble de données pour un aperçu rapide de la structure des données.

4. Statistiques descriptives :

   o df.describe() est ajouté pour afficher les mesures statistiques (count, mean, std, min, 25%, 50%, 75%, max) pour les colonnes numériques.

5. Vérification des valeurs manquantes :

   o df.isnull().sum() calcule et affiche le nombre de valeurs manquantes dans chaque colonne.

6. Analyse des données catégorielles :

   o Nous identifions les colonnes catégorielles en utilisant select_dtypes(include=['object']).

o Pour chaque colonne catégorielle, nous affichons le nombre de valeurs uniques en utilisant value_counts().

7. Analyse de corrélation :

o Nous créons une matrice de corrélation pour les colonnes numériques en utilisant df[numerical_columns].corr().

o Une carte thermique est tracée en utilisant Seaborn pour visualiser les corrélations entre les caractéristiques numériques.

Ce code fournit une exploration initiale complète de l'ensemble de données, couvrant des aspects tels que les types de données, les statistiques de base, les valeurs manquantes, les distributions de variables catégorielles et les corrélations entre les caractéristiques numériques. Cet examen approfondi établit une base solide pour les étapes ultérieures de prétraitement et d'analyse des données.

Gestion des valeurs manquantes

Les ensembles de données de santé contiennent souvent des données manquantes en raison d'enregistrements incomplets ou d'une collecte de données incohérente. Identifions et traitons les valeurs manquantes pour garantir une analyse robuste.

```python
# Check for missing values
missing_values = df.isnull().sum()
print("\\nMissing Values in Each Column:")
print(missing_values[missing_values > 0])

# Visualize missing values
plt.figure(figsize=(10, 6))
sns.heatmap(df.isnull(), yticklabels=False, cbar=False, cmap='viridis')
plt.title('Missing Value Heatmap')
plt.show()

# Handle missing values
# 1. Numeric columns: fill with median
numeric_columns = df.select_dtypes(include=[np.number]).columns
for col in numeric_columns:
    df[col].fillna(df[col].median(), inplace=True)

# 2. Categorical columns: fill with mode
categorical_columns = df.select_dtypes(include=['object']).columns
for col in categorical_columns:
    df[col].fillna(df[col].mode()[0], inplace=True)

# 3. Drop rows with any remaining missing values
df.dropna(inplace=True)

# 4. Drop columns with excessive missing values (threshold: 50%)
df = df.dropna(thresh=len(df) * 0.5, axis=1)
```

```
print("\\nData after handling missing values:")
print(df.info())

# Check for any remaining missing values
remaining_missing = df.isnull().sum().sum()
print(f"\\nRemaining missing values: {remaining_missing}")

# Display summary statistics after handling missing values
print("\\nSummary Statistics After Handling Missing Values:")
print(df.describe())

# Visualize the distribution of a key numeric variable (e.g., 'Age')
plt.figure(figsize=(10, 6))
sns.histplot(df['Age'], kde=True)
plt.title('Distribution of Age After Handling Missing Values')
plt.show()
```

Cet extrait de code démontre une méthode rigoureuse pour traiter les valeurs manquantes dans l'ensemble de données de santé. Décomposons le code et examinons ses fonctionnalités :

1. Vérification initiale des valeurs manquantes :

   o Nous utilisons df.isnull().sum() pour compter les valeurs manquantes dans chaque colonne.

   o Seules les colonnes ayant des valeurs manquantes sont affichées, nous donnant une vue ciblée des zones problématiques.

2. Visualisation des valeurs manquantes :

   o Une carte thermique est créée en utilisant Seaborn pour visualiser le schéma des valeurs manquantes dans l'ensemble de données.

   o Cette représentation visuelle aide à identifier tout schéma systématique dans les données manquantes.

3. Traitement des valeurs manquantes :

   o Pour les colonnes numériques : Nous remplissons les valeurs manquantes avec la médiane de chaque colonne. La médiane est choisie car elle est moins sensible aux valeurs aberrantes par rapport à la moyenne.

   o Pour les colonnes catégorielles : Nous remplissons les valeurs manquantes avec le mode (valeur la plus fréquente) de chaque colonne.

   o Toutes les lignes restantes avec des valeurs manquantes sont supprimées pour garantir un ensemble de données complet.

- o Les colonnes avec plus de 50 % de valeurs manquantes sont supprimées, car elles peuvent ne pas fournir d'informations fiables.

4. Vérifications post-traitement :

- o Nous affichons les informations de l'ensemble de données après le traitement des valeurs manquantes pour confirmer les modifications.

- o Une vérification finale de toutes les valeurs manquantes restantes est effectuée pour garantir l'exhaustivité.

5. Statistiques récapitulatives :

- o Nous affichons les statistiques récapitulatives de l'ensemble de données après le traitement des valeurs manquantes.

- o Cela aide à comprendre comment la distribution des données a pu changer après nos interventions.

6. Visualisation d'une variable clé :

- o Nous traçons la distribution d'une variable numérique clé (dans ce cas, 'Age') après le traitement des valeurs manquantes.

- o Cette visualisation aide à comprendre l'impact de notre traitement des valeurs manquantes sur la distribution des données.

Cette approche exhaustive ne se contente pas de traiter les valeurs manquantes, mais fournit également des perspectives visuelles et statistiques sur le processus et ses effets sur l'ensemble de données. Elle garantit un nettoyage minutieux des données tout en maintenant la transparence sur les modifications apportées, ce qui est crucial pour l'intégrité des analyses ultérieures.

Traitement des variables catégorielles

Les données de santé contiennent souvent des variables catégorielles comme le **Genre**, le **Diagnostic** ou le **Statut médicamenteux**. L'encodage de ces variables nous permet de les inclure dans notre analyse.

```
# Identify categorical variables
categorical_vars = df.select_dtypes(include=['object']).columns
print("Categorical variables:", categorical_vars)

# Display unique values in categorical variables
for col in categorical_vars:
    print(f"\\nUnique values in {col}:")
    print(df[col].value_counts())

# Convert categorical variables to dummy variables
df_encoded = pd.get_dummies(df, columns=categorical_vars, drop_first=True)
```

```python
print("\\nData after encoding categorical variables:")
print(df_encoded.head())

# Compare shapes before and after encoding
print(f"\\nShape before encoding: {df.shape}")
print(f"Shape after encoding: {df_encoded.shape}")

# Check for multicollinearity in encoded variables
correlation_matrix = df_encoded.corr()
high_corr = np.abs(correlation_matrix) > 0.8
print("\\nHighly correlated features:")
print(high_corr[high_corr].index[high_corr.any()].tolist())

# Visualize the distribution of a newly encoded variable
plt.figure(figsize=(10, 6))
sns.countplot(x='Gender_Male', data=df_encoded)
plt.title('Distribution of Gender After Encoding')
plt.show()
```

Cet extrait de code démontre une approche rigoureuse pour traiter les variables catégorielles dans notre ensemble de données de santé. Décomposons ses composants et ses fonctionnalités :

1. Identification des variables catégorielles :

   o   Nous utilisons select_dtypes(include=['object']) pour identifier toutes les variables catégorielles dans l'ensemble de données.

   o   Cette étape garantit que nous n'omettons aucune variable catégorielle nécessitant un encodage.

2. Exploration des variables catégorielles :

   o   Nous parcourons chaque variable catégorielle et affichons ses valeurs uniques et leurs comptages.

   o   Cette étape nous aide à comprendre la distribution des catégories au sein de chaque variable.

3. Encodage des variables catégorielles :

   o   Nous utilisons pd.get_dummies() pour convertir toutes les variables catégorielles identifiées en variables indicatrices.

   o   Le paramètre drop_first=True est utilisé pour éviter le piège des variables indicatrices en supprimant une catégorie pour chaque variable.

4. Comparaison des formes de l'ensemble de données :

   o   Nous affichons la forme de l'ensemble de données avant et après l'encodage.

- o Cette comparaison nous aide à comprendre combien de nouvelles colonnes ont été créées au cours du processus d'encodage.

5. Vérification de la multicolinéarité :

- o Nous calculons la matrice de corrélation pour l'ensemble de données encodé.

- o Les corrélations élevées (>0 8) entre les caractéristiques sont identifiées, ce qui pourrait indiquer d'éventuels problèmes de multicolinéarité.

6. Visualisation des données encodées :

- o Nous créons un graphique de comptage pour l'une des variables nouvellement encodées (dans ce cas, 'Gender_Male').

- o Cette visualisation nous aide à vérifier l'encodage et à comprendre la distribution de la variable encodée.

Cette approche exhaustive encode non seulement les variables catégorielles, mais fournit également des informations précieuses sur le processus d'encodage et ses effets sur l'ensemble de données. Elle garantit une compréhension approfondie des données catégorielles, des problèmes potentiels tels que la multicolinéarité et de l'impact de l'encodage sur la structure de l'ensemble de données. Ces informations sont cruciales pour les étapes d'analyse ultérieures et la construction de modèles.

1.1.2 Analyse exploratoire des données (AED)

Une fois les données préparées, notre prochaine étape est l'**Analyse exploratoire des données (AED)**. Cette phase cruciale du processus d'analyse de données implique une plongée en profondeur dans l'ensemble de données pour découvrir des schémas cachés, des relations et des anomalies. L'AED sert de pont entre la préparation des données et des techniques analytiques plus avancées, nous permettant d'acquérir une compréhension exhaustive de nos données de santé.

Grâce à l'AED, nous pouvons extraire des informations précieuses sur divers aspects des soins aux patients et des résultats de santé. Par exemple, nous pouvons examiner les données démographiques des patients pour identifier les tranches d'âge ou les genres qui peuvent être plus sensibles à certaines conditions. En analysant la distribution des diagnostics, nous pouvons identifier les problèmes de santé prévalents au sein de notre population de patients, ce qui peut éclairer l'allocation des ressources et les décisions de politique de santé.

De plus, l'AED nous aide à identifier les facteurs de risque potentiels associés aux différentes conditions de santé. En explorant les corrélations entre les variables, nous pourrions découvrir des relations inattendues, telles que des facteurs de mode de vie qui sont corrélés avec des diagnostics spécifiques. Ces découvertes peuvent guider des recherches plus approfondies et potentiellement conduire à des stratégies de soins préventifs améliorées.

Les informations obtenues grâce à l'AED fournissent non seulement une base solide pour la modélisation statistique ultérieure et les approches d'apprentissage automatique, mais offrent également une valeur immédiate aux praticiens de la santé et aux décideurs. En révélant les tendances et les schémas dans les données, l'AED peut mettre en évidence les domaines qui nécessitent une attention immédiate ou une enquête plus approfondie, contribuant finalement à une prestation de soins de santé plus éclairée et plus efficace.

Analyse des données démographiques des patients

Comprendre les données démographiques des patients, telles que la **distribution des âges** et le **rapport des genres**, aide à contextualiser les résultats de santé et à identifier les segments de population à risque plus élevé.

```python
import matplotlib.pyplot as plt
import seaborn as sns
import pandas as pd
import numpy as np

# Plot Age Distribution
plt.figure(figsize=(12, 6))
sns.histplot(data=df, x='Age', kde=True, color='skyblue', edgecolor='black')
plt.xlabel('Age')
plt.ylabel('Frequency')
plt.title('Age Distribution of Patients')
plt.axvline(df['Age'].mean(),      color='red',    linestyle='dashed',    linewidth=2,
label='Mean Age')
plt.axvline(df['Age'].median(),    color='green',  linestyle='dashed',    linewidth=2,
label='Median Age')
plt.legend()
plt.show()

# Age statistics
age_stats = df['Age'].describe()
print("Age Statistics:")
print(age_stats)

# Gender Distribution
plt.figure(figsize=(8, 6))
gender_counts = df['Gender'].value_counts()
gender_percentages = gender_counts / len(df) * 100
sns.barplot(x=gender_counts.index,    y=gender_percentages,    palette=['lightcoral',
'lightblue'])
plt.xlabel('Gender')
plt.ylabel('Percentage')
plt.title('Gender Distribution of Patients')
for i, v in enumerate(gender_percentages):
    plt.text(i, v, f'{v:.1f}%', ha='center', va='bottom')
plt.show()

# Print gender statistics
print("\\nGender Distribution:")
```

```
print(gender_counts)
print(f"\\nGender Percentages:\\n{gender_percentages}")

# Age distribution by gender
plt.figure(figsize=(12, 6))
sns.boxplot(x='Gender', y='Age', data=df, palette=['lightcoral', 'lightblue'])
plt.title('Age Distribution by Gender')
plt.show()

# Age statistics by gender
age_by_gender = df.groupby('Gender')['Age'].describe()
print("\\nAge Statistics by Gender:")
print(age_by_gender)

# Correlation between age and a numeric health indicator (e.g., BMI)
if 'BMI' in df.columns:
    plt.figure(figsize=(10, 6))
    sns.scatterplot(x='Age', y='BMI', data=df, hue='Gender', palette=['lightcoral',
'lightblue'])
    plt.title('Age vs BMI by Gender')
    plt.show()

    correlation = df['Age'].corr(df['BMI'])
    print(f"\\nCorrelation between Age and BMI: {correlation:.2f}")
```

Ce code offre une analyse approfondie des données démographiques des patients, en mettant l'accent sur les distributions d'âge et de genre. Examinons les composants du code et leurs fonctions :

1. Analyse de la distribution de l'âge :

    o Nous utilisons histplot de Seaborn au lieu de hist de matplotlib pour un histogramme plus esthétique avec une superposition d'estimation de densité de noyau (KDE).

    o Des lignes d'âge moyen et médian sont ajoutées au graphique pour une référence rapide.

    o Les statistiques d'âge (nombre, moyenne, écart-type, min, 25%, 50%, 75%, max) sont calculées et affichées.

2. Analyse de la distribution du genre :

    o Nous créons un graphique à barres montrant la distribution en pourcentage des genres au lieu des simples comptages.

    o Les pourcentages sont affichés au-dessus de chaque barre pour faciliter l'interprétation.

- o Les statistiques de comptage et de pourcentage pour la distribution du genre sont affichées.

3. Distribution de l'âge par genre :

- o Un diagramme en boîte est ajouté pour montrer la distribution de l'âge pour chaque genre, permettant une comparaison facile.

- o Les statistiques d'âge (nombre, moyenne, écart-type, min, 25%, 50%, 75%, max) sont calculées et affichées pour chaque genre.

4. Analyse de corrélation :

- o Si une colonne 'BMI' existe dans l'ensemble de données, nous créons un nuage de points de l'âge par rapport à l'IMC, coloré par genre.

- o Le coefficient de corrélation entre l'âge et l'IMC est calculé et affiché.

Cette analyse exhaustive fournit plusieurs informations clés :

- La distribution globale de l'âge des patients, y compris les tendances centrales et la dispersion.

- L'équilibre des genres dans la population de patients, en nombres absolus et en pourcentages.

- Comment les distributions d'âge diffèrent entre les genres, ce qui pourrait révéler des schémas de santé spécifiques au genre.

- Les relations potentielles entre l'âge et d'autres indicateurs de santé (comme l'IMC), qui pourraient suggérer des tendances de santé liées à l'âge.

Ces informations peuvent être précieuses pour les prestataires de soins de santé dans la compréhension de leurs données démographiques de patients, l'identification de groupes à risque potentiels et l'adaptation des services de santé pour répondre aux besoins spécifiques de différents segments de patients.

Distribution des diagnostics et facteurs de risque

Ensuite, nous analysons la distribution de divers diagnostics et explorons les facteurs de risque potentiels associés à différentes conditions.

```python
# Diagnosis distribution
diagnosis_counts = df.filter(like='Diagnosis_').sum().sort_values(ascending=False)

# Create bar plot
plt.figure(figsize=(12, 8))
ax = diagnosis_counts.plot(kind='bar', color='teal', edgecolor='black')
plt.xlabel('Diagnosis')
plt.ylabel('Count')
plt.title('Distribution of Diagnoses')
```

```python
plt.xticks(rotation=45, ha='right')

# Add value labels on top of each bar
for i, v in enumerate(diagnosis_counts):
    ax.text(i, v, str(v), ha='center', va='bottom')

# Add a horizontal line for the mean
mean_count = diagnosis_counts.mean()
plt.axhline(y=mean_count,         color='red',        linestyle='--',        label=f'Mean
({mean_count:.2f})')

plt.legend()
plt.tight_layout()
plt.show()

# Print statistics
print("Diagnosis Distribution Statistics:")
print(diagnosis_counts.describe())

# Calculate and print percentages
diagnosis_percentages = (diagnosis_counts / len(df)) * 100
print("\\nDiagnosis Percentages:")
print(diagnosis_percentages)

# Correlation analysis
numeric_cols = df.select_dtypes(include=[np.number]).columns
correlation_matrix = df[numeric_cols].corr()

# Plot heatmap of correlations
plt.figure(figsize=(12, 10))
sns.heatmap(correlation_matrix,    annot=True,    cmap='coolwarm',    vmin=-1,    vmax=1,
center=0)
plt.title('Correlation Heatmap of Numeric Variables')
plt.tight_layout()
plt.show()

# Identify top correlated features with diagnoses
diagnosis_correlations                                                              =
correlation_matrix.filter(like='Diagnosis_').abs().max().sort_values(ascending=False
)
print("\\nTop Correlated Features with Diagnoses:")
print(diagnosis_correlations.head(10))

# Chi-square test for categorical variables
from scipy.stats import chi2_contingency

categorical_vars = df.select_dtypes(include=['object', 'category']).columns
diagnosis_cols = df.filter(like='Diagnosis_').columns

print("\\nChi-square Test Results:")
for cat_var in categorical_vars:
    for diag_col in diagnosis_cols:
```

```
contingency_table = pd.crosstab(df[cat_var], df[diag_col])
chi2, p_value, dof, expected = chi2_contingency(contingency_table)
if p_value < 0.05:
    print(f"{cat_var}  vs  {diag_col}:  Chi2  =  {chi2:.2f},  p-value  =
{p_value:.4f}")
```

Ce code offre une analyse approfondie de la distribution des diagnostics et des facteurs de risque potentiels. Examinons ses composants :

1. Analyse de la distribution des diagnostics :

   o Nous créons un graphique à barres des comptages de diagnostics, triés par ordre décroissant pour une meilleure visualisation.

   o Des étiquettes de valeur sont ajoutées en haut de chaque barre pour des informations de comptage précises.

   o Une ligne horizontale représentant le comptage moyen de diagnostics est ajoutée pour référence.

   o Les étiquettes de l'axe des x sont pivotées pour une meilleure lisibilité.

   o Nous imprimons les statistiques descriptives et les pourcentages pour chaque diagnostic.

2. Analyse de corrélation :

   o Une matrice de corrélation est calculée pour toutes les variables numériques.

   o Une carte thermique est tracée pour visualiser les corrélations entre les variables.

   o Nous identifions et imprimons les caractéristiques les plus corrélées avec les diagnostics.

3. Test du chi carré pour les variables catégorielles :

   o Nous effectuons des tests du chi carré entre les variables catégorielles et les diagnostics.

   o Les relations significatives (valeur p < 0,05) sont imprimées, indiquant des facteurs de risque potentiels.

Cette analyse complète fournit des informations sur la prévalence de différents diagnostics, leurs relations avec d'autres variables, et les facteurs de risque potentiels. Les visualisations et les tests statistiques aident à identifier des modèles et des associations qui pourraient être cruciaux pour la prise de décision en matière de soins de santé et la recherche ultérieure.

1.1.3 Points clés à retenir

Dans cette section, nous avons exploré la phase cruciale de préparation des données pour l'analyse des données de santé, qui constitue le fondement de tout le travail analytique ultérieur. Nous avons exploré trois aspects clés :

1. Gestion des valeurs manquantes : Nous avons discuté de diverses stratégies pour combler les lacunes dans les données, garantissant un ensemble de données complet et fiable pour l'analyse.

2. Encodage des variables catégorie les : Nous avons examiné des techniques pour transformer les données non numériques dans un format adapté à l'analyse statistique et aux algorithmes d'apprentissage automatique.

3. Réalisation d'une analyse exploratoire de données (AED) de base : Nous avons effectué des investigations initiales dans l'ensemble de données pour découvrir des modèles, repérer des anomalies et formuler des hypothèses.

Ces étapes préparatoires sont essentielles pour plusieurs raisons :

*   Elles garantissent la qualité et la cohérence des données, réduisant le risque de conclusions erronées. Elles transforment les données brutes dans un format propice aux techniques analytiques avancées. Elles fournissent des informations initiales qui guident l'investigation ultérieure et le développement de modèles.

De plus, ce travail de base nous permet de découvrir des modèles et des relations précieux au sein des données. Par exemple, nous pouvons identifier des corrélations entre les caractéristiques des patients et des résultats de santé spécifiques, ou reconnaître des tendances démographiques qui influencent la prévalence des maladies. De telles informations sont inestimables pour les prestataires de soins de santé et les décideurs, éclairant les décisions sur l'allocation des ressources, les protocoles de traitement et les mesures préventives.

En établissant une base analytique solide, nous ouvrons la voie à des analyses plus sophistiquées, telles que la modélisation prédictive ou l'analyse de clusters, qui peuvent encore améliorer notre compréhension de la santé des patients et des performances du système de santé.

1.2 Étude de cas : Données de vente au détail et segmentation de la clientèle

La segmentation de la clientèle dans le commerce de détail est une stratégie critique qui va au-delà de l'analyse de marché de base. Elle implique une plongée approfondie dans le comportement des consommateurs, permettant aux détaillants d'élaborer des campagnes marketing hautement ciblées et de développer des produits qui résonnent avec des groupes de clients spécifiques. Cette étude de cas démontrera comment tirer parti des données de vente au détail pour effectuer une analyse sophistiquée de segmentation de la clientèle, découvrant des profils de clients distincts basés sur leurs habitudes d'achat et leurs informations démographiques.

Les informations obtenues grâce à ce processus de segmentation sont inestimables pour les détaillants cherchant à améliorer leur avantage concurrentiel. En comprenant les caractéristiques uniques de chaque segment de clientèle, les entreprises peuvent :

- Développer des stratégies marketing personnalisées qui s'adressent directement aux préférences et aux besoins de chaque groupe

- Optimiser le placement des produits et l'agencement des magasins pour répondre aux différents types de clients

- Mettre en œuvre des programmes de fidélité ciblés qui augmentent la rétention des clients et la valeur à vie

- Prendre des décisions éclairées concernant la gestion des stocks et le développement de produits

- Allouer les budgets marketing plus efficacement en se concentrant sur les segments les plus rentables

Notre approche globale de la segmentation de la clientèle se déroulera en quatre étapes clés :

1. **Préparation des données** : Cette première étape cruciale implique le nettoyage et la structuration des données de vente au détail brutes pour garantir l'exactitude et la fiabilité de notre analyse. Nous aborderons des problèmes courants tels que les valeurs manquantes, les valeurs aberrantes et les incohérences des données.

2. **Analyse exploratoire de données (AED)** : Ici, nous approfondirons les données pour découvrir des modèles et des relations initiaux. Cette étape impliquera la visualisation des indicateurs clés, l'identification des corrélations et la formulation d'hypothèses sur le comportement des clients.

3. **Segmentation de la clientèle à l'aide de K-means** : En utilisant l'algorithme de regroupement K-means, nous regrouperons les clients en segments distincts en fonction de leurs caractéristiques partagées. Cette technique puissante révélera les regroupements naturels au sein de notre clientèle.

4. **Interprétation des clusters et informations exploitables** : L'étape finale consiste à traduire nos résultats statistiques en stratégies commerciales pratiques. Nous dresserons le profil de chaque segment de clientèle et proposerons des approches sur mesure pour interagir avec chaque groupe.

En suivant cette approche structurée, nous transformerons les données de vente au détail brutes en un outil puissant pour la prise de décision stratégique. Commençons notre parcours avec l'étape cruciale de la **Préparation des données**, où nous poserons les bases de toute notre analyse.

1.2.1 Préparation des données

Les ensembles de données de vente au détail sont des trésors d'informations précieuses, englobant généralement un large éventail de données transactionnelles. Ces données comprennent des indicateurs cruciaux tels que la fréquence d'achat, qui indique à quelle fréquence les clients interagissent avec l'entreprise ; les dépenses totales, qui reflètent la valeur monétaire de chaque client ; et les catégories de produits, qui fournissent des informations sur les préférences des consommateurs et les tendances du marché. Cependant, les données brutes comportent souvent des défis inhérents qui doivent être relevés avant qu'une analyse significative puisse avoir lieu.

La phase de préparation des données est une étape critique dans le processus de segmentation de la clientèle. Elle implique plusieurs activités clés :

- Gestion des valeurs manquantes : Cela peut impliquer des techniques telles que l'imputation, où les données manquantes sont remplies avec des valeurs estimées, ou la suppression d'enregistrements incomplets, selon la nature et l'étendue des données manquantes.

- Suppression des doublons : Les entrées en double peuvent fausser les résultats d'analyse, il est donc crucial de les identifier et de les éliminer pour maintenir l'intégrité des données.

- Normalisation des caractéristiques numériques : Ce processus garantit que toutes les variables sont à la même échelle, empêchant certaines caractéristiques de dominer l'analyse en raison de leur plus grande amplitude.

De plus, la préparation des données peut impliquer d'autres tâches telles que la correction des erreurs de saisie de données, le formatage cohérent des dates ou l'agrégation des données transactionnelles au niveau du client. Ces étapes sont essentielles pour garantir la fiabilité et l'exactitude des analyses ultérieures, en particulier lors de l'utilisation de techniques sophistiquées comme les algorithmes de regroupement pour la segmentation de la clientèle.

Chargement et exploration de l'ensemble de données

Commençons par charger un exemple d'ensemble de données de vente au détail qui comprend des colonnes telles que **CustomerID**, **Age**, **Total Spend** et **Purchase Frequency**.

```python
import pandas as pd
import matplotlib.pyplot as plt
import seaborn as sns

# Load retail dataset
df = pd.read_csv('retail_data.csv')
```

```
# Display basic information and first few rows
print("Dataset Information:")
print(df.info())
print("\\nFirst Few Rows of Data:")
print(df.head())

# Check for missing values
print("\\nMissing Values:")
print(df.isnull().sum())

# Display summary statistics
print("\\nSummary Statistics:")
print(df.describe())

# Display correlation matrix
print("\\nCorrelation Matrix:")
print(df.corr())

# Visualize distribution of numerical columns
numerical_columns = df.select_dtypes(include=['int64', 'float64']).columns
fig, axes = plt.subplots(nrows=len(numerical_columns), ncols=1, figsize=(10,
5*len(numerical_columns)))
for i, col in enumerate(numerical_columns):
    sns.histplot(df[col], ax=axes[i], kde=True)
    axes[i].set_title(f'Distribution of {col}')
plt.tight_layout()
plt.show()

# Visualize relationships between variables
sns.pairplot(df)
plt.show()
```

Décomposons cet exemple de code :

1. Instructions d'importation : Nous importons pandas pour la manipulation des données, matplotlib.pyplot pour les graphiques de base, et seaborn pour des visualisations statistiques plus avancées.

2. Chargement des données : Nous utilisons pd.read_csv() pour charger l'ensemble de données de vente au détail à partir d'un fichier CSV.

3. Affichage des informations de base : Nous utilisons df.info() pour afficher des informations générales sur l'ensemble de données, y compris les noms de colonnes, les types de données et les décomptes non nuls. df.head() affiche les premières lignes de l'ensemble de données.

4. Vérification des valeurs manquantes : df.isnull().sum() calcule et affiche le nombre de valeurs manquantes dans chaque colonne.

5. Statistiques récapitulatives : df.describe() fournit des statistiques récapitulatives pour les colonnes numériques, notamment le nombre, la moyenne, l'écart type, le minimum, le maximum et les quartiles.

6. Matrice de corrélation : df.corr() calcule et affiche la matrice de corrélation pour les colonnes numériques, montrant comment les variables sont liées les unes aux autres.

7. Visualisation de la distribution : Nous créons des histogrammes avec des estimations de densité de noyau pour chaque colonne numérique en utilisant la fonction histplot de seaborn. Cela aide à visualiser la distribution de chaque variable

8. Visualisation des relations : sns.pairplot() crée une grille de nuages de points montrant les relations entre toutes les paires de variables numériques, avec des histogrammes sur la diagonale.

Ce code complet fournit une exploration initiale approfondie de l'ensemble de données, couvrant les informations de base, les valeurs manquantes, les statistiques récapitulatives, les corrélations et les visualisations des distributions et des relations. Il établit une base solide pour l'analyse ultérieure et la segmentation de la clientèle.

Gestion des valeurs manquantes et des doublons

Les données de vente au détail peuvent contenir des valeurs manquantes et des entrées en double en raison d'erreurs de transaction ou d'incohérences de saisie de données. Abordons ces problèmes pour garantir la qualité des données.

```python
import pandas as pd
import matplotlib.pyplot as plt
import seaborn as sns

# Load the dataset
df = pd.read_csv('retail_data.csv')

# Display initial dataset info
print("Initial Dataset Information:")
print(df.info())

# Check for missing values
missing_values = df.isnull().sum()
print("\\nMissing Values in Each Column:")
print(missing_values[missing_values > 0])

# Visualize missing values
plt.figure(figsize=(10, 6))
sns.heatmap(df.isnull(), yticklabels=False, cbar=False, cmap='viridis')
plt.title('Missing Value Heatmap')
plt.show()

# Handle missing values
df.dropna(subset=['CustomerID'], inplace=True)
```

```
df['Age'].fillna(df['Age'].median(), inplace=True)

# Check for duplicates
duplicate_count = df.duplicated().sum()
print(f"\\nNumber of duplicate rows: {duplicate_count}")

# Remove duplicates
df.drop_duplicates(inplace=True)

# Display final dataset info
print("\\nData after handling missing values and duplicates:")
print(df.info())

# Visualize the distribution of key variables
fig, axes = plt.subplots(2, 2, figsize=(15, 10))
sns.histplot(df['Total Spend'], kde=True, ax=axes[0, 0])
axes[0, 0].set_title('Distribution of Total Spend')
sns.histplot(df['Purchase Frequency'], kde=True, ax=axes[0, 1])
axes[0, 1].set_title('Distribution of Purchase Frequency')
sns.histplot(df['Age'], kde=True, ax=axes[1, 0])
axes[1, 0].set_title('Distribution of Age')
sns.boxplot(x='Total Spend', data=df, ax=axes[1, 1])
axes[1, 1].set_title('Boxplot of Total Spend')
plt.tight_layout()
plt.show()

# Display summary statistics
print("\\nSummary Statistics:")
print(df.describe())
```

Cet extrait de code offre une approche approfondie de la préparation des données et de l'analyse exploratoire initiale. Décortiquons ses composants :

1. Chargement des données et inspection initiale :

    o   Nous commençons par importer les bibliothèques nécessaires : pandas pour la manipulation des données, matplotlib.pyplot pour le traçage, et seaborn pour les visualisations statistiques.

    o   L'ensemble de données est chargé à l'aide de pd.read_csv().

    o   Nous affichons les informations initiales de l'ensemble de données en utilisant df.info() pour obtenir un aperçu des colonnes, des types de données et des décomptes non nuls.

2. Analyse des valeurs manquantes :

    o   Nous vérifions les valeurs manquantes dans chaque colonne et affichons le décompte.

- o Une carte thermique est créée pour visualiser les valeurs manquantes dans l'ensemble de données, fournissant une référence visuelle rapide de l'exhaustivité des données.

3. Gestion des valeurs manquantes :

   - o Les lignes avec un 'CustomerID' manquant sont supprimées car il s'agit probablement d'un identifiant crucial.

   - o Les valeurs 'Age' manquantes sont remplies avec l'âge médian, une approche courante pour gérer les données numériques manquantes.

4. Détection et suppression des doublons :

   - o Nous vérifions et comptons les lignes en double dans l'ensemble de données.

   - o Les doublons sont ensuite supprimés à l'aide de drop_duplicates().

5. Informations sur l'ensemble de données après nettoyage :

   - o Après avoir géré les valeurs manquantes et les doublons, nous affichons les informations mises à jour de l'ensemble de données.

6. Visualisation de la distribution des données :

   - o Nous créons une grille 2x2 de graphiques pour visualiser la distribution des variables clés : a. Histogramme avec KDE pour Total Spend b. Histogramme avec KDE pour Purchase Frequency c. Histogramme avec KDE pour Age d. Boîte à moustaches pour Total Spend afin d'identifier les valeurs aberrantes potentielles

7. Statistiques récapitulatives :

   - o Nous affichons les statistiques récapitulatives en utilisant df.describe() pour obtenir un aperçu numérique de la distribution des données.

Cette approche globale nettoie non seulement les données, mais fournit également des informations visuelles et statistiques sur les caractéristiques de l'ensemble de données. Elle établit une base solide pour les étapes ultérieures d'analyse et de modélisation dans le processus de segmentation de la clientèle.

1.2.2 Analyse exploratoire des données (EDA)

Notre ensemble de données étant maintenant nettoyé et préparé, nous passons à la phase cruciale de l'analyse exploratoire des données (EDA). Cette étape est fondamentale pour découvrir des informations sur les comportements d'achat et les caractéristiques démographiques de nos clients. Grâce à l'EDA, nous plongeons au cœur des données pour identifier des modèles, des tendances et des relations significatifs qui existent au sein de notre base de clients.

Au cours de cette phase exploratoire, nous employons diverses techniques statistiques et méthodes de visualisation pour analyser des variables clés telles que les dépenses totales, la fréquence d'achat et l'âge. En examinant la distribution de ces variables, nous pouvons obtenir des informations précieuses sur les habitudes de dépenses des clients, les modèles d'achat et les données démographiques par âge. Cette analyse pourrait révéler, par exemple, que certains groupes d'âge ont tendance à dépenser davantage, ou qu'il existe une corrélation entre la fréquence d'achat et les dépenses totales.

De plus, l'EDA nous permet de découvrir toute valeur aberrante ou anomalie dans nos données qui pourrait avoir un impact significatif sur nos résultats de segmentation. En identifiant ces cas exceptionnels, nous pouvons prendre des décisions éclairées sur la manière de les traiter dans notre analyse ultérieure.

Les informations tirées de l'EDA sont essentielles pour guider notre approche de la segmentation de la clientèle. Elles nous aident à formuler des hypothèses sur les groupes de clients potentiels et à éclairer notre choix de variables et de méthodes pour le processus de segmentation. Cette compréhension approfondie de notre base de clients prépare le terrain pour une segmentation de la clientèle plus précise et significative, conduisant finalement à des stratégies marketing ciblées plus efficaces.

Analyse des distributions des dépenses et de la fréquence

L'analyse des distributions de **Total Spend** et de **Purchase Frequency** fournit des informations sur les habitudes de dépenses et l'engagement des clients.

```python
import matplotlib.pyplot as plt
import seaborn as sns
import numpy as np

# Plot Total Spend distribution
plt.figure(figsize=(12, 8))
sns.histplot(data=df, x='Total Spend', kde=True, color='skyblue', edgecolor='black')
plt.xlabel('Total Spend')
plt.ylabel('Frequency')
plt.title('Distribution of Total Spend')
plt.axvline(df['Total Spend'].mean(), color='red', linestyle='dashed', linewidth=2)
plt.text(df['Total    Spend'].mean()*1.1,    plt.gca().get_ylim()[1]*0.9,    'Mean',
color='red')
plt.show()

# Plot Purchase Frequency distribution
plt.figure(figsize=(12, 8))
sns.histplot(data=df,    x='Purchase    Frequency',    kde=True,    color='lightgreen',
edgecolor='black')
plt.xlabel('Purchase Frequency')
plt.ylabel('Frequency')
plt.title('Distribution of Purchase Frequency')
plt.axvline(df['Purchase    Frequency'].mean(),    color='red',    linestyle='dashed',
linewidth=2)
```

```python
plt.text(df['Purchase  Frequency'].mean()*1.1,  plt.gca().get_ylim()[1]*0.9,  'Mean',
color='red')
plt.show()

# Scatter plot of Total Spend vs Purchase Frequency
plt.figure(figsize=(12, 8))
sns.scatterplot(data=df, x='Total Spend', y='Purchase Frequency', alpha=0.6)
plt.xlabel('Total Spend')
plt.ylabel('Purchase Frequency')
plt.title('Total Spend vs Purchase Frequency')
plt.show()

# Box plots for Total Spend and Purchase Frequency
fig, (ax1, ax2) = plt.subplots(1, 2, figsize=(16, 6))
sns.boxplot(y=df['Total Spend'], ax=ax1)
ax1.set_title('Box Plot of Total Spend')
sns.boxplot(y=df['Purchase Frequency'], ax=ax2)
ax2.set_title('Box Plot of Purchase Frequency')
plt.tight_layout()
plt.show()

# Correlation heatmap
correlation = df[['Total Spend', 'Purchase Frequency', 'Age']].corr()
plt.figure(figsize=(10, 8))
sns.heatmap(correlation, annot=True, cmap='coolwarm', vmin=-1, vmax=1, center=0)
plt.title('Correlation Heatmap')
plt.show()
```

Cet extrait de code offre une analyse complète des distributions de Dépense Totale et de Fréquence d'Achat, ainsi que des visualisations supplémentaires pour fournir des informations plus approfondies sur les données. Décortiquons chaque composant du code :

1. Importation des bibliothèques :

    o matplotlib.pyplot : Pour créer des visualisations statiques, animées et interactives.

    o seaborn : Une bibliothèque de visualisation de données statistiques construite au-dessus de matplotlib.

    o numpy : Pour les opérations numériques (bien que non directement utilisé dans cet exemple, il est souvent utile dans l'analyse de données).

2. Distribution de la Dépense Totale :

    o Utilise le histplot de seaborn au lieu du hist de matplotlib pour une esthétique améliorée.

    o Inclut un graphique d'estimation de densité par noyau (KDE) pour montrer la densité de probabilité.

- o Ajoute une ligne verticale pour indiquer la Dépense Totale moyenne.

- o Inclut une étiquette de texte pour la moyenne.

3. Distribution de la Fréquence d'Achat :

- o Similaire au graphique de Dépense Totale, mais pour la Fréquence d'Achat.

- o Inclut également le KDE, la ligne de moyenne et l'étiquette de moyenne.

4. Nuage de points :

- o Visualise la relation entre la Dépense Totale et la Fréquence d'Achat.

- o Aide à identifier toute corrélation ou tout modèle entre ces deux variables.

- o Le paramètre alpha est défini sur 0,6 pour une meilleure visibilité en cas de chevauchement de points.

5. Boîtes à moustaches :

- o Fournit des boîtes à moustaches pour la Dépense Totale et la Fréquence d'Achat.

- o Aide à visualiser la distribution, y compris la médiane, les quartiles et les valeurs aberrantes potentielles.

- o Placées côte à côte pour une comparaison facile.

6. Carte thermique de corrélation :

- o Montre la corrélation entre la Dépense Totale, la Fréquence d'Achat et l'Âge.

- o Utilise une carte thermique codée par couleur avec annotation pour une interprétation facile.

- o La palette de couleurs coolwarm est utilisée, le rouge indiquant une corrélation positive et le bleu indiquant une corrélation négative.

Cet ensemble complet de visualisations permet une exploration plus approfondie des données, fournissant des informations sur les distributions, les relations entre les variables et les valeurs aberrantes potentielles. Il constitue une base solide pour une analyse ultérieure et la segmentation de la clientèle.

Analyse de la distribution de l'âge

L'examen de l'âge aide à identifier les données démographiques des clients, révélant des tendances telles que les groupes d'âge qui contribuent le plus aux dépenses ou à la fréquence.

```
import matplotlib.pyplot as plt
import seaborn as sns
import numpy as np
```

```python
# Plot Age distribution
plt.figure(figsize=(12, 8))
sns.histplot(data=df, x='Age', bins=20, kde=True, color='coral', edgecolor='black')
plt.xlabel('Age', fontsize=12)
plt.ylabel('Frequency', fontsize=12)
plt.title('Age Distribution of Customers', fontsize=14)

# Add mean age line
mean_age = df['Age'].mean()
plt.axvline(mean_age, color='red', linestyle='dashed', linewidth=2, label=f'Mean Age: {mean_age:.2f}')

# Add median age line
median_age = df['Age'].median()
plt.axvline(median_age,      color='green',      linestyle='dashed',      linewidth=2,
label=f'Median Age: {median_age:.2f}')

plt.legend(fontsize=10)

# Add age group annotations
age_groups = ['Young', 'Middle-aged', 'Senior']
age_boundaries = [0, 30, 60, df['Age'].max()]
for i in range(len(age_groups)):
    plt.annotate(age_groups[i],
                xy=((age_boundaries[i]            +            age_boundaries[i+1])/2,
plt.gca().get_ylim()[1]),
                xytext=(0,    10),    textcoords='offset    points',    ha='center',
va='bottom',
                bbox=dict(boxstyle='round,pad=0.5', fc='yellow', alpha=0.5),
                arrowprops=dict(arrowstyle = '->', connectionstyle='arc3,rad=0'))

plt.show()

# Calculate and print age statistics
print(f"Age Statistics:")
print(f"Mean Age: {mean_age:.2f}")
print(f"Median Age: {median_age:.2f}")
print(f"Age Range: {df['Age'].min()} - {df['Age'].max()}")
print(f"Standard Deviation: {df['Age'].std():.2f}")

# Age group analysis
age_bins = [0, 30, 60, df['Age'].max()]
age_labels = ['Young', 'Middle-aged', 'Senior']
df['AgeGroup']      =      pd.cut(df['Age'],      bins=age_bins,      labels=age_labels,
include_lowest=True)
age_group_stats = df.groupby('AgeGroup').agg({
    'Total Spend': 'mean',
    'Purchase Frequency': 'mean'
}).reset_index()

print("\\nAge Group Analysis:")
print(age_group_stats)
```

```
# Visualize age groups
plt.figure(figsize=(10, 6))
sns.barplot(x='AgeGroup', y='Total Spend', data=age_group_stats)
plt.title('Average Total Spend by Age Group')
plt.show()

plt.figure(figsize=(10, 6))
sns.barplot(x='AgeGroup', y='Purchase Frequency', data=age_group_stats)
plt.title('Average Purchase Frequency by Age Group')
plt.show()
```

Cet extrait de code offre une analyse approfondie de la distribution de l'Âge et de ses liens avec d'autres variables. Examinons les composants clés du code :

- Importation des bibliothèques : Nous importons matplotlib.pyplot pour créer des graphiques, seaborn pour des visualisations statistiques améliorées, numpy pour les opérations numériques, et pandas pour la manipulation de données.

- Graphique de distribution de l'Âge :
  - Nous utilisons le histplot de seaborn au lieu du plot de pandas pour une meilleure personnalisation.
  - Le graphique inclut une estimation de densité par noyau (KDE) pour une représentation plus lisse de la distribution.
  - Nous ajoutons des lignes verticales pour les âges moyen et médian avec des étiquettes appropriées.
  - Des annotations de groupes d'âge sont ajoutées pour donner du contexte aux différentes plages dans la distribution.

- Statistiques d'Âge : Nous calculons et affichons les statistiques clés concernant la distribution de l'âge, incluant la moyenne, la médiane, l'étendue et l'écart type.

- Analyse par groupe d'âge :
  - Nous créons des groupes d'âge (Jeune, Âge moyen, Senior) en utilisant la fonction cut de pandas.
  - Nous calculons ensuite la moyenne de la Dépense Totale et de la Fréquence d'Achat pour chaque groupe d'âge.

- Visualisations pour les groupes d'âge :
  - Deux graphiques à barres sont créés pour montrer la Dépense Totale moyenne et la Fréquence d'Achat moyenne pour chaque groupe d'âge.

o Ces visualisations aident à comprendre comment les comportements de dépense et d'achat varient selon les différents segments d'âge.

Cette approche globale ne se contente pas de visualiser la distribution de l'âge, mais fournit également des informations sur la façon dont l'âge se rapporte à des indicateurs clés tels que la Dépense Totale et la Fréquence d'Achat. Elle permet une compréhension plus nuancée de la clientèle, ce qui peut éclairer les stratégies marketing ciblées et les offres de produits pour différents groupes d'âge.

1.2.3 Segmentation de la clientèle par K-means

Après avoir mené une Analyse Exploratoire ces Données (EDA) approfondie, nous sommes bien préparés pour avancer vers la segmentation de la clientèle. Cette étape cruciale consiste à catégoriser les clients en fonction de trois indicateurs clés : **la Dépense Totale**, **la Fréquence d'Achat** et **l'Âge**. Pour accomplir cette tâche, nous emploierons l'algorithme de regroupement **K-means**, une méthode largement reconnue et efficace dans le domaine de la science des données.

Le regroupement K-means est particulièrement bien adapté à la segmentation de la clientèle en raison de sa capacité à identifier des regroupements naturels au sein d'ensembles de données complexes. En analysant les modèles de comportement des clients et les données démographiques, K-means peut révéler des segments de clients distincts qui partagent des caractéristiques similaires. Cette approche de segmentation offre plusieurs avantages :

*   Elle permet la découverte de modèles cachés dans les données clients qui peuvent ne pas être immédiatement apparents par les méthodes d'analyse traditionnelles.

*   Elle fournit une base fondée sur les données pour développer des stratégies marketing ciblées, car chaque segment représente un groupe unique de clients avec des besoins et des préférences spécifiques.

*   Elle permet aux entreprises d'allouer les ressources plus efficacement en adaptant leurs approches à chaque segment de clientèle.

Dans notre analyse, nous utiliserons K-means pour regrouper les clients présentant des modèles d'achat et des profils démographiques similaires. Cela nous aidera à comprendre la diversité des types de clients au sein de notre ensemble de données, des acheteurs fréquents à forte valeur aux acheteurs occasionnels ou à ceux qui effectuent des achats importants mais peu fréquents. En obtenant ces informations, nous pouvons développer des stratégies marketing plus personnalisées et efficaces, améliorer la fidélisation de la clientèle et potentiellement augmenter la valeur vie client globale.

Normalisation des caractéristiques

Il est important de normaliser les caractéristiques numériques avant d'appliquer K-means pour garantir que toutes les caractéristiques contribuent de manière égale au processus de regroupement.

Certainement ! Je vais développer l'exemple de code et fournir une explication détaillée. Voici une version améliorée du code :

```python
import pandas as pd
import numpy as np
import matplotlib.pyplot as plt
import seaborn as sns
from sklearn.preprocessing import StandardScaler
from sklearn.cluster import KMeans
from sklearn.metrics import silhouette_score

# Assuming df is your DataFrame with 'Total Spend', 'Purchase Frequency', and 'Age'
columns

# Select relevant features
features = df[['Total Spend', 'Purchase Frequency', 'Age']]

# Standardize the features
scaler = StandardScaler()
scaled_features = scaler.fit_transform(features)

print("\\nStandardized Features (first 5 rows):")
print(scaled_features[:5])

# Determine optimal number of clusters using the elbow method
inertias = []
silhouette_scores = []
k_range = range(2, 11)

for k in k_range:
    kmeans = KMeans(n_clusters=k, random_state=42)
    kmeans.fit(scaled_features)
    inertias.append(kmeans.inertia_)
    silhouette_scores.append(silhouette_score(scaled_features, kmeans.labels_))

# Plot the elbow curve
plt.figure(figsize=(12, 5))
plt.subplot(1, 2, 1)
plt.plot(k_range, inertias, 'bx-')
plt.xlabel('k')
plt.ylabel('Inertia')
plt.title('Elbow Method for Optimal k')

plt.subplot(1, 2, 2)
plt.plot(k_range, silhouette_scores, 'rx-')
plt.xlabel('k')
plt.ylabel('Silhouette Score')
plt.title('Silhouette Score for Optimal k')
plt.tight_layout()
plt.show()

# Choose the optimal number of clusters (let's say it's 3 for this example)
```

```
optimal_k = 3

# Apply K-means clustering
kmeans = KMeans(n_clusters=optimal_k, random_state=42)
df['Cluster'] = kmeans.fit_predict(scaled_features)

# Display cluster centroids
centroids = scaler.inverse_transform(kmeans.cluster_centers_)
centroid_df = pd.DataFrame(centroids, columns=['Total Spend', 'Purchase Frequency',
'Age'])
print("\\nCluster Centers:")
print(centroid_df)

# Visualize the clusters
plt.figure(figsize=(12, 8))
scatter = plt.scatter(df['Total Spend'], df['Purchase Frequency'], c=df['Cluster'],
cmap='viridis', alpha=0.7)
plt.scatter(centroids[:, 0], centroids[:, 1], c='red', marker='x', s=200,
linewidths=3)
plt.colorbar(scatter)
plt.xlabel('Total Spend')
plt.ylabel('Purchase Frequency')
plt.title('Customer Segmentation by Spending and Frequency')
plt.show()

# Analyze clusters
for i in range(optimal_k):
    cluster_data = df[df['Cluster'] == i]
    print(f"\\nCluster {i} Statistics:")
    print(cluster_data[['Total Spend', 'Purchase Frequency', 'Age']].describe())
```

Maintenant, décomposons ce code et expliquons ses composants :

1. **Importation des bibliothèques :** Nous importons les bibliothèques nécessaires pour la manipulation de données (pandas, numpy), la visualisation (matplotlib, seaborn) et l'apprentissage automatique (sklearn).

2. **Sélection et standardisation des caractéristiques :** Nous sélectionnons les caractéristiques pertinentes ('Total Spend', 'Purchase Frequency', 'Age') et les standardisons en utilisant StandardScaler. Cela garantit que toutes les caractéristiques contribuent de manière égale au processus de regroupement.

3. **Détermination du nombre optimal de clusters :** Nous utilisons la méthode du coude et le score de silhouette pour déterminer le nombre optimal de clusters. Cela implique d'exécuter K-means avec différents nombres de clusters (de 2 à 10) et de tracer l'inertie et les scores de silhouette.

4. **Application du regroupement K-means :** Une fois que nous avons déterminé le nombre optimal de clusters, nous appliquons le regroupement K-means à nos données standardisées.

5. **Visualisation des résultats :** Nous créons un nuage de points pour visualiser les clusters, en utilisant différentes couleurs pour chaque cluster et en marquant les centroïdes avec des marqueurs « X » rouges.

6. **Analyse des clusters :** Nous affichons des statistiques descriptives pour chaque cluster afin de comprendre les caractéristiques de chaque segment de clientèle.

Ce code offre une approche plus robuste de la segmentation de la clientèle :

- Il aide à déterminer le nombre optimal de clusters, plutôt que de choisir arbitrairement trois clusters.

- Il fournit des aides visuelles (courbe du coude et graphique du score de silhouette) pour soutenir le choix du nombre de clusters.

- La visualisation des clusters inclut les centroïdes, donnant une image plus claire du centre de chaque cluster.

- Il inclut une analyse détaillée des statistiques de chaque cluster, permettant une interprétation plus nuancée de chaque segment de clientèle.

Cette approche globale permet une segmentation de la clientèle plus éclairée et fondée sur les données, fournissant des informations plus approfondies sur le comportement et les caractéristiques des clients. Ces informations peuvent être utilisées pour développer des stratégies marketing plus ciblées et améliorer l'engagement client.

Application du regroupement K-means

Maintenant, nous appliquons K-means pour segmenter les clients en clusters.

```python
import pandas as pd
import numpy as np
import matplotlib.pyplot as plt
import seaborn as sns
from sklearn.preprocessing import StandardScaler
from sklearn.cluster import KMeans
from sklearn.metrics import silhouette_score

# Assuming df is your DataFrame with 'Total Spend', 'Purchase Frequency', and 'Age'
columns

# Select relevant features
features = df[['Total Spend', 'Purchase Frequency', 'Age']]

# Standardize the features
scaler = StandardScaler()
scaled_features = scaler.fit_transform(features)
```

```python
print("\\nStandardized Features (first 5 rows):")
print(scaled_features[:5])

# Determine optimal number of clusters using the elbow method
inertias = []
silhouette_scores = []
k_range = range(2, 11)

for k in k_range:
    kmeans = KMeans(n_clusters=k, random_state=42)
    kmeans.fit(scaled_features)
    inertias.append(kmeans.inertia_)
    silhouette_scores.append(silhouette_score(scaled_features, kmeans.labels_))

# Plot the elbow curve
plt.figure(figsize=(12, 5))
plt.subplot(1, 2, 1)
plt.plot(k_range, inertias, 'bx-')
plt.xlabel('k')
plt.ylabel('Inertia')
plt.title('Elbow Method for Optimal k')

plt.subplot(1, 2, 2)
plt.plot(k_range, silhouette_scores, 'rx-')
plt.xlabel('k')
plt.ylabel('Silhouette Score')
plt.title('Silhouette Score for Optimal k')
plt.tight_layout()
plt.show()

# Choose the optimal number of clusters (let's say it's 3 for this example)
optimal_k = 3

# Apply K-means clustering
kmeans = KMeans(n_clusters=optimal_k, random_state=42)
df['Cluster'] = kmeans.fit_predict(scaled_features)

# Display cluster centroids
centroids = scaler.inverse_transform(kmeans.cluster_centers_)
centroid_df = pd.DataFrame(centroids, columns=['Total Spend', 'Purchase Frequency',
'Age'])
print("\\nCluster Centers:")
print(centroid_df)

# Visualize the clusters
plt.figure(figsize=(12, 8))
scatter = plt.scatter(df['Total Spend'], df['Purchase Frequency'], c=df['Cluster'],
cmap='viridis', alpha=0.7)
plt.scatter(centroids[:, 0], centroids[:, 1], c='red', marker='x', s=200,
linewidths=3)
plt.colorbar(scatter)
```

```
plt.xlabel('Total Spend')
plt.ylabel('Purchase Frequency')
plt.title('Customer Segmentation by Spending and Frequency')
plt.show()

# Analyze clusters
for i in range(optimal_k):
    cluster_data = df[df['Cluster'] == i]
    print(f"\\nCluster {i} Statistics:")
    print(cluster_data[['Total Spend', 'Purchase Frequency', 'Age']].describe())
```

Maintenant, décomposons ce code et expliquons ses composants :

1. **Importation des bibliothèques :** Nous importons les bibliothèques nécessaires pour la manipulation de données (pandas, numpy), la visualisation (matplotlib, seaborn) et l'apprentissage automatique (sklearn).

2. **Sélection et standardisation des caractéristiques :** Nous sélectionnons les caractéristiques pertinentes ('Total Spend', 'Purchase Frequency', 'Age') et les standardisons en utilisant StandardScaler. Cela garantit que toutes les caractéristiques contribuent de manière égale au processus de regroupement.

3. **Détermination du nombre optimal de clusters :** Nous utilisons la méthode du coude et le score de silhouette pour déterminer le nombre optimal de clusters. Cela implique d'exécuter K-means avec différents nombres de clusters (de 2 à 10) et de tracer l'inertie et les scores de silhouette.

4. **Application du regroupement K-means :** Une fois que nous avons déterminé le nombre optimal de clusters, nous appliquons le regroupement K-means à nos données standardisées.

5. **Visualisation des résultats :** Nous créons un nuage de points pour visualiser les clusters, en utilisant différentes couleurs pour chaque cluster et en marquant les centroïdes avec des marqueurs « X » rouges.

6. **Analyse des clusters :** Nous affichons des statistiques descriptives pour chaque cluster afin de comprendre les caractéristiques de chaque segment de clientèle.

Ce code offre une approche plus robuste de la segmentation de la clientèle :

- Il aide à déterminer le nombre optimal de clusters, plutôt que de choisir arbitrairement trois clusters.

- Il fournit des aides visuelles (courbe du coude et graphique du score de silhouette) pour soutenir le choix du nombre de clusters.

- La visualisation des clusters inclut les centroïdes, donnant une image plus claire du centre de chaque cluster.

- Il inclut une analyse détaillée des statistiques de chaque cluster, permettant une interprétation plus nuancée de chaque segment de clientèle.

Cette approche globale permet une segmentation de la clientèle plus éclairée et fondée sur les données, fournissant des informations plus approfondies sur le comportement et les caractéristiques des clients. Ces informations peuvent être utilisées pour développer des stratégies marketing plus ciblées et améliorer l'engagement client.

Visualisation des clusters

La visualisation des clusters offre une vue claire des segments de clientèle, facilitant l'interprétation des caractéristiques uniques de chaque groupe.

```python
import pandas as pd
import numpy as np
import matplotlib.pyplot as plt
import seaborn as sns
from sklearn.preprocessing import StandardScaler
from sklearn.cluster import KMeans
from sklearn.metrics import silhouette_score

# Assuming df is your DataFrame with 'Total Spend', 'Purchase Frequency', and 'Age'
columns

# Select relevant features
features = df[['Total Spend', 'Purchase Frequency', 'Age']]

# Standardize the features
scaler = StandardScaler()
scaled_features = scaler.fit_transform(features)

# Determine optimal number of clusters using the elbow method and silhouette score
inertias = []
silhouette_scores = []
k_range = range(2, 11)

for k in k_range:
    kmeans = KMeans(n_clusters=k, random_state=42)
    kmeans.fit(scaled_features)
    inertias.append(kmeans.inertia_)
    silhouette_scores.append(silhouette_score(scaled_features, kmeans.labels_))

# Plot the elbow curve and silhouette scores
plt.figure(figsize=(12, 5))
plt.subplot(1, 2, 1)
plt.plot(k_range, inertias, 'bx-')
plt.xlabel('Number of Clusters (k)')
plt.ylabel('Inertia')
plt.title('Elbow Method for Optimal k')

plt.subplot(1, 2, 2)
```

```python
plt.plot(k_range, silhouette_scores, 'rx-')
plt.xlabel('Number of Clusters (k)')
plt.ylabel('Silhouette Score')
plt.title('Silhouette Score for Optimal k')
plt.tight_layout()
plt.show()

# Choose the optimal number of clusters (let's say it's 3 for this example)
optimal_k = 3

# Apply K-means clustering
kmeans = KMeans(n_clusters=optimal_k, random_state=42)
df['Cluster'] = kmeans.fit_predict(scaled_features)

# Visualize the clusters
plt.figure(figsize=(12, 8))
scatter = plt.scatter(df['Total Spend'], df['Purchase Frequency'], c=df['Cluster'],
                cmap='viridis', alpha=0.7, s=50)
plt.colorbar(scatter)
plt.xlabel('Total Spend')
plt.ylabel('Purchase Frequency')
plt.title('Customer Segmentation by Spending and Frequency')

# Add cluster centers to the plot
centroids = scaler.inverse_transform(kmeans.cluster_centers_)
plt.scatter(centroids[:, 0], centroids[:, 1], c='red', marker='X', s=200,
linewidths=3)

# Add a legend
for i in range(optimal_k):
    plt.annotate(f'Cluster {i}', (centroids[i, 0], centroids[i, 1]),
                xytext=(5, 5), textcoords='offset points')

plt.show()

# Pairplot for multi-dimensional visualization
sns.pairplot(df, vars=['Total Spend', 'Purchase Frequency', 'Age'], hue='Cluster',
            palette='viridis', plot_kws={'alpha': 0.7})
plt.suptitle('Pairwise Relationships Between Features by Cluster', y=1.02)
plt.show()

# Analyze clusters
for i in range(optimal_k):
    cluster_data = df[df['Cluster'] == i]
    print(f"\\nCluster {i} Statistics:")
    print(cluster_data[['Total Spend', 'Purchase Frequency', 'Age']].describe())

# Boxplot to compare feature distributions across clusters
plt.figure(figsize=(15, 5))
for i, feature in enumerate(['Total Spend', 'Purchase Frequency', 'Age']):
    plt.subplot(1, 3, i+1)
    sns.boxplot(x='Cluster', y=feature, data=df)
```

```
    plt.title(f'{feature} Distribution by Cluster')
plt.tight_layout()
plt.show()
```

Cet exemple de code offre une approche complète de la segmentation client en utilisant le regroupement K-means. Examinons les composants clés et leurs fonctions :

1. Préparation des données : Nous commençons par sélectionner les caractéristiques pertinentes ('Total Spend', 'Purchase Frequency', 'Age') et les standardisons en utilisant StandardScaler. Cela garantit que toutes les caractéristiques contribuent de manière égale au processus de regroupement, quelle que soit leur échelle d'origine.

2. Détermination des clusters optimaux : Nous utilisons à la fois la méthode du coude et le score de silhouette pour déterminer le nombre optimal de clusters. Cela implique d'exécuter K-means avec différents nombres de clusters (de 2 à 10) et de tracer l'inertie et les scores de silhouette. Ces graphiques aident à identifier visuellement le meilleur nombre de clusters.

3. Application de K-means : Une fois que nous avons déterminé le nombre optimal de clusters, nous appliquons le regroupement K-means à nos données standardisées et attribuons chaque client à un cluster.

4. Visualisation :

    o   Nous créons un nuage de points pour visualiser les clusters en fonction des dépenses totales et de la fréquence d'achat. Chaque point représente un client, coloré selon son cluster attribué.

    o   Nous ajoutons les centroïdes des clusters au graphique, marqués par des marqueurs « X » rouges, pour montrer le centre de chaque cluster.

    o   Un graphique de paires est créé pour montrer les relations par paires entre toutes les caractéristiques, colorées par cluster. Cela aide à comprendre comment les clusters diffèrent à travers plusieurs dimensions.

5. Analyse des clusters :

    o   Nous affichons des statistiques descriptives pour chaque cluster afin de comprendre les caractéristiques de chaque segment de clientèle.

    o   Des boîtes à moustaches sont créées pour comparer la distribution de chaque caractéristique à travers les clusters, fournissant une représentation visuelle claire de la façon dont les clusters diffèrent en termes de dépenses, de fréquence d'achat et d'âge.

Cette approche complète permet une segmentation client éclairée et fondée sur les données, fournissant des informations plus approfondies sur le comportement et les caractéristiques des clients. Les multiples visualisations et analyses statistiques permettent une compréhension approfondie de chaque segment de clientèle. Ces informations peuvent être exploitées pour développer des stratégies marketing ciblées et améliorer l'engagement client.

1.2.4 Interprétation des clusters et informations exploitables

Après avoir segmenté les clients par regroupement, nous pouvons tirer des informations précieuses et développer des stratégies ciblées pour chaque groupe. Approfondissons les caractéristiques de chaque cluster et explorons les approches marketing potentielles :

1. **Cluster 0 : Acheteurs à forte valeur et faible fréquence**Ces clients présentent des dépenses totales élevées mais une faible fréquence d'achat, indiquant qu'ils sont sélectifs et potentiellement fidèles à des produits ou marques spécifiques. Leur comportement suggère qu'ils effectuent probablement des achats importants et planifiés plutôt que des achats fréquents et plus petits. Pour engager ce groupe :

   o Mettre en place un programme de fidélité à plusieurs niveaux qui récompense les achats de grande valeur

   o Offrir des promotions personnalisées et exclusives sur les produits premium

   o Fournir des services VIP, tels que des assistants de shopping personnels ou un accès anticipé aux nouveaux produits

   o Créer des événements spéciaux ou des ateliers pour approfondir leur lien avec la marque

2. **Cluster 1 : Dépensiers modérés et réguliers**Ce segment représente l'épine dorsale de l'activité régulière, avec des achats fréquents et des dépenses modérées. Ils ont probablement une bonne compréhension de la gamme de produits et trouvent une valeur constante dans les offres. Pour mieux les engager et potentiellement augmenter leurs dépenses :

   o Introduire un système de récompenses basé sur des points pour les achats fréquents

   o Développer des offres groupées qui encouragent des dépenses légèrement plus élevées par visite

   o Créer un modèle d'abonnement pour les articles fréquemment achetés

   o Mettre en œuvre une vente croisée ciblée basée sur leur historique d'achat

3. **Cluster 2 : Clients jeunes et soucieux du budget**Ce groupe se caractérise par des dépenses totales plus faibles et une fréquence d'achat modérée, indiquant possiblement une sensibilité au prix ou un revenu disponible limité. Ils représentent un potentiel de croissance s'ils sont engagés efficacement. Les stratégies pour ce segment pourraient inclure :

- o Développer une campagne de marketing par courriel robuste mettant en vedette des options économiques et des ventes éclair

- o Créer un programme de parrainage avec des incitatifs pour attirer de nouveaux clients

- o Offrir des plans de paiement ou des options de financement pour les articles plus chers

- o S'engager sur les réseaux sociaux avec des campagnes de contenu généré par les utilisateurs et des partenariats avec des influenceurs

En adaptant les efforts marketing aux caractéristiques uniques de chaque cluster, les entreprises peuvent maximiser l'engagement client, accroître la fidélité et potentiellement générer des revenus plus élevés dans tous les segments. Une analyse et un raffinement réguliers de ces clusters garantiront que les stratégies restent pertinentes à mesure que les comportements des clients évoluent au fil du temps.

1.2.5 Points clés et meilleures pratiques

- **Préparation des données :** Cruciale pour un regroupement précis, cette étape implique une gestion méticuleuse des valeurs manquantes, la suppression des doublons et la standardisation des caractéristiques. Une préparation appropriée des données garantit que l'algorithme de regroupement fonctionne avec des données propres et cohérentes, conduisant à des résultats plus fiables.

- **Analyse exploratoire des données (AED) :** Cette phase critique aide à découvrir des tendances dans les dépenses des clients, la fréquence d'achat et les données démographiques. En visualisant et en analysant les données, les analystes peuvent obtenir des informations initiales qui guident le processus de segmentation et informent le choix des paramètres de regroupement.

- **Regroupement K-means :** Une méthode puissante pour segmenter les clients de détail, K-means regroupe efficacement les clients similaires en fonction des caractéristiques sélectionnées. Les clusters résultants fournissent des informations exploitables sur les types de clients distincts, permettant aux entreprises d'adapter leurs stratégies en conséquence.

- **Interprétation des clusters :** L'art de traduire les résultats statistiques en segments de clientèle significatifs. Ce processus implique d'analyser les caractéristiques de chaque cluster pour comprendre les comportements et préférences uniques de différents groupes de clients, facilitant le développement de stratégies marketing ciblées.

- **Raffinement itératif :** La segmentation client n'est pas une tâche ponctuelle. Une réévaluation et un raffinement réguliers du modèle de regroupement garantissent que les segments restent pertinents à mesure que les comportements des clients évoluent au fil du temps.

- **Collaboration interfonctionnelle :** Une segmentation client efficace nécessite la contribution de divers départements, y compris le marketing, les ventes et le développement de produits. Cette approche collaborative garantit que les informations tirées du regroupement sont exploitables dans toute l'organisation.

- **Considérations éthiques :** Lors de la segmentation des clients, il est crucial de maintenir la confidentialité et d'éviter les pratiques discriminatoires. Assurez-vous que le processus de segmentation est conforme aux réglementations sur la protection des données et aux directives éthiques.

1.3 Exercices pratiques pour le chapitre 1

Ces exercices offrent une pratique concrète des techniques de segmentation client et d'analyse de données dans les données de vente au détail et de santé. Chaque exercice est conçu pour renforcer votre compréhension de la préparation des données, de l'exploration et des techniques de regroupement. Des solutions avec du code sont incluses à titre indicatif.

Exercice 1 : Gestion des valeurs manquantes dans les données de vente au détail

Vous disposez d'un ensemble de données de vente au détail avec des colonnes telles que **CustomerID**, **Age**, **Total Spend** et **Purchase Frequency**. Votre tâche consiste à gérer les valeurs manquantes comme suit :

1. Supprimer les lignes avec un **CustomerID** manquant.

2. Remplir les valeurs **Age** manquantes avec l'âge médian.

3. Supprimer les colonnes avec plus de 50 % de valeurs manquantes.

```python
import pandas as pd

# Sample retail data with missing values
data = {'CustomerID': [1, 2, None, 4, 5],
        'Age': [25, 34, None, 45, 28],
        'Total Spend': [2000, 1500, 3000, None, 1800],
        'Purchase Frequency': [15, 10, 8, 5, None]}
df = pd.DataFrame(data)

# Solution: Handle missing values
df.dropna(subset=['CustomerID'], inplace=True)
df['Age'].fillna(df['Age'].median(), inplace=True)
df = df.dropna(thresh=len(df) * 0.5, axis=1)

print("Data after handling missing values:")
```

```
print(df)
```

Dans cette solution :

Les lignes avec un **CustomerID** manquant sont supprimées, les valeurs d'**Age** sont remplies avec la médiane, et les colonnes avec plus de 50 % de données manquantes sont supprimées.

Exercice 2 : Encodage des variables catégorielles dans les données de santé

Étant donné un ensemble de données de santé avec des colonnes telles que **Gender** et **Diagnosis**, appliquez un encodage one-hot pour convertir ces variables catégorielles en variables fictives.

```
# Sample healthcare data
data = {'PatientID': [1, 2, 3, 4],
        'Gender': ['Male', 'Female', 'Female', 'Male'],
        'Diagnosis': ['Diabetes', 'Hypertension', 'Diabetes', 'Heart Disease']}
df = pd.DataFrame(data)

# Solution: Apply one-hot encoding
df_encoded = pd.get_dummies(df, columns=['Gender', 'Diagnosis'], drop_first=True)

print("Data after encoding categorical variables:")
print(df_encoded)
```

Dans cette solution :

L'encodage one-hot convertit **Gender** et **Diagnosis** en variables fictives, en supprimant la première catégorie pour éviter la multicolinéarité.

Exercice 3 : Standardisation des caractéristiques pour le regroupement

En utilisant un ensemble de données de vente au détail avec les colonnes **Total Spend**, **Purchase Frequency** et **Age**, standardisez ces caractéristiques pour préparer le regroupement.

```
from sklearn.preprocessing import StandardScaler

# Sample retail data
data = {'Total Spend': [2000, 3000, 2500, 1800, 3500],
        'Purchase Frequency': [15, 10, 20, 5, 12],
        'Age': [25, 30, 35, 40, 29]}
df = pd.DataFrame(data)

# Solution: Standardize features
scaler = StandardScaler()
scaled_features = scaler.fit_transform(df)

print("Standardized Features:")
print(scaled_features)
```

Dans cette solution :

StandardScaler est utilisé pour standardiser **Total Spend**, **Purchase Frequency** et **Age**, garantissant qu'ils contribuent de manière égale au regroupement.

Exercice 4 : Application de K-means pour la segmentation client

En utilisant un ensemble de données avec les colonnes **Total Spend**, **Purchase Frequency** et **Age**, appliquez le regroupement K-means avec trois clusters pour segmenter les clients.

```python
from sklearn.cluster import KMeans

# Sample retail data
data = {'Total Spend': [2000, 3000, 2500, 1800, 3500],
        'Purchase Frequency': [15, 10, 20, 5, 12],
        'Age': [25, 30, 35, 40, 29]}
df = pd.DataFrame(data)

# Standardize features before clustering
scaler = StandardScaler()
scaled_features = scaler.fit_transform(df)

# Solution: Apply K-means with 3 clusters
kmeans = KMeans(n_clusters=3, random_state=42)
df['Cluster'] = kmeans.fit_predict(scaled_features)

print("Clustered Data with K-means:")
print(df)
```

Dans cette solution :

Le regroupement K-means avec n_clusters=3 segmente les clients, et chaque client est assigné à un cluster en fonction de ses dépenses, de sa fréquence et de son âge.

Exercice 5 : Utilisation de la méthode du coude pour sélectionner le K optimal

En utilisant le même ensemble de données de vente au détail, utilisez la méthode du coude pour déterminer le nombre optimal de clusters (K) pour le regroupement K-means.

```python
inertia_values = []
K_range = range(1, 6)

# Calculate inertia for each K
for k in K_range:
    kmeans = KMeans(n_clusters=k, random_state=42)
    kmeans.fit(scaled_features)
    inertia_values.append(kmeans.inertia_)

# Plot inertia values
```

```
import matplotlib.pyplot as plt

plt.figure(figsize=(8, 4))
plt.plot(K_range, inertia_values, marker='o')
plt.xlabel('Number of Clusters (K)')
plt.ylabel('Inertia')
plt.title('Elbow Method for Optimal K')
plt.show()
```

Dans cette solution :

La **Méthode du coude** est utilisée pour tracer les valeurs d'inertie, nous permettant d'observer le point de « coude » où l'ajout de clusters cesse de réduire significativement l'inertie.

Ces exercices couvrent la préparation des données, l'encodage des caractéristiques, la standardisation, le regroupement K-means et la sélection du nombre optimal de clusters. En pratiquant ces étapes, vous acquerrez une solide compréhension des techniques d'analyse de données et de segmentation dans les contextes de la vente au détail et de la santé.

1.4 Qu'est-ce qui pourrait mal tourner ?

Dans l'analyse de données du monde réel, en particulier dans les projets de segmentation client et de données de santé, plusieurs défis et pièges peuvent survenir. Voici quelques problèmes courants à connaître, ainsi que des solutions pour les atténuer.

1.4.1 Mauvaise qualité des données

Les ensembles de données du monde réel contiennent souvent des valeurs manquantes, des doublons ou des incohérences, qui peuvent conduire à des résultats inexacts s'ils ne sont pas traités avec soin. Des problèmes tels que des erreurs de saisie de données, des détails démographiques manquants ou des enregistrements mal étiquetés peuvent avoir un impact significatif sur les résultats de l'analyse.

Qu'est-ce qui pourrait mal tourner ?

- Des données manquantes ou incorrectes peuvent fausser les informations, conduisant à des segments de clients ou des prédictions liées à la santé peu fiables.

- Les doublons peuvent gonfler certains schémas, créant des conclusions trompeuses sur le comportement des clients ou les caractéristiques des patients.

Solution :

- Nettoyez et prétraitez soigneusement les données, en traitant les valeurs manquantes, en supprimant les doublons et en standardisant les données selon les besoins. Utilisez des techniques d'imputation (par exemple, la médiane pour les données d'âge manquantes) et consultez des experts du domaine pour valider les valeurs critiques, en particulier dans les données de santé.

1.4.2 Dépendance excessive au regroupement automatisé

Les algorithmes de regroupement automatisés comme K-means sont populaires pour leur efficacité, mais ils supposent que les clusters sont sphériques et de taille égale, ce qui peut ne pas être vrai pour tous les ensembles de données. Les données de vente au détail et de santé peuvent présenter des formes de clusters irrégulières ou des clusters de densités variables.

Qu'est-ce qui pourrait mal tourner ?

- Des algorithmes comme K-means peuvent forcer les données dans des clusters mal définis, réduisant l'interprétabilité du modèle.

- Dans la vente au détail, les segments de clients peuvent être regroupés incorrectement si les données contiennent des clusters de taille inégale, entraînant des stratégies de marketing mal informées.

Solution :

- Utilisez une combinaison d'algorithmes de regroupement adaptés à la structure des données, tels que **DBSCAN** pour les clusters irréguliers ou le **regroupement hiérarchique** lorsque le nombre de clusters est inconnu. Testez différentes méthodes et comparez la qualité du regroupement avec des mesures comme le **Score de silhouette** et l'**indice de Davies-Bouldin**.

1.4.3 Mauvaise interprétation des caractéristiques des clusters

Les clusters devraient fournir des informations exploitables, mais il est facile de mal interpréter les caractéristiques si les schémas de données ne sont pas clairement compris. Par exemple, les clusters peuvent se former en fonction des dépenses, mais sans interprétation appropriée, il est difficile de comprendre si le groupe représente des clients de grande valeur ou des clients axés sur les rabais.

Qu'est-ce qui pourrait mal tourner ?

- Les stratégies de marketing ou de santé pourraient être basées sur des hypothèses incorrectes concernant chaque cluster, conduisant à des campagnes inefficaces ou à des interventions auprès des patients.

- Une mauvaise interprétation pourrait entraîner des offres mal ciblées, diminuant l'engagement et la satisfaction des clients.

Solution :

- Après le regroupement, effectuez un examen approfondi des caractéristiques de chaque cluster. Utilisez des statistiques descriptives, visualisez les caractéristiques clés et collaborez avec des experts du domaine pour valider les interprétations. Dans la vente au détail, analysez les schémas de dépenses, les distributions d'âge et la fréquence des achats pour comprendre précisément le comportement de chaque segment.

1.4.4 Sélection d'un nombre inapproprié de clusters

Déterminer le nombre optimal de clusters peut être difficile, en particulier lors de l'utilisation de la méthode du coude, qui est parfois ambiguë. Choisir trop peu de clusters peut entraîner des segments trop larges, tandis que trop de clusters peuvent sur-segmenter les clients, compliquant l'interprétation.

Qu'est-ce qui pourrait mal tourner ?

- Trop peu de clusters peuvent masquer les besoins uniques des clients ou les schémas de santé, rendant difficile l'application de stratégies spécifiques et ciblées.

- Trop de clusters augmentent la complexité, diluant l'accent mis sur les groupes de clients clés ou les caractéristiques des patients.

Solution :

- Expérimentez avec différentes valeurs de K et évaluez chaque option avec plusieurs mesures de regroupement, telles que le **Score de silhouette** et l'**indice de Davies-Bouldin**. Visualisez les clusters pour observer les schémas, et combinez l'analyse statistique avec les objectifs commerciaux pour sélectionner un nombre équilibré de clusters.

1.4.5 Négliger des caractéristiques importantes pour la segmentation

Dans les données de vente au détail et de santé, certaines caractéristiques peuvent être négligées lors du regroupement, conduisant à des segments incomplets. Par exemple, ignorer les tendances d'achat saisonnières ou les facteurs de santé critiques pourrait entraîner des clusters qui manquent d'informations cruciales.

Qu'est-ce qui pourrait mal tourner ?

- Les caractéristiques manquantes peuvent réduire la pertinence des segments de clients, car ils peuvent ne pas refléter pleinement les préférences des clients ou les états de santé des patients.

- Dans le domaine de la santé, l'omission de facteurs critiques peut conduire à des clusters qui manquent de pouvoir prédictif pour comprendre les résultats des patients.

Solution :

- Examinez attentivement les caractéristiques disponibles et consultez les parties prenantes pour identifier les variables importantes avant le regroupement. Envisagez l'ingénierie des caractéristiques, comme la création d'indicateurs saisonniers ou de termes d'interaction, pour améliorer la capacité de l'ensemble de données à capturer un comportement nuancé des clients ou des patients.

1.4.6 Ignorer les préoccupations relatives à la confidentialité et à l'éthique des données

Dans le domaine de la santé et de la segmentation client, la confidentialité des données est primordiale. La collecte, l'analyse et le stockage d'informations personnelles sans garanties adéquates peuvent entraîner des problèmes éthiques et juridiques, en particulier avec les données de santé.

Qu'est-ce qui pourrait mal tourner ?

- L'utilisation abusive ou la mauvaise gestion de données sensibles peuvent entraîner des violations de la vie privée, des sanctions financières et une atteinte à la réputation.

- La confiance des clients ou des patients peut être compromise si les données sont utilisées sans transparence ou sans mesures de protection adéquates.

Solution :

- Mettez en œuvre des protocoles de confidentialité des données, y compris l'anonymisation des informations personnelles et le respect des réglementations telles que le RGPD ou la HIPAA. Communiquez les pratiques d'utilisation des données de manière transparente et assurez-vous que les considérations éthiques guident l'analyse des données, en particulier dans les projets de santé.

Conclusion

L'analyse de données et le regroupement peuvent révéler des informations précieuses, mais le succès dépend d'une attention particulière à la qualité des données, à la sélection d'algorithmes et aux considérations éthiques. En comprenant et en abordant ces pièges potentiels, vous pouvez mener des analyses précises et fiables qui favorisent une segmentation client efficace et des informations sur la santé.

Résumé du Chapitre 1

Dans le Chapitre 1, nous avons exploré l'application des techniques de science des données dans des scénarios du monde réel, en nous concentrant spécifiquement sur la segmentation client dans la vente au détail et l'analyse de données de santé. Ces études de cas soulignent l'importance d'une gestion des données de bout en bout, depuis la préparation des données jusqu'au regroupement et à l'interprétation, offrant un aperçu complet de la façon dont la science des données peut orienter les décisions stratégiques dans divers secteurs.

Dans notre **étude de cas en santé**, nous avons commencé par discuter de l'importance de comprendre et de préparer les données. Cette étape fondamentale impliquait le traitement des valeurs manquantes, l'encodage des variables catégorielles et la standardisation des caractéristiques, garantissant que l'ensemble de données était prêt pour une analyse précise. Nous avons ensuite effectué une analyse exploratoire des données (EDA) pour identifier les tendances démographiques et diagnostiques, nous donnant une compréhension plus approfondie des schémas pouvant influencer les soins aux patients. Grâce à l'EDA, nous avons identifié comment des facteurs tels que l'âge ou les antécédents médicaux sont corrélés à des résultats de santé spécifiques, nous permettant de jeter les bases d'informations exploitables. L'étude de cas en santé met en évidence l'impact des décisions fondées sur les données dans l'amélioration des résultats pour les patients et de l'efficacité des soins de santé, soulignant la nécessité d'une gestion précise des données et d'une exploration perspicace.

Notre deuxième étude de cas s'est concentrée sur la **segmentation client dans la vente au détail**, où nous avons cherché à diviser les clients en groupes distincts en fonction de leur comportement d'achat et de leurs caractéristiques démographiques. Ici, le regroupement K-means a servi d'outil principal pour segmenter les clients par âge, dépenses totales et fréquence d'achat. Pour assurer un regroupement efficace, nous avons appliqué la standardisation, facilitant l'analyse des schémas clients sans biais lié aux différences d'échelle. Nous avons également discuté des mesures d'évaluation telles que la méthode du coude, le Score de silhouette et l'indice de Davies-Bouldin pour valider et optimiser notre approche de segmentation. Chaque segment a révélé des caractéristiques uniques, nous aidant à comprendre et à répondre aux différents besoins des clients, des acheteurs occasionnels à fortes dépenses aux clients réguliers soucieux de leur budget. Cette analyse a démontré comment la segmentation fournit aux détaillants les informations nécessaires pour concevoir des stratégies de marketing ciblées, accroître la satisfaction client et améliorer l'efficacité globale de l'entreprise.

Tout au long des deux études de cas, nous avons rencontré des défis courants en analyse de données, tels que les valeurs manquantes, la nécessité d'une sélection minutieuse des caractéristiques et les pièges potentiels du regroupement. Pour aborder ces problèmes, nous avons appliqué des solutions pratiques afin de maintenir l'intégrité des données et d'extraire des informations significatives. De plus, nous avons discuté des considérations éthiques, particulièrement pertinentes dans l'analyse de données de santé, où la confidentialité et la gestion éthique des données sont essentielles.

Dans l'ensemble, ce chapitre met en évidence la polyvalence de la science des données dans la résolution de problèmes concrets dans divers secteurs. Grâce à des processus structurés et à une analyse réfléchie, les données peuvent être transformées en informations puissantes qui éclairent la prise de décision, améliorent les résultats et créent de la valeur. Les compétences et méthodes abordées dans ce chapitre servent de fondation pour appliquer l'analyse de données dans des contextes variés, que ce soit dans la santé, la vente au détail ou au-delà, démontrant le potentiel pratique et transformateur de la science des données.

Chapitre 2 : Ingénierie des caractéristiques pour les modèles prédictifs

L'ingénierie des caractéristiques est un processus crucial qui transforme les données brutes en caractéristiques significatives, améliorant considérablement les performances et la précision d'un modèle. Ce processus complexe exige une compréhension approfondie du domaine, un examen minutieux des données et une approche parfaitement ciblée du problème en question.

Dans ce chapitre, nous explorons en profondeur les techniques sophistiquées employées pour créer des caractéristiques puissantes pour les modèles prédictifs, en nous appuyant sur des exemples variés provenant d'un large éventail de domaines afin d'illustrer leurs applications pratiques et leur impact potentiel.

Notre premier exemple se concentre sur le secteur de la santé, en abordant spécifiquement la question critique de la **prédiction de l'attrition des clients**. Ce cas d'usage particulier revêt une importance immense dans l'industrie de la santé, car la fidélisation et la satisfaction des patients ne sont pas simplement des résultats souhaitables, mais des piliers fondamentaux qui sous-tendent des soins efficaces aux patients et garantissent la viabilité à long terme et la pérennité des prestataires de soins de santé.

En exploitant des techniques avancées d'ingénierie des caractéristiques dans ce contexte, nous pouvons découvrir des informations précieuses qui permettent aux organisations de santé de traiter de manière proactive les risques potentiels d'attrition, conduisant finalement à de meilleurs résultats pour les patients et à des écosystèmes de santé plus robustes.

2.1 Prédire l'attrition des clients : Données de santé

La prédiction de l'attrition des clients est un aspect critique de la gestion des soins de santé qui se concentre sur l'identification des patients ou clients susceptibles de mettre fin à leur relation avec un prestataire de soins de santé. Ce concept va au-delà de la simple fidélisation des patients ; il s'agit de maintenir la continuité des soins, ce qui est crucial pour des résultats de santé optimaux. Dans le contexte de la santé, l'attrition peut se manifester de diverses manières :

1. Arrêt des bilans de santé réguliers

2. Manquement à l'observance des plans de traitement prescrits

3. Changement de prestataires de soins de santé

4. Non-conformité aux recommandations de soins préventifs

Comprendre et prédire l'attrition permet aux organisations de santé de mettre en œuvre des interventions ciblées, telles que :

- Communications de suivi personnalisées Programmes d'éducation sanitaire sur mesure Systèmes de planification de rendez-vous rationalisés Stratégies d'engagement des patients renforcées

Ces mesures proactives non seulement améliorent la fidélisation des patients, mais contribuent également à de meilleurs résultats de santé et à une satisfaction accrue des patients.

Pour prédire efficacement l'attrition, nous employons des techniques sophistiquées d'ingénierie des caractéristiques pour extraire des informations significatives à partir des données de santé. Ce processus implique la création d'un ensemble de caractéristiques pertinentes qui capturent divers aspects du comportement et des données démographiques des patients. Parmi les caractéristiques clés, on trouve :

- **Fréquence des visites** : Mesure la fréquence à laquelle un patient interagit avec le système de santé, fournissant des informations sur son niveau d'engagement.

- **Temps moyen entre les rendez-vous** : Aide à identifier les tendances dans la continuité des soins et les lacunes potentielles dans le traitement.

- **Âge** : Peut être indicatif de différents besoins en matière de soins de santé et de facteurs de risque potentiels.

- **Statut d'assurance** : Peut influencer la capacité ou la volonté d'un patient à rechercher des soins réguliers.

- **Nombre de rendez-vous manqués** : Pourrait signaler un désengagement ou des obstacles à l'accès aux soins.

De plus, nous pouvons incorporer des caractéristiques plus nuancées telles que :

- **Score d'observance du traitement** : Calculé sur la base des schémas de renouvellement des médicaments et de la présence aux rendez-vous de suivi.

- **Indicateurs de satisfaction des patients** : Dérivés d'enquêtes ou de formulaires de commentaires pour évaluer l'expérience globale.

- **Tendances des résultats de santé** : Suivi des améliorations ou des déclins des indicateurs de santé clés au fil du temps.

En exploitant ces caractéristiques diverses, nous pouvons construire un modèle prédictif complet qui non seulement identifie les patients à risque d'attrition, mais fournit également des informations exploitables pour des stratégies d'intervention personnalisées. Cette approche basée sur les données permet aux prestataires de soins de santé d'allouer les ressources plus efficacement, d'améliorer les résultats des patients et, en fin de compte, d'améliorer la qualité globale des soins fournis.

2.1.1 Étape 1 : Comprendre l'ensemble de données

Dans cet exemple, nous allons examiner un ensemble de données de santé complet qui englobe une richesse d'informations sur les rendez-vous des patients, les données démographiques et les dossiers de visites historiques. Notre objectif principal est de développer un modèle prédictif de l'attrition des patients, un aspect critique de la gestion des soins de santé. Pour y parvenir, nous emploierons des techniques sophistiquées d'ingénierie des caractéristiques afin de créer un ensemble de prédicteurs puissants qui capturent les schémas comportementaux complexes et les interactions passées entre les patients et leurs prestataires de soins de santé.

L'ensemble de données avec lequel nous travaillerons est riche en caractéristiques potentielles, notamment, mais sans s'y limiter, les dates de rendez-vous, l'âge des patients, le statut d'assurance et les résultats des visites. En exploitant ces données, nous visons à construire un ensemble robuste de caractéristiques capables d'identifier efficacement les patients à risque de mettre fin à leur relation avec le prestataire de soins de santé. Ces caractéristiques iront au-delà des simples informations démographiques, en incorporant des schémas temporels complexes et des indicateurs d'engagement qui peuvent fournir des informations approfondies sur le comportement des patients.

Notre processus d'ingénierie des caractéristiques se concentrera sur l'extraction d'informations significatives à partir de points de données brutes, en les transformant en indicateurs prédictifs qui peuvent alimenter notre modèle de prédiction de l'attrition. Nous explorerons diverses dimensions de l'interaction des patients, telles que la fréquence des visites, l'assiduité aux rendez-vous et les schémas d'utilisation des soins de santé. Ce faisant, nous pourrons créer une vue multifacette du niveau d'engagement de chaque patient et des facteurs de risque potentiels d'attrition.

Chargement de l'ensemble de données

Commençons par charger et explorer l'ensemble de données afin d'identifier les caractéristiques disponibles et de comprendre la structure des données.

```python
import pandas as pd
import matplotlib.pyplot as plt
import seaborn as sns

# Load the healthcare churn dataset
df = pd.read_csv('healthcare_churn_data.csv')

# Display basic information and first few rows
print("Dataset Information:")
print(df.info())
```

```
print("\\nFirst Few Rows of Data:")
print(df.head())

# Basic statistics of numerical columns
print("\\nBasic Statistics of Numerical Columns:")
print(df.describe())

# Check for missing values
print("\\nMissing Values:")
print(df.isnull().sum())

# Visualize the distribution of a key feature (e.g., Age)
plt.figure(figsize=(10, 6))
sns.histplot(df['Age'], kde=True)
plt.title('Distribution of Patient Age')
plt.xlabel('Age')
plt.ylabel('Count')
plt.show()

# Correlation matrix of numerical features
correlation_matrix = df.select_dtypes(include=['float64', 'int64']).corr()
plt.figure(figsize=(12, 10))
sns.heatmap(correlation_matrix, annot=True, cmap='coolwarm')
plt.title('Correlation Matrix of Numerical Features')
plt.show()

# Analyze churn rate (assuming 'Churned' is a binary column)
churn_rate = df['Churned'].mean()
print(f"\\nOverall Churn Rate: {churn_rate:.2%}")

# Churn rate by a categorical feature (e.g., Insurance Type)
churn_by_insurance =
df.groupby('InsuranceType')['Churned'].mean().sort_values(ascending=False)
print("\\nChurn Rate by Insurance Type:")
print(churn_by_insurance)

# Visualize churn rate by insurance type
plt.figure(figsize=(10, 6))
churn_by_insurance.plot(kind='bar')
plt.title('Churn Rate by Insurance Type')
plt.xlabel('Insurance Type')
plt.ylabel('Churn Rate')
plt.xticks(rotation=45)
plt.show()
```

Cet extrait de code offre une analyse approfondie de l'ensemble de données sur l'attrition dans le secteur de la santé. Décomposons les principaux composants et leurs fonctions :

1. Importation des bibliothèques :

- o Ajout de matplotlib et seaborn pour la visualisation des données.

2. Exploration de base des données :

   - o Conservation du code original pour charger l'ensemble de données et afficher les informations de base.

   - o Ajout de df.describe() pour afficher les résumés statistiques des colonnes numériques.

   - o Inclusion d'une vérification des valeurs manquantes à l'aide de df.isnull().sum().

3. Visualisation des données :

   - o Ajout d'un histogramme pour visualiser la distribution des âges des patients.

   - o Création d'une carte thermique de matrice de corrélation pour montrer les relations entre les caractéristiques numériques.

4. Analyse de l'attrition :

   - o Calcul et affichage du taux d'attrition global.

   - o Analyse du taux d'attrition par une caractéristique catégorielle (le type d'assurance dans cet exemple).

   - o Visualisation du taux d'attrition par type d'assurance à l'aide d'un diagramme à barres.

Ce code offre une exploration initiale complète de l'ensemble de données, avec des représentations visuelles des caractéristiques et relations clés. Il aide à comprendre la distribution des données, à identifier les corrélations potentielles et à révéler les tendances du comportement d'attrition dans diverses catégories. Une analyse aussi approfondie peut orienter les efforts ultérieurs d'ingénierie des caractéristiques et fournir des informations précieuses pour construire un modèle de prédiction de l'attrition plus efficace.

2.1.2 Étape 2 : Création de caractéristiques prédictives

Après avoir acquis une compréhension approfondie de l'ensemble de données, nous pouvons procéder à la création de caractéristiques qui capturent des schémas significatifs révélateurs de l'attrition des patients. Ces caractéristiques sont conçues pour fournir des informations approfondies sur le comportement des patients, les niveaux d'engagement et les facteurs de risque potentiels. Explorons quelques caractéristiques clés qui pourraient contribuer de manière significative à la prédiction de l'attrition des patients :

1. **Fréquence des visites** : Cette caractéristique quantifie la fréquence à laquelle un patient interagit avec le prestataire de soins de santé. C'est un indicateur crucial de l'engagement du patient et peut révéler des schémas dans l'utilisation des soins de santé. Une fréquence de visites élevée pourrait suggérer une gestion active des

affections chroniques ou des pratiques de soins préventifs, tandis qu'une faible fréquence pourrait indiquer un désengagement potentiel ou des obstacles à l'accès.

2. **Temps entre les visites** : En calculant la durée moyenne entre les visites consécutives, nous pouvons obtenir des informations sur la régularité et la cohérence des interactions d'un patient avec les soins de santé. Des intervalles plus longs entre les visites pourraient signaler un engagement réduit ou des besoins de soins de santé changeants, augmentant potentiellement le risque d'attrition.

3. **Taux de rendez-vous manqués** : Cette caractéristique suit la proportion de rendez-vous planifiés qu'un patient ne parvient pas à honorer. Un taux élevé de rendez-vous manqués pourrait indiquer divers facteurs tels que l'insatisfaction vis-à-vis des services, des défis logistiques ou des priorités de santé changeantes. C'est un prédicteur précieux de l'attrition potentielle car il reflète directement l'engagement d'un patient envers son plan de soins.

4. **Score d'observance du traitement** : Cette caractéristique composite pourrait intégrer des données sur les renouvellements de médicaments, la présence aux rendez-vous de suivi et l'observance des tests ou procédures recommandés. Elle fournit une vue holistique de l'engagement d'un patient avec son plan de traitement.

5. **Tendances des résultats de santé** : En suivant les changements dans les indicateurs de santé clés au fil du temps, nous pouvons évaluer l'efficacité des soins et les progrès du patient. Des résultats de santé en déclin malgré des visites régulières pourraient indiquer une insatisfaction et un risque accru d'attrition.

Ces caractéristiques, une fois mises en œuvre, aideront à capturer les schémas comportementaux nuancés des patients, la fidélité envers le prestataire et l'engagement global avec le système de santé. En combinant ces indicateurs, nous pouvons créer un modèle prédictif robuste qui non seulement identifie les patients à risque d'attrition, mais fournit également des informations exploitables pour des stratégies de fidélisation personnalisées.

2.1.3 Création de la caractéristique Fréquence des visites

La **Fréquence des visites** est un indicateur critique de l'engagement des patients et un prédicteur clé de l'attrition potentielle dans les établissements de soins de santé. Cette métrique fournit des informations précieuses sur les schémas d'interaction d'un patient avec son prestataire de soins de santé. Les patients présentant une fréquence de visites élevée sont généralement plus engagés dans leur parcours de soins de santé, indiquant potentiellement :

- Une gestion active des affections chroniques
- Un engagement envers les pratiques de soins préventifs
- Une forte confiance envers leur prestataire de soins de santé
- Une satisfaction quant à la qualité des soins reçus

À l'inverse, une fréquence de visites plus faible pourrait être un signal d'alarme, signalant potentiellement :

- Une insatisfaction vis-à-vis des services ou de la qualité des soins

- Un manque de besoin perçu d'attention médicale

- Des obstacles à l'accès aux soins (par exemple, problèmes de transport, contraintes financières)

- Un passage à des prestataires de soins de santé alternatifs

Comprendre les schémas de fréquence des visites permet aux prestataires de soins de santé d'identifier les patients présentant un risque plus élevé d'attrition et de mettre en œuvre des stratégies de fidélisation ciblées. Par exemple, les patients dont la fréquence des visites diminue pourraient bénéficier d'une sensibilisation personnalisée, de programmes éducatifs sur l'importance des bilans de santé réguliers ou d'une aide pour surmonter les obstacles à l'accès aux soins.

En exploitant cette caractéristique dans les modèles prédictifs, les organisations de santé peuvent aborder de manière proactive les risques potentiels d'attrition, améliorant finalement les résultats des patients et maintenant la continuité des soins.

```python
import pandas as pd
import matplotlib.pyplot as plt
import seaborn as sns

# Load the dataset
df = pd.read_csv('healthcare_churn_data.csv')

# Convert 'AppointmentDate' to datetime
df['AppointmentDate'] = pd.to_datetime(df['AppointmentDate'])

# Calculate visit frequency for each patient
visit_frequency = df.groupby('PatientID').size().rename('VisitFrequency')

# Add visit frequency as a new feature
df = df.merge(visit_frequency, on='PatientID')

# Calculate days since last visit
df['DaysSinceLastVisit']                                              =
(df.groupby('PatientID')['AppointmentDate'].transform('max')         -
df['AppointmentDate']).dt.days

# Calculate average time between visits
avg_time_between_visits          =          df.groupby('PatientID').apply(lambda        x:
x['AppointmentDate'].diff().mean().days).rename('AvgTimeBetweenVisits')
df = df.merge(avg_time_between_visits, on='PatientID')

# Assuming 'Missed' column where 1 indicates missed and 0 indicates attended
appointments
```

```
missed_appointment_rate                                                       =
df.groupby('PatientID')['Missed'].mean().rename('MissedApptRate')
df = df.merge(missed_appointment_rate, on='PatientID')

print("\\nData with New Features:")
print(df[['PatientID', 'AppointmentDate', 'VisitFrequency', 'DaysSinceLastVisit',
'AvgTimeBetweenVisits', 'MissedApptRate']].head())

# Visualize the distribution of visit frequency
plt.figure(figsize=(10, 6))
sns.histplot(df['VisitFrequency'], kde=True)
plt.title('Distribution of Visit Frequency')
plt.xlabel('Number of Visits')
plt.ylabel('Count')
plt.show()

# Analyze correlation between new features and churn
correlation_matrix           =           df[['VisitFrequency',          'DaysSinceLastVisit',
'AvgTimeBetweenVisits', 'MissedApptRate', 'Churned']].corr()
plt.figure(figsize=(10, 8))
sns.heatmap(correlation_matrix, annot=True, cmap='coolwarm')
plt.title('Correlation Matrix of New Features and Churn')
plt.show()
```

Cet extrait de code présente une approche approfondie de l'ingénierie des caractéristiques pour prédire l'attrition des patients dans le secteur de la santé. Examinons ses éléments clés :

1. Chargement et prétraitement des données :

   - L'ensemble de données est chargé à partir d'un fichier CSV.

   - La colonne 'AppointmentDate' est convertie au format datetime pour les calculs basés sur le temps.

2. Caractéristique Fréquence des visites :

   - Calcule le nombre de visites pour chaque patient en utilisant les opérations groupby et size.

   - Cette caractéristique aide à identifier les patients très engagés par rapport à ceux qui consultent moins fréquemment.

3. Caractéristique Jours depuis la dernière visite :

   - Calcule le nombre de jours entre la visite la plus récente et chaque rendez-vous.

   - Cela peut aider à identifier les patients qui n'ont pas consulté depuis un certain temps et qui peuvent être à risque d'attrition.

4. Caractéristique Temps moyen entre les visites :

- Calcule l'intervalle de temps moyen entre les visites consécutives pour chaque patient.

- Cette caractéristique peut révéler des schémas dans la régularité des visites et un désengagement potentiel.

5. Caractéristique Taux de rendez-vous manqués :

- En supposant qu'une colonne 'Missed' existe (1 pour manqué, 0 pour présent), cela calcule la proportion de rendez-vous manqués pour chaque patient.

- Des taux élevés de rendez-vous manqués peuvent indiquer une insatisfaction ou des obstacles aux soins.

6. Visualisation des données :

- Un histogramme de la fréquence des visites est tracé pour visualiser la distribution.

- Une carte thermique de matrice de corrélation est créée pour montrer les relations entre les nouvelles caractéristiques et l'attrition.

Cette approche globale crée non seulement des caractéristiques précieuses pour prédire l'attrition, mais fournit également des aperçus visuels des données. La matrice de corrélation, en particulier, peut révéler quelles caractéristiques sont les plus fortement associées à l'attrition, guidant ainsi le développement ultérieur du modèle et les stratégies de fidélisation.

2.1.4 Création de la caractéristique Temps entre les visites

Une autre caractéristique cruciale pour prédire l'attrition des patients est le **temps moyen entre les visites**. Cette métrique fournit des informations précieuses sur la cohérence et la régularité de l'engagement d'un patient avec son prestataire de soins de santé. En analysant les intervalles entre les rendez-vous, nous pouvons identifier des schémas qui peuvent indiquer le niveau d'engagement d'un patient dans la gestion de sa santé ou les obstacles potentiels aux soins.

Des visites irrégulières ou peu fréquentes peuvent être un signal d'alarme pour plusieurs raisons :

- Engagement réduit : Des intervalles plus longs entre les visites pourraient suggérer qu'un patient s'investit de moins en moins dans son parcours de soins de santé.

- Besoins de santé changeants : Les fluctuations de la fréquence des visites pourraient indiquer des problèmes de santé en évolution ou des priorités changeantes.

- Obstacles à l'accès : Des schémas de visites irréguliers pourraient révéler des obstacles tels que des problèmes de transport, des conflits professionnels ou des contraintes financières.

- Insatisfaction : L'augmentation des intervalles entre les rendez-vous pourrait signaler une insatisfaction croissante vis-à-vis des soins reçus.

En incorporant cette caractéristique dans les modèles de prédiction de l'attrition, les prestataires de soins de santé peuvent :

- Identifier les patients à risque : Ceux dont les intervalles entre les visites augmentent peuvent être signalés pour des interventions ciblées.

- Personnaliser la sensibilisation : Adapter les stratégies de communication en fonction des schémas de visites individuels.

- Optimiser la planification : Ajuster les systèmes de rappel de rendez-vous pour encourager un engagement plus cohérent.

- Résoudre les problèmes sous-jacents : Enquêter et résoudre de manière proactive les obstacles potentiels aux soins réguliers.

Lorsqu'elle est combinée avec d'autres caractéristiques telles que la fréquence des visites et les taux de rendez-vous manqués, le temps moyen entre les visites fournit une vue d'ensemble du comportement des patients, améliorant la précision et l'efficacité des modèles de prédiction de l'attrition dans les établissements de soins de santé.

```python
import pandas as pd
import matplotlib.pyplot as plt
import seaborn as sns

# Load the dataset
df = pd.read_csv('healthcare_churn_data.csv')

# Convert 'AppointmentDate' to datetime
df['AppointmentDate'] = pd.to_datetime(df['AppointmentDate'])

# Sort data by PatientID and AppointmentDate
df = df.sort_values(by=['PatientID', 'AppointmentDate'])

# Calculate the time difference between consecutive visits for each patient
df['TimeSinceLastVisit'] = df.groupby('PatientID')['AppointmentDate'].diff().dt.days

# Calculate average time between visits for each patient
average_time_between_visits = df.groupby('PatientID')['TimeSinceLastVisit'].mean()

# Add average time between visits as a feature
df    =    df.merge(average_time_between_visits.rename('AvgTimeBetweenVisits'),
on='PatientID')

# Calculate the standard deviation of time between visits
std_time_between_visits = df.groupby('PatientID')['TimeSinceLastVisit'].std()
df = df.merge(std_time_between_visits.rename('StdTimeBetweenVisits'), on='PatientID')

# Calculate the coefficient of variation (CV) of time between visits
```

```
df['CVTimeBetweenVisits'] = df['StdTimeBetweenVisits'] / df['AvgTimeBetweenVisits']

# Calculate the maximum time between visits
max_time_between_visits = df.groupby('PatientID')['TimeSinceLastVisit'].max()
df = df.merge(max_time_between_visits.rename('MaxTimeBetweenVisits'), on='PatientID')

print("\\nData with Time Between Visits Features:")
print(df[['PatientID',          'AppointmentDate',          'TimeSinceLastVisit',
'AvgTimeBetweenVisits',         'StdTimeBetweenVisits',         'CVTimeBetweenVisits',
'MaxTimeBetweenVisits']].head())

# Visualize the distribution of average time between visits
plt.figure(figsize=(10, 6))
sns.histplot(df['AvgTimeBetweenVisits'], kde=True)
plt.title('Distribution of Average Time Between Visits')
plt.xlabel('Average Days Between Visits')
plt.ylabel('Count')
plt.show()

# Analyze correlation between new features and churn
correlation_matrix      =      df[['AvgTimeBetweenVisits',      'StdTimeBetweenVisits',
'CVTimeBetweenVisits', 'MaxTimeBetweenVisits', 'Churned']].corr()
plt.figure(figsize=(10, 8))
sns.heatmap(correlation_matrix, annot=True, cmap='coolwarm')
plt.title('Correlation Matrix of Time Between Visits Features and Churn')
plt.show()
```

Décomposons les composants clés et leur signification :

1. Préparation des données :

   o L'ensemble de données est chargé et la colonne 'AppointmentDate' est convertie au format datetime.

   o Les données sont triées par PatientID et AppointmentDate pour garantir l'ordre chronologique pour chaque patient.

2. Calcul de base du temps entre les visites :

   o 'TimeSinceLastVisit' est calculé à l'aide de la fonction diff(), donnant le nombre de jours entre les rendez-vous consécutifs pour chaque patient.

   o 'AvgTimeBetweenVisits' est calculé comme la moyenne de 'TimeSinceLastVisit' pour chaque patient.

3. Caractéristiques avancées du temps entre les visites :

   o Écart type ('StdTimeBetweenVisits') : Mesure la variabilité des intervalles entre les visites.

- o Coefficient de variation ('CVTimeBetweenVisits') : Calculé comme StdTimeBetweenVisits / AvgTimeBetweenVisits, il fournit une mesure normalisée de la dispersion.

- o Temps maximal entre les visites ('MaxTimeBetweenVisits') : Identifie l'écart le plus long entre les rendez-vous pour chaque patient.

4. Visualisation des données :

- o Un histogramme de 'AvgTimeBetweenVisits' est tracé pour visualiser la distribution des intervalles moyens entre les visites chez les patients.

- o Une carte thermique de matrice de corrélation est créée pour montrer les relations entre les nouvelles caractéristiques temporelles et l'attrition.

5. Signification des nouvelles caractéristiques :

- o AvgTimeBetweenVisits : Indique la fréquence globale des visites.

- o StdTimeBetweenVisits : Révèle la cohérence dans les schémas de visites.

- o CVTimeBetweenVisits : Fournit une mesure normalisée de la variabilité des intervalles entre les visites.

- o MaxTimeBetweenVisits : Met en évidence les périodes potentielles de désengagement.

Ces caractéristiques temporelles fournissent des informations précieuses sur les schémas de comportement des patients, améliorant potentiellement la précision des modèles de prédiction de l'attrition. En examinant non seulement le temps moyen entre les visites mais aussi la variabilité et les intervalles maximaux, les prestataires de soins de santé peuvent repérer les patients ayant des schémas de visites erratiques ou de longues périodes de désengagement — des facteurs qui peuvent indiquer un risque plus élevé d'attrition.

2.1.5 Création de la caractéristique Taux de rendez-vous manqués

Le **Taux de rendez-vous manqués** est une métrique cruciale qui fournit des informations sur la fiabilité et l'engagement des patients. Cette caractéristique calcule la proportion de rendez-vous programmés auxquels un patient ne se présente pas. Un taux élevé de rendez-vous manqués peut être révélateur de plusieurs problèmes sous-jacents :

- Engagement réduit : Les patients qui manquent fréquemment leurs rendez-vous peuvent perdre leur intérêt pour la gestion de leur santé ou se sentir déconnectés de leurs prestataires de soins.

- Obstacles à l'accès : Des absences répétées peuvent signaler des difficultés à accéder à l'établissement de santé, telles que des problèmes de transport, des conflits professionnels ou des contraintes financières.

- Insatisfaction : Des rendez-vous manqués à répétition pourraient refléter une insatisfaction vis-à-vis des soins reçus ou de longs temps d'attente.

- Culture sanitaire : Certains patients pourraient ne pas bien comprendre l'importance des examens réguliers ou des rendez-vous de suivi.

En intégrant le Taux de rendez-vous manqués dans les modèles de prédiction de l'attrition, les prestataires de soins de santé peuvent :

- Identifier les patients à risque : Ceux qui ont des taux plus élevés de rendez-vous manqués peuvent être signalés pour des interventions ciblées.

- Mettre en œuvre des mesures proactives : Les prestataires peuvent élaborer des stratégies pour réduire les absences, telles que des systèmes de rappel améliorés ou des options de télésanté.

- Personnaliser la sensibilisation : Adapter les efforts de communication et d'éducation pour traiter les raisons spécifiques des rendez-vous manqués.

- Optimiser l'allocation des ressources : Ajuster les pratiques de planification pour minimiser l'impact des absences sur l'efficacité globale de la clinique.

Lorsqu'il est combiné avec d'autres caractéristiques comme la fréquence des visites et le temps entre les visites, le Taux de rendez-vous manqués fournit une vue d'ensemble des schémas de comportement des patients. Cette approche holistique améliore la précision des modèles de prédiction de l'attrition, permettant aux organisations de soins de santé de mettre en œuvre des stratégies de fidélisation plus efficaces et d'améliorer la continuité globale des soins aux patients.

```python
import pandas as pd
import matplotlib.pyplot as plt
import seaborn as sns

# Load the dataset
df = pd.read_csv('healthcare_churn_data.csv')

# Convert 'AppointmentDate' to datetime
df['AppointmentDate'] = pd.to_datetime(df['AppointmentDate'])

# Assuming 'Missed' column where 1 indicates missed and 0 indicates attended
appointments
# Calculate missed appointment rate
missed_appointments = df.groupby('PatientID')['Missed'].mean()

# Add missed appointment rate as a new feature
df = df.merge(missed_appointments.rename('MissedApptRate'), on='PatientID')

# Calculate total appointments per patient
total_appointments = df.groupby('PatientID').size().rename('TotalAppointments')
df = df.merge(total_appointments, on='PatientID')
```

```
# Calculate days since last appointment
df['DaysSinceLastAppt']                                                    =
(df.groupby('PatientID')['AppointmentDate'].transform('max')               -
df['AppointmentDate']).dt.days

# Create a binary feature for patients who have missed their last appointment
df['MissedLastAppt'] = df.groupby('PatientID')['Missed'].transform('last')

print("\\nData with Missed Appointment Features:")
print(df[['PatientID',      'Missed',      'MissedApptRate',      'TotalAppointments',
'DaysSinceLastAppt', 'MissedLastAppt']].head())

# Visualize the distribution of missed appointment rates
plt.figure(figsize=(10, 6))
sns.histplot(df['MissedApptRate'], kde=True)
plt.title('Distribution of Missed Appointment Rates')
plt.xlabel('Missed Appointment Rate')
plt.ylabel('Count')
plt.show()

# Analyze correlation between new features and churn
correlation_matrix = df[['MissedApptRate', 'TotalAppointments', 'DaysSinceLastAppt',
'MissedLastAppt', 'Churned']].corr()
plt.figure(figsize=(10, 8))
sns.heatmap(correlation_matrix, annot=True, cmap='coolwarm')
plt.title('Correlation Matrix of Missed Appointment Features and Churn')
plt.show()
```

Analysons les composants clés de ce code :

1. Chargement et prétraitement des données :

   o L'ensemble de données est chargé à partir d'un fichier CSV.

   o La colonne 'AppointmentDate' est convertie au format datetime pour les calculs temporels.

2. Taux de rendez-vous manqués :

   o Calcule la proportion de rendez-vous manqués pour chaque patient.

   o Cette caractéristique aide à identifier les patients qui manquent fréquemment leurs rendez-vous et peuvent présenter un risque plus élevé d'attrition.

3. Total des rendez-vous :

   o Calcule le nombre total de rendez-vous pour chaque patient.

   o Cela fournit un contexte pour le taux de rendez-vous manqués et le niveau d'engagement global.

4. Jours depuis le dernier rendez-vous :

   o Calcule le nombre de jours depuis le rendez-vous le plus récent de chaque patient.

   o Cela peut aider à identifier les patients qui n'ont pas consulté depuis un certain temps et peuvent être à risque de désengagement.

5. Dernier rendez-vous manqué :

   o Crée une caractéristique binaire indiquant si un patient a manqué son rendez-vous le plus récent.

   o Cela peut être un indicateur fort du niveau d'engagement et de satisfaction actuel.

6. Visualisation des données :

   o Un histogramme des taux de rendez-vous manqués est tracé pour visualiser la distribution parmi les patients.

   o Une carte thermique de matrice de corrélation est créée pour montrer les relations entre les nouvelles caractéristiques et l'attrition.

Cette approche globale crée non seulement des caractéristiques précieuses pour prédire l'attrition, mais fournit également des informations visuelles sur les données. La matrice de corrélation, en particulier, peut révéler quelles caractéristiques liées aux rendez-vous manqués sont le plus fortement associées à l'attrition, guidant le développement ultérieur du modèle et les stratégies de fidélisation.

En intégrant ces caractéristiques, les prestataires de soins de santé peuvent :

- Identifier les patients à haut risque d'attrition en fonction de leurs schémas de présence aux rendez-vous.

- Développer des interventions ciblées pour les patients ayant des taux élevés de rendez-vous manqués ou ceux qui ont manqué leur dernier rendez-vous.

- Ajuster les stratégies de sensibilisation en fonction du nombre total de rendez-vous et du temps écoulé depuis la dernière visite.

- Obtenir des informations sur l'impact global des rendez-vous manqués sur la fidélisation et la satisfaction des patients.

2.1.6 Points clés à retenir

Dans cette section, nous avons examiné en profondeur les caractéristiques cruciales pour prédire l'attrition dans le secteur de la santé, en nous concentrant sur trois mesures clés : **Fréquence des visites**, **Temps moyen entre les visites** et **Taux de rendez-vous manqués**.

Ces caractéristiques offrent une vue d'ensemble du comportement et de l'engagement des patients :

- La fréquence des visites révèle à quelle fréquence un patient recherche des soins, indiquant son niveau d'engagement avec le système de santé.

- Le temps moyen entre les visites offre des informations sur la régularité des interactions de soins de santé d'un patient, aidant à identifier ceux qui peuvent devenir moins réguliers dans leurs soins.

- Le taux de rendez-vous manqués met en lumière la fiabilité d'un patient et les obstacles potentiels aux soins, tels que les conflits d'horaire ou l'insatisfaction.

En analysant ces caractéristiques collectivement, les prestataires de soins de santé peuvent obtenir une compréhension nuancée des schémas de comportement des patients. Cette approche multidimensionnelle permet l'identification de signes subtils de désengagement qui pourraient précéder l'attrition. Par exemple, un patient dont la fréquence des visites diminue, dont le temps entre les visites augmente et dont le taux de rendez-vous manqués est en hausse peut présenter un risque élevé d'attrition.

De plus, ces caractéristiques permettent aux organisations de soins de santé de développer des stratégies de fidélisation ciblées. Par exemple, les patients ayant des taux élevés de rendez-vous manqués pourraient bénéficier de systèmes de rappel améliorés ou d'options de télésanté, tandis que ceux dont le temps entre les visites augmente peuvent nécessiter une sensibilisation proactive pour combler les lacunes potentielles en matière de soins.

En intégrant ces indicateurs comportementaux dans les modèles prédictifs, les prestataires de soins de santé peuvent aller au-delà des données démographiques et cliniques pour créer une vue plus holistique de l'engagement des patients. Cette approche améliore non seulement la précision de la prédiction de l'attrition, mais fournit également des informations exploitables pour améliorer la fidélisation des patients et les résultats globaux en matière de soins de santé.

2.2 Ingénierie des caractéristiques pour les modèles de classification et de régression

L'ingénierie des caractéristiques pour les modèles de classification et de régression est un processus critique qui améliore la précision prédictive en créant des caractéristiques qui capturent les schémas sous-jacents dans les données. Contrairement aux techniques d'apprentissage non supervisé telles que le clustering ou l'analyse exploratoire, les modèles de classification et de régression s'appuient sur des données étiquetées pour prédire une variable cible spécifique. Cette approche est essentielle que l'objectif soit de classer les clients par niveau de fidélité, de prédire les prix de l'immobilier ou de prévoir la valeur vie client.

Le processus d'ingénierie des caractéristiques implique plusieurs stratégies clés :

- Création de caractéristiques : Développer de nouvelles caractéristiques qui encapsulent des informations pertinentes à partir de données existantes. Par exemple, dans un contexte de vente au détail, créer une caractéristique de « fréquence d'achat » à partir des données de transaction.

- Transformation de caractéristiques : Modifier les caractéristiques existantes pour mieux représenter les relations sous-jacentes. Cela peut inclure des transformations logarithmiques pour les données asymétriques ou l'encodage de variables catégorielles.

- Sélection de caractéristiques : Identifier les caractéristiques les plus pertinentes qui contribuent de manière significative au pouvoir prédictif du modèle, tout en évitant le surapprentissage.

Ces stratégies sont applicables à la fois aux **modèles de classification**, qui prédisent des catégories discrètes (comme l'attrition client), et aux **modèles de régression**, qui prédisent des valeurs continues (comme les prix de l'immobilier ou la valeur vie client).

Pour illustrer ces concepts, nous explorerons un exemple pratique utilisant un ensemble de données de vente au détail. Notre attention se portera sur la prédiction de la **valeur vie client (CLTV)**, une mesure clé dans la gestion de la relation client. Cet exemple démontrera comment des caractéristiques soigneusement élaborées peuvent améliorer considérablement la précision et l'interprétabilité des modèles prédictifs dans des scénarios commerciaux réels.

2.2.1 Étape 1 : Préparation et compréhension des données

Avant de se lancer dans l'ingénierie des caractéristiques, il est crucial de bien comprendre l'ensemble de données et d'évaluer les variables disponibles. Cette étape initiale jette les bases pour créer des caractéristiques significatives qui peuvent considérablement améliorer le pouvoir prédictif de nos modèles. Commençons par charger notre ensemble de données et examiner sa structure et son contenu.

Dans ce cas, nous traitons un ensemble de données de vente au détail qui contient des informations précieuses sur les transactions clients. Nos objectifs principaux sont doubles :

- Prédire la **valeur vie client (CLTV)** : Il s'agit d'une tâche de régression où nous visons à estimer la valeur totale qu'un client apportera à l'entreprise tout au long de sa relation.

- Prédire l'**attrition** : Il s'agit d'une tâche de classification binaire où nous cherchons à identifier les clients susceptibles de cesser de faire affaire avec nous.

En analysant soigneusement les variables disponibles, nous pouvons identifier les prédicteurs potentiels qui pourraient être particulièrement utiles pour ces tâches. Par exemple, l'historique des transactions, la fréquence d'achat et la valeur moyenne des commandes pourraient tous fournir des informations précieuses sur la CLTV et la probabilité d'attrition.

Au fur et à mesure que nous progressons dans notre analyse, nous chercherons des schémas et des relations au sein des données qui peuvent éclairer notre processus d'ingénierie des caractéristiques. Cela peut impliquer l'exploration de corrélations entre les variables, l'identification de valeurs aberrantes ou d'anomalies, et la prise en compte des connaissances spécifiques au domaine concernant le comportement des clients dans le secteur de la vente au détail.

L'objectif de cette exploration initiale est d'acquérir une compréhension globale de nos données, qui nous guidera dans la création de caractéristiques sophistiquées et significatives qui capturent les dynamiques sous-jacentes du comportement et de la valeur des clients. Ce travail fondamental est essentiel pour construire des modèles prédictifs robustes qui peuvent générer des informations exploitables et éclairer la prise de décision stratégique dans la gestion de la relation client.

```python
import pandas as pd
import matplotlib.pyplot as plt
import seaborn as sns

# Load the retail dataset
df = pd.read_csv('retail_cltv_data.csv')

# Display basic information and first few rows
print("Dataset Information:")
print(df.info())

print("\\nFirst Few Rows of Data:")
print(df.head())

# Basic statistical summary
print("\\nStatistical Summary:")
print(df.describe())

# Check for missing values
print("\\nMissing Values:")
print(df.isnull().sum())

# Unique values in categorical columns
categorical_columns = df.select_dtypes(include=['object']).columns
for col in categorical_columns:
    print(f"\\nUnique values in {col}:")
    print(df[col].value_counts())

# Visualize the distribution of a numerical column (e.g., 'Total Spend')
plt.figure(figsize=(10, 6))
sns.histplot(df['Total Spend'], kde=True)
plt.title('Distribution of Total Spend')
plt.xlabel('Total Spend')
plt.ylabel('Count')
plt.show()
```

```
# Correlation matrix for numerical columns
numerical_columns = df.select_dtypes(include=['int64', 'float64']).columns
correlation_matrix = df[numerical_columns].corr()

plt.figure(figsize=(12, 10))
sns.heatmap(correlation_matrix, annot=True, cmap='coolwarm')
plt.title('Correlation Matrix of Numerical Features')
plt.show()
```

Décomposons cet exemple de code :

1. Instructions d'importation :

    o Nous importons pandas pour la manipulation de données, matplotlib.pyplot pour les graphiques de base, et seaborn pour des visualisations statistiques plus avancées.

2. Chargement des données :

    o L'ensemble de données de vente au détail est chargé à partir d'un fichier CSV dans un DataFrame pandas.

3. Affichage des informations de base :

    o df.info() fournit un aperçu du DataFrame, incluant les noms de colonnes, les types de données et les comptes non nuls.

    o df.head() affiche les premières lignes du DataFrame.

4. Résumé statistique :

    o df.describe() génère des statistiques descriptives pour les colonnes numériques, incluant le comptage, la moyenne, l'écart type, le minimum, le maximum et les quartiles.

5. Vérification des valeurs manquantes :

    o df.isnull().sum() calcule le nombre de valeurs manquantes dans chaque colonne.

6. Analyse des données catégorielles :

    o Nous identifions les colonnes catégorielles et affichons les comptes de valeurs pour chaque catégorie unique.

7. Visualisation des données numériques :

    o Un histogramme est créé pour la colonne « Total Spend » afin de visualiser sa distribution.

- o L'utilisation de histplot de seaborn avec kde=True ajoute une courbe d'estimation de densité par noyau.

8. Analyse de corrélation :
   - o Une matrice de corrélation est calculée pour toutes les colonnes numériques.
   - o La matrice est visualisée à l'aide d'une carte thermique, ce qui aide à identifier les relations entre les variables.

Ce code offre une exploration initiale approfondie des données, examinant les types de données, les valeurs manquantes, la distribution des données numériques et les corrélations des caractéristiques. De telles informations sont essentielles pour saisir les nuances de l'ensemble de données avant de se plonger dans l'ingénierie des caractéristiques et le développement de modèles.

2.2.2 Étape 2 : Créer des caractéristiques prédictives

Une fois que nous avons une bonne compréhension de l'ensemble de données, nous pouvons nous lancer dans le processus crucial de l'ingénierie des caractéristiques. Cela implique de créer de nouvelles caractéristiques ou de transformer celles existantes pour révéler des schémas et des relations qui s'alignent avec notre variable cible, qu'il s'agisse d'une tâche de classification ou de régression. L'objectif est d'extraire des informations significatives à partir des données brutes qui peuvent améliorer le pouvoir prédictif de nos modèles.

Pour les problèmes de classification, tels que la prédiction de l'attrition client, nous pourrions nous concentrer sur des caractéristiques qui capturent le comportement et les niveaux d'engagement des clients. Celles-ci pourraient inclure des indicateurs tels que la fréquence des achats, la récence de la dernière interaction ou les changements dans les habitudes de dépenses au fil du temps.

Dans les tâches de régression, comme l'estimation de la valeur vie client (CLTV), nous pourrions concevoir des caractéristiques qui reflètent la valeur client à long terme. Cela pourrait impliquer le calcul des valeurs moyennes des commandes, l'identification des tendances d'achat saisonnières ou le développement de scores composites qui combinent plusieurs aspects du comportement client.

L'art de l'ingénierie des caractéristiques réside dans la combinaison de l'expertise du domaine avec des informations basées sur les données pour créer des variables qui ne sont pas seulement statistiquement significatives, mais également interprétables et exploitables d'un point de vue commercial. Au fur et à mesure que nous progressons, nous explorerons des techniques spécifiques et des exemples de la manière de concevoir ces caractéristiques prédictives puissantes.

Caractéristique 1 : Récence

La **récence** mesure le temps écoulé depuis l'achat le plus récent d'un client. Cet indicateur est un puissant révélateur de l'engagement client et joue un rôle crucial dans les modèles de prédiction de la valeur vie client (CLTV) et de classification de l'attrition. Les achats récents signalent souvent un engagement actif avec une marque, suggérant une probabilité plus élevée de fidélité client et une valeur accrue.

Dans le contexte de la prédiction de la CLTV, la récence peut aider à identifier les clients à forte valeur qui effectuent régulièrement des achats. Ces clients sont susceptibles de poursuivre leur comportement d'achat, ce qui pourrait conduire à une valeur vie plus élevée. À l'inverse, les clients avec une récence élevée (c'est-à-dire un long délai depuis leur dernier achat) pourraient être à risque d'attrition, ce qui pourrait avoir un impact négatif sur leur CLTV projetée.

Pour la classification de l'attrition, la récence sert de prédicteur clé. Les clients qui ont effectué des achats récents sont généralement moins susceptibles de partir, car leur engagement avec la marque est toujours actif. D'un autre côté, ceux qui ont une récence élevée pourraient montrer des signes de désengagement, les rendant plus vulnérables à l'attrition.

Il est important de noter que l'interprétation de la récence peut varier selon les secteurs et les modèles commerciaux. Par exemple, dans un service par abonnement, une récence élevée pourrait être attendue et ne pas être nécessairement indicative d'un risque d'attrition. Par conséquent, la récence doit toujours être considérée en conjonction avec d'autres caractéristiques pertinentes et dans le contexte spécifique de l'entreprise pour tirer les informations les plus précises pour la prédiction de la CLTV et la classification de l'attrition.

```python
import pandas as pd
import matplotlib.pyplot as plt
import seaborn as sns

# Load the dataset (assuming we have a CSV file named 'retail_data.csv')
df = pd.read_csv('retail_data.csv')

# Convert 'PurchaseDate' to datetime
df['PurchaseDate'] = pd.to_datetime(df['PurchaseDate'])

# Calculate Recency
most_recent_date = df['PurchaseDate'].max()
df['Recency'] = (most_recent_date - df['PurchaseDate']).dt.days

# Calculate the last purchase date per customer
recency_df = df.groupby('CustomerID')['Recency'].min().reset_index()

# Merge Recency back to main dataset
df = df.merge(recency_df, on='CustomerID', suffixes=('', '_Overall'))

# Display the first few rows with the new Recency feature
print("\\nData with Recency Feature:")
print(df[['CustomerID', 'PurchaseDate', 'Recency_Overall']].head())

# Visualize the distribution of Recency
plt.figure(figsize=(10, 6))
sns.histplot(df['Recency_Overall'], kde=True)
```

```
plt.title('Distribution of Customer Recency')
plt.xlabel('Recency (days)')
plt.ylabel('Count')
plt.show()

# Calculate additional statistics
avg_recency = df['Recency_Overall'].mean()
median_recency = df['Recency_Overall'].median()
max_recency = df['Recency_Overall'].max()

print(f"\\nAverage Recency: {avg_recency:.2f} days")
print(f"Median Recency: {median_recency:.2f} days")
print(f"Maximum Recency: {max_recency:.2f} days")

# Identify customers with high recency (potential churn risk)
high_recency_threshold = df['Recency_Overall'].quantile(0.75)  # 75th percentile
high_recency_customers = df[df['Recency_Overall'] > high_recency_threshold]

print(f"\\nNumber  of  customers  with  high  recency  (potential  churn  risk):
{len(high_recency_customers)}")

# Correlation between Recency and other features (if available)
if 'TotalSpend' in df.columns:
    correlation = df['Recency_Overall'].corr(df['TotalSpend'])
    print(f"\\nCorrelation between Recency and Total Spend: {correlation:.2f}")

# Save the updated dataset
df.to_csv('retail_data_with_recency.csv', index=False)
print("\\nUpdated dataset saved as 'retail_data_with_recency.csv'")
```

Cet exemple de code offre une approche globale pour calculer et analyser la caractéristique Récence. Décomposons les composants clés et leurs fonctions :

- Chargement des données et traitement initial :
    - Nous commençons par importer les bibliothèques nécessaires et charger l'ensemble de données.
    - La colonne « PurchaseDate » est convertie au format datetime pour des calculs précis.
- Calcul de la récence :
    - La récence est calculée comme le nombre de jours entre la date la plus récente de l'ensemble de données et chaque date d'achat.
    - Nous trouvons ensuite la récence minimale pour chaque client, représentant son achat le plus récent.
- Visualisation des données :

- - Un histogramme est créé pour visualiser la distribution de la récence client.

  - Cela aide à identifier les schémas dans le comportement client et les opportunités potentielles de segmentation.

- Analyse statistique :

  - Nous calculons et affichons les valeurs moyennes, médianes et maximales de la récence.

  - Ces statistiques fournissent des informations sur les niveaux globaux d'engagement client.

- Segmentation de la clientèle :

  - Les clients avec une récence élevée (au-dessus du 75e percentile) sont identifiés comme des risques potentiels d'attrition.

  - Cette segmentation peut être utilisée pour des stratégies de rétention ciblées.

- Corrélation des caractéristiques :

  - Si une colonne « TotalSpend » est disponible, nous calculons sa corrélation avec la récence.

  - Cela aide à comprendre la relation entre les dépenses client et l'engagement.

- Persistance des données :

  - L'ensemble de données mis à jour avec la nouvelle caractéristique Récence est enregistré dans un fichier CSV.

  - Cela permet un accès facile lors d'analyses futures ou d'entraînement de modèles.

Cette approche globale ne se contente pas de calculer la caractéristique Récence, mais fournit également des informations précieuses sur le comportement client, les risques potentiels d'attrition et la relation entre la récence et d'autres indicateurs importants. Ces informations peuvent être cruciales pour développer des stratégies efficaces de rétention client et améliorer les modèles prédictifs pour les tâches de classification (prédiction de l'attrition) et de régression (estimation de la CLTV).

Caractéristique 2 : Valeur monétaire

La **valeur monétaire** représente les dépenses moyennes par transaction, servant d'indicateur clé du comportement client et de la valeur potentielle. Cette métrique offre des informations précieuses sur la fidélité client, la capacité de dépenses et le risque d'attrition. Pour la prédiction de la valeur vie client (CLTV), des valeurs monétaires plus élevées sont souvent corrélées avec des clients plus rentables, car elles démontrent une volonté d'investir davantage dans chaque interaction avec la marque.

L'importance de la valeur monétaire s'étend au-delà des simples indicateurs financiers. Elle peut révéler les préférences client, la sensibilité aux prix et même l'efficacité des stratégies de montée en gamme ou de vente croisée. Par exemple, les clients avec des valeurs monétaires constamment élevées pourraient être plus réceptifs aux produits ou services premium, présentant des opportunités pour des campagnes marketing ciblées.

Dans le contexte de la prédiction de l'attrition, les fluctuations de la valeur monétaire au fil du temps peuvent être particulièrement révélatrices. Une baisse soudaine pourrait signaler une insatisfaction ou un passage à la concurrence, tandis que des valeurs stables ou croissantes suggèrent un engagement soutenu. En combinant la valeur monétaire avec d'autres caractéristiques comme la récence et la fréquence, les entreprises peuvent développer une compréhension plus nuancée du comportement client, permettant des prédictions plus précises et des stratégies de rétention personnalisées.

```python
import pandas as pd
import matplotlib.pyplot as plt
import seaborn as sns

# Load the dataset (assuming we have a CSV file named 'retail_data.csv')
df = pd.read_csv('retail_data.csv')

# Calculate Monetary Value as the average purchase value for each customer
monetary_value_df = df.groupby('CustomerID')['Total Spend'].agg(['mean', 'sum', 'count']).reset_index()
monetary_value_df.columns = ['CustomerID', 'AvgPurchaseValue', 'TotalSpend', 'PurchaseCount']

# Merge the monetary value features back to main dataset
df = df.merge(monetary_value_df, on='CustomerID')

# Display the first few rows with the new Monetary Value features
print("\\nData with Monetary Value Features:")
print(df[['CustomerID', 'Total Spend', 'AvgPurchaseValue', 'TotalSpend', 'PurchaseCount']].head())

# Visualize the distribution of Average Purchase Value
plt.figure(figsize=(10, 6))
sns.histplot(df['AvgPurchaseValue'], kde=True)
plt.title('Distribution of Average Purchase Value')
plt.xlabel('Average Purchase Value')
plt.ylabel('Count')
plt.show()

# Calculate additional statistics
avg_purchase_value = df['AvgPurchaseValue'].mean()
median_purchase_value = df['AvgPurchaseValue'].median()
max_purchase_value = df['AvgPurchaseValue'].max()

print(f"\\nAverage Purchase Value: ${avg_purchase_value:.2f}")
print(f"Median Purchase Value: ${median_purchase_value:.2f}")
```

```
print(f"Maximum Purchase Value: ${max_purchase_value:.2f}")

# Identify high-value customers (top 20%)
high_value_threshold = df['AvgPurchaseValue'].quantile(0.8)
high_value_customers = df[df['AvgPurchaseValue'] > high_value_threshold]

print(f"\\nNumber of high-value customers: {len(high_value_customers)}")

# Correlation between Monetary Value and other features
correlation_matrix = df[['AvgPurchaseValue', 'TotalSpend', 'PurchaseCount']].corr()

plt.figure(figsize=(10, 8))
sns.heatmap(correlation_matrix, annot=True, cmap='coolwarm')
plt.title('Correlation Matrix of Monetary Value Features')
plt.show()

# Save the updated dataset
df.to_csv('retail_data_with_monetary_value.csv', index=False)
print("\\nUpdated dataset saved as 'retail_data_with_monetary_value.csv'")
```

Cet extrait de code démontre une méthode pour calculer et analyser la caractéristique Valeur Monétaire. Examinons ses composants clés et leurs rôles :

1. Chargement des données et traitement initial :

   o Nous importons les bibliothèques nécessaires (pandas pour la manipulation des données, matplotlib et seaborn pour la visualisation).

   o L'ensemble de données est chargé à partir d'un fichier CSV dans un DataFrame pandas.

2. Calcul de la valeur monétaire :

   o Nous utilisons la fonction groupby pour agréger les données par CustomerID.

   o Trois métriques sont calculées : la moyenne (AvgPurchaseValue), la somme (TotalSpend) et le nombre (PurchaseCount) de « Total Spend ».

   o Ces caractéristiques fournissent une vue plus complète du comportement de dépenses des clients.

3. Fusion des données :

   o Les nouvelles caractéristiques de valeur monétaire sont fusionnées dans l'ensemble de données principal.

4. Visualisation des données :

   o Un histogramme est créé pour visualiser la distribution de la valeur d'achat moyenne.

- o Cela aide à identifier les schémas dans les dépenses des clients et les opportunités potentielles de segmentation.

5. Analyse statistique :

- o Nous calculons et affichons les valeurs d'achat moyennes, médianes et maximales.

- o Ces statistiques fournissent des informations sur les schémas globaux de dépenses des clients.

6. Segmentation de la clientèle :

- o Les clients à forte valeur (20 % supérieurs basés sur la valeur d'achat moyenne) sont identifiés.

- o Cette segmentation peut être utilisée pour du marketing ciblé ou des programmes de fidélité.

7. Corrélation des caractéristiques :

- o Une matrice de corrélation est calculée pour les caractéristiques de valeur monétaire.

- o Celle-ci est visualisée à l'aide d'une carte thermique, aidant à comprendre les relations entre différents aspects des dépenses des clients.

8. Persistance des données :

- o L'ensemble de données mis à jour avec les nouvelles caractéristiques de valeur monétaire est enregistré dans un fichier CSV.

- o Cela permet un accès facile lors d'analyses futures ou d'entraînement de modèles.

Cette approche globale ne se contente pas de calculer la caractéristique Valeur Monétaire, mais offre également des informations précieuses sur les schémas de dépenses des clients, identifie les clients à forte valeur et explore les relations entre diverses métriques monétaires. Ces informations sont cruciales pour développer des stratégies marketing efficaces, affiner la segmentation client et améliorer les modèles prédictifs pour les tâches de classification (telles que la prédiction de l'attrition) et de régression (comme l'estimation de la CLTV).

Caractéristique 3 : Fréquence

La **fréquence** est une mesure de la fréquence à laquelle un client effectue des achats dans un délai donné. Cette métrique fournit des informations précieuses sur le comportement et la fidélité des clients. Les achats fréquents indiquent souvent un engagement élevé, ce qui en fait une caractéristique précieuse tant pour la prédiction de la valeur vie client (CLTV) que pour la classification de l'attrition.

Dans le contexte de la prédiction de la CLTV, la fréquence peut aider à identifier les clients susceptibles de générer une valeur à long terme plus élevée. Les clients ayant des fréquences d'achat plus élevées ont tendance à avoir une relation plus forte avec la marque, conduisant potentiellement à une valeur vie accrue. Pour la classification de l'attrition, une baisse de la fréquence d'achat peut être un signe d'alerte précoce d'un désengagement potentiel du client ou d'une attrition imminente.

De plus, la fréquence peut être analysée conjointement avec d'autres caractéristiques pour obtenir des informations plus approfondies. Par exemple, combiner la fréquence avec la valeur monétaire peut aider à identifier les clients à forte valeur et fréquents qui peuvent être des candidats privilégiés pour les programmes de fidélité ou les campagnes marketing personnalisées. De même, l'analyse de la relation entre la fréquence et la récence peut révéler des schémas dans le comportement des clients, tels que les habitudes d'achat saisonnières ou l'efficacité des stratégies de rétention.

Lors de l'ingénierie de cette caractéristique, il est important de considérer le délai approprié pour le calcul, car celui-ci peut varier en fonction du modèle d'affaires et du cycle de vie du produit. Pour certaines entreprises, la fréquence hebdomadaire pourrait être pertinente, tandis que pour d'autres, les fréquences mensuelles ou trimestrielles pourraient être plus révélatrices. De plus, le suivi des changements de fréquence au fil du temps peut fournir des informations dynamiques sur l'évolution du comportement des clients et les tendances du marché.

```python
import pandas as pd
import matplotlib.pyplot as plt
import seaborn as sns

# Load the dataset (assuming we have a CSV file named 'retail_data.csv')
df = pd.read_csv('retail_data.csv')

# Convert 'PurchaseDate' to datetime
df['PurchaseDate'] = pd.to_datetime(df['PurchaseDate'])

# Calculate Frequency by counting transactions per customer
frequency_df = df.groupby('CustomerID').agg({
    'PurchaseDate': 'count',
    'Total Spend': 'sum'
}).reset_index()
frequency_df.columns = ['CustomerID', 'Frequency', 'TotalSpend']

# Calculate average time between purchases
df_sorted = df.sort_values(['CustomerID', 'PurchaseDate'])
df_sorted['PrevPurchaseDate']                                           =
df_sorted.groupby('CustomerID')['PurchaseDate'].shift(1)
df_sorted['DaysBetweenPurchases']          =          (df_sorted['PurchaseDate']        -
df_sorted['PrevPurchaseDate']).dt.days

avg_time_between_purchases                                              =
df_sorted.groupby('CustomerID')['DaysBetweenPurchases'].mean().reset_index()
```

```
avg_time_between_purchases.columns = ['CustomerID', 'AvgDaysBetweenPurchases']

# Merge frequency features back to the main dataset
df = df.merge(frequency_df, on='CustomerID')
df = df.merge(avg_time_between_purchases, on='CustomerID')

# Calculate additional metrics
df['AvgPurchaseValue'] = df['TotalSpend'] / df['Frequency']

print("\\nData with Frequency Features:")
print(df[['CustomerID',        'PurchaseDate',        'Frequency',        'TotalSpend',
'AvgDaysBetweenPurchases', 'AvgPurchaseValue']].head())

# Visualize the distribution of Frequency
plt.figure(figsize=(10, 6))
sns.histplot(df['Frequency'], kde=True)
plt.title('Distribution of Purchase Frequency')
plt.xlabel('Number of Purchases')
plt.ylabel('Count of Customers')
plt.show()

# Analyze correlation between Frequency and other metrics
correlation_matrix   =   df[['Frequency',   'TotalSpend',   'AvgDaysBetweenPurchases',
'AvgPurchaseValue']].corr()

plt.figure(figsize=(10, 8))
sns.heatmap(correlation_matrix, annot=True, cmap='coolwarm')
plt.title('Correlation Matrix of Frequency-related Features')
plt.show()

# Identify high-frequency customers (top 20%)
high_frequency_threshold = df['Frequency'].quantile(0.8)
high_frequency_customers = df[df['Frequency'] > high_frequency_threshold]

print(f"\\nNumber of high-frequency customers: {len(high_frequency_customers)}")
print(f"Average        spend        of        high-frequency        customers:
${high_frequency_customers['TotalSpend'].mean():.2f}")

# Save the updated dataset
df.to_csv('retail_data_with_frequency.csv', index=False)
print("\\nUpdated dataset saved as 'retail_data_with_frequency.csv'")
```

Décomposons les composants clés et leurs fonctions :

1. Chargement des données et traitement initial :

   o Nous importons les bibliothèques nécessaires (pandas pour la manipulation des données, matplotlib et seaborn pour la visualisation).

   o L'ensemble de données est chargé à partir d'un fichier CSV dans un DataFrame pandas.

- o La colonne « PurchaseDate » est convertie au format datetime pour des calculs précis.

2. Calcul de la fréquence :

   - o Nous utilisons la fonction groupby pour agréger les données par CustomerID.

   - o Deux métriques sont calculées : le nombre d'achats (Fréquence) et la somme des dépenses totales.

3. Temps entre les achats :

   - o Les données sont triées par CustomerID et PurchaseDate.

   - o Nous calculons la différence de temps entre les achats consécutifs pour chaque client.

   - o Le temps moyen entre les achats est calculé pour chaque client.

4. Fusion des données :

   - o Les nouvelles caractéristiques de fréquence sont fusionnées dans l'ensemble de données principal.

5. Métriques supplémentaires :

   - o La valeur d'achat moyenne est calculée en divisant les dépenses totales par la fréquence.

6. Visualisation des données :

   - o Un histogramme est créé pour visualiser la distribution de la fréquence d'achat.

   - o Cela aide à identifier les schémas dans le comportement des clients et les opportunités potentielles de segmentation.

7. Analyse de corrélation :

   - o Une matrice de corrélation est calculée pour les caractéristiques liées à la fréquence.

   - o Celle-ci est visualisée à l'aide d'une carte thermique, aidant à comprendre les relations entre différents aspects du comportement des clients.

8. Segmentation de la clientèle :

   - o Les clients à haute fréquence (20 % supérieurs basés sur la fréquence) sont identifiés.

   - o Nous calculons et affichons le nombre de clients à haute fréquence et leurs dépenses moyennes.

o Cette segmentation peut être utilisée pour du marketing ciblé ou des programmes de fidélité.

9. Persistance des données :

   o L'ensemble de données mis à jour avec les nouvelles caractéristiques de fréquence est enregistré dans un fichier CSV.

   o Cela permet un accès facile lors d'analyses futures ou d'entraînement de modèles.

Cette approche globale calcule la caractéristique Fréquence et offre des informations précieuses sur le comportement des clients. Elle identifie les clients à haute fréquence et explore les relations entre diverses métriques liées à la fréquence. Ces informations sont essentielles pour développer des stratégies marketing efficaces, affiner la segmentation client et améliorer les modèles prédictifs pour les tâches de classification (telles que la prédiction de l'attrition) et de régression (comme l'estimation de la CLTV).

Caractéristique 4 : Tendance d'achat

Pour les modèles de classification ou de régression, la **Tendance d'achat** est une caractéristique cruciale qui capture la nature dynamique du comportement des clients au fil du temps. Cette caractéristique quantifie l'évolution des habitudes de dépenses d'un client, fournissant des informations précieuses sur ses niveaux d'engagement et de fidélité. Les tendances positives, caractérisées par une augmentation de la fréquence ou de la valeur des achats, suggèrent souvent une satisfaction client croissante et un renforcement de la relation avec la marque. Ces clients peuvent être des candidats privilégiés pour des initiatives de montée en gamme ou de vente croisée.

À l'inverse, les tendances négatives pourraient signaler des problèmes potentiels tels que l'insatisfaction des clients, une concurrence accrue ou des besoins changeants. De telles tendances peuvent se manifester par une diminution de la fréquence d'achat, des valeurs de transaction plus faibles ou des intervalles plus longs entre les achats. Identifier ces tendances négatives tôt permet aux entreprises de mettre en œuvre des stratégies de rétention ciblées, prévenant potentiellement l'attrition avant qu'elle ne se produise.

La caractéristique Tendance d'achat peut être particulièrement puissante lorsqu'elle est combinée avec d'autres métriques comme la Récence et la Fréquence. Par exemple, un client avec une fréquence élevée mais une tendance d'achat négative pourrait nécessiter des stratégies d'intervention différentes par rapport à un client avec une fréquence faible mais une tendance positive. En intégrant cette dimension temporelle dans les modèles prédictifs, les entreprises peuvent développer des stratégies de segmentation client plus nuancées et efficaces, des campagnes marketing personnalisées et des initiatives de service client proactives.

```python
import pandas as pd
import numpy as np
```

```
import matplotlib.pyplot as plt
import seaborn as sns

# Load the dataset (assuming we have a CSV file named 'retail_data.csv')
df = pd.read_csv('retail_data.csv')

# Convert 'PurchaseDate' to datetime
df['PurchaseDate'] = pd.to_datetime(df['PurchaseDate'])

# Calculate average spend over time by grouping data by month and CustomerID
df['PurchaseMonth'] = df['PurchaseDate'].dt.to_period('M')
monthly_spend          =          df.groupby(['CustomerID',          'PurchaseMonth'])['Total
Spend'].sum().reset_index()

# Calculate trend as the slope of spending over time for each customer
def calculate_trend(customer_df):
    x = np.arange(len(customer_df))
    y = customer_df['Total Spend'].values
    if len(x) > 1:
        return np.polyfit(x, y, 1)[0]  # Linear trend slope
    return 0

# Apply trend calculation
trend_df                                                                         =
monthly_spend.groupby('CustomerID').apply(calculate_trend).reset_index(name='Purchas
eTrend')

# Merge trend feature back to main dataset
df = df.merge(trend_df, on='CustomerID')

print("\\nData with Purchase Trend Feature:")
print(df[['CustomerID', 'PurchaseMonth', 'Total Spend', 'PurchaseTrend']].head())

# Visualize Purchase Trend distribution
plt.figure(figsize=(10, 6))
sns.histplot(df['PurchaseTrend'], kde=True)
plt.title('Distribution of Purchase Trends')
plt.xlabel('Purchase Trend (Slope)')
plt.ylabel('Count of Customers')
plt.show()

# Identify customers with positive and negative trends
positive_trend = df[df['PurchaseTrend'] > 0]
negative_trend = df[df['PurchaseTrend'] < 0]

print(f"\\nCustomers               with               positive               trend:
{len(positive_trend['CustomerID'].unique())}")
print(f"Customers with negative trend: {len(negative_trend['CustomerID'].unique())}")

# Calculate correlation between Purchase Trend and other features
correlation = df[['PurchaseTrend', 'Total Spend', 'Frequency']].corr()
plt.figure(figsize=(8, 6))
```

```
sns.heatmap(correlation, annot=True, cmap='coolwarm')
plt.title('Correlation between Purchase Trend and Other Features')
plt.show()

# Example: Using Purchase Trend for customer segmentation
df['TrendCategory'] = pd.cut(df['PurchaseTrend'],
                             bins=[-np.inf, -10, 0, 10, np.inf],
                             labels=['Strong Negative', 'Slight Negative', 'Slight
Positive', 'Strong Positive'])

trend_segment = df.groupby('TrendCategory').agg({
    'CustomerID': 'nunique',
    'Total Spend': 'mean',
    'Frequency': 'mean'
}).reset_index()

print("\\nCustomer Segmentation based on Purchase Trend:")
print(trend_segment)

# Save the updated dataset with the new feature
df.to_csv('retail_data_with_trend.csv', index=False)
print("\\nUpdated dataset saved as 'retail_data_with_trend.csv'")
```

Décomposons cet exemple de code complet :

1. Chargement et prétraitement des données :

   o Nous importons les bibliothèques nécessaires : pandas pour la manipulation des données, numpy pour les opérations numériques, et matplotlib/seaborn pour la visualisation.

   o L'ensemble de données est chargé à partir d'un fichier CSV et la colonne « PurchaseDate » est convertie au format datetime.

2. Calcul de la tendance d'achat :

   o Nous regroupons les données par client et par mois pour obtenir les schémas de dépenses mensuelles.

   o Une fonction « calculate_trend » est définie pour calculer la tendance linéaire (pente) des dépenses au fil du temps pour chaque client.

   o Cette tendance est ensuite calculée pour chaque client et fusionnée dans l'ensemble de données principal.

3. Visualisation de la tendance d'achat :

   o Un histogramme est créé pour montrer la distribution des tendances d'achat parmi tous les clients.

- o Cette visualisation aide à identifier les schémas de tendance globaux dans la clientèle.

4. Analyse des tendances positives et négatives :

- o Nous séparons les clients ayant des tendances positives et négatives et les comptons.

- o Cela fournit un aperçu rapide du nombre de clients qui augmentent ou diminuent leurs dépenses au fil du temps.

5. Analyse de corrélation :

- o Nous calculons et visualisons la corrélation entre la tendance d'achat et d'autres caractéristiques comme le total des dépenses et la fréquence.

- o Cela aide à comprendre comment la tendance est liée à d'autres métriques client importantes.

6. Segmentation de la clientèle :

- o Nous catégorisons les clients en fonction de leur tendance d'achat en quatre groupes : fortement négative, légèrement négative, légèrement positive et fortement positive.

- o Pour chaque segment, nous calculons le nombre de clients, le total moyen des dépenses et la fréquence d'achat moyenne.

- o Cette segmentation peut être utilisée pour des stratégies marketing ciblées ou pour identifier les clients à risque.

7. Persistance des données :

- o L'ensemble de données mis à jour avec la nouvelle caractéristique Tendance d'achat est enregistré dans un nouveau fichier CSV.

- o Cela permet un accès facile lors d'analyses futures ou d'entraînement de modèles.

Ce code offre une analyse approfondie de la caractéristique Tendance d'achat, mettant en évidence sa distribution, ses corrélations avec d'autres caractéristiques et son application dans la segmentation client. Ces informations s'avèrent précieuses tant pour les tâches de classification — telles que la prédiction de l'attrition — que pour les tâches de régression comme l'estimation de la valeur vie client (CLTV).

2.2.3 Utilisation de l'ingénierie des caractéristiques pour l'entraînement des modèles

Une fois ces caractéristiques développées, elles servent de fondement pour l'entraînement de modèles prédictifs puissants. Dans cette section, nous explorerons comment exploiter ces caractéristiques pour les tâches de classification et de régression, en nous concentrant spécifiquement sur la prédiction de l'attrition et l'estimation de la valeur vie client (CLTV).

Pour la **prédiction de l'attrition**, une tâche de classification, nous utiliserons un modèle de régression logistique. Ce modèle excelle dans la prédiction de résultats binaires, ce qui le rend idéal pour déterminer si un client est susceptible de partir ou non. Les caractéristiques que nous avons créées, telles que la récence, la fréquence et la tendance d'achat, fournissent des informations cruciales sur le comportement des clients pouvant signaler une attrition potentielle.

D'autre part, pour la **prédiction de la CLTV**, une tâche de régression, nous utiliserons un modèle de régression linéaire. Ce modèle est bien adapté à la prédiction de valeurs continues, nous permettant d'estimer la valeur future qu'un client peut apporter à l'entreprise. Des caractéristiques comme la valeur monétaire et la tendance d'achat sont particulièrement précieuses ici, car elles capturent les schémas de dépenses et le comportement client à long terme.

En intégrant ces caractéristiques développées dans nos modèles, nous améliorons considérablement leur pouvoir prédictif. Cela permet aux entreprises de prendre des décisions fondées sur les données, de mettre en œuvre des stratégies de rétention ciblées et d'optimiser les efforts d'engagement client. Plongeons dans la mise en œuvre pratique de ces modèles en utilisant nos caractéristiques nouvellement créées.

Exemple : Entraînement d'un modèle de régression logistique pour la prédiction de l'attrition

```python
import pandas as pd
import numpy as np
from sklearn.model_selection import train_test_split, cross_val_score
from sklearn.linear_model import LogisticRegression
from sklearn.metrics import accuracy_score, classification_report, confusion_matrix
from sklearn.preprocessing import StandardScaler
import matplotlib.pyplot as plt
import seaborn as sns

# Load the dataset (assuming we have a CSV file named 'retail_data_with_features.csv')
df = pd.read_csv('retail_data_with_features.csv')

# Select features and target
features = ['Recency_Overall', 'AvgPurchaseValue', 'Frequency', 'PurchaseTrend']
X = df[features]
y = df['Churn']  # Target variable for churn

# Standardize the features
scaler = StandardScaler()
X_scaled = scaler.fit_transform(X)

# Train-test split
```

```python
X_train, X_test, y_train, y_test = train_test_split(X_scaled, y, test_size=0.3,
random_state=42)

# Train logistic regression model
log_reg = LogisticRegression(random_state=42)
log_reg.fit(X_train, y_train)

# Predictions
y_pred = log_reg.predict(X_test)
y_pred_proba = log_reg.predict_proba(X_test)[:, 1]

# Model evaluation
print("Model Accuracy:", accuracy_score(y_test, y_pred))
print("\\nClassification Report:")
print(classification_report(y_test, y_pred))

# Confusion Matrix
cm = confusion_matrix(y_test, y_pred)
plt.figure(figsize=(8, 6))
sns.heatmap(cm, annot=True, fmt='d', cmap='Blues')
plt.title('Confusion Matrix')
plt.ylabel('Actual')
plt.xlabel('Predicted')
plt.show()

# Feature importance
feature_importance          =          pd.DataFrame({'feature':          features,          'importance':
abs(log_reg.coef_[0])})
feature_importance = feature_importance.sort_values('importance', ascending=False)
plt.figure(figsize=(10, 6))
sns.barplot(x='importance', y='feature', data=feature_importance)
plt.title('Feature Importance')
plt.show()

# Cross-validation
cv_scores = cross_val_score(log_reg, X_scaled, y, cv=5)
print("\\nCross-validation scores:", cv_scores)
print("Mean CV score:", np.mean(cv_scores))

# ROC Curve
from sklearn.metrics import roc_curve, auc
fpr, tpr, thresholds = roc_curve(y_test, y_pred_proba)
roc_auc = auc(fpr, tpr)

plt.figure(figsize=(8, 6))
plt.plot(fpr, tpr, color='darkorange', lw=2, label=f'ROC curve (AUC = {roc_auc:.2f})')
plt.plot([0, 1], [0, 1], color='navy', lw=2, linestyle='--')
plt.xlim([0.0, 1.0])
plt.ylim([0.0, 1.05])
plt.xlabel('False Positive Rate')
plt.ylabel('True Positive Rate')
plt.title('Receiver Operating Characteristic (ROC) Curve')
```

```
plt.legend(loc="lower right")
plt.show()
```

Cet exemple de code démontre une approche complète pour entraîner et évaluer un modèle de régression logistique pour la prédiction de l'attrition. Décomposons ses composants clés :

1. Préparation des données :

    o Nous chargeons l'ensemble de données et sélectionnons les caractéristiques pertinentes et la variable cible.

    o Les caractéristiques sont standardisées en utilisant StandardScaler pour garantir que toutes les caractéristiques sont à la même échelle.

2. Entraînement du modèle :

    o Nous utilisons train_test_split pour diviser les données en ensembles d'entraînement et de test.

    o Un modèle LogisticRegression est initialisé et entraîné sur les données d'entraînement.

3. Prédictions :

    o Le modèle effectue des prédictions sur l'ensemble de test.

    o Nous calculons également les probabilités de prédiction, qui seront utilisées pour la courbe ROC.

4. Évaluation du modèle :

    o Le score de précision est calculé pour donner une métrique de performance globale.

    o Un rapport de classification détaillé est affiché, montrant la précision, le rappel et le score F1 pour chaque classe.

    o Une matrice de confusion est visualisée à l'aide d'une carte thermique, fournissant une vue claire des vrais positifs, des vrais négatifs, des faux positifs et des faux négatifs.

5. Importance des caractéristiques :

    o Les valeurs absolues des coefficients du modèle sont utilisées pour classer l'importance des caractéristiques.

    o Un diagramme à barres visualise l'importance de chaque caractéristique dans le modèle.

6. Validation croisée :

> o   La validation croisée est effectuée pour évaluer les performances du modèle sur différents sous-ensembles de données.
>
> o   Cela permet de garantir cue les performances du modèle sont cohérentes et ne dépendent pas excessivement d'une division particulière entraînement-test.

7.   Courbe ROC :

> o   La courbe caractéristique de fonctionnement du récepteur (ROC) est tracée.
>
> o   L'aire sous la courbe (AUC) est calculée, fournissant un score unique qui résume les performances du modèle pour tous les seuils de classification possibles.

Cette approche complète va au-delà du simple entraînement du modèle — elle fournit une évaluation approfondie de ses performances. Les visualisations (matrice de confusion, importance des caractéristiques et courbe ROC) offrent des aperçus intuitifs du comportement du modèle. De plus, l'étape de validatioⁿ croisée renforce la robustesse de l'évaluation, garantissant que les performances du modèle restent cohérentes dans divers sous-ensembles de données.

Exemple : Entraînement d'un modèle de régression linéaire pour la prédiction de la CLTV

```python
import pandas as pd
import numpy as np
from sklearn.model_selection import train_test_split, cross_val_score
from sklearn.linear_model import LinearRegression
from sklearn.metrics import mean_squared_error, r2_score
from sklearn.preprocessing import StandardScaler
import matplotlib.pyplot as plt
import seaborn as sns

# Load the dataset
df = pd.read_csv('retail_data_with_features.csv')

# Select features and target
features = ['Recency_Overall', 'AvgPurchaseValue', 'Frequency', 'PurchaseTrend']
X = df[features]
y_cltv = df['CLTV']

# Standardize the features
scaler = StandardScaler()
X_scaled = scaler.fit_transform(X)

# Train-test split for CLTV
X_train_cltv, X_test_cltv, y_train_cltv, y_test_cltv = train_test_split(X_scaled,
y_cltv, test_size=0.3, random_state=42)

# Train linear regression model
lin_reg = LinearRegression()
```

```
lin_reg.fit(X_train_cltv, y_train_cltv)

# Predictions and evaluation
y_pred_cltv = lin_reg.predict(X_test_cltv)
mse = mean_squared_error(y_test_cltv, y_pred_cltv)
r2 = r2_score(y_test_cltv, y_pred_cltv)

print("Mean Squared Error:", mse)
print("R-squared Score:", r2)

# Feature importance
feature_importance     =     pd.DataFrame({'feature':     features,     'importance':
abs(lin_reg.coef_)})
feature_importance = feature_importance.sort_values('importance', ascending=False)

plt.figure(figsize=(10, 6))
sns.barplot(x='importance', y='feature', data=feature_importance)
plt.title('Feature Importance for CLTV Prediction')
plt.show()

# Residual plot
residuals = y_test_cltv - y_pred_cltv
plt.figure(figsize=(10, 6))
plt.scatter(y_pred_cltv, residuals)
plt.xlabel('Predicted CLTV')
plt.ylabel('Residuals')
plt.title('Residual Plot')
plt.axhline(y=0, color='r', linestyle='--')
plt.show()

# Cross-validation
cv_scores     =     cross_val_score(lin_reg,     X_scaled,     y_cltv,     cv=5,
scoring='neg_mean_squared_error')
cv_rmse = np.sqrt(-cv_scores)
print("\\nCross-validation RMSE scores:", cv_rmse)
print("Mean CV RMSE score:", np.mean(cv_rmse))

# Actual vs Predicted plot
plt.figure(figsize=(10, 6))
plt.scatter(y_test_cltv, y_pred_cltv, alpha=0.5)
plt.plot([y_test_cltv.min(),     y_test_cltv.max()],     [y_test_cltv.min(),
y_test_cltv.max()], 'r--', lw=2)
plt.xlabel('Actual CLTV')
plt.ylabel('Predicted CLTV')
plt.title('Actual vs Predicted CLTV')
plt.show()
```

Cet exemple de code fournit une approche complète pour entraîner et évaluer un modèle de régression linéaire pour la prédiction de la valeur à vie du client (CLTV). Décomposons ses composants clés :

- Préparation des données :

    o Nous chargeons l'ensemble de données et sélectionnons les caractéristiques pertinentes pour la prédiction de la CLTV.

    o Les caractéristiques sont standardisées en utilisant StandardScaler pour garantir que toutes les caractéristiques sont à la même échelle.

- Entraînement du modèle :

    o Les données sont divisées en ensembles d'entraînement et de test en utilisant train_test_split.

    o Un modèle LinearRegression est initialisé et entraîné sur les données d'entraînement.

- Prédictions et évaluation :

    o Le modèle effectue des prédictions sur l'ensemble de test.

    o L'erreur quadratique moyenne (MSE) est calculée pour quantifier l'erreur de prédiction du modèle.

    o Le score R^2 est calculé pour mesurer la proportion de la variance dans la variable cible qui est prévisible à partir des caractéristiques.

- Importance des caractéristiques :

    o Les valeurs absolues des coefficients du modèle sont utilisées pour classer l'importance des caractéristiques.

    o Un diagramme à barres visualise l'importance de chaque caractéristique dans la prédiction de la CLTV.

- Analyse des résidus :

    o Un graphique des résidus est créé pour visualiser la différence entre les valeurs réelles et prédites.

    o Cela permet d'identifier tout motif dans les erreurs du modèle et d'évaluer si les hypothèses de régression linéaire sont respectées.

- Validation croisée :

    o La validation croisée est effectuée pour évaluer les performances du modèle sur différents sous-ensembles de données.

    o L'erreur quadratique moyenne (RMSE) est utilisée comme métrique d'évaluation pour la validation croisée.

- Graphique réel vs prédit :

- o Un nuage de points est créé pour comparer les valeurs CLTV réelles aux valeurs prédites.

- o Cette aide visuelle permet de comprendre dans quelle mesure les prédictions du modèle s'alignent sur les valeurs réelles.

Cette approche complète entraîne non seulement le modèle, mais fournit également une évaluation approfondie de ses performances. Les visualisations (importance des caractéristiques, graphique des résidus et graphique réel vs prédit) offrent des aperçus intuitifs du comportement et des performances du modèle. L'étape de validation croisée renforce la robustesse de l'évaluation, garantissant que les performances du modèle restent cohérentes dans divers sous-ensembles de données.

En mettant en œuvre ces techniques d'évaluation et visualisations supplémentaires, nous acquérons une compréhension plus approfondie des forces et des limites du modèle dans la prédiction de la valeur à vie du client. Ces informations peuvent s'avérer inestimables pour affiner le modèle, sélectionner les caractéristiques et prendre des décisions fondées sur les données dans les stratégies de gestion de la relation client.

2.2.4 Points clés et leurs implications

- L'**ingénierie des caractéristiques** améliore la précision prédictive en créant des caractéristiques qui capturent les motifs et tendances sous-jacents. Ce processus consiste à transformer les données brutes en représentations significatives que les algorithmes peuvent mieux interpréter, conduisant à des modèles plus robustes et précis.

- Pour les tâches de **classification** comme la prédiction de l'attrition, des caractéristiques telles que la **récence**, la **fréquence** et la **tendance d'achat** fournissent des informations cruciales sur la fidélité et l'engagement des clients. Ces métriques aident à identifier les clients à risque, permettant aux entreprises de mettre en œuvre des stratégies de rétention ciblées.

- Dans les tâches de **régression** comme la prédiction de la CLTV, les caractéristiques capturant les habitudes de dépenses et le comportement au fil du temps, telles que la **valeur monétaire** et la **tendance d'achat**, améliorent considérablement la capacité du modèle à prédire la valeur à vie. Cela permet aux entreprises d'allouer les ressources plus efficacement et de personnaliser les expériences clients.

- La sélection de caractéristiques appropriées dépend du contexte et nécessite une expertise du domaine. Par exemple, dans le secteur de la santé, des caractéristiques comme la fréquence des rendez-vous et l'observance du traitement pourraient être plus pertinentes pour prédire les résultats des patients.

- L'analyse de l'importance des caractéristiques, comme démontré dans les exemples de code, fournit des informations précieuses sur les facteurs qui influencent le plus significativement la variable cible. Ces informations peuvent guider les décisions commerciales et la formulation de stratégies.

- La validation croisée et l'analyse des résidus sont des étapes cruciales pour évaluer les performances du modèle et identifier les domaines potentiels d'amélioration dans l'ingénierie des caractéristiques ou la sélection du modèle.

2.3 Exercices pratiques pour le chapitre 2

Ces exercices vous aideront à pratiquer les techniques d'ingénierie des caractéristiques spécifiquement pour les modèles de classification et de régression. Chaque exercice est accompagné d'une solution qui inclut du code pour vous guider.

Exercice 1 : Calculer la récence pour chaque client

Dans un ensemble de données de commerce de détail, calculez la caractéristique **Récence** pour chaque client, qui représente le nombre de jours depuis son dernier achat. Utilisez cette caractéristique pour prédire l'engagement des clients.

1. Chargez l'ensemble de données.

2. Convertissez la colonne **DateAchat** en datetime.

3. Calculez la **Récence** comme le nombre de jours depuis l'achat le plus récent.

```python
import pandas as pd

# Sample retail data
data = {'CustomerID': [1, 2, 1, 3, 2],
        'PurchaseDate': ['2023-07-01', '2023-07-10', '2023-07-15', '2023-07-20',
'2023-08-01']}
df = pd.DataFrame(data)

# Solution: Calculate Recency
df['PurchaseDate'] = pd.to_datetime(df['PurchaseDate'])
most_recent_date = df['PurchaseDate'].max()
df['Recency'] = (most_recent_date - df['PurchaseDate']).dt.days

# Get the minimum recency for each customer
recency_df = df.groupby('CustomerID')['Recency'].min().reset_index()

print("\\\\nData with Recency Feature:")
print(recency_df)
```

Dans cette solution :

La **Récence** est calculée comme le nombre de jours depuis le dernier achat pour chaque client, indiquant l'engagement récent.

Exercice 2 : Calculer la valeur moyenne d'achat (valeur monétaire)

Calculez la **Valeur moyenne d'achat** pour chaque client, indiquant son comportement de dépense typique. Il s'agit d'une caractéristique clé pour prédire la valeur à vie du client (CLTV).

1. Chargez l'ensemble de données.

2. Regroupez par **CustomerID** et calculez la moyenne de **Total Spend**.

```python
# Sample retail data with Total Spend
data = {'CustomerID': [1, 2, 1, 3, 2],
        'Total Spend': [200, 150, 300, 250, 400]}
df = pd.DataFrame(data)

# Solution: Calculate Average Purchase Value
monetary_value_df = df.groupby('CustomerID')['Total Spend'].mean().reset_index()
monetary_value_df.rename(columns={'Total Spend': 'AvgPurchaseValue'}, inplace=True)

print("\\\\nData with Average Purchase Value Feature:")
print(monetary_value_df)
```

Dans cette solution :

AvgPurchaseValue représente la valeur moyenne de transaction de chaque client, fournissant un aperçu de ses habitudes de dépense.

Exercice 3 : Calculer la fréquence d'achat pour chaque client

Calculez la **Fréquence d'achat** pour chaque client, indiquant à quelle fréquence ils effectuent des achats. Une fréquence d'achat élevée est souvent corrélée à un engagement et une fidélité élevés.

1. Chargez l'ensemble de données.

2. Regroupez par **CustomerID** et comptez le nombre de transactions.

```python
# Sample retail data with Purchase Frequency
data = {'CustomerID': [1, 2, 1, 3, 2, 3, 1],
        'PurchaseDate': ['2023-07-01', '2023-07-10', '2023-07-15', '2023-07-20',
'2023-08-01', '2023-08-05', '2023-08-10']}
df = pd.DataFrame(data)

# Solution: Calculate Purchase Frequency
frequency_df = df.groupby('CustomerID').size().reset_index(name='Frequency')

print("\\\\nData with Frequency Feature:")
print(frequency_df)
```

Dans cette solution :

La **Fréquence** est calculée comme le nombre de transactions par **CustomerID**, montrant à quelle fréquence chaque client interagit avec le service.

Exercice 4 : Calculer la tendance d'achat à l'aide des données de dépenses

Calculez la **Tendance d'achat** pour capturer les changements dans les dépenses des clients au fil du temps. Pour chaque client, utilisez sa tendance de dépenses mensuelles pour déterminer si ses dépenses augmentent, diminuent ou restent stables.

1. Chargez l'ensemble de données.

2. Convertissez **PurchaseDate** en mois et regroupez par **CustomerID** et **Month**.

3. Calculez la pente des dépenses au fil du temps pour chaque client.

```python
import numpy as np

# Sample retail data with PurchaseDate and Total Spend
data = {'CustomerID': [1, 1, 1, 2, 2, 3, 3],
        'PurchaseDate': ['2023-07-01', '2023-08-01', '2023-09-01', '2023-07-01',
'2023-08-01', '2023-07-01', '2023-08-01'],
        'Total Spend': [200, 250, 300, 400, 350, 150, 100]}
df = pd.DataFrame(data)
df['PurchaseDate'] = pd.to_datetime(df['PurchaseDate'])
df['PurchaseMonth'] = df['PurchaseDate'].dt.to_period('M')

# Calculate monthly spending and slope
monthly_spend       =       df.groupby(['CustomerID',       'PurchaseMonth'])['Total
Spend'].sum().reset_index()

# Function to calculate trend slope
def calculate_trend(customer_df):
    x = np.arange(len(customer_df))
    y = customer_df['Total Spend'].values
    if len(x) > 1:
        return np.polyfit(x, y, 1)[0]  # Linear trend slope
    return 0

# Apply trend calculation
trend_df                                                                    =
monthly_spend.groupby('CustomerID').apply(calculate_trend).reset_index(name='Purchas
eTrend')

print("\\\\nData with Purchase Trend Feature:")
print(trend_df)
```

Dans cette solution :

La **Tendance d'achat** capture la pente des dépenses au fil du temps, révélant si les dépenses d'un client sont en hausse, en baisse ou stables.

Exercice 5 : Construire un modèle de régression logistique en utilisant des caractéristiques créées

En utilisant des caractéristiques telles que la **Récence**, la **Fréquence** et la **Valeur monétaire**, entraînez un modèle de **Régression logistique** pour prédire l'attrition.

1. Calculez chaque caractéristique (récence, fréquence, valeur monétaire).

2. Utilisez ces caractéristiques pour entraîner un modèle de régression logistique.

3. Évaluez les performances du modèle avec la précision.

```python
from sklearn.model_selection import train_test_split
from sklearn.linear_model import LogisticRegression
from sklearn.metrics import accuracy_score

# Sample engineered data with churn label
data = {'CustomerID': [1, 2, 3, 4, 5],
        'Recency': [10, 30, 5, 40, 15],
        'Frequency': [5, 2, 7, 1, 3],
        'AvgPurchaseValue': [200, 150, 250, 100, 300],
        'Churn': [0, 1, 0, 1, 0]}  # 0: Not Churned, 1: Churned
df = pd.DataFrame(data)

# Define features and target
X = df[['Recency', 'Frequency', 'AvgPurchaseValue']]
y = df['Churn']

# Train-test split
X_train, X_test, y_train, y_test = train_test_split(X, y, test_size=0.3,
random_state=42)

# Train logistic regression model
log_reg = LogisticRegression()
log_reg.fit(X_train, y_train)

# Predictions and evaluation
y_pred = log_reg.predict(X_test)
print("Model Accuracy:", accuracy_score(y_test, y_pred))
```

Dans cette solution :

- La **Récence**, la **Fréquence** et la **Valeur d'achat moyenne** sont utilisées comme caractéristiques dans un modèle de régression logistique pour prédire l'attrition.

- La précision du modèle est calculée pour évaluer les performances.

Ces exercices couvrent les étapes essentielles de l'ingénierie des caractéristiques, du calcul des mesures d'engagement client comme la **Récence** et la **Fréquence** à la mise en œuvre de modèles qui exploitent les caractéristiques créées. En travaillant sur ces exercices, vous acquerrez une expérience pratique dans la construction et l'évaluation de caractéristiques pour la modélisation prédictive.

2.4 Qu'est-ce qui pourrait mal tourner ?

L'ingénierie des caractéristiques est cruciale pour créer des modèles prédictifs efficaces, mais plusieurs défis et pièges peuvent survenir. Voici quelques problèmes courants à connaître, ainsi que des suggestions pour atténuer ces problèmes potentiels.

2.4.1 Surapprentissage dû à des caractéristiques complexes

Lors de la création de caractéristiques complexes qui capturent trop de détails spécifiques, cela peut conduire au surapprentissage, où le modèle performe bien sur les données d'entraînement mais mal sur les données inédites. Par exemple, des caractéristiques trop granulaires basées sur des fenêtres temporelles spécifiques ou des modèles de comportement très détaillés peuvent ne pas bien se généraliser.

Qu'est-ce qui pourrait mal tourner ?

- Les modèles peuvent échouer à se généraliser et présenter de mauvaises performances sur les données de test ou du monde réel.

- Les modèles surentraînés peuvent être peu fiables, car ils capturent du bruit plutôt que de véritables tendances.

Solution :

- Simplifiez les caractéristiques et appliquez des techniques comme la validation croisée pour vérifier les performances. Les méthodes de sélection de caractéristiques ou de régularisation, telles que la régression Lasso ou Ridge, peuvent aider à réduire la complexité en pénalisant les caractéristiques trop détaillées.

2.4.2 Caractéristiques non pertinentes ou redondantes

L'inclusion de caractéristiques non pertinentes ou redondantes (par exemple, des caractéristiques à forte corrélation) peut diminuer la précision du modèle, car elles ajoutent du bruit ou de la redondance aux données. Par exemple, si les **Dépenses totales** et la **Valeur d'achat moyenne** sont fortement corrélées, l'utilisation des deux peut entraîner une inefficacité du modèle.

Qu'est-ce qui pourrait mal tourner ?

- Les caractéristiques non pertinentes ajoutent une complexité inutile et peuvent perturber le modèle, conduisant à des prédictions moins précises.

- L'inclusion de caractéristiques redondantes peut augmenter le temps de calcul et peut diluer le pouvoir prédictif des caractéristiques importantes.

Solution :

- Effectuez une sélection de caractéristiques en calculant les scores d'importance des caractéristiques ou en appliquant une analyse de corrélation pour supprimer les caractéristiques redondantes ou non pertinentes. Utilisez des techniques de réduction de dimensionnalité comme l'**Analyse en composantes principales (ACP)** si nécessaire.

2.4.3 Étiquettes cibles mal choisies dans la classification

Dans les tâches de classification, les étiquettes cibles peuvent ne pas toujours être clairement définies ou pertinentes. Par exemple, dans un modèle de prédiction de l'attrition client, étiqueter un client comme « parti » sur la base d'un seul rendez-vous manqué peut ne pas capturer avec précision le désengagement.

Qu'est-ce qui pourrait mal tourner ?

- Des étiquettes cibles mal définies peuvent conduire à des modèles peu performants qui ne répondent pas au véritable objectif commercial.

- Des étiquettes incohérentes réduisent la précision prédictive du modèle, car il a du mal à identifier des tendances significatives.

Solution :

- Définissez soigneusement les étiquettes cibles en vous basant sur les connaissances du domaine. Consultez les parties prenantes de l'entreprise pour vous assurer que les étiquettes reflètent les résultats du monde réel, et envisagez des critères basés sur des seuils pour les étiquettes comme l'attrition (par exemple, plus de trois rendez-vous manqués en six mois).

2.4.4 Fuite de données provenant des informations cibles

La fuite de données se produit lorsque des informations de la variable cible s'infiltrent par inadvertance dans les caractéristiques, gonflant artificiellement les performances du modèle. Par exemple, inclure des données d'achats futurs lors de la prédiction de la **Valeur vie client (CLTV)** peut amener le modèle à performer de manière irréaliste sur les données d'entraînement.

Qu'est-ce qui pourrait mal tourner ?

- La fuite de données conduit à des modèles qui performent bien en entraînement mais échouent dans des scénarios du monde réel.

- Le pouvoir prédictif du modèle est surestimé, entraînant des mesures de performance trompeuses.

Solution :

- Vérifiez que les caractéristiques ne contiennent pas d'informations futures ou de données directement dérivées de la variable cible. Divisez les données chronologiquement dans les séries temporelles ou les problèmes séquentiels pour garantir que les données d'entraînement ne contiennent que les informations disponibles au moment de la préciction.

2.4.5 Mauvaise interprétation de l'importance des caractéristiques

Les mesures d'importance des caractéristiques provenant de modèles comme les arbres de décision peuvent parfois conduire à une mauvaise interprétation. Un score élevé d'importance de caractéristique n'indique pas toujours une causalité ou un prédicteur robuste. Par exemple, une caractéristique peut montrer une importance élevée dans un échantillon mais varier dans un autre.

Qu'est-ce qui pourrait mal tourner ?

- Une mauvaise interprétation de l'importance des caractéristiques peut conduire à une dépendance excessive envers des caractéristiques spécifiques, rendant les modèles moins fiables ou même biaisés.

- Des caractéristiques importantes peuvent être négligées si les interprétations initiales sont inexactes.

Solution :

- Vérifiez l'importance des caractéristiques sur différents échantillons et modèles pour valider sa stabilité. Utilisez l'importance par permutation ou SHAP (SHapley Additive exPlanations) pour garantir une compréhension plus approfondie de l'impact des caractéristiques sur les prédictions.

2.4.6 Manque de cohérence des caractéristiques dans les données d'entraînement et du monde réel

Les caractéristiques qui performent bien dans les données d'entraînement peuvent ne pas être cohérentes ou aussi pertinentes dans les données du monde réel. Par exemple, les caractéristiques créées basées sur certaines périodes ou des modèles saisonniers peuvent varier dans le temps, réduisant leur efficacité.

Qu'est-ce qui pourrait mal tourner ?

- Les prédictions du modèle peuvent se détériorer au fil du temps à mesure que les distributions de caractéristiques changent, entraînant une précision moindre.

- Les mesures de performance en entraînement peuvent ne pas refléter les résultats du monde réel, affectant les décisions commerciales.

Solution :

- Surveillez les distributions de caractéristiques et vérifiez les changements au fil du temps. Envisagez d'utiliser des modèles dynamiques ou réentraînables qui se mettent à jour avec de nouvelles données pour maintenir la précision des prédictions.

2.4.7 Préoccupations éthiques et de confidentialité avec les données sensibles

L'ingénierie des caractéristiques peut soulever des préoccupations éthiques, en particulier lors du travail avec des données sensibles, telles que les informations de santé ou financières personnelles. Construire des caractéristiques basées sur des caractéristiques protégées, comme l'âge ou le sexe, peut introduire des biais ou des risques pour la vie privée.

Qu'est-ce qui pourrait mal tourner ?

- Les violations de la vie privée ou l'utilisation contraire à l'éthique de caractéristiques sensibles peuvent entraîner des répercussions juridiques et éroder la confiance des clients.

- Les modèles peuvent présenter des biais, ce qui affecte certains groupes de manière injuste et conduit à des prédictions inexactes ou discriminatoires.

Solution :

- Suivez les directives éthiques, anonymisez les données sensibles et évaluez les biais du modèle pour éviter des résultats discriminatoires. Utilisez des mesures d'équité pour évaluer l'impact du modèle sur différents groupes démographiques et ajustez les caractéristiques si nécessaire.

Conclusion

L'ingénierie des caractéristiques est un outil puissant pour améliorer les modèles prédictifs, mais elle doit être effectuée avec soin. En comprenant ces défis courants, vous pouvez éviter les pièges potentiels, en veillant à ce que vos modèles soient précis, éthiques et robustes. Avec une sélection appropriée des caractéristiques, une validation régulière et des considérations éthiques, vous pouvez créer des modèles qui fournissent des informations exploitables et fiables.

Résumé du Chapitre 2

Dans le Chapitre 2, nous avons exploré en profondeur le rôle crucial de l'ingénierie des caractéristiques dans l'amélioration des modèles prédictifs, tant pour les tâches de classification que de régression. L'ingénierie des caractéristiques consiste à transformer les données brutes en caractéristiques qui améliorent les performances du modèle, rendant les données plus informatives et représentatives des tendances du monde réel. Ce chapitre a couvert un éventail de techniques et d'exemples pratiques, en se concentrant sur la prédiction de l'attrition client et de la valeur vie client (CLTV) grâce à des caractéristiques soigneusement élaborées.

Nous avons commencé par examiner le cas d'usage de la **prédiction de l'attrition dans le secteur de la santé**. Pour prédire si un patient se désengagerait d'un prestataire de soins de santé, nous avons créé des caractéristiques qui capturaient divers aspects du comportement et de l'interaction du patient. Celles-ci comprenaient la **Récence** (temps écoulé depuis la dernière visite), la **Fréquence** (nombre de visites) et le **Taux de rendez-vous manqués** (fréquence des absences). Chacune de ces caractéristiques visait à capturer différentes dimensions de la fidélité et de l'engagement du patient, qui sont des indicateurs clés de l'attrition. Cette étude de cas a souligné la valeur de la traduction du comportement du monde réel en caractéristiques quantitatives que les modèles peuvent utiliser pour prédire efficacement le comportement futur.

Dans la deuxième section, nous avons exploré plus largement l'**ingénierie des caractéristiques pour les modèles de classification et de régression**, en créant des caractéristiques telles que la **Valeur monétaire**, la **Fréquence d'achat** et la **Tendance d'achat**. Par exemple, la Valeur monétaire, calculée comme le montant moyen des transactions, a servi de prédicteur essentiel dans les modèles de régression CLTV, car des dépenses plus élevées sont souvent corrélées à une valeur vie client plus élevée. La Fréquence, reflétant le modèle d'achat du client, nous a permis de distinguer les acheteurs réguliers des acheteurs occasionnels, ce qui en fait une caractéristique précieuse tant pour la classification de l'attrition que pour la prédiction de la valeur vie.

Tout au long de ce chapitre, nous avons discuté des **meilleures pratiques pour l'ingénierie des caractéristiques** qui peuvent avoir un impact significatif sur la qualité et l'interprétabilité du modèle. Par exemple, la création de caractéristiques temporelles comme la **Récence** et la **Tendance d'achat** ajoute une dimension temporelle au comportement du client, nous aidant à comprendre non seulement qui sont les clients de valeur, mais aussi comment leur comportement évolue dans le temps. Nous avons également souligné l'importance de surveiller la pertinence et la cohérence des caractéristiques pour éviter les pièges tels que le surapprentissage ou la fuite de données. Des techniques telles que la validation croisée, l'analyse de l'importance des caractéristiques et les vérifications de corrélation aident à maintenir un équilibre entre la complexité et les performances du modèle.

Ce chapitre a également couvert les pièges potentiels de l'ingénierie des caractéristiques à travers une section **Qu'est-ce qui pourrait mal tourner ?**, abordant des problèmes tels que la fuite de données, les caractéristiques non pertinentes, le surapprentissage et les considérations éthiques. Ces défis soulignent l'importance d'une planification minutieuse, de la validation et d'une solide compréhension du contexte commercial lors de la création de caractéristiques.

En résumé, le Chapitre 2 a fourni un aperçu détaillé du pouvoir transformateur de l'ingénierie des caractéristiques dans la modélisation prédictive. En extrayant des informations significatives des données, l'ingénierie des caractéristiques permet aux modèles de fournir des informations qui sont non seulement précises, mais aussi exploitables et interprétables. Ce chapitre sert de guide pratique pour quiconque cherche à améliorer ses modèles avec des caractéristiques soigneusement élaborées, préparant les lecteurs à des applications réussies de science des données dans un large éventail de domaines.

Quiz Partie 1 : Applications pratiques et études de cas

Ce quiz couvre les concepts clés et les techniques abordés dans le **Chapitre 1** et le **Chapitre 2**, en mettant l'accent sur les projets d'analyse de données réels, la segmentation de la clientèle et l'ingénierie des caractéristiques pour les modèles prédictifs.

1. Laquelle des options suivantes constitue une première étape cruciale dans tout projet d'analyse de données ?

- A) Construire immédiatement un modèle prédictif
- B) Compréhension et préparation des données
- C) Évaluer la précision du modèle
- D) Sélectionner la variable cible après l'entraînement du modèle

2. Dans l'analyse de données de santé, pourquoi le calcul de la fréquence des visites d'un patient est-il important pour la prédiction de l'attrition ?

- A) Cela aide à identifier les patients qui préfèrent les consultations en ligne.
- B) Une fréquence plus élevée indique souvent un fort engagement envers le fournisseur de soins de santé.
- C) Cela montre le niveau de revenu du patient.
- D) C'est utilisé uniquement à des fins de facturation.

3. Quelle mesure est couramment utilisée pour déterminer le nombre optimal de clusters dans le clustering K-means ?

- A) R-carré
- B) Erreur absolue moyenne
- C) Méthode du coude
- D) Test du chi-carré

4. Dans les données de vente au détail, que représente la caractéristique « Valeur monétaire » ?

- A) Le coût moyen des produits dans le magasin
- B) Le revenu total généré par le magasin
- C) La dépense moyenne par transaction pour chaque client
- D) Le taux de remise appliqué à chaque achat

5. Quelle caractéristique serait la plus utile pour prédire l'attrition des clients dans un contexte de soins de santé ?

- A) Âge moyen des clients
- B) Nombre de médecins dans l'établissement
- C) Taux de rendez-vous manqués
- D) Nombre total de médicaments prescrits

6. Quand une fuite de données peut-elle se produire dans un modèle prédictif ?

- A) Lorsque l'ensemble de données est trop petit
- B) Lorsque des informations futures de la variable cible sont incluses dans les caractéristiques
- C) Lorsque des caractéristiques redondantes sont ajoutées au modèle
- D) Lorsque des valeurs manquantes sont présentes dans l'ensemble de données

7. Quelle technique d'ingénierie des caractéristiques implique l'identification de tendances au fil du temps, comme le calcul des changements de dépenses mensuelles ?

- A) Mise à l'échelle des caractéristiques
- B) Réduction de dimensionnalité
- C) Calcul de la tendance d'achat
- D) Encodage one-hot

8. Comment pouvons-nous prévenir le surajustement lors de la création de caractéristiques pour un modèle prédictif ?

- A) Ajouter autant de caractéristiques que possible pour capturer tous les motifs potentiels
- B) Utiliser la validation croisée et simplifier la complexité des caractéristiques
- C) Éviter de standardiser les caractéristiques

- D) Ignorer les caractéristiques redondantes

9. Qu'indique un score de silhouette élevé dans le clustering ?

- A) Les clusters ont un chevauchement élevé

- B) Les clusters sont bien séparés et cohésifs en eux-mêmes

- C) La précision du modèle est supérieure à 95 %

- D) L'ensemble de données a une distribution normale

10. Quelle méthode utiliseriez-vous pour empêcher le modèle de capturer le bruit dans les données ?

- A) Appliquer des techniques de sélection de caractéristiques ou de régularisation

- B) Ajouter des caractéristiques plus complexes

- C) Utiliser une variable cible différente

- D) Augmenter le nombre de clusters dans K-means

Réponses

1. **B**) Compréhension et préparation des données

2. **B**) Une fréquence plus élevée indique souvent un fort engagement envers le fournisseur de soins de santé.

3. **C**) Méthode du coude

4. **C**) La dépense moyenne par transaction pour chaque client

5. **C**) Taux de rendez-vous manqués

6. **B**) Lorsque des informations futures de la variable cible sont incluses dans les caractéristiques

7. **C**) Calcul de la tendance d'achat

8. **B**) Utiliser la validation croisée et simplifier la complexité des caractéristiques

9. **B**) Les clusters sont bien séparés et cohésifs en eux-mêmes

10. **A**) Appliquer des techniques de sélection de caractéristiques ou de régularisation

Projet 1 : Segmentation de la clientèle à l'aide de techniques de regroupement

La segmentation de la clientèle est une application fondamentale de la science des données dans l'analyse commerciale, aidant les organisations à comprendre le comportement des clients, à identifier les tendances et à adapter les stratégies de marketing à des groupes spécifiques. En divisant les clients en segments distincts en fonction de leurs habitudes d'achat, de leurs données démographiques ou de eurs intérêts, les entreprises peuvent optimiser leur approche, augmenter la fidélisation de la clientèle et améliorer la satisfaction globale.

Dans ce projet, nous explorerons les **techniques de regroupement** pour la segmentation de la clientèle, en nous concentrant sur l'algorithme **K-means** largement utilisé. Notre objectif est de regrouper les clients en grappes significatives qui représentent des segments distincts au sein du marché. Cela nous permet d'analyser les caractéristiques uniques de chaque grappe et d'adapter les stratégies aux besoins de chaque groupe. Nous commencerons par un examen de l'algorithme K-means, de ses applications et des étapes pratiques pour le mettre en œuvre efficacement.

1. Comprendre l'algorithme de regroupement K-means

Le regroupement K-means est une technique d'apprentissage non supervisé utilisée pour diviser les points de données en **K grappes distinctes**. Cet algorithme est particulièrement efficace pour la segmentation de la clientèle en raison de sa capacité à regrouper des clients similaires sur la base de caractéristiques partagées. Voici un aperçu plus détaillé du fonctionnement de K-means et de son intérêt pour l'analyse de marché :

Affectation de grappe : Chaque point de données est affecté à la grappe dont le centroïde est le plus proche. Ce processus consiste à calculer la distance euclidienne entre le point de données et le centroïde de chaque grappe, puis à associer le point au plus proche.

Recalcul du centroïde : Après avoir affecté tous les points, l'algorithme recalcule les centroïdes de chaque grappe en prenant la moyenne de tous les points de données au sein de cette grappe. Cette étape permet d'affiner les positions des grappes.

Optimisation itérative : Les étapes d'affectation et de recalcul sont répétées de manière itérative jusqu'à ce que les centroïdes se stabilisent ou qu'un nombre maximal d'itérations so t atteint. Ce processus vise à minimiser la variance intra-grappe (rendant les points au sein de chaque grappe aussi similaires que possible) tout en maximisant la séparation entre les grappes.

Avantages pour la segmentation de la clientèle : K-means excelle dans la segmentation de la clientèle car il peut gérer efficacement de grands ensembles de données et identifier des groupes distincts sur la base de plusieurs attributs simultanément. Cela permet aux entreprises de découvrir des tendances cachées dans le comportement, les préférences ou les données démographiques des clients qui pourraient ne pas être immédiatement apparentes.

Informations exploitables : En regroupant des clients similaires, K-means fournit des informations précieuses sur des segments de marché uniques. Ces informations peuvent éclairer les stratégies de marketing ciblées, le développement de produits et les expériences client personnalisées, conduisant finalement à une amélioration de la satisfaction client et des performances commerciales.

Comment fonctionne le regroupement K-means

Le regroupement K-means est un algorithme itératif qui vise à trouver la position optimale des centroïdes de grappe. Ce processus implique plusieurs étapes clés, chacune contribuant à l'efficacité de l'algorithme dans la segmentation des données. Explorons ces étapes plus en détail :

1. **Sélectionner le nombre de grappes (K)** : Cette première étape cruciale consiste à déterminer le nombre de grappes à créer. Elle nécessite une compréhension approfondie des données ou l'utilisation de techniques comme la méthode du coude pour identifier la valeur K optimale. Le choix de K a un impact significatif sur les résultats du regroupement et l'analyse ultérieure.

2. **Initialiser les centroïdes de grappe** : Une fois K déterminé, l'algorithme place aléatoirement K centroïdes dans l'espace de caractéristiques. Ce placement initial définit le point de départ du processus itératif. Bien que l'initialisation aléatoire soit courante, des techniques plus avancées comme K-means++ peuvent être utilisées pour optimiser cette étape.

3. **Affecter les points de données au centroïde le plus proche** : Dans cette étape, chaque point de données est affecté au centroïde le plus proche en fonction de la distance euclidienne. Ce processus crée les affectations de grappes initiales et constitue la base du raffinement ultérieur. Le choix de la métrique de distance peut être ajusté en fonction des exigences spécifiques de l'ensemble de données.

4. **Recalculer les centroïdes** : Après les affectations initiales, l'algorithme recalcule chaque centroïde comme la moyenne de tous les points de données au sein de sa grappe. Cette étape affine les positions des centroïdes, les déplaçant vers le centre de leurs grappes respectives. Le recalcul améliore la représentation globale de chaque grappe.

5. **Répéter les étapes 3 et 4** : L'algorithme itère à travers les étapes d'affectation et de recalcul jusqu'à ce que la convergence soit atteinte. La convergence se produit lorsque les centroïdes ne se déplacent plus de manière significative ou qu'un nombre maximal d'itérations prédéfini est atteint. Ce processus itératif affine progressivement les affectations de grappes et les positions des centroïdes.

Le résultat de l'algorithme K-means est un ensemble de grappes bien définies qui équilibrent deux objectifs clés : minimiser la distance intra-grappe et maximiser la distance inter-grappes Cette double optimisation garantit que les points de données au sein de chaque grappe sont aussi similaires que possible les uns aux autres (cohésion) tout en étant aussi différents que possible des points dans d'autres grappes (séparation).

Il est important de noter que bien que K-means soit très efficace, il présente certaines limites. Par exemple, il suppose des grappes sphériques et est sensible aux valeurs aberrantes. Dans les scénarios où ces hypothèses ne sont pas vérifiées, des algorithmes de regroupement alternatifs comme DBSCAN ou le regroupement hiérarchique pourraient être plus appropriés. De plus, la performance de l'algorithme peut être influencée par les positions initiales des centroïdes, c'est pourquoi plusieurs exécutions avec différentes initialisations sont souvent recommandées pour garantir des résultats robustes.

1.1 Mise en œuvre du regroupement K-means en Python

Appliquons le regroupement K-means sur un échantillon de données client pour illustrer le processus de segmentation. Supposons que notre ensemble de données comprenne des informations sur les clients telles que l'**âge** et le **revenu annuel**.

```python
from sklearn.cluster import KMeans
import pandas as pd
import matplotlib.pyplot as plt

# Sample customer data
data = {'Age': [22, 25, 27, 30, 32, 34, 37, 40, 42, 45],
        'Annual Income': [15000, 18000, 21000, 25000, 28000, 31000, 36000, 40000,
42000, 45000]}
df = pd.DataFrame(data)

# Initialize K-means with 2 clusters
kmeans = KMeans(n_clusters=2, random_state=42)
df['Cluster'] = kmeans.fit_predict(df[['Age', 'Annual Income']])

# Plot the results
plt.figure(figsize=(8, 6))
for cluster in df['Cluster'].unique():
    subset = df[df['Cluster'] == cluster]
    plt.scatter(subset['Age'], subset['Annual Income'], label=f'Cluster {cluster}')
plt.scatter(kmeans.cluster_centers_[:, 0], kmeans.cluster_centers_[:, 1], s=200,
c='red', marker='X', label='Centroids')
plt.xlabel('Age')
plt.ylabel('Annual Income')
```

```
plt.title('K-means Clustering on Customer Data')
plt.legend()
plt.show()
```

Dans cet exemple :

- Nous initialisons K-means avec n_clusters=2 et l'appliquons aux caractéristiques **Âge** et **Revenu annuel**.

- Après le regroupement, nous visualisons les données, montrant les clients divisés en grappes en fonction de l'âge et du revenu. Les **centroïdes** rouges représentent les points centraux de chaque grappe.

Voici une répartition des principaux composants :

1. **Importation des bibliothèques** : Le code importe les bibliothèques nécessaires, notamment scikit-learn pour le regroupement K-means, pandas pour la manipulation des données et matplotlib pour la visualisation.

2. **Création de données d'exemple** : Un ensemble de données d'exemple est créé avec des informations client incluant l'âge et le revenu annuel.

3. **Initialisation de K-means** : L'algorithme KMeans est initialisé avec 2 grappes (n_clusters=2).

4. **Application de K-means** : La méthode fit_predict est utilisée pour appliquer le regroupement K-means sur les caractéristiques Âge et Revenu annuel.

5. **Visualisation** : Les résultats sont tracés à l'aide de matplotlib, montrant :

   o Des points dispersés représentant les clients, colorés par leur grappe assignée

   o Des marqueurs « X » rouges représentant les centroïdes de chaque grappe

1.2 Choisir le nombre optimal de grappes

Sélectionner le bon nombre de grappes est crucial pour une segmentation significative. Le nombre optimal de grappes équilibre entre la simplification excessive (trop peu de grappes) et le surapprentissage (trop de grappes). Une technique courante pour déterminer cet équilibre est la **méthode du coude**.

La méthode du coude fonctionne en traçant la somme totale des carrés intra-grappe (inertie) en fonction du nombre de grappes. À mesure que le nombre de grappes augmente, l'inertie diminue généralement car chaque point de données est plus proche du centroïde de sa grappe. Cependant, le taux de cette diminution ralentit généralement à un certain point, créant une forme de « coude » dans le graphique.

Ce point de « coude » suggère une valeur K optimale pour plusieurs raisons :

- Il représente un bon compromis entre la complexité du modèle et la performance.

- L'ajout de grappes supplémentaires au-delà de ce point produit des rendements décroissants en termes d'explication de la variance des données.

- Il indique souvent une division naturelle dans la structure des données.

Bien que la méthode du coude soit largement utilisée, il est important de noter qu'elle n'est pas toujours définitive. Dans certains cas, le « coude » peut ne pas être clairement visible, ou il peut y avoir plusieurs points d'inflexion. Dans de tels scénarios, il est conseillé de combiner la méthode du coude avec d'autres techniques comme l'analyse de silhouette ou les statistiques d'écart pour une détermination plus robuste du nombre optimal de grappes.

Exemple : Utilisation de la méthode du coude pour trouver K optimal

```python
inertia_values = []
K_range = range(1, 10)

# Calculate inertia for each K
for k in K_range:
    kmeans = KMeans(n_clusters=k, random_state=42)
    kmeans.fit(df[['Age', 'Annual Income']])
    inertia_values.append(kmeans.inertia_)

# Plot inertia values to find the elbow point
plt.figure(figsize=(8, 4))
plt.plot(K_range, inertia_values, marker='o')
plt.xlabel('Number of Clusters (K)')
plt.ylabel('Inertia')
plt.title('Elbow Method for Optimal K')
plt.show()
```

Dans cet exemple :

- La **méthode du coude** aide à déterminer le nombre optimal de grappes en observant où l'inertie cesse de diminuer de manière significative.

- En fonction du graphique, nous pouvons choisir la valeur de K où la diminution de l'inertie devient minimale.

Voici une répartition de ce que fait le code .

- Il initialise une liste vide inertia_values pour stocker l'inertie pour chaque valeur de K.

- Il définit une plage de valeurs K de 1 à 9 en utilisant K_range = range(1, 10).

- Il itère ensuite à travers chaque valeur K, effectuant ces étapes :

  o Crée un modèle KMeans avec la valeur K actuelle

  o Ajuste le modèle aux données (Âge et Revenu annuel)

  o Ajoute l'inertie (somme des carrés intra-grappe) à la liste inertia_values

- Enfin, il trace les valeurs d'inertie en fonction du nombre de grappes (K) en utilisant matplotlib :
  - Configure une figure avec des dimensions spécifiques
  - Trace les valeurs K sur l'axe des x et les valeurs d'inertie sur l'axe des y
  - Étiquette les axes et ajoute un titre
  - Affiche le graphique

1.3 Interprétation des segments de clientèle

Après avoir identifié les grappes, l'analyse des caractéristiques uniques de chaque segment fournit des informations exploitables précieuses. Cette analyse va au-delà d'une simple catégorisation et se penche sur les nuances du comportement, des préférences et des besoins de chaque groupe. Par exemple :

- La **grappe 0** pourrait représenter des clients plus jeunes avec des revenus plus faibles, suggérant une démographie intéressée par des produits économiques. Ce segment pourrait être analysé plus en détail pour comprendre :
  - Leur sensibilité au prix et comment elle affecte les décisions d'achat
  - Les canaux de communication préférés (par exemple, réseaux sociaux, courriel)
  - Les caractéristiques de produits qui résonnent le plus avec ce groupe
  - Le potentiel de montée en gamme ou de vente croisée de gammes de produits économiques

- La **grappe 1** pourrait représenter des clients plus âgés avec des revenus plus élevés, un segment qui peut bien répondre aux offres premium. Pour ce groupe, les entreprises pourraient explorer :
  - Les préférences pour les produits de luxe ou haut de gamme
  - La volonté de payer pour un service client amélioré ou des expériences exclusives
  - Les facteurs de fidélité à la marque et comment les renforcer
  - Les opportunités d'offres de produits personnalisés ou sur mesure

En comprenant chaque segment en profondeur, les entreprises peuvent développer des stratégies hautement ciblées :

- Marketing : Élaborer des messages qui résonnent avec les valeurs et les aspirations de chaque segment

- Développement de produits : Adapter les caractéristiques et les conceptions pour répondre aux besoins spécifiques des segments

- Expérience client : Créer des parcours personnalisés qui répondent aux préférences de chaque segment

- Stratégie de tarification : Développer une tarification échelonnée ou des offres groupées qui plaisent aux différents segments

- Stratégie de canaux : Optimiser les canaux de distribution en fonction des préférences des segments

De plus, cette segmentation permet la modélisation prédictive, permettant aux entreprises d'anticiper les besoins et comportements futurs de chaque groupe. En tirant parti de ces informations, les entreprises peuvent garder une longueur d'avance sur les tendances du marché et maintenir un avantage concurrentiel dans leur secteur.

1.4 Points clés à retenir et orientations futures

- Le **regroupement K-means** offre une approche puissante de la segmentation de la clientèle, permettant aux entreprises de regrouper les clients en fonction d'attributs partagés. Cette segmentation constitue la base de campagnes marketing ciblées, de recommandations de produits personnalisées et d'expériences client adaptées.

- La **sélection optimale de grappes** est cruciale pour une segmentation significative. La méthode du coude fournit une approche basée sur les données pour déterminer le nombre idéal de grappes (K) en analysant le compromis entre la complexité du modèle et la performance. Cette méthode aide à équilibrer entre la simplification excessive et le surapprentissage, garantissant que les segments résultants sont à la fois distincts et exploitables.

- L'**analyse approfondie des grappes** révèle des informations précieuses sur les caractéristiques, préférences et comportements uniques de chaque segment de clientèle. Ces informations peuvent guider la prise de décision stratégique dans diverses fonctions commerciales, notamment :

  o Marketing : Élaboration de messages ciblés et sélection de canaux appropriés pour chaque segment

  o Développement de produits : Identification des besoins et préférences spécifiques aux segments pour orienter les nouvelles fonctionnalités ou améliorations de produits

  o Fidélisation de la clientèle : Développement de stratégies de fidélisation personnalisées basées sur les points de friction et les moteurs de fidélité spécifiques aux segments o Stratégie de tarification : Mise en œuvre d'une tarification basée sur les segments ou création d'offres groupées de produits adaptées

- Les **limites de K-means** doivent être prises en compte lors de l'application de cette technique. K-means suppose des grappes sphériques et peut être sensible aux valeurs aberrantes. Dans les scénarios avec des distributions de données complexes ou lorsqu'il s'agit de données de grande dimension, des méthodes de regroupement alternatives peuvent être plus appropriées.

À l'avenir, nous explorerons des techniques de regroupement avancées pour aborder les scénarios où K-means peut faire défaut. Le **regroupement hiérarchique** offre une structure arborescente de grappes imbriquées, permettant une compréhension plus nuancée des relations de données. **DBSCAN (Regroupement spatial basé sur la densité des applications avec bruit)** excelle dans l'identification de grappes de formes arbitraires et la gestion du bruit dans l'ensemble de données. Ces méthodes élargiront notre boîte à outils pour la segmentation de la clientèle, nous permettant de relever des défis de regroupement plus complexes et d'extraire des informations encore plus approfondies de nos données clients.

En maîtrisant ces techniques avancées, nous serons mieux équipés pour gérer des ensembles de données divers et découvrir des modèles cachés dans le comportement des clients, conduisant finalement à des décisions commerciales plus éclairées et à une satisfaction client accrue dans tous les segments.

2. Techniques de regroupement avancées

Bien que le regroupement K-means soit efficace pour de nombreuses tâches de segmentation de la clientèle, il présente des limites, en particulier avec des données qui ne sont pas bien séparées ou qui contiennent des grappes non sphériques. Dans de tels cas, des méthodes alternatives comme le **regroupement hiérarchique** et **DBSCAN (Regroupement spatial basé sur la densité des applications avec bruit)** peuvent offrir une meilleure segmentation. Ces techniques s'adaptent à diverses structures de données, permettant plus de flexibilité dans la découverte de grappes significatives.

Le regroupement hiérarchique, par exemple, crée une structure arborescente de grappes imbriquées, ce qui peut être particulièrement utile lorsque le nombre de grappes n'est pas connu à l'avance. Cette méthode permet une compréhension plus nuancée de la façon dont les points de données se rapportent les uns aux autres à différents niveaux de granularité. Elle peut révéler des sous-groupes au sein de grappes plus importantes, fournissant des informations sur la structure hiérarchique des segments de clientèle.

DBSCAN, en revanche, excelle dans l'identification de grappes de formes arbitraires et la gestion du bruit dans l'ensemble de données. Cela le rend particulièrement précieux pour la segmentation de la clientèle dans des scénarios où les méthodes traditionnelles pourraient échouer. Par exemple, DBSCAN peut identifier efficacement des groupes de clients de niche qui ne se conforment pas aux formes typiques de grappes sphériques, ou isoler des valeurs aberrantes qui pourraient représenter des comportements clients uniques méritant une enquête plus approfondie.

En employant ces techniques avancées, les entreprises peuvent découvrir des modèles plus subtils dans le comportement des clients, conduisant à des stratégies de segmentation plus précises et exploitables. Cela peut se traduire par des campagnes marketing plus ciblées, des recommandations de produits améliorées et, en fin de compte, une satisfaction client accrue dans divers groupes de clients.

2.1 Regroupement hiérarchique

Le regroupement hiérarchique est une technique avancée qui construit une structure arborescente appelée dendrogramme. Cette structure représente visuellement le processus de fusion des points de données ou des grappes, aboutissant à une seule grappe englobant tout. L'un des principaux avantages de cette méthode est sa flexibilité – elle ne nécessite pas un nombre prédéterminé de grappes, ce qui la rend particulièrement précieuse pour l'analyse exploratoire de données où le nombre optimal de segments n'est pas connu à l'avance.

Comment fonctionne le regroupement hiérarchique

L'approche de regroupement hiérarchique peut être mise en œuvre de deux manières distinctes :

- **Regroupement agglomératif (ascendant)** : Cette approche commence par traiter chaque point de données comme une grappe séparée. Elle fusionne ensuite progressivement les grappes les plus proches en fonction d'une métrique de distance choisie. Ce processus se poursuit de manière itérative, formant des grappes plus grandes jusqu'à ce que tous les points de données soient consolidés en une seule grappe. Les aspects clés de cette méthode incluent :

  - Flexibilité dans le choix des métriques de distance (par exemple, euclidienne, Manhattan ou similarité cosinus)

  - Capacité d'utiliser différents critères de liaison (par exemple, simple, complet, moyen ou méthode de Ward)

  - Création d'un dendrogramme, qui représente visuellement la hiérarchie de regroupement

  - Pertinence pour découvrir des structures hiérarchiques dans les données clients, telles que des segments de marché imbriqués

- **Regroupement divisif (descendant)** : Contrairement à l'approche agglomérative, le regroupement divisif commence avec tous les points de données dans une grande grappe. Il divise ensuite récursivement cette grappe en grappes plus petites, continuant jusqu'à ce que chaque point de données devienne sa propre grappe isolée. Cette méthode offre plusieurs avantages :

- o Efficace pour identifier la structure globale dans les données
- o Peut être plus efficace sur le plan computationnel pour les grands ensembles de données lorsque tous les niveaux de la hiérarchie ne sont pas nécessaires
- o Utile pour détecter les valeurs aberrantes ou les petites grappes distinctes tôt dans le processus
- o Permet une interprétation facile des divisions principales dans les données

Les deux méthodes fournissent des informations précieuses pour les stratégies de segmentation de la clientèle. Le regroupement agglomératif excelle dans la révélation de relations détaillées entre les clients, tandis que le regroupement divisif peut rapidement identifier les principaux groupes de clients. En employant ces techniques, les entreprises peuvent développer des approches marketing à plusieurs niveaux, adaptant leurs stratégies à la fois aux segments de marché larges et aux groupes de clients de niche.

Pour les tâches de segmentation de la clientèle, le **regroupement agglomératif** est souvent le choix privilégié. Sa popularité découle de sa mise en œuvre simple et de son efficacité à révéler les structures imbriquées au sein des données. Cette capacité est particulièrement utile en analyse de la clientèle, où elle peut découvrir des relations hiérarchiques entre différents groupes de clients, permettant des stratégies de segmentation à plusieurs niveaux.

Le dendrogramme produit par le regroupement hiérarchique fournit une représentation visuelle du processus de regroupement, montrant comment les grappes sont formées et fusionnées à différents niveaux. Cette aide visuelle peut être inestimable pour déterminer le nombre optimal de grappes, car elle permet aux analystes d'observer où se produisent les fusions les plus significatives et de prendre des décisions éclairées sur l'endroit où « couper » l'arbre pour définir les grappes finales.

De plus, le regroupement hiérarchique peut être particulièrement utile lorsqu'il s'agit d'ensembles de données qui ont des structures hiérarchiques inhérentes. Par exemple, dans la segmentation de la clientèle, il pourrait révéler non seulement de larges catégories de clients, mais aussi des sous-catégories au sein de ces groupes plus importants, fournissant une compréhension plus nuancée de la base de clientèle.

Mise en œuvre du regroupement hiérarchique en Python

Appliquons le regroupement hiérarchique à notre ensemble de données clients et visualisons-le avec un dendrogramme. Nous utiliserons **scipy** pour le dendrogramme et **sklearn** pour le regroupement.

```python
from scipy.cluster.hierarchy import dendrogram, linkage
from sklearn.cluster import AgglomerativeClustering
import matplotlib.pyplot as plt

# Sample customer data
data = {'Age': [22, 25, 27, 30, 32, 34, 37, 40, 42, 45],
```

```
        'Annual Income': [15000, 18000, 21000, 25000, 28000, 31000, 36000, 40000,
42000, 45000]}
df = pd.DataFrame(data)

# Perform hierarchical clustering
linked = linkage(df[['Age', 'Annual Income']], method='ward')

# Plot the dendrogram
plt.figure(figsize=(10, 7))
dendrogram(linked, labels=df.index, orientation='top', distance_sort='descending',
show_leaf_counts=True)
plt.title('Dendrogram for Hierarchical Clustering')
plt.xlabel('Customer Index')
plt.ylabel('Euclidean Distance')
plt.show()
```

Dans cet exemple :

- **Linkage** effectue un regroupement hiérarchique en utilisant la **méthode de Ward**, qui minimise la variance au sein des grappes.

- Le **dendrogramme** visualise comment les grappes se forment à chaque étape. La hauteur verticale de chaque fusion représente la distance entre les grappes, nous permettant d'identifier un point de coupure approprié pour la formation des grappes.

Voici une explication détaillée de ce que fait le code :

- Il importe les bibliothèques nécessaires : scipy pour les fonctions dendrogramme et linkage, sklearn pour AgglomerativeClustering, et matplotlib pour le tracé

- Crée un échantillon d'ensemble de données clients avec des données d'âge et de revenu annuel

- Effectue un regroupement hiérarchique en utilisant la méthode de Ward, qui minimise la variance au sein des grappes

- Trace un dendrogramme pour visualiser la structure hiérarchique des grappes

Le dendrogramme montre :

- Le processus de fusion des points de données en grappes

- La distance (similarité) entre les grappes

- L'ordre dans lequel les grappes se forment

2.2 Choisir le nombre de grappes dans le regroupement hiérarchique

Pour déterminer le nombre optimal de grappes, nous pouvons analyser la structure du dendrogramme et prendre des décisions éclairées basées sur les relations hiérarchiques qu'il révèle. Le processus de « coupure » du dendrogramme à différentes hauteurs nous permet d'explorer différents niveaux de granularité dans notre segmentation de la clientèle :

- Coupures plus hautes : Couper le dendrogramme à une hauteur plus élevée entraîne généralement moins de grappes plus larges. Cette approche est utile pour identifier les principaux segments de clientèle ou les divisions de marché de haut niveau. Par exemple, elle pourrait révéler des distinctions entre les clients soucieux de leur budget et ceux orientés vers le luxe.

- Coupures plus basses : Effectuer des coupures plus près du bas du dendrogramme produit des grappes plus nombreuses et plus fines. Cette stratégie est précieuse pour découvrir des groupes de clients de niche ou des variations subtiles au sein de segments plus larges. Elle pourrait, par exemple, différencier les acheteurs de luxe occasionnels des clients premium à haute fréquence.

Le point de coupure idéal correspond souvent à une augmentation significative de la distance entre les grappes fusionnées, indiquant une division naturelle dans les données. Cette approche permet une décision basée sur les données quant au nombre de grappes, équilibrant entre simplification excessive (trop peu de grappes) et complication excessive (trop de grappes).

De plus, la connaissance du domaine joue un rôle crucial dans l'interprétation de ces grappes. Alors que le dendrogramme fournit une base mathématique pour la segmentation, les informations commerciales doivent guider la décision finale sur le nombre de segments de clientèle exploitables. Cela garantit que les grappes résultantes sont non seulement statistiquement solides, mais aussi pratiquement significatives pour les stratégies marketing et la gestion de la relation client.

```
# Applying Agglomerative Clustering based on dendrogram observation
cluster_model    =    AgglomerativeClustering(n_clusters=2,    affinity='euclidean',
linkage='ward')
df['Cluster'] = cluster_model.fit_predict(df[['Age', 'Annual Income']])

print("Clustered Data:")
print(df)
```

Dans cet exemple :

- Nous appliquons **AgglomerativeClustering** avec n_clusters=2 basé sur les informations du dendrogramme.

- Après le regroupement, chaque client est assigné à une grappe en fonction des similitudes d'âge et de revenu.

Voici une explication détaillée de ce que fait le code :

- Il crée un modèle AgglomerativeClustering avec 2 grappes (n_clusters=2), en utilisant la distance euclidienne comme métrique d'affinité et la méthode de Ward pour le linkage.

- Le modèle est ensuite ajusté aux données en utilisant les caractéristiques 'Age' et 'Annual Income', et les assignations de grappes résultantes sont ajoutées au DataFrame en tant que nouvelle colonne 'Cluster'.

- Enfin, il affiche les données regroupées, montrant comment chaque client a été assigné à l'une des deux grappes.

Cette approche permet la segmentation des clients en deux groupes distincts basés sur les similitudes de leur âge et de leur revenu, ce qui peut être utile pour des stratégies marketing ciblées ou des expériences client personnalisées.

2.3 DBSCAN (Regroupement spatial basé sur la densité d'applications avec bruit)

DBSCAN (Regroupement spatial basé sur la densité d'applications avec bruit) est un algorithme de regroupement sophistiqué qui excelle dans l'identification de grappes basées sur la distribution de densité des points de données. Cette méthode est particulièrement efficace pour les ensembles de données avec des structures complexes, des formes irrégulières ou un bruit significatif. Contrairement aux algorithmes de regroupement traditionnels tels que K-means ou le regroupement hiérarchique, DBSCAN ne nécessite pas un nombre prédéfini de grappes et peut déterminer de manière adaptative le nombre de grappes en fonction de la structure inhérente des données.

L'un des points forts clés de DBSCAN réside dans sa capacité à découvrir des grappes de densités variables. Cette caractéristique est particulièrement précieuse dans les scénarios de segmentation de la clientèle où différents groupes de clients peuvent avoir des degrés variables de cohésion ou de dispersion dans l'espace des caractéristiques. Par exemple, il peut efficacement identifier à la fois des segments de clients très soudés (régions à haute densité) et des groupes plus lâchement associés (régions à plus faible densité) au sein du même ensemble de données.

De plus, la capacité de DBSCAN à identifier et isoler automatiquement les valeurs aberrantes en tant que points de « bruit » est un avantage significatif dans l'analyse de données du monde réel. Dans la segmentation de la clientèle, ces valeurs aberrantes pourraient représenter des profils de clients uniques ou des anomalies de données potentielles qui méritent une investigation plus approfondie. Ce mécanisme intégré de détection de bruit améliore la robustesse des résultats de regroupement, garantissant que les segments identifiés ne sont pas biaisés par des valeurs aberrantes ou des points de données erronés.

La flexibilité de l'algorithme dans la gestion de grappes de formes arbitraires le rend particulièrement adapté pour capturer des modèles de comportement client complexes qui peuvent ne pas se conformer à des formes géométriques simples. Cette caractéristique permet à DBSCAN de découvrir des segments de marché nuancés qui pourraient être manqués par des méthodes de regroupement plus rigides, révélant potentiellement des informations précieuses pour des stratégies marketing ciblées ou des expériences client personnalisées.

Comment fonctionne DBSCAN

DBSCAN (Regroupement spatial basé sur la densité d'applications avec bruit) est un puissant algorithme de regroupement qui fonctionne sur la base de la distribution de densité des points de données. Contrairement à K-means, qui nécessite un nombre prédéfini de grappes, DBSCAN peut automatiquement déterminer le nombre de grappes en fonction de la structure inhérente des données. L'algorithme repose sur deux paramètres clés :

- **Epsilon (ε)** : Ce paramètre définit la distance maximale entre deux points pour qu'ils soient considérés comme faisant partie du même voisinage. Il crée essentiellement un rayon autour de chaque point, déterminant la taille de son « voisinage ».

- **Min Points** : Cela définit le nombre minimum de points requis dans le rayon epsilon pour former une région dense, qui est considérée comme une grappe. Il aide à distinguer entre les régions denses (grappes) et les régions clairsemées (bruit).

L'algorithme fonctionne en itérant à travers l'ensemble de données, en examinant le voisinage de chaque point. Si un point a au moins MinPoints dans son rayon ε, il est considéré comme un point central et forme la base d'une grappe. Les points qui se trouvent à une distance ε d'un point central mais n'ont pas suffisamment de voisins pour être des points centraux eux-mêmes sont appelés points de bordure et sont ajoutés à la grappe. Les points qui ne sont ni des points centraux ni des points de bordure sont étiquetés comme bruit.

Cette approche basée sur la densité permet à DBSCAN d'identifier des grappes de formes et de tailles arbitraires, ce qui le rend particulièrement utile pour des ensembles de données complexes où les méthodes de regroupement traditionnelles pourraient échouer. Il est également robuste face aux valeurs aberrantes, car il peut les identifier et les isoler en tant que points de bruit.

DBSCAN classe les points en trois catégories distinctes en fonction de leurs relations de densité :

- **Points centraux** : Ce sont les fondations des grappes. Un point est considéré comme un point central s'il a au moins Min Points dans son ε-voisinage. Les points centraux sont densément entourés par d'autres points et forment le « cœur » d'une grappe.

- **Points de bordure** : Ces points se situent à la périphérie des grappes. Un point de bordure se trouve dans le ε-voisinage d'un point central mais n'a pas suffisamment de voisins lui-même pour être un point central. Ils représentent la couche externe ou la « peau » d'une grappe.

- **Points de bruit** : Également connus sous le nom de valeurs aberrantes, ce sont des points qui n'appartiennent à aucune grappe. Ils ne sont ni des points centraux ni des points de bordure et sont généralement isolés dans des régions à faible densité. Les points de bruit sont cruciaux pour identifier les anomalies ou les cas uniques dans l'ensemble de données.

Ce système de classification permet à DBSCAN de gérer efficacement les grappes de formes et de tailles variées, ainsi que d'identifier les valeurs aberrantes. La capacité de l'algorithme à distinguer entre ces types de points contribue à sa robustesse dans des scénarios du monde réel, où les données contiennent souvent du bruit et où les grappes ne sont pas toujours parfaitement sphériques.

Mise en œuvre de DBSCAN en Python

Appliquons DBSCAN à notre ensemble de données clients pour voir comment il segmente les clients en fonction de l'âge et du revenu.

```python
from sklearn.cluster import DBSCAN
import numpy as np

# Apply DBSCAN with Epsilon and Min Points
dbscan = DBSCAN(eps=5000, min_samples=2)
df['Cluster_DBSCAN'] = dbscan.fit_predict(df[['Age', 'Annual Income']])

print("DBSCAN Clustered Data:")
print(df)

# Plot DBSCAN results
plt.figure(figsize=(8, 6))
for cluster in np.unique(df['Cluster_DBSCAN']):
    subset = df[df['Cluster_DBSCAN'] == cluster]
    plt.scatter(subset['Age'], subset['Annual Income'], label=f'Cluster {cluster}')
plt.xlabel('Age')
plt.ylabel('Annual Income')
plt.title('DBSCAN Clustering on Customer Data')
plt.legend()
plt.show()
```

Dans cet exemple :

- Nous initialisons DBSCAN avec eps=5000 et min_samples=2. Ces valeurs sont ajustables en fonction de la densité de l'ensemble de données.

- Le résultat inclut les **ID de grappe** et les **points de bruit** (1 dans la sortie DBSCAN), les points de bruit représentant les clients qui n'appartiennent à aucun segment bien défini.

Voici une description de ce que fait le code :

- Importe les bibliothèques nécessaires : DBSCAN depuis sklearn.cluster et numpy

- Applique le regroupement DBSCAN :

  - Crée un modèle DBSCAN avec les paramètres eps=5000 et min_samples=2

  - Ajuste le modèle aux colonnes 'Age' et 'Annual Income' du dataframe

- o Ajoute une nouvelle colonne 'Cluster_DBSCAN' au dataframe avec les résultats du regroupement
- Affiche les données regroupées
- Visualise les résultats du regroupement :
  - o Crée un nuage de points où chaque grappe est représentée par une couleur différente
  - o Définit l'axe des x comme 'Age' et l'axe des y comme 'Annual Income'
  - o Ajoute des étiquettes et un titre au graphique

L'algorithme DBSCAN est particulièrement utile pour identifier des grappes de formes arbitraires et gérer le bruit dans les données. Les paramètres eps (epsilon) et min_samples peuvent être ajustés en fonction de la densité de l'ensemble de données pour affiner les résultats du regroupement.

Choisir les paramètres pour DBSCAN

Sélectionner les bons paramètres pour **eps** et **min_samples** est crucial pour un regroupement efficace avec DBSCAN. Ces paramètres influencent considérablement le comportement de l'algorithme et les formations de grappes qui en résultent :

- Le paramètre **eps** (epsilon) définit la distance maximale entre deux points pour qu'ils soient considérés comme faisant partie du même voisinage. Une valeur eps élevée peut fusionner trop de points, créant moins de grappes mais plus larges. À l'inverse, un eps faible peut entraîner de nombreuses petites grappes ou classer de nombreux points comme du bruit.

- Le paramètre **min_samples** établit le nombre minimum de points requis pour former une région dense. Un min_samples faible peut créer de petites grappes ou mal classer des points comme du bruit, tandis qu'une valeur élevée peut conduire à moins de grappes plus grandes et plus de points classés comme du bruit.

L'interaction entre ces paramètres est complexe. Une valeur eps plus grande nécessite généralement un min_samples plus élevé pour éviter de connecter des points qui devraient être dans des grappes séparées. À l'inverse, un eps plus petit peut bien fonctionner avec un min_samples plus faible pour identifier les régions denses dans les données.

Pour trouver les paramètres optimaux, vous pouvez employer plusieurs stratégies :

- Utilisez les connaissances du domaine pour estimer des valeurs raisonnables pour votre ensemble de données spécifique.

- Employez la méthode du graphique de distance k pour aider à déterminer une valeur eps appropriée.

- Utilisez des techniques de recherche par grille ou de recherche aléatoire pour explorer systématiquement différentes combinaisons de paramètres.

- Visualisez les résultats du regroupement avec différents ensembles de paramètres pour obtenir des informations sur eurs effets.

N'oubliez pas, l'objectif est de trouver des paramètres qui aboutissent à des grappes significatives et interprétables pour votre tâche spécifique de segmentation de la clientèle. Cela nécessite souvent une expérimentation itérative et un ajustement fin pour obtenir les résultats les plus pertinents et exploitables.

Comparaison des techniques de regroupement

Choisir la meilleure technique de regroupement dépend de la structure ces données et des objectifs de segmentation spécifiques. Voici une comparaison rapide pour résumer leurs différences :

Method	Advantages	Limitations
K-means	Simple, efficient, suitable for large datasets	Requires predefined K, sensitive to noise
Hierarchical	Visual (dendrogram), no need for predefined K	High computation for large datasets
DBSCAN	Detects arbitrary shapes, handles noise well	Parameter tuning (eps, min_samples) required

Chaque méthode fournit des perspectives uniques sur la segmentation de la clientèle. K-means convient généralement aux grappes claires et bien séparées, tandis que le regroupement hiérarchique est idéal pour les motifs imbriqués, et DBSCAN excelle avec les données irrégulières ou bruitées.

2.4 Points clés à retenir et orientations futures

- Le **regroupement hiérarchique** offre une représentation visuelle à travers les dendrogrammes, ce qui en fait un excellent choix pour l'analyse exploratoire des données. Cette méthode est part culièrement précieuse lorsque le nombre optimal de grappes n'est pas connu a priori, permettant aux chercheurs d'inte préter visuellement la structure des données à différents niveaux de granularité.

- **DBSCAN (Regroupement spatial basé sur la densité des applications avec bruit)** excelle dans les scénarios où les grappes ont des formes irrégulières ou des densités variables. Sa capacité à identifier les points de bruit le rend robuste face aux valeurs aberrantes, ce qui est crucial dans les ensembles de données du monde réel où les anomalies sont courantes. Cette méthode est particulièrement utile dans la segmentation de la clientèle où les groupes de clients peuvent ne pas se conformer à des formes géométriques simples.

- L'importance d'une **approche multi-méthodes** ne peut être surestimée. En employant diverses techniques de regroupement, les analystes peuvent découvrir différentes facettes du comportement et des préférences des clients. Cette vue d'ensemble permet le développement de stratégies de marketing plus nuancées et efficaces, conduisant potentiellement à une meilleure fidélisation et satisfaction de la clientèle.

- La **sélection et le prétraitement des caractéristiques** jouent un rôle crucial dans le succès des algorithmes de regroupement. Un examen attentif des attributs clients à inclure et de la manière de normaliser ou mettre à l'échelle les données peut avoir un impact significatif sur la qualité des segments résultants.

À l'avenir, notre attention se portera sur la tâche cruciale de l'**évaluation des résultats de regroupement**. Cette étape est essentielle pour garantir que les grappes identifiées sont non seulement statistiquement significatives mais aussi significatives et exploitables dans un contexte commercial. Nous explorerons diverses techniques de validation, à la fois internes (par exemple, score de silhouette, indice de Calinski-Harabasz) et externes (par exemple, comparaison avec des étiquettes connues ou des insights commerciaux), pour évaluer la qualité de notre segmentation.

De plus, nous approfondirons l'interprétation des grappes, traduisant les regroupements basés sur les données en personas clients exploitables. Ce processus implique le profilage de chaque grappe en fonction de ses caractéristiques déterminantes et le développement de stratégies ciblées pour chaque segment. À la fin de cette analyse, nous visons à fournir un cadre robuste pour la segmentation de la clientèle qui peut stimuler les efforts de marketing personnalisés et améliorer la performance globale de l'entreprise.

3. Évaluation des résultats de regroupement

Après avoir effectué le regroupement, il est crucial d'évaluer la qualité et la pertinence des grappes résultantes. Ce processus d'évaluation est essentiel pour garantir que la segmentation fournit des insights exploitables pour les stratégies commerciales. Contrairement à l'apprentissage supervisé, où nous avons des étiquettes prédéfinies auxquelles nous comparer, l'évaluation du regroupement repose sur des métriques internes qui évaluent la structure des grappes elles-mêmes.

Ces métriques d'évaluation se concentrent généralement sur deux aspects clés :

- **Cohésion interne :** Cela mesure à quel point les points de données au sein de chaque grappe sont similaires les uns aux autres. Une cohésion interne élevée indique que les points d'une grappe sont étroitement liés et partagent des caractéristiques communes.

- **Séparation entre les grappes :** Cela évalue à quel point les grappes sont distinctes ou différentes les unes des autres. Une bonne séparation suggère que les grappes représentent des segments véritablement distincts des données.

En analysant ces aspects, nous pouvons déterminer si notre algorithme de regroupement a efficacement identifié des motifs significatifs dans les données clients. Ce processus d'évaluation aide à affiner l'approche de regroupement, en ajustant potentiellement les paramètres ou même en choisissant un algorithme différent si nécessaire.

Diverses techniques et métriques sont disponibles pour évaluer la qualité du regroupement, chacune offrant des perspectives uniques sur l'efficacité de la segmentation. Ces méthodes vont des techniques visuelles comme a méthode du coude à des mesures plus quantitatives telles que le score de silhouette et l'ind ce de Davies-Bouldin. En employant une combinaison de ces techniques d'évaluation, nous pouvons obtenir une compréhension complète de nos résultats de regroupement et prendre des décisions éclairées sur leur validité et leur utilité dans un contexte commercial.

Dans les sections suivantes, nous approfondirons les techniques d'évaluation spécifiques, en explorant comment elles fonctionnent et comment interpréter leurs résultats pour affiner notre modèle de segmentation de la clientèle.

3.1 Inertie et méthode du coude (pour K-means)

La métrique d'**inertie**, un outil d'évaluat on clé dans le regroupement K-means, quantifie la compacité des grappes en mesurant la somme des distances au carré entre chaque point de données et le centroïde de sa grappe assignée. Une valeur d'inertie plus faible indique que les points de données sont plus proches de leurs centroïdes respectifs, suggérant des grappes plus cohésives et mieux définies. Cette métrique fournit des insights précieux sur la qualité des grappes et aide à évaluer l'efficacité de l'algorithme de regroupement.

Cependant, il est important de noter que l'inertie a une tendance naturelle à diminuer à mesure que le nombre de grappes augmente. Cela se produit parce qu'avec plus de grappes, chaque point de données est susceptible d'être plus proche de son centroïde assigné. Cette caractéristique de l'inertie présente un défi pour déterminer le nombre optimal de grappes, car minimiser simplement l'inertie pourrait conduire à un nombre excessif de grappes, surapprentant potentiellement les données.

Pour relever ce défi, la **méthode du coude** est employée comme technique visuelle pour identifier le nombre optimal de grappes. Cette méthode consiste à tracer les valeurs d'inertie par rapport à un nombre croissant de grappes. Le graphique résultant montre généralement une forte baisse de l'inertie à mesure que le nombre de grappes augmente, suivie d'une diminution plus progressive. Le point où cette transition se produit, ressemblant à un « coude

» dans le graphique, est considéré comme le nombre optimal de grappes. Ce point représente un équilibre entre la minimisation de l'inertie et l'évitement d'une complexité inutile dans le modèle.

La méthode du coude fournit une approche pratique pour l'optimisation des grappes en aidant les scientifiques des données et les analystes à prendre des décisions éclairées sur le compromis entre la complexité du modèle et la qualité des grappes. Elle est particulièrement utile dans les scénarios de segmentation de la clientèle où déterminer le bon nombre de groupes de clients est crucial pour développer des stratégies de marketing ciblées et des expériences client personnalisées.

Exemple : Évaluation des grappes K-means avec l'inertie

Nous allons générer un graphique du coude pour déterminer le nombre optimal de grappes pour notre ensemble de données clients.

```python
inertia_values = []
K_range = range(1, 10)

# Calculate inertia for each K
for k in K_range:
    kmeans = KMeans(n_clusters=k, random_state=42)
    kmeans.fit(df[['Age', 'Annual Income']])
    inertia_values.append(kmeans.inertia_)

# Plot inertia values
plt.figure(figsize=(8, 4))
plt.plot(K_range, inertia_values, marker='o')
plt.xlabel('Number of Clusters (K)')
plt.ylabel('Inertia')
plt.title('Elbow Method for Optimal K')
plt.show()
```

Dans cet exemple :

- Le **graphique du coude** fournit un moyen visuel de sélectionner le nombre de grappes pour K-means. Le K optimal correspond au « coude » où l'ajout de grappes supplémentaires ne réduit pas significativement l'inertie.

Voici une explication détaillée de ce que fait le code :

- Il initialise une liste vide inertia_values pour stocker l'inertie pour chaque nombre de grappes.

- Il définit une plage de nombres de grappes (K_range) de 1 à 9.

- Pour chaque valeur de K dans la plage :

  o Il crée un modèle KMeans avec K grappes.

- o Il ajuste le modèle aux colonnes 'Age' et 'Annual Income' du dataframe.
- o Il ajoute la valeur d'inertie du modèle à la liste inertia_values.
- Enfin, il trace les valeurs d'inertie en fonction du nombre de grappes :
  - o Il crée une figure avec une taille spécifique.
  - o Il trace les valeurs de K sur l'axe des x et les valeurs d'inertie correspondantes sur l'axe des y.
  - o Il étiquette les axes et ajoute un titre au graphique.

3.2 Score de silhouette

Le **score de silhouette** est une métrique sophistiquée pour évaluer la qualité du regroupement, fournissant des insights précieux sur la structure et la séparation des grappes. Ce score, allant de -1 à +1, offre une évaluation nuancée de la façon dont chaque point de données s'intègre dans sa grappe assignée par rapport aux autres grappes. Voici une explication détaillée de ce que le score indique :

- Un score proche de +1 signifie des grappes bien séparées et cohésives. Cela suggère que les points de données au sein de chaque grappe sont étroitement regroupés et distinctement séparés des autres grappes, indiquant une solution de regroupement optimale.

- Un score proche de 0 suggère des grappes qui se chevauchent. Cela implique que les points de données peuvent être situés près de la frontière entre deux grappes, indiquant une ambiguïté potentielle dans les assignations de grappes ou la présence de bruit dans les données.

- Un score proche de -1 implique que les grappes sont mal séparées. Cela pourrait indiquer que les points de données pourraient être assignés aux mauvaises grappes, suggérant un besoin de réévaluer l'approche ou les paramètres de regroupement.

La polyvalence du score de silhouette est évidente dans son applicabilité à diverses méthodes de regroupement. Que vous utilisiez K-means pour sa simplicité et son efficacité, le regroupement hiérarchique pour ses dendrogrammes intuitifs, ou DBSCAN pour sa capacité à gérer des grappes de formes arbitraires et à identifier le bruit, le score de silhouette fournit une mesure cohérente de la qualité du regroupement.

Cette métrique est particulièrement précieuse dans la segmentation de la clientèle car elle aide à identifier des groupes de clients distincts avec des caractéristiques uniques. Un score de silhouette élevé dans ce contexte indiquerait des segments de clientèle clairs et bien définis, permettant aux entreprises d'adapter leurs stratégies plus efficacement. À l'inverse, un faible score pourrait suggérer la nécessité d'affiner l'approche de segmentation, peut-être en ajustant le nombre de grappes ou en considérant différents attributs clients dans l'analyse.

Calcul du score de silhouette

```python
from sklearn.metrics import silhouette_score

# Example using K-means clustering
kmeans = KMeans(n_clusters=3, random_state=42)
df['Cluster'] = kmeans.fit_predict(df[['Age', 'Annual Income']])

# Calculate silhouette score
sil_score = silhouette_score(df[['Age', 'Annual Income']], df['Cluster'])
print(f"Silhouette Score for K-means clustering: {sil_score:.2f}")
```

Dans cet exemple :

- Le **Score de silhouette** évalue dans quelle mesure les grappes sont bien séparées et cohésives en interne. Des scores plus élevés indiquent des grappes mieux définies.

Voici une explication détaillée de ce que fait le code :

- Tout d'abord, il importe la fonction silhouette_score du module des métriques de scikit-learn.

- Il crée ensuite un modèle de regroupement K-means avec 3 grappes et un état aléatoire fixe pour la reproductibilité.

- Le modèle est ajusté aux données en utilisant deux caractéristiques : 'Age' et 'Annual Income'. Les assignations de grappes résultantes sont stockées dans une nouvelle colonne 'Cluster' dans le dataframe.

- Enfin, il calcule le Score de silhouette en utilisant les mêmes caractéristiques et les assignations de grappes, et imprime le résultat.

Interprétation du Score de silhouette

Un score de silhouette élevé est un indicateur fort de grappes bien définies et séparées dans votre modèle de segmentation de la clientèle. Cette métrique, allant de -1 à 1, fournit des insights précieux sur la qualité de vos résultats de regroupement. Lorsque le score approche 1, cela signifie que les points de données au sein de chaque grappe sont étroitement regroupés et distinctement séparés des autres grappes. Ceci est particulièrement important dans la segmentation de la clientèle car cela suggère que votre modèle a réussi à identifier des groupes de clients uniques avec des caractéristiques distinctes.

Dans le contexte de la segmentation de la clientèle, un score de silhouette élevé a plusieurs implications :

- Profils clients clairs : Chaque segment représente un groupe de clients bien défini avec des attributs, des comportements ou des préférences spécifiques.

- Opportunités de marketing ciblé : Des segments distincts permettent des stratégies de marketing plus précises et efficaces adaptées aux caractéristiques uniques de chaque groupe.

- Compréhension améliorée des clients : Des grappes bien séparées fournissent des insights plus clairs sur différents types de clients, permettant une meilleure prise de décision en matière de développement de produits, de service client et de stratégie commerciale globale.

- Allocation efficace des ressources : Avec des segments clairement définis, les entreprises peuvent allouer les ressources plus efficacement, en se concentrant sur les groupes de clients les plus prometteurs pour des campagnes ou des initiatives spécifiques.

Cependant, il est important de noter que bien qu'un score de silhouette élevé soit souhaitable, il doit être considéré aux côtés d'autres métriques et insights commerciaux. L'objectif n'est pas seulement la signification statistique mais aussi la pertinence pratique dans votre contexte commercial. Validez toujours vos résultats de regroupement par rapport aux connaissances du domaine et aux objectifs commerciaux pour vous assurer que les segments identifiés sont non seulement mathématiquement solides mais aussi exploitables et significatifs pour votre organisation.

3.3 Indice de Davies-Bouldin

L'**Indice de Davies-Bouldin** (IDB) est une métrique sophistiquée pour évaluer la qualité des algorithmes de regroupement. Il fournit une évaluation complète en comparant la dispersion interne au sein des grappes à la séparation entre les différentes grappes. Cet indice est particulièrement utile dans la segmentation de la clientèle car il aide à identifier des groupes de clients bien définis.

L'IDB fonctionne en calculant la similarité moyenne entre chaque grappe et sa grappe la plus similaire. Une valeur d'IDB plus faible est souhaitable, indiquant que les grappes sont compactes (faible dispersion intra-grappe) et distinctement séparées des autres grappes (séparation inter-grappes élevée). Cette caractéristique fait de l'IDB un excellent outil pour comparer différents résultats de regroupement ou pour optimiser le nombre de grappes dans des algorithmes comme K-means.

Dans le contexte de la segmentation de la clientèle, un IDB faible suggère que les groupes de clients identifiés sont homogènes en interne et clairement distinguables les uns des autres. Cela peut conduire à des stratégies de marketing ciblées plus efficaces, car chaque segment représente un groupe unique de clients avec des caractéristiques et des comportements spécifiques. À l'inverse, un IDB élevé pourrait indiquer des segments qui se chevauchent ou mal définis, suggérant que l'approche de regroupement pourrait nécessiter un affinement.

Calcul de l'Indice de Davies-Bouldin

```
from sklearn.metrics import davies_bouldin_score
# Example using K-means clustering
db_index = davies_bouldin_score(df[['Age', 'Annual Income']], df['Cluster'])
print(f"Davies-Bouldin Index for K-means clustering: {db_index:.2f}")
```

Dans cet exemple :

- L'**Indice de Davies-Bouldin** évalue la compacité et la séparation des grappes. Des scores plus faibles sont meilleurs, car ils indiquent que les grappes sont serrées et bien distancées les unes des autres.

Voici une explication détaillée de ce que fait le code :

- Tout d'abord, il importe la fonction davies_bouldin_score du module sklearn.metrics.

- Il calcule ensuite l'Indice de Davies-Bouldin en utilisant la fonction davies_bouldin_score. Cette fonction prend deux arguments :

  o Les données de caractéristiques utilisées pour le regroupement (df[['Age', 'Annual Income']])

  o Les étiquettes de grappes (df['Cluster'])

- Enfin, il imprime l'Indice de Davies-Bouldin calculé, formaté à deux décimales.

L'Indice de Davies-Bouldin est une métrique qui évalue la qualité du regroupement. Un score plus faible indique un meilleur regroupement, suggérant que les grappes sont compactes et bien séparées les unes des autres. Cette métrique est particulièrement utile dans la segmentation de la clientèle car elle aide à identifier des groupes de clients bien définis.

3.4 Application pratique : Utiliser les évaluations pour affiner les grappes

En combinant les métriques ci-dessus, nous pouvons affiner notre modèle de regroupement pour obtenir une segmentation optimale de la clientèle. Voici une explication détaillée de la façon d'utiliser efficacement ces techniques d'évaluation :

- Si le **Score de silhouette** est faible, cela indique une mauvaise définition des grappes. Dans ce cas :

  o Expérimentez en augmentant ou en diminuant le nombre de grappes pour trouver un meilleur ajustement à vos données.

  o Envisagez des algorithmes de regroupement alternatifs. Par exemple, DBSCAN pourrait être plus adapté pour les grappes non sphériques ou lors du traitement de bruit dans les données.

- o Réévaluez les caractéristiques utilisées pour le regroupement, car des caractéristiques non pertinentes ou redondantes peuvent avoir un impact négatif sur le Score de silhouette.

- Tirez parti de la **Méthode du coude** avec l'inertie pour K-means afin de déterminer le nombre optimal de grappes (valeur K) :

  - o Tracez l'inertie en fonction d'une plage de valeurs K et recherchez le point de « coude » où le taux de diminution change brusquement.

  - o Ce point représente un équilibre entre la complexité du modèle et la qualité des grappes.

  - o N'oubliez pas que bien que la Méthode du coude soit utile, elle doit être combinée avec les connaissances du domaine et les objectifs commerciaux pour obtenir les meilleurs résultats.

- Vérifiez vos résultats avec l'**Indice de Davies-Bouldin** (IDB) pour garantir la qualité des grappes :

  - o Un IDB plus faible indique des grappes plus compactes et mieux séparées.

  - o Comparez les valeurs d'IDB pour différentes solutions de regroupement afin d'identifier la segmentation la plus efficace.

  - o Utilisez l'IDB en conjonction avec d'autres métriques pour valider votre approche de regroupement et affiner les paramètres.

En appliquant systématiquement ces techniques d'évaluation, vous pouvez affiner de manière itérative votre modèle de regroupement. Ce processus aide à identifier des segments de clientèle distincts et significatifs qui peuvent favoriser des stratégies de marketing ciblées et des expériences client personnalisées. N'oubliez pas que l'objectif n'est pas seulement l'optimisation statistique, mais aussi la création d'insights exploitables pour votre entreprise.

3.5 Interpréter et utiliser les résultats de regroupement

Avec des grappes bien définies, l'interprétation des segments est l'étape finale et cruciale de la segmentation de la clientèle. Chaque grappe représente un groupe unique avec des caractéristiques spécifiques que les entreprises peuvent exploiter pour personnaliser leur approche et maximiser l'engagement client. Cette phase d'interprétation implique une analyse approfondie des données pour comprendre les caractéristiques distinctives de chaque segment, permettant le développement de stratégies adaptées dans diverses fonctions commerciales.

Exemple : Interpréter les grappes dans la segmentation de la clientèle

Explorons un scénario où nous avons identifié trois grappes distinctes dans notre ensemble de données clients. Après un examen attentif de chaque grappe, nous pouvons tirer des insights précieux sur leurs caractéristiques et implications commerciales potentielles :

1. **Grappe 0 : Jeunes consommateurs soucieux du budget** : Clients plus jeunes à faible revenu Implications : Ce segment est susceptible d'être sensible aux prix et orienté vers la valeur. Ils peuvent être au début de leur carrière ou encore aux études. Stratégies : • Proposer des gammes de produits économiques et des services d'entrée de gamme • Mettre en place des programmes de fidélité avec des avantages immédiats • Utiliser les réseaux sociaux et les plateformes numériques pour le marketing • Fournir du contenu éducatif sur la gestion financière et les achats économiques

2. **Grappe 1 : Chercheurs de valeur d'âge moyen** : Clients d'âge moyen à revenu modéré Implications : Ce groupe a probablement des carrières établies et potentiellement des responsabilités familiales. Ils recherchent un équilibre entre qualité et accessibilité. Stratégies : • Se concentrer sur des produits de milieu de gamme en mettant l'accent sur le rapport qualité-prix • Introduire des promotions familiales et des offres groupées • Mettre en œuvre des campagnes de marketing par e-mail ciblées avec des remises personnalisées • Proposer des options de paiement flexibles ou des plans de versements pour les articles plus coûteux

3. **Grappe 2 : Consommateurs aisés et matures** : Clients plus âgés à revenu élevé Implications : Ce segment a probablement un pouvoir d'achat important et peut privilégier la qualité et l'exclusivité plutôt que le prix. Stratégies : • Développer et promouvoir des gammes de produits premium et des services exclusifs • Créer des programmes de membership VIP avec des avantages personnalisés • Offrir des services de conciergerie et un support client prioritaire • Organiser des événements exclusifs et un accès anticipé aux nouveaux produits ou services • Se concentrer sur la construction de relations à long terme et la fidélité à la marque

En adaptant les efforts de marketing, le développement de produits et les approches de service client à ces segments distincts, les entreprises peuvent considérablement améliorer la satisfaction client, accroître la fidélité et, en fin de compte, stimuler la croissance des revenus. Il est important de noter que ces grappes doivent être régulièrement réévaluées à mesure que les comportements des clients et les conditions du marché évoluent au fil du temps.

3.6 Points clés à retenir et orientations futures

- **L'évaluation des résultats de regroupement** est cruciale pour garantir une segmentation significative. Ce processus valide non seulement la signification statistique des grappes, mais confirme également leur pertinence pratique par rapport aux objectifs commerciaux. Une évaluation rigoureuse aide à identifier des segments véritablement distincts et exploitables, permettant une prise de décision stratégique plus efficace.

- **Plusieurs métriques pour une évaluation complète** : L'utilisation d'une combinaison de métriques comme le **Score de silhouette**, l'**Inertie (Méthode du coude)** et l'**Indice de Davies-Bouldin** fournit une vue multidimensionnelle de la qualité du regroupement. Chaque métrique offre des insights uniques :

- Le Score de silhouette mesure à quel point un objet est similaire à sa propre grappe par rapport aux autres grappes, aidant à identifier une séparation optimale des grappes.

- L'inertie, utilisée dans la Méthode du coude, aide à déterminer le nombre idéal de grappes en mesurant la variance intra-grappe.

- L'Indice de Davies-Bouldin évalue le rapport des distances intra-grappe aux distances inter-grappes garantissant des grappes compactes et bien séparées.

- **L'interprétation des grappes** va au-delà de la simple analyse de données. Elle implique la traduction des résultats statistiques en insights commerciaux exploitables. Ce processus nécessite :

  - Une compréhension approfondie du contexte commercial et de la dynamique du marché.

  - Une collaboration entre les data scientists et les experts du domaine pour extraire des modèles significatifs.

  - Un raffinement continu des interprétations à mesure que de nouvelles données deviennent disponibles ou que les conditions du marché changent.

- **L'application pratique des insights** est l'objectif ultime de la segmentation de la clientèle. Cela implique :

  - Développer des campagnes de marketing ciblées qui résonnent avec les caractéristiques et préférences uniques de chaque segment.

  - Adapter les efforts de développement de produits pour répondre aux besoins spécifiques des différents groupes de clients.

  - Personnaliser les stratégies de support client pour améliorer la satisfaction et la fidélité dans tous les segments.

- **Orientations futures** pour la segmentation de la clientèle peuvent inclure :

  - L'intégration de données en temps réel pour une segmentation dynamique qui s'adapte aux changements de comportements des clients.

  - L'exploration de techniques avancées d'apprentissage automatique, telles que l'apprentissage profond, pour une segmentation plus nuancée.

  - L'intégration de sources de données externes (par exemple, réseaux sociaux, indicateurs économiques) pour des profils clients plus riches.

Ce projet sur la segmentation de la clientèle pose les bases d'une prise de décision basée sur les données dans le marketing et la gestion de la relation client. En exploitant ces insights et en continuant à affiner notre approche, les entreprises peuvent garder une longueur d'avance sur un marché de plus en plus concurrentiel.

Partie 2 : Intégration avec Scikit-Learn pour la construction de modèles

Chapitre 3 : Automatiser l'ingénierie des caractéristiques avec les pipelines

En science des données, l'ingénierie des caractéristiques est un processus critique mais souvent chronophage, particulièrement lors du traitement de grands ensembles de données. La classe **Pipeline** de Scikit-learn offre une solution puissante pour rationaliser ce processus, permettant aux data scientists d'automatiser les transformations de caractéristiques et de les intégrer de manière transparente à l'entraînement des modèles. En exploitant les pipelines, vous pouvez créer des flux de travail reproductibles et efficaces qui réduisent considérablement le besoin d'intervention manuelle.

Les pipelines sont particulièrement précieux lors de l'expérimentation de diverses transformations et configurations de modèles. Ils maintiennent non seulement votre code organisé, mais atténuent également le risque de fuite de données, un écueil courant dans les projets d'apprentissage automatique. La fuite de données se produit lorsque des informations de l'ensemble de test influencent par inadvertance le processus d'entraînement, conduisant à des estimations de performance trop optimistes.

Dans ce chapitre, nous approfondirons les subtilités de la construction et de l'optimisation des pipelines Scikit-learn. Ces outils polyvalents vous permettent de gérer toutes les étapes de votre flux de travail d'apprentissage automatique de manière cohérente, du prétraitement initial des données à l'évaluation finale du modèle. Nous explorerons comment construire des pipelines qui gèrent des transformations de données complexes, notamment :

- La gestion des données manquantes par des techniques d'imputation

- L'encodage des variables catégorielles à l'aide de méthodes telles que l'encodage one-hot ou l'encodage par étiquettes

- La mise à l'échelle des caractéristiques numériques pour assurer une performance cohérente du modèle

- La sélection de caractéristiques pour identifier les prédicteurs les plus pertinents

De plus, nous aborderons des techniques avancées de pipeline, telles que :

- La création de transformateurs personnalisés pour incorporer des connaissances spécifiques au domaine

- La mise en œuvre de la validation croisée au sein des pipelines pour assurer une évaluation robuste du modèle

- L'utilisation d'étapes de pipeline pour l'ingénierie des caractéristiques, telles que la génération de caractéristiques polynomiales ou l'analyse en composantes principales

En maîtrisant ces concepts, vous serez équipé pour aborder des projets d'apprentissage automatique complexes avec une plus grande efficacité et confiance, en veillant à ce que vos modèles soient à la fois puissants et fiables.

3.1 Les pipelines dans Scikit-learn : une plongée approfondie

Un pipeline dans Scikit-learn est un outil puissant qui rationalise le processus d'application de multiples transformations aux données, puis d'ajustement d'un modèle. En enchaînant des transformateurs et des estimateurs, les pipelines vous permettent de standardiser le traitement des données, d'assurer la cohérence et d'améliorer la maintenabilité. Cette approche est particulièrement bénéfique dans les flux de travail d'apprentissage automatique complexes où plusieurs étapes de prétraitement sont nécessaires avant l'entraînement du modèle.

Les pipelines offrent plusieurs avantages clés :

- Automatisation du prétraitement des données : Les pipelines automatisent l'application de diverses transformations de données, réduisant le besoin d'intervention manuelle et minimisant les erreurs.

- Encapsulation du flux de travail : En encapsulant l'ensemble du processus d'apprentissage automatique dans un seul objet, les pipelines facilitent la reproduction des résultats et le partage du code avec d'autres.

- Prévention de la fuite de données : Les pipelines garantissent que les transformations de données sont appliquées de manière cohérente sur les ensembles d'entraînement et de test, empêchant les informations de l'ensemble de test d'influencer par inadvertance le processus d'entraînement.

- Simplification du réglage des hyperparamètres : Lorsqu'ils sont combinés avec des techniques de recherche par grille ou de recherche aléatoire, les pipelines permettent une optimisation simultanée des étapes de prétraitement et des paramètres du modèle.

Dans cette section, nous explorerons les fondamentaux des pipelines Scikit-learn, y compris leurs composants et leur structure. Nous démontrerons également comment construire des pipelines personnalisés adaptés à des tâches d'apprentissage automatique spécifiques, telles que la gestion des données manquantes, l'encodage des variables catégorielles et la mise à l'échelle des caractéristiques numériques. En maîtrisant ces concepts, vous serez en mesure de créer des flux de travail d'apprentissage automatique plus efficaces, maintenables et robustes.

3.1.1 Qu'est-ce qu'un pipeline ?

Un **Pipeline** dans Scikit-learn est un outil puissant qui rationalise le flux de travail d'apprentissage automatique en combinant plusieurs étapes de traitement des données et l'entraînement du modèle en une seule unité cohérente. Il se compose d'une série de transformations et d'un estimateur final, tous exécutés dans un ordre prédéfini. Cette approche séquentielle garantit que les données circulent en douceur d'une étape à l'autre, maintenant la cohérence et réduisant le risque d'erreurs.

L'un des principaux avantages de l'utilisation des pipelines est leur capacité à prévenir la fuite de données. La fuite de données se produit lorsque des informations de l'ensemble de test influencent par inadvertance le processus d'entraînement, conduisant à des estimations de performance trop optimistes. Les pipelines atténuent ce risque en appliquant les transformations séparément aux données d'entraînement et de test, garantissant que la performance du modèle est évaluée sur des données véritablement inédites.

Les pipelines excellent dans les scénarios impliquant un prétraitement de données complexe. Les transformations courantes incluent :

- **Mise à l'échelle** : Ajustement de la plage des valeurs de caractéristiques pour garantir que toutes les caractéristiques contribuent également au modèle. Ce processus est crucial pour les algorithmes sensibles à l'échelle des caractéristiques d'entrée, tels que les machines à vecteurs de support ou les k plus proches voisins. Les techniques de mise à l'échelle courantes incluent StandardScaler (qui transforme les caractéristiques pour avoir une moyenne nulle et une variance unitaire) et MinMaxScaler (qui met à l'échelle les caractéristiques dans une plage fixe, généralement entre 0 et 1).

- **Encodage** : Conversion des variables catégorielles dans un format adapté aux algorithmes d'apprentissage automatique, tel que l'encodage one-hot ou l'encodage par étiquettes. L'encodage one-hot crée des colonnes binaires pour chaque catégorie, tandis que l'encodage par étiquettes attribue un entier unique à chaque catégorie. Le choix entre ces méthodes dépend souvent de l'algorithme spécifique utilisé et de la nature de la variable catégorielle (par exemple, ordinale vs nominale).

- **Imputation des valeurs manquantes** : Gestion des données manquantes par diverses stratégies comme l'imputation par la moyenne ou des techniques plus avancées. Bien que l'imputation par la moyenne soit simple, remplaçant les valeurs manquantes par la moyenne de la caractéristique, des méthodes plus sophistiquées incluent l'imputation par la médiane (moins sensible aux valeurs aberrantes), l'imputation par le mode pour les variables catégorielles, ou l'utilisation de modèles d'apprentissage automatique pour prédire les valeurs manquantes en fonction d'autres caractéristiques. Certains algorithmes, comme les arbres de décision, peuvent gérer les valeurs manquantes nativement, mais la plupart nécessitent des données complètes pour une performance optimale.

- **Génération de caractéristiques** : Création de nouvelles caractéristiques à partir de celles existantes pour capturer des relations complexes ou des connaissances spécifiques au domaine. Cela peut impliquer des transformations mathématiques (par exemple, transformation logarithmique), la combinaison de plusieurs caractéristiques, ou l'extraction d'informations de champs de texte ou de date/heure.

- **Réduction de dimensionnalité** : Réduction du nombre de variables d'entrée pour atténuer la malédiction de la dimensionnalité, améliorer la performance du modèle et réduire les coûts de calcul. Des techniques comme l'analyse en composantes principales (ACP) ou t-SNE peuvent être intégrées dans les pipelines pour réduire automatiquement la dimensionnalité des caractéristiques tout en préservant les informations importantes.

En encapsulant ces transformations au sein d'un pipeline, les data scientists peuvent réduire considérablement la complexité du code et minimiser le potentiel d'erreurs. Cette approche améliore non seulement la reproductibilité des résultats, mais facilite également l'expérimentation avec différentes techniques de prétraitement et architectures de modèles.

De plus, les pipelines s'intègrent de manière transparente avec les outils de validation croisée et de réglage des hyperparamètres de Scikit-learn, permettant une optimisation complète du modèle à toutes les étapes du processus d'apprentissage automatique. Cette intégration permet aux data scientists d'affiner simultanément les étapes de prétraitement et les paramètres du modèle, conduisant à des modèles plus robustes et précis.

Création d'un pipeline de base

Commençons par construire un pipeline simple qui applique une **mise à l'échelle standard** aux caractéristiques numériques, puis entraîne un modèle de **régression logistique**.

```python
import pandas as pd
import numpy as np
from sklearn.pipeline import Pipeline
from sklearn.preprocessing import StandardScaler, OneHotEncoder
from sklearn.impute import SimpleImputer
from sklearn.compose import ColumnTransformer
from sklearn.linear_model import LogisticRegression
from sklearn.ensemble import RandomForestClassifier
from sklearn.model_selection import train_test_split, cross_val_score
from sklearn.metrics import accuracy_score, classification_report
import matplotlib.pyplot as plt
import seaborn as sns

# Create a more comprehensive sample dataset
np.random.seed(42)
data = {
    'Age': np.random.randint(18, 80, 1000),
```

```
        'Income': np.random.randint(20000, 150000, 1000),
        'Gender': np.random.choice(['Male', 'Female'], 1000),
        'Education': np.random.choice(['High School', 'Bachelor', 'Master', 'PhD'], 1000),
        'Churn': np.random.choice([0, 1], 1000, p=[0.7, 0.3])  # 30% churn rate
}
df = pd.DataFrame(data)

# Introduce some missing values
df.loc[np.random.choice(df.index, 50), 'Age'] = np.nan
df.loc[np.random.choice(df.index, 50), 'Income'] = np.nan

# Features and target
X = df.drop('Churn', axis=1)
y = df['Churn']

# Split data into training and testing sets
X_train, X_test, y_train, y_test = train_test_split(X, y, test_size=0.2,
random_state=42)

# Define preprocessing steps for numeric and categorical features
numeric_features = ['Age', 'Income']
categorical_features = ['Gender', 'Education']

numeric_transformer = Pipeline(steps=[
    ('imputer', SimpleImputer(strategy='median')),
    ('scaler', StandardScaler())
])

categorical_transformer = Pipeline(steps=[
    ('imputer', SimpleImputer(strategy='constant', fill_value='missing')),
    ('onehot', OneHotEncoder(handle_unknown='ignore'))
])

# Combine preprocessing steps
preprocessor = ColumnTransformer(
    transformers=[
        ('num', numeric_transformer, numeric_features),
        ('cat', categorical_transformer, categorical_features)
    ])

# Create pipelines with different models
log_reg_pipeline = Pipeline([
    ('preprocessor', preprocessor),
    ('classifier', LogisticRegression(random_state=42))
])

rf_pipeline = Pipeline([
    ('preprocessor', preprocessor),
    ('classifier', RandomForestClassifier(random_state=42))
])

# Fit the pipelines
```

```
log_reg_pipeline.fit(X_train, y_train)
rf_pipeline.fit(X_train, y_train)

# Make predictions
log_reg_pred = log_reg_pipeline.predict(X_test)
rf_pred = rf_pipeline.predict(X_test)

# Evaluate models
print("Logistic Regression Accuracy:", accuracy_score(y_test, log_reg_pred))
print("Random Forest Accuracy:", accuracy_score(y_test, rf_pred))

print("\\nLogistic Regression Classification Report:")
print(classification_report(y_test, log_reg_pred))

print("\\nRandom Forest Classification Report:")
print(classification_report(y_test, rf_pred))

# Cross-validation
log_reg_cv_scores = cross_val_score(log_reg_pipeline, X, y, cv=5)
rf_cv_scores = cross_val_score(rf_pipeline, X, y, cv=5)

print("\\nLogistic Regression CV Scores:", log_reg_cv_scores)
print("Logistic Regression Mean CV Score:", log_reg_cv_scores.mean())

print("\\nRandom Forest CV Scores:", rf_cv_scores)
print("Random Forest Mean CV Score:", rf_cv_scores.mean())

# Feature importance for Random Forest
feature_importance = rf_pipeline.named_steps['classifier'].feature_importances_
feature_names = (numeric_features +
                 rf_pipeline.named_steps['preprocessor']
                 .named_transformers_['cat']
                 .named_steps['onehot']
                 .get_feature_names(categorical_features).tolist())

# Plot feature importance
plt.figure(figsize=(10, 6))
sns.barplot(x=feature_importance, y=feature_names)
plt.title('Feature Importance in Random Forest Model')
plt.xlabel('Importance')
plt.ylabel('Features')
plt.tight_layout()
plt.show()
```

Cet exemple de code présente une approche complète pour exploiter les pipelines dans les flux de travail d'apprentissage automatique. Décomposons les composants clés et leurs fonctions :

1. Préparation des données :

   - Un ensemble de données plus large et plus diversifié est créé avec 1000 échantillons et plusieurs caractéristiques (Âge, Revenu, Sexe, Éducation).

- Des valeurs manquantes sont intentionnellement introduites pour démontrer la gestion des données incomplètes.

- Les données sont divisées en caractéristiques (X) et en cible (y), puis subdivisées en ensembles d'entraînement et de test.

2. Pipeline de prétraitement :

- Des transformateurs séparés sont définis pour les caractéristiques numériques et catégorielles.

- Les caractéristiques numériques subissent une imputation (utilisant la stratégie de la médiane) et une mise à l'échelle.

- Les caractéristiques catégorielles sont imputées (avec une valeur constante) et encodées en one-hot.

- Ces transformateurs sont combinés à l'aide de ColumnTransformer, créant un préprocesseur unifié

3. Pipelines de modèles :

- Deux pipelines sont créés, l'un avec la régression logistique et l'autre avec Random Forest.

- Chaque pipeline inclut le préprocesseur et le classificateur respectif.

- Cette approche garantit que les mêmes étapes de prétraitement sont appliquées de manière cohérente pour les deux modèles.

4. Entraînement et évaluation des modèles :

- Les deux pipelines sont ajustés sur les données d'entraînement.

- Des prédictions sont effectuées sur l'ensemble de test.

- La performance des modèles est évaluée à l'aide de scores de précision et de rapports de classification détaillés.

5. Validation croisée :

- Une validation croisée est effectuée pour les deux modèles afin d'évaluer leur capacité de généralisation.

- Cela aide à comprendre comment les modèles performent sur différents sous-ensembles des données.

6. Analyse de l'importance des caractéristiques :

- Pour le modèle Random Forest, les importances des caractéristiques sont extraites.

- Cette analyse aide à comprendre quelles caractéristiques contribuent le plus aux décisions du modèle.

7. Visualisation :

- Un diagramme à barres est créé pour visualiser l'importance des différentes caractéristiques dans le modèle Random Forest.

- Cela fournit une compréhension intuitive de la pertinence des caractéristiques.

Cet exemple complet démontre la puissance des pipelines dans la création d'un flux de travail d'apprentissage automatique robuste et reproductible. Il illustre la gestion de types de données mixtes, l'imputation de valeurs manquantes, la mise à l'échelle des caractéristiques, l'entraînement des modèles, l'évaluation et l'interprétation. En encapsulant toutes ces étapes au sein de pipelines, le code reste organisé et réduit le risque de fuite de données, tout en permettant une comparaison facile entre différents modèles.

3.1.2 Avantages de l'utilisation des pipelines

1. **Efficacité** : Les pipelines automatisent le flux de travail, rationalisant le processus d'application de multiples transformations et d'ajustement de modèles. Cette automatisation permet non seulement de gagner du temps, mais réduit également la probabilité d'erreur humaine, en particulier lors de la gestion d'étapes complexes de prétraitement des données. À mesure que les ensembles de données deviennent plus grands et plus complexes, les pipelines deviennent de plus en plus précieux, permettant aux data scientists de facilement adapter leurs flux de travail et de s'ajuster aux caractéristiques changeantes des données sans modifications de code significatives.

2. **Prévention de la fuite de données** : L'un des avantages les plus critiques de l'utilisation des pipelines est leur capacité à maintenir l'intégrité de votre processus d'apprentissage automatique. En garantissant que les transformations de données sont appliquées de manière cohérente sur les ensembles d'entraînement et de test, les pipelines préviennent le problème subtil mais potentiellement catastrophique de la fuite de données. Cette cohérence est cruciale pour obtenir des estimations fiables de la performance des modèles et éviter des prédictions trop optimistes qui pourraient conduire à de mauvaises performances dans le monde réel.

3. **Lisibilité et maintenabilité améliorées** : La nature structurée des pipelines améliore considérablement l'organisation et la clarté du code. En encapsulant plusieurs étapes de traitement de données au sein d'un seul objet, les pipelines créent un flux logique clair qui est facile à comprendre et à modifier. Cette lisibilité améliorée profite non seulement au développeur original, mais facilite également la collaboration et le transfert de connaissances au sein des équipes de science des données. De plus, la structure modulaire des pipelines permet l'ajout, la suppression ou la modification

facile d'étapes individuelles sans affecter le flux de travail global, favorisant la réutilisabilité du code et réduisant la redondance.

4. **Compatibilité avec le réglage des hyperparamètres** : L'intégration transparente des pipelines avec les outils de réglage des hyperparamètres de Scikit-learn, tels que **GridSearchCV** et **RandomizedSearchCV**, offre un avantage puissant dans l'optimisation des modèles. Cette compatibilité permet aux data scientists d'affiner non seulement les paramètres du modèle, mais aussi les étapes de prétraitement simultanément. En traitant l'ensemble du pipeline comme un seul estimateur, ces outils peuvent explorer une large gamme de combinaisons, découvrant potentiellement des configurations optimales qui pourraient être manquées lors du réglage des paramètres de prétraitement et de modèle séparément. Cette approche holistique de l'optimisation peut conduire à des améliorations significatives de la performance et de la robustesse du modèle.

5. **Reproductibilité et cohérence** : Les pipelines jouent un rôle crucial dans la garantie de la reproductibilité des expériences d'apprentissage automatique. En définissant une séquence fixe d'opérations, les pipelines garantissent que les mêmes transformations sont appliquées dans le même ordre chaque fois que le pipeline est exécuté. Cette cohérence est inestimable pour le débogage, la comparaison de différents modèles et le partage de résultats avec des collègues ou la communauté scientifique au sens large. Elle facilite également la transition de l'expérimentation à la production, car l'ensemble du flux de travail peut être facilement empaqueté et déployé comme une seule unité.

6. **Flexibilité et personnalisation** : Bien que les pipelines offrent une approche structurée des flux de travail d'apprentissage automatique, ils offrent également une flexibilité considérable. Des transformateurs personnalisés peuvent être facilement intégrés dans les pipelines, permettant aux data scientists d'incorporer des connaissances spécifiques au domaine ou des techniques de prétraitement novatrices. Cette adaptabilité permet la création de flux de travail hautement spécialisés adaptés à des ensembles de données ou à des domaines de problèmes spécifiques, sans sacrifier les avantages de la structure des pipelines.

3.1.3 Ajout de plusieurs transformateurs dans un pipeline

Dans des scénarios réels, le prétraitement des données implique souvent une série complexe de transformations pour préparer les données brutes aux modèles d'apprentissage automatique. Ce processus inclut généralement la gestion des valeurs manquantes, l'encodage des caractéristiques catégorielles, la mise à l'échelle des données numériques, et potentiellement des techniques plus avancées comme la sélection de caractéristiques ou la réduction de dimensionnalité. Les pipelines de Scikit-learn offrent une solution puissante et flexible pour gérer ces exigences de prétraitement multiples.

En exploitant les pipelines, les data scientists peuvent enchaîner de manière transparente plusieurs étapes de prétraitement avant l'estimateur final. Cette approche rationalise non seulement le flux de travail, mais garantit également la cohérence dans la façon dont les données sont transformées à travers différentes étapes du développement de modèles, de l'expérimentation initiale au déploiement final. Par exemple, un pipeline typique pourrait inclure des étapes pour imputer les valeurs manquantes en utilisant des stratégies de moyenne ou de médiane, encoder des variables catégorielles en utilisant des techniques comme l'encodage one-hot ou l'encodage par étiquettes, et mettre à l'échelle les caractéristiques numériques vers une plage ou une distribution commune.

De plus, les pipelines dans Scikit-learn facilitent l'intégration facile de transformateurs personnalisés, permettant aux data scientists d'incorporer des étapes de prétraitement spécifiques au domaine aux côtés de techniques standard. Cette extensibilité rend les pipelines adaptables à un large éventail de défis de données à travers diverses industries et domaines de problèmes. En encapsulant toutes ces étapes au sein d'un seul objet pipeline, Scikit-learn permet aux data scientists de traiter l'ensemble du flux de travail de prétraitement et de modélisation comme une unité cohérente, simplifiant des tâches comme la validation croisée et le réglage des hyperparamètres.

Exemple : Imputation, encodage et mise à l'échelle avec un arbre de décision

Supposons que notre ensemble de données inclut des valeurs manquantes et des données catégorielles, telles que le **Sexe**. Nous allons construire un pipeline qui impute les valeurs manquantes, encode en one-hot les caractéristiques catégorielles, met à l'échelle les caractéristiques numériques, puis entraîne un **classificateur d'arbre de décision**.

```python
import pandas as pd
import numpy as np
from sklearn.model_selection import train_test_split, cross_val_score
from sklearn.impute import SimpleImputer
from sklearn.preprocessing import StandardScaler, OneHotEncoder
from sklearn.compose import ColumnTransformer
from sklearn.pipeline import Pipeline
from sklearn.tree import DecisionTreeClassifier
from sklearn.ensemble import RandomForestClassifier
from sklearn.linear_model import LogisticRegression
from sklearn.metrics import accuracy_score, classification_report
import matplotlib.pyplot as plt
import seaborn as sns

# Create a more complex dataset with additional features and more samples
np.random.seed(42)
n_samples = 1000

data = {
    'Age': np.random.randint(18, 80, n_samples),
    'Income': np.random.randint(20000, 200000, n_samples),
    'Gender': np.random.choice(['Male', 'Female', 'Other'], n_samples),
    'Education': np.random.choice(['High School', 'Bachelor', 'Master', 'PhD'],
n_samples),
    'Churn': np.random.choice([0, 1], n_samples, p=[0.7, 0.3])
```

```python
}

# Introduce some missing values
for feature in ['Age', 'Income', 'Gender', 'Education']:
    mask = np.random.random(n_samples) < 0.1
    data[feature] = np.where(mask, None, data[feature])

df = pd.DataFrame(data)

# Define features and target
X = df.drop('Churn', axis=1)
y = df['Churn']

# Split data into training and testing sets
X_train, X_test, y_train, y_test = train_test_split(X, y, test_size=0.2,
random_state=42)

# Define preprocessing steps
numeric_features = ['Age', 'Income']
categorical_features = ['Gender', 'Education']

numeric_transformer = Pipeline(steps=[
    ('imputer', SimpleImputer(strategy='median')),
    ('scaler', StandardScaler())
])

categorical_transformer = Pipeline(steps=[
    ('imputer', SimpleImputer(strategy='constant', fill_value='missing')),
    ('onehot', OneHotEncoder(handle_unknown='ignore'))
])

# Combine preprocessing for numeric and categorical features
preprocessor = ColumnTransformer(
    transformers=[
        ('num', numeric_transformer, numeric_features),
        ('cat', categorical_transformer, categorical_features)
    ])

# Create pipelines with different models
dt_pipeline = Pipeline([
    ('preprocessor', preprocessor),
    ('classifier', DecisionTreeClassifier(random_state=42))
])

rf_pipeline = Pipeline([
    ('preprocessor', preprocessor),
    ('classifier', RandomForestClassifier(n_estimators=100, random_state=42))
])

lr_pipeline = Pipeline([
    ('preprocessor', preprocessor),
    ('classifier', LogisticRegression(random_state=42))
```

```
])

# Fit the pipelines
dt_pipeline.fit(X_train, y_train)
rf_pipeline.fit(X_train, y_train)
lr_pipeline.fit(X_train, y_train)

# Make predictions
dt_pred = dt_pipeline.predict(X_test)
rf_pred = rf_pipeline.predict(X_test)
lr_pred = lr_pipeline.predict(X_test)

# Evaluate models
print("Decision Tree Accuracy:", accuracy_score(y_test, dt_pred))
print("Random Forest Accuracy:", accuracy_score(y_test, rf_pred))
print("Logistic Regression Accuracy:", accuracy_score(y_test, lr_pred))

print("\\nDecision Tree Classification Report:")
print(classification_report(y_test, dt_pred))

print("\\nRandom Forest Classification Report:")
print(classification_report(y_test, rf_pred))

print("\\nLogistic Regression Classification Report:")
print(classification_report(y_test, lr_pred))

# Cross-validation
dt_cv_scores = cross_val_score(dt_pipeline, X, y, cv=5)
rf_cv_scores = cross_val_score(rf_pipeline, X, y, cv=5)
lr_cv_scores = cross_val_score(lr_pipeline, X, y, cv=5)

print("\\nDecision Tree CV Scores:", dt_cv_scores)
print("Decision Tree Mean CV Score:", dt_cv_scores.mean())

print("\\nRandom Forest CV Scores:", rf_cv_scores)
print("Random Forest Mean CV Score:", rf_cv_scores.mean())

print("\\nLogistic Regression CV Scores:", lr_cv_scores)
print("Logistic Regression Mean CV Score:", lr_cv_scores.mean())

# Feature importance for Random Forest
feature_importance = rf_pipeline.named_steps['classifier'].feature_importances_
feature_names = (numeric_features +
                 rf_pipeline.named_steps['preprocessor']
                 .named_transformers_['cat']
                 .named_steps['onehot']
                 .get_feature_names(categorical_features).tolist())

# Plot feature importance
plt.figure(figsize=(10, 6))
sns.barplot(x=feature_importance, y=feature_names)
plt.title('Feature Importance in Random Forest Model')
```

```
plt.xlabel('Importance')
plt.ylabel('Features')
plt.tight_layout()
plt.show()
```

Décomposons les principaux composants et leurs fonctions :

1. Préparation des données :

    o Un ensemble de données plus vaste et plus diversifié est créé avec 1000 échantillons et plusieurs caractéristiques (Âge, Revenu, Sexe, Éducation).

    o Des valeurs manquantes sont intentionnellement introduites pour démontrer la gestion des données incomplètes.

    o Les données sont divisées en caractéristiques (X) et cible (y), puis subdivisées en ensembles d'entraînement et de test.

2. Pipeline de prétraitement :

    o Des transformateurs distincts sont définis pour les caractéristiques numériques et catégorielles.

    o Les caractéristiques numériques subissent une imputation (en utilisant la stratégie de la médiane) et une mise à l'échelle.

    o Les caractéristiques catégorielles sont imputées (avec une valeur constante) et encodées en one-hot.

    o Ces transformateurs sont combinés à l'aide de ColumnTransformer, créant un préprocesseur unifié.

3. Pipelines de modèles :

    o Trois pipelines sont créés, chacun avec un classificateur différent : Arbre de décision, Forêt aléatoire et Régression logistique.

    o Chaque pipeline inclut le préprocesseur et le classificateur respectif.

    o Cette approche garantit que les mêmes étapes de prétraitement sont appliquées de manière cohérente pour tous les modèles.

4. Entraînement et évaluation des modèles :

    o Tous les pipelines sont ajustés sur les données d'entraînement.

    o Des prédictions sont effectuées sur l'ensemble de test pour chaque modèle.

    o La performance des modèles est évaluée à l'aide de scores de précision et de rapports de classification détaillés.

5. Validation croisée :

- o La validation croisée est effectuée pour les trois modèles afin d'évaluer leur capacité de généralisation.

- o Cela aide à comprendre comment les modèles se comportent sur différents sous-ensembles de données.

6. Analyse d'importance des caractéristiques :

- o Pour le modèle de Forêt aléatoire, les importances des caractéristiques sont extraites.

- o Cette analyse aide à comprendre quelles caractéristiques contribuent le plus aux décisions du modèle.

7. Visualisation :

- o Un diagramme à barres est créé pour visualiser l'importance des différentes caractéristiques dans le modèle de Forêt aléatoire.

- o Cela fournit une compréhension intuitive de la pertinence des caractéristiques.

Cet exemple complet démontre la puissance des pipelines dans la création d'un flux de travail d'apprentissage automatique robuste et reproductible. Il illustre la gestion des types de données mixtes, l'imputation des valeurs manquantes, la mise à l'échelle des caractéristiques, l'entraînement des modèles, l'évaluation et l'interprétation. En encapsulant toutes ces étapes dans des pipelines, le code reste organisé et réduit le risque de fuite de données, tout en permettant une comparaison facile entre différents modèles.

3.1.4 Points clés et applications avancées

- Les **Pipelines** dans Scikit-learn rationalisent le processus d'enchaînement de multiples transformations et d'ajustement de modèle. Cela réduit non seulement le risque de fuite de données, mais améliore également considérablement la lisibilité et la maintenabilité du code. En encapsulant des flux de travail complexes dans un seul objet, les pipelines favorisent des structures de code plus propres et mieux organisées.

- L'intégration des étapes de prétraitement avec les estimateurs dans un pipeline unifié permet aux data scientists de maintenir des flux de travail cohérents à travers les différentes étapes du développement de modèles. Cette cohérence est cruciale pour la reproductibilité et facilite la collaboration entre les membres de l'équipe. De plus, elle simplifie le processus d'ajustement des hyperparamètres, car les paramètres des étapes de prétraitement et du modèle peuvent être optimisés simultanément.

- Les pipelines excellent dans la gestion de flux de travail complexes, quels que soient les types de données ou les transformations impliquées. Ils gèrent de manière transparente les transformations numériques, l'encodage catégoriel et l'imputation des valeurs manquantes, ce qui les rend inestimables pour les ensembles de données avec des types de données mixtes. Cette polyvalence s'étend à la sélection de caractéristiques, à la réduction de dimensionnalité et même aux transformations personnalisées, permettant des pipelines de prétraitement hautement personnalisés.

- Les applications avancées des pipelines incluent les méthodes d'ensemble, où plusieurs pipelines avec différents modèles ou étapes de prétraitement peuvent être combinés pour améliorer les performances. Ils facilitent également l'intégration facile avec les techniques de validation croisée, permettant une évaluation et une sélection robustes des modèles.

- Dans les environnements de production, les pipelines constituent un outil crucial pour maintenir la cohérence entre les étapes d'entraînement et d'inférence. En regroupant toutes les étapes de prétraitement avec le modèle, les pipelines garantissent que les nouvelles données sont transformées de manière identique aux données d'entraînement, réduisant le risque de comportement inattendu dans les modèles déployés.

3.2 Automatisation du prétraitement des données avec FeatureUnion

Dans le prétraitement des données, il est souvent nécessaire d'appliquer plusieurs transformations en parallèle plutôt que séquentiellement. **FeatureUnion** de Scikit-learn est conçu à cette fin, vous permettant de combiner plusieurs transformations de caractéristiques et de les injecter directement dans votre modèle. Cet outil puissant permet aux data scientists de créer des pipelines de prétraitement plus sophistiqués et efficaces, améliorant considérablement le processus d'ingénierie des caractéristiques.

En utilisant FeatureUnion, vous pouvez rationaliser les flux de travail complexes de prétraitement des données, en traitant différents types de données simultanément. Cette approche est particulièrement utile lorsque vous avez plusieurs étapes d'ingénierie des caractéristiques qui doivent être combinées en un seul ensemble de données avant l'entraînement du modèle, améliorant à la fois la polyvalence et l'évolutivité de votre pipeline de prétraitement. Par exemple, vous pourriez avoir besoin d'appliquer différentes techniques de mise à l'échelle aux caractéristiques numériques tout en encodant simultanément des variables catégorielles, ou vous pourriez vouloir générer plusieurs ensembles de caractéristiques à partir des mêmes données d'entrée.

La capacité de FeatureUnion à traiter les caractéristiques en parallèle permet non seulement d'économiser du temps de calcul, mais autorise également une ingénierie des caractéristiques plus créative. Vous pouvez expérimenter diverses transformations sans vous soucier de l'ordre des opérations, car FeatureUnion gérera efficacement la combinaison de ces transformations. Cette flexibilité est particulièrement précieuse lors du traitement d'ensembles de données de haute dimension ou lors de l'exploration de nouvelles représentations de caractéristiques qui pourraient potentiellement améliorer les performances du modèle.

De plus, FeatureUnion s'intègre de manière transparente avec d'autres outils Scikit-learn comme Pipeline et ColumnTransformer, permettant la création de flux de travail d'apprentissage automatique complets de bout en bout. Cette intégration facilite l'expérimentation, la validation croisée et l'ajustement des hyperparamètres, car l'ensemble du pipeline de prétraitement et de modélisation peut être traité comme un seul estimateur. En conséquence, les data scientists peuvent se concentrer davantage sur les stratégies d'ingénierie des caractéristiques et la sélection de modèles plutôt que de s'enliser dans les subtilités de la manipulation des données.

3.2.1 Qu'est-ce que FeatureUnion ?

FeatureUnion est un transformateur Scikit-learn puissant qui révolutionne le traitement des caractéristiques en permettant des transformations parallèles. Contrairement à la nature séquentielle de la classe Pipeline, FeatureUnion applique plusieurs transformateurs simultanément et fusionne leurs sorties. Cette capacité de traitement parallèle est particulièrement avantageuse lors du traitement d'ensembles de données complexes qui nécessitent une variété de transformations.

La force principale de FeatureUnion réside dans sa capacité à gérer simultanément diverses tâches d'ingénierie des caractéristiques. Par exemple, il peut facilement combiner des opérations telles que la mise à l'échelle des caractéristiques numériques, l'extraction de caractéristiques polynomiales et l'encodage de variables catégorielles, le tout dans un processus rationalisé. Cette application simultanée de transformateurs améliore non seulement l'efficacité computationnelle, mais permet également des stratégies d'ingénierie des caractéristiques plus sophistiquées.

De plus, la flexibilité de FeatureUnion brille lorsqu'on travaille avec des données hétérogènes. Il peut traiter différents sous-ensembles de caractéristiques avec des transformations distinctes, puis combiner les résultats en un ensemble de caractéristiques unifié. Cela est particulièrement précieux dans les scénarios où certaines caractéristiques bénéficient de techniques de prétraitement spécifiques tandis que d'autres nécessitent des approches différentes. Par exemple, les caractéristiques textuelles peuvent subir une vectorisation TF-IDF tandis que les caractéristiques numériques sont mises à l'échelle et que des caractéristiques polynomiales sont générées, le tout au sein de la même construction FeatureUnion.

En exploitant FeatureUnion, les data scientists peuvent créer des ensembles de caractéristiques plus nuancés et efficaces, découvrant potentiellement des relations complexes dans les données qui pourraient être manquées avec des approches de prétraitement séquentielles plus simples. Cette capacité peut conduire à de meilleures performances de modèle et à des pipelines d'apprentissage automatique plus robustes.

3.2.2 Création d'un exemple FeatureUnion

Lorsqu'on travaille avec des ensembles de données contenant à la fois des caractéristiques numériques et catégorielles, il est souvent nécessaire d'appliquer différentes techniques de prétraitement à chaque type de données. FeatureUnion, un outil puissant dans scikit-learn, nous permet de combiner efficacement plusieurs transformations et de les appliquer en parallèle. Cela est particulièrement utile lorsque nous devons effectuer diverses opérations sur des données numériques tout en traitant simultanément des variables catégorielles.

Par exemple, nous pourrions vouloir mettre à l'échelle les caractéristiques numériques pour nous assurer qu'elles sont de la même magnitude, extraire des caractéristiques polynomiales pour capturer des relations non linéaires et encoder des variables catégorielles - le tout au sein du même pipeline de prétraitement. FeatureUnion rend ce processus fluide et efficace.

Exemple : Prétraitement avancé des données avec FeatureUnion

Pour démontrer la polyvalence de FeatureUnion, considérons un ensemble de données plus complexe avec les caractéristiques suivantes :

1. Caractéristiques numériques : **Âge** et **Revenu**

    o   Nous appliquerons une mise à l'échelle standard pour normaliser ces caractéristiques.

    o   Pour le Revenu, nous générerons également des caractéristiques polynomiales jusqu'au degré 2 pour capturer d'éventuelles relations non linéaires.

2. Caractéristiques catégorielles : **Sexe** et **Niveau d'éducation**

    o   Le Sexe sera encodé en utilisant l'encodage one-hot.

    o   Le Niveau d'éducation utilisera un encodage ordinal pour préserver l'ordre inhérent.

3. Caractéristique textuelle : **Description du poste**

    o   Nous appliquerons la vectorisation TF-IDF pour convertir les données textuelles en caractéristiques numériques.

Cet exemple montre comment FeatureUnion peut gérer un ensemble diversifié de caractéristiques et de transformations, créant un pipeline de prétraitement robuste et flexible qui peut améliorer considérablement vos flux de travail d'apprentissage automatique.

Le résultat sera un seul ensemble de données traité prêt pour l'entraînement du modèle.

```
from sklearn.pipeline import Pipeline, FeatureUnion
from sklearn.preprocessing import StandardScaler, OneHotEncoder, PolynomialFeatures
from sklearn.compose import ColumnTransformer
from sklearn.linear_model import LogisticRegression
```

```python
from sklearn.model_selection import train_test_split
import pandas as pd

# Sample dataset
data = {'Age': [25, 32, 47, 51, 62],
        'Income': [50000, 65000, 85000, 90000, 120000],
        'Gender': ['Male', 'Female', 'Female', 'Male', 'Female'],
        'Churn': [0, 0, 1, 1, 1]}
df = pd.DataFrame(data)

# Features and target
X = df[['Age', 'Income', 'Gender']]
y = df['Churn']

# Split data into training and testing sets
X_train, X_test, y_train, y_test = train_test_split(X, y, test_size=0.2,
random_state=42)

# Define numeric and categorical features
numeric_features = ['Age', 'Income']
categorical_features = ['Gender']

# FeatureUnion for numeric transformations: scaling and polynomial features
numeric_transformers = FeatureUnion([
    ('scaler', StandardScaler()),            # Scale numeric features
    ('poly', PolynomialFeatures(degree=2))   # Generate polynomial features
])

# ColumnTransformer to handle both numeric and categorical transformations
preprocessor = ColumnTransformer(
    transformers=[
        ('num', numeric_transformers, numeric_features),      # Apply FeatureUnion
to numeric data
        ('cat', OneHotEncoder(), categorical_features)        # One-hot encode
categorical features
    ])

# Create pipeline with preprocessing and model
pipeline = Pipeline(steps=[
    ('preprocessor', preprocessor),
    ('classifier', LogisticRegression())
])

# Fit the pipeline
pipeline.fit(X_train, y_train)

# Make predictions and evaluate
y_pred = pipeline.predict(X_test)

# Display the processed feature set
print("\\\\nProcessed Feature Set (Sample):")
print(preprocessor.fit_transform(X_train)[:5])
```

Voici une présentation des principaux composants :

1. **Préparation des données** : Un ensemble de données échantillon est créé avec des caractéristiques telles que l'âge, le revenu, le sexe et une variable cible de désabonnement.

2. **Sélection des caractéristiques** : Les caractéristiques sont divisées en types numériques (Âge, Revenu) et catégoriels (Sexe)

3. **FeatureUnion pour les caractéristiques numériques** : Un FeatureUnion est créé pour appliquer deux transformations aux caractéristiques numériques :

   o   StandardScaler : Normalise les caractéristiques numériques

   o   PolynomialFeatures : Génère des caractéristiques polynomiales (degré 2) pour capturer les relations non linéaires

4. **ColumnTransformer** : Combine le FeatureUnion numérique avec OneHotEncoder pour les caractéristiques catégorielles.

5. **Pipeline** : Crée un pipeline qui inclut le préprocesseur et un classificateur de régression logistique.

6. **Entraînement du modèle et prédiction** : Le pipeline est ajusté sur les données d'entraînement et utilisé pour faire des prédictions sur l'ensemble de test.

Cette approche démontre comment FeatureUnion peut être utilisé pour appliquer plusieurs transformations en parallèle, rationalisant le flux de travail de prétraitement et permettant une ingénierie des caractéristiques plus sophistiquée.

3.2.3 Avantages de l'utilisation de FeatureUnion

1. **Traitement parallèle des caractéristiques** : FeatureUnion permet l'application simultanée de multiples transformations, améliorant considérablement l'efficacité computationnelle. Cette capacité de traitement parallèle est particulièrement bénéfique lors du traitement de grands ensembles de données ou de tâches complexes d'ingénierie des caractéristiques, car elle peut réduire substantiellement le temps de traitement global.

2. **Ingénierie flexible des caractéristiques** : En facilitant l'application simultanée de diverses transformations sur le même ensemble de données, FeatureUnion offre une flexibilité inégalée en matière d'ingénierie des caractéristiques. Cette polyvalence permet aux data scientists d'expérimenter avec diverses combinaisons et transformations de caractéristiques sans les contraintes du traitement séquentiel, découvrant potentiellement des motifs ou des relations cachés dans les données qui pourraient autrement passer inaperçus.

3. **Réduction de la complexité du code** : L'intégration de multiples transformateurs dans un seul pipeline via FeatureUnion rationalise considérablement le flux de travai

de prétraitement. Cette consolidation améliore non seulement la lisibilité et la maintenabilité du code, mais minimise également le risque d'erreurs associées à la manipulation manuelle des caractéristiques. De plus, elle favorise la réutilisabilité du code et la conception modulaire, facilitant le débogage et la modification des étapes de prétraitement.

4. **Évolutivité améliorée** : L'architecture de FeatureUnion prend en charge de manière inhérente l'évolutivité dans les projets d'apprentissage automatique. À mesure que les ensembles de données augmentent en taille et en complexité, la capacité à traiter efficacement plusieurs transformations de caractéristiques en parallèle devient de plus en plus cruciale. Cette évolutivité garantit que les pipelines de prétraitement restent efficaces et gérables, même lorsque la portée du projet s'étend.

5. **Expérimentation renforcée** : La facilité de combiner diverses transformations encourage les data scientists à explorer un plus large éventail de techniques d'ingénierie des caractéristiques. Cela facilite le développement et l'optimisation de modèles plus complets, conduisant potentiellement à une amélioration des performances du modèle grâce à la découverte de nouvelles combinaisons ou représentations de caractéristiques.

3.2.4 Exemple avancé : FeatureUnion avec plusieurs transformations catégorielles et numériques

Pour démontrer la polyvalence et la puissance de FeatureUnion dans la gestion d'ensembles de données complexes, considérons un scénario plus complexe. Dans les applications du monde réel, les ensembles de données contiennent souvent un mélange de variables numériques et catégorielles, chacune nécessitant potentiellement différentes techniques de prétraitement. Nous illustrerons ce concept en utilisant un ensemble de données qui englobe les deux types de caractéristiques :

Caractéristiques numériques :

- Âge : Représente l'âge des individus dans l'ensemble de données. Revenu : Indique le revenu annuel de chaque personne.

Caractéristiques catégorielles :

- Sexe : Généralement binaire (Homme/Femme) mais pourrait inclure d'autres catégories. Profession : Représente la profession ou le titre de poste de chaque individu.

Pour cet ensemble diversifié de caractéristiques, nous appliquerons les techniques de prétraitement suivantes :

1. **Traitement des caractéristiques numériques :**

- o Mettre à l'échelle l'Âge et le Revenu en utilisant StandardScaler pour normaliser ces caractéristiques, en s'assurant qu'elles sont sur la même échelle.

- o Générer des caractéristiques polynomiales à partir du Revenu (jusqu'au degré 2) pour capturer les relations potentiellement non linéaires entre le revenu et la variable cible.

2. **Encodage des caractéristiques catégorielles :**

- o Appliquer l'encodage OneHot au Sexe, créant des colonnes binaires pour chaque catégorie. Ceci est particulièrement utile pour les variables catégorielles nominales sans ordre inhérent.

- o Utiliser l'encodage par fréquence pour la Profession. Cette technique remplace chaque catégorie par sa fréquence dans l'ensemble de données, ce qui peut être bénéfique pour les variables catégorielles à cardinalité élevée.

En mettant en œuvre ces diverses étapes de prétraitement au sein d'un cadre FeatureUnion, nous pouvons gérer efficacement la complexité de notre ensemble de données tout en découvrant potentiellement des motifs significatifs qui pourraient améliorer les performances de notre modèle.

```python
from sklearn.preprocessing import FunctionTransformer

# Sample dataset
data = {'Age': [25, 32, 47, 51, 62],
        'Income': [50000, 65000, 85000, 90000, 120000],
        'Gender': ['Male', 'Female', 'Female', 'Male', 'Female'],
        'Occupation': ['Engineer', 'Doctor', 'Artist', 'Engineer', 'Artist'],
        'Churn': [0, 0, 1, 1, 1]}
df = pd.DataFrame(data)

# Frequency encoding for Occupation
def frequency_encoding(df, column):
    freq_encoding = df[column].value_counts(normalize=True).to_dict()
    return df[column].map(freq_encoding)

# Apply frequency encoding and fit transformer
occupation_encoder    =    FunctionTransformer(lambda    x:    frequency_encoding(df,
'Occupation').values.reshape(-1, 1))

# Update ColumnTransformer with FeatureUnion and multiple transformers
preprocessor = ColumnTransformer(
    transformers=[
        ('num', FeatureUnion([
            ('scaler', StandardScaler()),                # Scale numeric features
            ('poly', PolynomialFeatures(degree=2))       # Polynomial features for
Income
        ]), ['Age', 'Income']),
```

```
        ('gender', OneHotEncoder(), ['Gender']),          # One-hot encode Gender
        ('occupation', occupation_encoder, ['Occupation'])   # Frequency encode
Occupation
    ])

# Create pipeline with FeatureUnion and Logistic Regression
pipeline = Pipeline(steps=[
    ('preprocessor', preprocessor),
    ('classifier', LogisticRegression())
])

# Fit the pipeline
pipeline.fit(X_train, y_train)

# Display transformed feature set
print("\\\\nProcessed Feature Set (Sample):")
print(preprocessor.fit_transform(X_train)[:5])
```

Cet exemple démontre un exemple avancé d'utilisation de FeatureUnion avec plusieurs transformations catégorielles et numériques dans un pipeline d'apprentissage automatique. Voici une décomposition des composants clés :

- **Création de l'ensemble de données** : Un ensemble de données échantillon est créé avec des caractéristiques telles que l'âge, le revenu, le sexe, la profession et une variable cible de désabonnement.

- **Encodage par fréquence** : Une fonction personnalisée est définie pour effectuer l'encodage par fréquence sur les variables catégorielles. Ceci est particulièrement utilisé pour la caractéristique Profession.

- **ColumnTransformer avec FeatureUnion** : Le préprocesseur est configuré en utilisant ColumnTransformer, qui applique différentes transformations à différentes colonnes :

    o Les caractéristiques numériques (Âge et Revenu) sont traitées en utilisant un FeatureUnion de StandardScaler et PolynomialFeatures.

    o Le Sexe est encodé en one-hot.

    o La Profession est encodée par fréquence en utilisant la fonction personnalisée.

- **Création du Pipeline** : Un Pipeline scikit-learn est créé qui combine le préprocesseur avec un classificateur de régression logistique.

- **Entraînement du modèle** : Le pipeline est ajusté sur les données d'entraînement.

- **Affichage de l'ensemble de caractéristiques** : Le code affiche un échantillon de l'ensemble de caractéristiques traité pour montrer le résultat des transformations.

Cette approche démontre comment FeatureUnion peut être utilisé pour gérer des ensembles de données complexes avec des types de données mixtes, en appliquant diverses techniques de prétraitement en parallèle au sein d'un pipeline unique et cohérent.

3.2.5 Points clés et applications avancées

- **Traitement parallèle de FeatureUnion :** Cet outil puissant permet l'application simultanée de multiples transformations, améliorant considérablement l'efficacité et la portée de l'ingénierie des caractéristiques. En traitant diverses techniques en parallèle, il ouvre de nouvelles possibilités pour la création et l'optimisation des caractéristiques.

- **Synergie avec ColumnTransformer et Pipeline :** La combinaison de FeatureUnion avec ColumnTransformer et Pipeline crée un cadre robuste et automatisé pour gérer le prétraitement complexe des données. Cette synergie rationalise non seulement les flux de travail, mais assure également la cohérence et la reproductibilité des étapes de préparation des données.

- **Polyvalence dans la gestion des types de données mixtes :** FeatureUnion excelle dans les projets traitant de données hétérogènes, où différentes colonnes nécessitent des transformations distinctes. Cette flexibilité est cruciale dans des scénarios réels où les ensembles de données combinent souvent des données numériques, catégorielles et même textuelles.

- **Évolutivité et performances :** En permettant le traitement parallèle des caractéristiques, FeatureUnion peut améliorer considérablement les performances des pipelines de prétraitement, en particulier lors du traitement d'ensembles de données à grande échelle ou de transformations intensives sur le plan computationnel.

- **Expérimentation renforcée :** La facilité de combiner diverses transformations encourage les data scientists à explorer un plus large éventail de techniques d'ingénierie des caractéristiques, conduisant potentiellement à une amélioration des performances du modèle grâce à la découverte de nouvelles combinaisons de caractéristiques.

3.3 Exercices pratiques pour le chapitre 3

Ces exercices vous aideront à pratiquer l'automatisation du prétraitement des données avec les classes **Pipeline** et **FeatureUnion** de Scikit-learn. Chaque exercice comprend une solution avec du code pour vous guider.

Exercice 1 : Construire un pipeline simple avec mise à l'échelle standard et régression logistique

Créez un pipeline qui applique la **mise à l'échelle standard** aux caractéristiques numériques **Age** et **Income**, puis utilise la **régression logistique** pour classifier une variable cible **Churn**.

1. Chargez l'ensemble de données et divisez-le en caractéristiques (X) et cible (y).

2. Créez un pipeline avec **StandardScaler** et **LogisticRegression**.

3. Entraînez le pipeline et évaluez-le sur l'ensemble de test.

```python
from sklearn.pipeline import Pipeline
from sklearn.preprocessing import StandardScaler
from sklearn.linear_model import LogisticRegression
from sklearn.model_selection import train_test_split
from sklearn.metrics import accuracy_score
import pandas as pd

# Sample dataset
data = {'Age': [25, 32, 47, 51, 62],
        'Income': [50000, 65000, 85000, 90000, 120000],
        'Churn': [0, 0, 1, 1, 1]}
df = pd.DataFrame(data)

# Features and target
X = df[['Age', 'Income']]
y = df['Churn']

# Split data into training and testing sets
X_train, X_test, y_train, y_test = train_test_split(X, y, test_size=0.2,
random_state=42)

# Solution: Create a pipeline with StandardScaler and LogisticRegression
pipeline = Pipeline([
    ('scaler', StandardScaler()),
    ('log_reg', LogisticRegression())
])

# Fit the pipeline
pipeline.fit(X_train, y_train)

# Make predictions and evaluate
y_pred = pipeline.predict(X_test)
print("Model Accuracy:", accuracy_score(y_test, y_pred))
```

Dans cette solution :

Le pipeline automatise les étapes de mise à l'échelle et d'entraînement, et la **précision** est calculée pour évaluer les performances du modèle.

Exercice 2 : Construire un pipeline avec imputation et encodage One-Hot

Étendez le pipeline pour gérer les valeurs manquantes dans la colonne **Age** et appliquer l'**encodage OneHot** à la caractéristique catégorielle **Gender**.

1. Ajoutez un imputeur de valeurs manquantes pour **Age** et un encodage one-hot pour **Gender** dans le pipeline.

2. Entraînez le modèle et observez l'ensemble de caractéristiques transformé.

```python
from sklearn.impute import SimpleImputer
from sklearn.preprocessing import OneHotEncoder
from sklearn.compose import ColumnTransformer

# Sample dataset with missing values and a categorical feature
data = {'Age': [25, None, 47, 51, 62],
        'Income': [50000, 65000, 85000, 90000, 120000],
        'Gender': ['Male', 'Female', 'Female', 'Male', 'Female'],
        'Churn': [0, 0, 1, 1, 1]}
df = pd.DataFrame(data)

# Define features and target
X = df[['Age', 'Income', 'Gender']]
y = df['Churn']

# Define transformers for numeric and categorical features
numeric_transformer = Pipeline(steps=[
    ('imputer', SimpleImputer(strategy='mean')),
    ('scaler', StandardScaler())
])

categorical_transformer = Pipeline(steps=[
    ('onehot', OneHotEncoder())
])

# Solution: Create ColumnTransformer for handling numeric and categorical features
preprocessor = ColumnTransformer(
    transformers=[
        ('num', numeric_transformer, ['Age', 'Income']),
        ('cat', categorical_transformer, ['Gender'])
    ])

# Create pipeline with preprocessor and logistic regression
pipeline = Pipeline(steps=[
    ('preprocessor', preprocessor),
    ('classifier', LogisticRegression())
])

# Fit the pipeline and view transformed features
pipeline.fit(X, y)
print("\\\\nTransformed Feature Set (Sample):")
```

```
print(preprocessor.fit_transform(X)[:5])
```

Dans cette solution :

Le pipeline gère les **valeurs manquantes** dans **Age** et encode **Gender** avec l'encodage one-hot, résultant en un ensemble de caractéristiques entièrement transformé.

Exercice 3 : Utiliser FeatureUnion pour combiner la mise à l'échelle et les caractéristiques polynomiales

Créez un pipeline qui utilise **FeatureUnion** pour appliquer à la fois la **mise à l'échelle standard** et les **caractéristiques polynomiales** à la colonne **Income**, puis applique la **régression logistique**.

1. Définissez un FeatureUnion avec mise à l'échelle et génération de caractéristiques polynomiales pour **Income**.

2. Intégrez FeatureUnion avec d'autres transformations dans le pipeline.

```
from sklearn.pipeline import FeatureUnion
from sklearn.preprocessing import PolynomialFeatures

# Sample dataset with a numeric feature
data = {'Age': [25, 32, 47, 51, 62],
        'Income': [50000, 65000, 85000, 90000, 120000],
        'Churn': [0, 0, 1, 1, 1]}
df = pd.DataFrame(data)

# Define features and target
X = df[['Age', 'Income']]
y = df['Churn']

# FeatureUnion for scaling and polynomial features for Income
numeric_features = ['Income']
numeric_transformers = FeatureUnion([
    ('scaler', StandardScaler()),
    ('poly', PolynomialFeatures(degree=2))
])

# ColumnTransformer to handle both Age and Income transformations
preprocessor = ColumnTransformer(
    transformers=[
        ('num', numeric_transformers, numeric_features),
        ('age_scaler', StandardScaler(), ['Age'])
    ])

# Solution: Create pipeline with FeatureUnion and Logistic Regression
pipeline = Pipeline(steps=[
    ('preprocessor', preprocessor),
    ('classifier', LogisticRegression())
])
```

```
# Fit the pipeline
pipeline.fit(X, y)

# View transformed feature set
print("\\\\nTransformed Feature Set (Sample):")
print(preprocessor.fit_transform(X)[:5])
```

Dans cette solution :

FeatureUnion permet à la fois la mise à l'échelle et les caractéristiques polynomiales pour **Income**, démontrant comment gérer plusieurs transformations sur la même caractéristique.

Exercice 4 : Construire un transformateur personnalisé pour l'encodage par fréquence

Créez un pipeline qui utilise un **transformateur personnalisé** pour effectuer l'**encodage par fréquence** sur la colonne **Occupation**, parallèlement à la mise à l'échelle standard pour les caractéristiques numériques.

1. Définissez un transformateur personnalisé pour l'encodage par fréquence.

2. Combinez ce transformateur avec d'autres étapes de prétraitement dans un pipeline.

```
from sklearn.base import BaseEstimator, TransformerMixin

# Sample dataset with a categorical feature for frequency encoding
data = {'Age': [25, 32, 47, 51, 62],
        'Income': [50000, 65000, 85000, 90000, 120000],
        'Occupation': ['Engineer', 'Doctor', 'Artist', 'Engineer', 'Artist'],
        'Churn': [0, 0, 1, 1, 1]}
df = pd.DataFrame(data)

# Custom transformer for frequency encoding
class FrequencyEncoder(BaseEstimator, TransformerMixin):
    def __init__(self, column):
        self.column = column

    def fit(self, X, y=None):
        self.freq_encoding = X[self.column].value_counts(normalize=True).to_dict()
        return self

    def transform(self, X):
        X_copy = X.copy()
        X_copy[self.column] = X_copy[self.column].map(self.freq_encoding)
        return X_copy[[self.column]]

# Define features and target
X = df[['Age', 'Income', 'Occupation']]
y = df['Churn']
```

```
# Solution: Apply frequency encoding and scaling in a pipeline
preprocessor = ColumnTransformer(
    transformers=[
        ('age_scaler', StandardScaler(), ['Age', 'Income']),
        ('occupation_encoder', FrequencyEncoder(column='Occupation'), ['Occupation'])
    ])

pipeline = Pipeline(steps=[
    ('preprocessor', preprocessor),
    ('classifier', LogisticRegression())
])

# Fit the pipeline
pipeline.fit(X, y)

# View transformed feature set
print("\\\\nTransformed Feature Set (Sample):")
print(preprocessor.fit_transform(X)[:5])
```

Dans cette solution :

Un **transformateur personnalisé** est créé pour l'encodage par fréquence d'**Occupation**, démontrant comment incorporer des transformations personnalisées dans un pipeline.

Ces exercices couvrent un éventail de techniques de prétraitement automatisé des données, de la mise à l'échelle de base à l'ingénierie avancée des caractéristiques avec **FeatureUnion** et des transformateurs personnalisés. En travaillant sur ces exercices, vous acquerrez une expérience pratique dans l'utilisation des outils de pipeline de Scikit-learn pour rationaliser les flux de travail de données complexes et améliorer la précision du modèle.

3.4 Qu'est-ce qui pourrait mal tourner ?

Les pipelines et l'automatisation dans le prétraitement des données offrent de nombreux avantages, mais ils s'accompagnent également de défis potentiels. Voici quelques problèmes courants qui pourraient survenir lors de l'utilisation de **Pipelines** et **FeatureUnion**, ainsi que des stratégies pour gérer ces pièges.

3.4.1 Fuite de données due à une configuration incorrecte du pipeline

L'une des principales raisons d'utiliser des pipelines est de prévenir la fuite de données, qui se produit lorsque des informations provenant de l'ensemble de test influencent par inadvertance le modèle. Cependant, la fuite de données peut toujours se produire si les transformateurs ou les étapes de prétraitement des données sont mal configurés, comme l'application de la mise à l'échelle ou de l'encodage en dehors du pipeline.

Qu'est-ce qui pourrait mal tourner ?

- La fuite de données conduit à des performances excessivement optimistes pendant l'entraînement, mais le modèle échoue à se généraliser à de nouvelles données.

- La fuite peut fausser les résultats, rendant difficile l'identification de la véritable précision du modèle.

Solution :

- Incluez toujours toutes les étapes de prétraitement dans le pipeline pour vous assurer que les transformations sont appliquées de manière cohérente aux données d'entraînement et de test.

- Vérifiez bien chaque étape, en particulier les transformateurs personnalisés ou les transformations en dehors des transformateurs principaux de Scikit-learn, pour vous assurer qu'ils sont correctement configurés dans le pipeline.

3.4.2 Désalignement des colonnes dans FeatureUnion ou ColumnTransformer

Lors de l'utilisation de FeatureUnion ou ColumnTransformer, l'ordre des colonnes peut être facilement désaligné, en particulier lors de la concaténation de différents ensembles de données transformées. Le désalignement conduit à des associations incorrectes entre les caractéristiques et les transformations.

Qu'est-ce qui pourrait mal tourner ?

- Les colonnes désalignées entraînent des entrées de données incohérentes ou inexactes, car les transformations peuvent s'appliquer aux mauvaises caractéristiques.

- Ce désalignement peut introduire du bruit ou des biais, affectant négativement la précision et l'interprétabilité du modèle.

Solution :

- Définissez soigneusement les noms de colonnes et associez de manière cohérente les caractéristiques aux transformations. Testez la sortie de chaque étape pour vous assurer que les colonnes sont dans l'ordre prévu.

- Lors de l'utilisation de transformateurs personnalisés, vérifiez que les formats d'entrée et de sortie correspondent à la structure attendue des étapes suivantes dans le pipeline.

3.4.3 Complexité due à la sur-ingénierie des pipelines

Les pipelines peuvent devenir trop complexes si trop d'étapes ou de transformations redondantes sont ajoutées, en particulier dans les projets qui ne nécessitent pas d'ingénierie extensive des caractéristiques. La sur-ingénierie augmente non seulement le temps de traitement, mais peut également conduire au surapprentissage.

Qu'est-ce qui pourrait mal tourner ?

- Les pipelines complexes peuvent ralentir l'entraînement, compliquer le débogage et rendre le réglage du modèle plus difficile.

- Les pipelines sur-conçus peuvent capturer du bruit dans les données, réduisant la capacité du modèle à se généraliser à de nouvelles données.

Solution :

- Gardez les pipelines aussi simples que possible tout en répondant aux exigences du projet. Concentrez-vous sur les transformations essentielles et évitez d'inclure des étapes redondantes ou inutiles.

- Utilisez la validation croisée pour tester différentes configurations de pipeline et élaguez les étapes qui ne contribuent pas aux améliorations de performance.

3.4.4 Incompatibilité des transformateurs personnalisés avec FeatureUnion et ColumnTransformer

FeatureUnion et ColumnTransformer fonctionnent parfaitement avec les transformateurs principaux de Scikit-learn, mais peuvent rencontrer des problèmes de compatibilité avec les transformateurs personnalisés, en particulier si ces derniers ne suivent pas l'API de Scikit-learn.

Qu'est-ce qui pourrait mal tourner ?

- L'incompatibilité peut provoquer des erreurs lors de l'exécution du pipeline ou produire des résultats inattendus si les transformateurs ne s'intègrent pas correctement.

- Les transformateurs personnalisés qui ne gèrent pas correctement les méthodes fit et transform de Scikit-learn peuvent perturber le pipeline, entraînant des sorties erronées ou des processus d'entraînement échoués.

Solution :

- Assurez-vous que tous les transformateurs personnalisés héritent des classes **BaseEstimator** et **TransformerMixin** de Scikit-learn et implémentent les méthodes fit et transform.

- Testez les transformateurs personnalisés de manière indépendante avant de les ajouter au pipeline pour vérifier qu'ils fonctionnent comme prévu.

3.4.5 Défis dans le réglage des hyperparamètres à travers plusieurs transformateurs

Lorsque plusieurs transformateurs sont inclus dans un pipeline, chacun avec son propre ensemble de paramètres, le réglage des hyperparamètres peut devenir compliqué. Trouver la combinaison optimale de paramètres pour les transformations et les modèles nécessite une gestion minutieuse et peut prendre beaucoup de temps.

Qu'est-ce qui pourrait mal tourner ?

- Le réglage peut entraîner un surapprentissage, car la recherche dans un espace de paramètres étendu peut conduire à un modèle qui performe bien sur les données d'entraînement mais mal sur les données de test.

- Les paramètres d'un transformateur peuvent interférer avec ceux d'un autre, conduisant à des résultats sous-optimaux.

Solution :

- Utilisez **GridSearchCV** ou **RandomizedSearchCV** avec les pipelines Scikit-learn, qui prennent en charge le réglage des hyperparamètres à travers toutes les étapes du pipeline.

- Limitez l'espace de recherche à quelques paramètres critiques dans chaque étape pour réduire le risque de surapprentissage et améliorer l'efficacité du réglage.

3.4.6 Mauvaise interprétation de la sortie de FeatureUnion

Lors de l'utilisation de FeatureUnion, il est facile de mal interpréter ou de mal comprendre la sortie transformée puisque l'union concatène toutes les transformations. Si chaque transformation n'est pas correctement documentée, vous pouvez perdre la trace des caractéristiques qui correspondent à quelles transformations.

Qu'est-ce qui pourrait mal tourner ?

- Mal interpréter la sortie concaténée peut conduire à des hypothèses incorrectes sur l'importance des caractéristiques ou les relations entre les caractéristiques.

- Les modèles peuvent mal performer si la sortie de FeatureUnion est incorrectement interprétée, affectant l'interprétation des résultats et le processus décisionnel global.

Solution :

- Étiquetez chaque transformation dans FeatureUnion clairement et inspectez la sortie pour vérifier que les caractéristiques correspondent à leurs transformations prévues.

- Utilisez des DataFrames avec des noms de colonnes autant que possible pour assurer la transparence de la sortie du pipeline, facilitant l'interprétation des caractéristiques transformées.

Conclusion

L'automatisation du prétraitement avec les pipelines et FeatureUnion améliore la cohérence et l'efficacité, mais une attention particulière est nécessaire pour éviter ces pièges courants. En mettant en œuvre des vérifications approfondies, en simplifiant les structures de pipeline et en assurant la compatibilité entre les transformations, vous pouvez maximiser l'efficacité de vos pipelines et réduire le risque d'erreurs. Avec la bonne approche, le prétraitement automatisé des données devient un outil précieux pour construire des modèles robustes et maintenables qui fournissent des résultats précis.

Résumé du Chapitre 3

Dans le Chapitre 3, nous avons exploré les puissantes capacités des classes **Pipeline** et **FeatureUnion** de Scikit-learn pour automatiser le prétraitement des données. Ces outils rationalisent le flux de travail de l'ingénierie des caractéristiques et de l'entraînement des modèles en consolidant plusieurs étapes de transformation en une structure unique et unifiée. En automatisant les transformations de caractéristiques, les pipelines améliorent non seulement l'efficacité et l'organisation, mais aident également à prévenir les écueils courants comme la fuite de données, en garantissant que les étapes de prétraitement des données sont appliquées de manière cohérente aux ensembles d'entraînement et de test.

Nous avons commencé par comprendre les **Pipelines** et leur structure séquentielle, qui est très bénéfique lors du travail avec des transformations linéaires, étape par étape. Les pipelines permettent aux data scientists d'enchaîner diverses étapes—telles que la mise à l'échelle, l'encodage et l'entraînement du modèle—en un seul objet réutilisable. Cette conception réduit la duplication de code, simplifie les tests et garantit que le traitement des données se fait de manière contrôlée et systématique. Le chapitre a fourni des exemples illustrant comment configurer des pipelines pour la mise à l'échelle, l'encodage et l'entraînement d'un modèle, démontrant comment les pipelines rendent les flux de travail complexes plus gérables.

Au-delà des flux de travail linéaires, nous avons introduit **FeatureUnion**, qui permet le traitement parallèle des transformations. Contrairement aux pipelines qui appliquent les étapes séquentiellement, FeatureUnion traite différentes transformations en même temps et combine leurs sorties. Cela est particulièrement utile lors du travail avec des caractéristiques numériques qui nécessitent à la fois une mise à l'échelle et une génération de caractéristiques polynomiales ou lorsque vous devez appliquer des transformations distinctes à différents sous-ensembles de caractéristiques. En utilisant FeatureUnion au sein d'un ColumnTransformer, nous avons démontré comment construire des flux de travail flexibles et robustes qui gèrent divers types de caractéristiques, de la mise à l'échelle et de l'encodage aux techniques d'ingénierie des caractéristiques personnalisées plus avancées.

Le chapitre a également mis en évidence les avantages des pipelines automatisés, tels qu'une lisibilité et une maintenabilité améliorées, ainsi que la capacité de prévenir la fuite de données en garantissant que les transformations sont appliquées de manière cohérente. De plus, les pipelines fonctionnent parfaitement avec les fonctions de réglage des hyperparamètres de Scikit-learn, telles que **GridSearchCV** et **RandomizedSearchCV**, permettant un réglage complet du modèle et des transformations en une seule étape. Cependant, avec ces avantages viennent des défis, tels que le risque de surapprentissage lors du réglage de trop nombreux hyperparamètres, le potentiel de désalignement dans les transformations FeatureUnion, et la nécessité de vérifications de compatibilité lors de l'utilisation de transformateurs personnalisés.

Notre section « Qu'est-ce qui pourrait mal tourner ? » a détaillé ces problèmes potentiels, offrant des solutions pratiques pour les atténuer, telles que tester chaque étape individuellement, maintenir la clarté de la sortie et surveiller de près l'alignement des caractéristiques.

En conclusion, les pipelines et FeatureUnion permettent aux data scientists de gérer efficacement les flux de travail complexes, améliorant à la fois l'efficacité et la précision des projets d'apprentissage automatique. Ils fournissent une manière structurée et reproductible de préparer les données, facilitant le maintien de la cohérence et l'adaptation des étapes de prétraitement à mesure que de nouvelles données deviennent disponibles. Maîtriser ces outils équipe les data scientists de la flexibilité nécessaire pour gérer des ensembles de données diversifiés et construire des flux de travai automatisés et évolutifs, conduisant à des modèles d'apprentissage automatique plus fiables et interprétables. Faites-moi savoir si vous êtes prêt à passer à la section suivante ou si vous avez d'autres questions !

Chapitre 4 : Ingénierie des caractéristiques pour l'amélioration des modèles

L'ingénierie des caractéristiques est un processus crucial qui améliore considérablement la puissance prédictive et l'interprétabilité d'un modèle. En transformant les données brutes en caractéristiques significatives, nous permettons aux modèles de capturer les motifs sous-jacents plus efficacement, ce qui fait souvent la différence entre un bon modèle et un excellent modèle. Ce chapitre examine les techniques avancées d'ingénierie des caractéristiques conçues pour améliorer les performances des modèles, en se concentrant sur l'exploitation des connaissances tirées de l'importance des caractéristiques pour guider l'ensemble du processus.

L'importance de l'ingénierie des caractéristiques ne peut être surestimée dans le domaine de l'apprentissage automatique. Elle sert de pont entre les données brutes et les modèles sophistiqués, nous permettant d'extraire une valeur maximale de nos ensembles de données. Grâce à une ingénierie minutieuse des caractéristiques, nous pouvons découvrir des relations cachées, réduire le bruit et créer des entrées plus informatives pour nos modèles. Ce processus améliore non seulement la précision du modèle, mais renforce également son interprétabilité, facilitant ainsi l'explication des prédictions et l'obtention de la confiance des parties prenantes.

Notre exploration se concentrera sur la manière d'utiliser stratégiquement les connaissances tirées de l'importance des caractéristiques pour guider la sélection, la création et la transformation des caractéristiques. En comprenant quelles caractéristiques contribuent le plus significativement aux prédictions du modèle, nous pouvons prendre des décisions éclairées sur les aspects de nos données sur lesquels nous concentrer. Cette approche permet aux data scientists de construire des modèles plus robustes et efficaces tout en réduisant simultanément le bruit et le risque de surapprentissage.

Nous examinerons diverses techniques d'évaluation de l'importance des caractéristiques, y compris celles dérivées de modèles basés sur les arbres comme les Random Forests et les Gradient Boosting Machines. Ces méthodes fournissent des informations précieuses sur l'impact relatif des différentes caractéristiques sur les performances du modèle. Armés de ces connaissances, nous pouvons ensuite appliquer des efforts d'ingénierie ciblés pour améliorer les caractéristiques à fort impact, affiner celles à impact moyen et potentiellement éliminer les caractéristiques à faible impact qui peuvent introduire une complexité inutile.

De plus, nous explorerons comment l'importance des caractéristiques peut inspirer la création de nouvelles caractéristiques plus prédictives. Cela peut impliquer la combinaison de caractéristiques existantes à haute importance, l'application de transformations non linéaires ou l'encodage de connaissances du domaine dans de nouvelles variables. Ce faisant, nous pouvons souvent débloquer une puissance prédictive supplémentaire qui n'était pas apparente dans l'ensemble de caractéristiques d'origine.

Tout au long de ce chapitre, nous soulignerons l'importance d'une approche axée sur les données pour l'ingénierie des caractéristiques. Plutôt que de nous fier aux essais et erreurs ou à l'intuition seule, nous montrerons comment utiliser les preuves empiriques des analyses d'importance des caractéristiques pour guider nos efforts. Cette approche stratégique permet non seulement d'économiser du temps et des ressources de calcul, mais conduit également à des modèles plus robustes et généralisables.

4.1 Utiliser l'importance des caractéristiques pour guider l'ingénierie

L'importance des caractéristiques est un concept crucial en apprentissage automatique qui fournit des informations sur les variables ayant l'impact le plus significatif sur les prédictions d'un modèle. En analysant ces scores d'importance, les data scientists peuvent prendre des décisions éclairées concernant la sélection, l'affinement et la création de caractéristiques, conduisant finalement à des modèles plus efficaces et interprétables.

La puissance de l'importance des caractéristiques réside dans sa capacité à guider le processus d'ingénierie des caractéristiques. Les caractéristiques à fort impact peuvent être davantage améliorées ou utilisées comme source d'inspiration pour créer de nouvelles variables potentiellement plus prédictives. Les caractéristiques à faible impact peuvent bénéficier de techniques d'ingénierie supplémentaires telles que la mise à l'échelle, le regroupement en classes ou la combinaison avec d'autres caractéristiques. Dans certains cas, les caractéristiques avec des scores d'importance très faibles peuvent être écartées pour réduire la complexité du modèle et atténuer les risques de surapprentissage.

L'importance des caractéristiques est particulièrement précieuse dans les modèles basés sur les arbres comme les **arbres de décision**, les **Random Forests** et les algorithmes de **Gradient Boosting**. Ces modèles attribuent intrinsèquement des scores d'importance aux caractéristiques en fonction de leur contribution à la réduction de l'impureté ou à l'amélioration de la précision des prédictions à travers plusieurs arbres. Ce classement naturel des caractéristiques fournit une base solide pour comprendre l'influence relative des différentes variables dans l'ensemble de données.

Pour exploiter efficacement l'importance des caractéristiques, les data scientists suivent généralement une approche systématique :

1. Calculer les scores d'importance des caractéristiques en utilisant des méthodes appropriées (par exemple, la mesure d'importance intégrée de Random Forest ou l'importance par permutation).

2. Analyser la distribution des scores d'importance pour identifier les caractéristiques clés et le bruit potentiel.

3. Utiliser ces informations pour guider les efforts d'ingénierie des caractéristiques, en se concentrant sur les caractéristiques à fort impact et en explorant les moyens d'en extraire davantage d'informations.

4. Créer de nouvelles caractéristiques basées sur les motifs et les relations révélés par les caractéristiques importantes.

5. Affiner itérativement l'ensemble de caractéristiques, en réévaluant continuellement les scores d'importance et les performances du modèle.

En adoptant cette approche axée sur les données pour l'ingénierie des caractéristiques, les data scientists peuvent développer des modèles plus robustes et précis tout en obtenant des informations plus approfondies sur les motifs sous-jacents au sein de leurs ensembles de données. Ce processus améliore non seulement les performances du modèle, mais renforce également l'interprétabilité et l'explicabilité des modèles d'apprentissage automatique, ce qui est crucial dans de nombreuses applications du monde réel.

4.1.1 Calcul de l'importance des caractéristiques avec Random Forests

Une méthode puissante pour déterminer l'importance des caractéristiques consiste à utiliser les **Random Forests**. Cette technique d'apprentissage d'ensemble exploite plusieurs arbres de décision pour classer les caractéristiques en fonction de leur efficacité à diviser les données. Les Random Forests sont particulièrement utiles pour cette tâche car elles peuvent capturer des interactions complexes entre les caractéristiques et sont moins sujettes au surapprentissage par rapport aux arbres de décision uniques.

Le processus fonctionne en agrégeant les scores d'importance sur tous les arbres de la forêt. Les caractéristiques qui apparaissent régulièrement près du sommet des arbres et conduisent à des réductions significatives de l'impureté (souvent mesurée par l'impureté de Gini ou l'entropie) se voient attribuer des scores d'importance plus élevés. Cette approche fournit une mesure robuste de la pertinence des caractéristiques qui tient compte des relations linéaires et non linéaires dans les données.

Pour illustrer ce concept, nous allons parcourir un exemple pratique utilisant un ensemble de données échantillon. En calculant l'importance des caractéristiques avec Random Forests, nous obtiendrons des informations précieuses sur les caractéristiques ayant l'impact le plus significatif sur les prédictions de notre modèle. Ces informations serviront de base aux efforts d'ingénierie des caractéristiques ultérieurs, nous permettant de concentrer notre attention sur les variables les plus influentes et de découvrir potentiellement des motifs cachés dans nos données.

```python
import numpy as np
import pandas as pd
import matplotlib.pyplot as plt
from sklearn.ensemble import RandomForestClassifier
from sklearn.datasets import make_classification
from sklearn.model_selection import train_test_split
from sklearn.metrics import accuracy_score, confusion_matrix, classification_report
from sklearn.inspection import permutation_importance

# Set random seed for reproducibility
np.random.seed(42)

# Generate a sample dataset
X, y = make_classification(n_samples=1000, n_features=20, n_informative=10,
                           n_redundant=5, n_repeated=0, n_classes=2,
                           n_clusters_per_class=2, random_state=42)

# Create feature names and convert to DataFrame
feature_names = [f'Feature_{i}' for i in range(1, 21)]
df = pd.DataFrame(X, columns=feature_names)
df['Target'] = y

# Split into training and testing sets
X_train, X_test, y_train, y_test = train_test_split(df.drop(columns=['Target']),
df['Target'],
                                                    test_size=0.3, random_state=42)

# Train a Random Forest Classifier
rf_model = RandomForestClassifier(n_estimators=100, random_state=42)
rf_model.fit(X_train, y_train)

# Calculate feature importance using built-in method
feature_importances = pd.DataFrame({
    'Feature': X_train.columns,
    'Importance': rf_model.feature_importances_
})
feature_importances = feature_importances.sort_values(by='Importance',
ascending=False)

print("Feature Importance Ranking (Built-in method):")
print(feature_importances)

# Calculate permutation importance
perm_importance = permutation_importance(rf_model, X_test, y_test, n_repeats=10,
random_state=42)
perm_importances = pd.DataFrame({
    'Feature': X_test.columns,
    'Permutation_Importance': perm_importance.importances_mean
})
perm_importances = perm_importances.sort_values(by='Permutation_Importance',
ascending=False)
```

```python
print("\\nFeature Importance Ranking (Permutation method):")
print(perm_importances)

# Make predictions on test set
y_pred = rf_model.predict(X_test)

# Evaluate model performance
print("\\nModel Performance:")
print(f"Accuracy: {accuracy_score(y_test, y_pred):.4f}")
print("\\nConfusion Matrix:")
print(confusion_matrix(y_test, y_pred))
print("\\nClassification Report:")
print(classification_report(y_test, y_pred))

# Visualize feature importances
plt.figure(figsize=(12, 6))
plt.bar(feature_importances['Feature'], feature_importances['Importance'])
plt.title('Feature Importances (Built-in method)')
plt.xlabel('Features')
plt.ylabel('Importance')
plt.xticks(rotation=90)
plt.tight_layout()
plt.show()

# Visualize permutation importances
plt.figure(figsize=(12, 6))
plt.bar(perm_importances['Feature'], perm_importances['Permutation_Importance'])
plt.title('Feature Importances (Permutation method)')
plt.xlabel('Features')
plt.ylabel('Permutation Importance')
plt.xticks(rotation=90)
plt.tight_layout()
plt.show()
```

Cet exemple de code fournit une approche complète pour l'analyse de l'importance des caractéristiques en utilisant les Random Forests. Voici une décomposition des ajouts et de leur signification :

1. Génération et préparation des données

    - Nous avons augmenté la taille de l'ensemble de données à 1000 échantillons et 20 caractéristiques pour une analyse plus robuste.

    - Le nombre de caractéristiques informatives est fixé à 10, avec 5 caractéristiques redondantes, fournissant un scénario plus réaliste.

2. Entraînement et évaluation du modèle

    - Le modèle Random Forest utilise maintenant 100 arbres (n_estimators=100) pour de meilleures performances.

- Nous avons ajouté des métriques d'évaluation du modèle (précision, matrice de confusion et rapport de classification) pour évaluer les performances du modèle parallèlement à l'importance des caractéristiques.

3. Méthodes d'importance des caractéristiques

- Importance des caractéristiques intégrée : Nous conservons la méthode originale utilisant rf_model.feature_importances_.

- Importance par permutation : Nous avons ajouté cette méthode, qui mesure la diminution des performances du modèle lorsqu'une caractéristique est mélangée aléatoirement. Cela peut être plus fiable, en particulier pour les caractéristiques corrélées.

4. Visualisation

- Deux diagrammes à barres sont créés pour visualiser les deux types d'importance des caractéristiques, fournissant une comparaison claire entre les méthodes.

5. Interprétation et analyse

- Le code imprime maintenant les deux types de classements d'importance des caractéristiques, permettant la comparaison.

- Les métriques de performance du modèle fournissent un contexte pour interpréter les scores d'importance.

- Les visualisations aident à identifier rapidement les caractéristiques les plus importantes et à comparer les méthodes.

6. Considérations supplémentaires

- L'utilisation de l'importance intégrée et par permutation fournit une analyse plus robuste, car elles peuvent parfois donner des résultats différents.

- L'importance par permutation est calculée sur l'ensemble de test, ce qui peut donner une meilleure estimation de l'importance des caractéristiques pour de nouvelles données non vues.

- Les visualisations facilitent la communication des résultats aux parties prenantes non techniques.

Cette approche identifie non seulement les caractéristiques importantes, mais fournit également une image plus complète des performances du modèle et des relations entre les caractéristiques, permettant des décisions plus éclairées dans le processus d'ingénierie des caractéristiques.

4.1.2 Interprétation de l'importance des caractéristiques

Les scores d'importance des caractéristiques fournissent des informations inestimables sur le pouvoir prédictif des variables de notre ensemble de données. En analysant ces scores, nous pouvons prioriser stratégiquement nos efforts d'ingénierie des caractéristiques. Par exemple, si Feature_3 et Feature_7 émergent comme très importantes, nous pouvons nous concentrer sur l'amélioration de ces caractéristiques par diverses techniques telles que la création de termes d'interaction, l'application de transformations non linéaires, ou le développement d'encodages spécifiques au domaine qui amplifient leurs motifs prédictifs.

Inversement, les caractéristiques avec de faibles scores d'importance peuvent contribuer une valeur prédictive minimale ou même introduire du bruit dans notre modèle. Dans de tels cas, nous pouvons envisager de supprimer ces caractéristiques pour rationaliser notre modèle et potentiellement améliorer ses capacités de généralisation. Ce processus de sélection des caractéristiques basé sur les scores d'importance peut conduire à des modèles plus efficaces et interprétables.

Pour maximiser les avantages de l'analyse de l'importance des caractéristiques, nous pouvons adopter une approche structurée avec trois stratégies clés :

1. **Amélioration des caractéristiques clés** : Pour les caractéristiques de grande importance, nous pouvons explorer des techniques avancées d'ingénierie des caractéristiques. Cela pourrait impliquer la création de termes d'interaction pour capturer les effets combinés, la génération de caractéristiques polynomiales pour modéliser les relations non linéaires, ou l'application de transformations spécifiques au domaine qui exploitent les connaissances d'experts. Par exemple, si « Revenu » et « Âge » sont tous deux importants dans un modèle financier, nous pourrions créer une caractéristique « Ratio Revenu-Âge » pour capturer le pouvoir d'achat par rapport à l'étape de vie.

2. **Raffinage des caractéristiques à faible impact** : Les caractéristiques avec des scores d'importance modérés peuvent avoir un potentiel inexploité. Nous pouvons enquêter pour savoir si des techniques d'ingénierie supplémentaires pourraient augmenter leur pouvoir prédictif. Cela pourrait inclure la mise à l'échelle pour normaliser leur plage, le regroupement pour capturer les effets non linéaires, ou leur combinaison avec d'autres caractéristiques pour créer des variables plus informatives. Par exemple, une caractéristique « Fréquence d'achat » pourrait être plus prédictive si elle est regroupée en catégories telles que les acheteurs « Fréquents », « Réguliers » et « Occasionnels ».

3. **Suppression des caractéristiques non pertinentes** : Les caractéristiques avec une importance constamment faible à travers différents modèles et métriques sont des candidates de premier choix pour la suppression. En éliminant ces caractéristiques, nous pouvons réduire la complexité du modèle, atténuer le risque de surapprentissage et potentiellement améliorer l'efficacité computationnelle. Cependant, il est crucial de

valider l'impact de la suppression des caractéristiques par validation croisée pour s'assurer que nous ne perdons pas par inadvertance des informations importantes.

Il est important de noter que l'importance des caractéristiques doit être interprétée dans le contexte du modèle spécifique et du problème en question. Différents types de modèles (par exemple, basés sur des arbres vs. linéaires) peuvent attribuer l'importance différemment, et l'expertise du domaine doit toujours jouer un rôle dans les décisions de sélection et d'ingénierie des caractéristiques. De plus, l'analyse de l'importance des caractéristiques doit être un processus itératif, avec de nouvelles caractéristiques évaluées et le modèle affiné sur plusieurs cycles de développement.

4.1.3 Création de nouvelles caractéristiques basées sur l'importance des caractéristiques

Une fois que nous avons identifié des caractéristiques à fort impact grâce à notre analyse d'importance, nous pouvons exploiter ces connaissances pour créer de nouvelles caractéristiques potentiellement plus puissantes. Ce processus implique de combiner ou de transformer des caractéristiques existantes de grande importance pour capturer des relations plus complexes dans les données. Par exemple, dans un modèle de segmentation client où **Âge** et **Revenu** se classent tous deux haut dans l'importance des caractéristiques, nous pourrions créer une nouvelle caractéristique telle que **Ratio Revenu-Âge**. Cette caractéristique dérivée pourrait potentiellement révéler des informations sur le pouvoir d'achat par rapport à l'étape de vie, ce qui pourrait être plus informatif que l'une ou l'autre variable seule.

L'art de l'ingénierie des caractéristiques basée sur l'importance va au-delà des simples combinaisons. Nous pouvons également envisager des transformations non linéaires des caractéristiques importantes, telles que la mise à l'échelle logarithmique ou exponentielle, pour mieux capturer les motifs sous-jacents. Par exemple, si **Montant de transaction** est une caractéristique très importante dans un modèle de détection de fraude, nous pourrions créer une version transformée logarithmiquement pour mieux gérer les distributions asymétriques souvent trouvées dans les données financières.

Une autre technique avancée consiste à créer des termes d'interaction entre les caractéristiques importantes. Si **Durée de visite du site Web** et **Pages consultées** sont tous deux importants dans un modèle de conversion client, une caractéristique d'interaction multipliant ces deux pourrait capturer un comportement de navigation plus nuancé. Cette approche peut découvrir des relations complexes que les caractéristiques individuelles pourraient manquer.

Il est crucial de noter que bien que l'importance des caractéristiques guide nos efforts d'ingénierie, le processus doit être itératif et validé empiriquement. Chaque nouvelle caractéristique créée doit être testée pour son impact sur les performances du modèle, en s'assurant qu'elle améliore réellement le pouvoir prédictif plutôt que d'introduire du bruit ou de la redondance. Cette approche systématique de l'ingénierie des caractéristiques, fondée sur l'analyse d'importance, peut conduire à des modèles plus robustes et perspicaces dans divers domaines d'applications d'apprentissage automatique.

Ajoutons une caractéristique d'interaction à notre ensemble de données basée sur deux caractéristiques très importantes :

```python
import numpy as np
import pandas as pd
import matplotlib.pyplot as plt
from sklearn.ensemble import RandomForestClassifier
from sklearn.model_selection import train_test_split
from sklearn.metrics import accuracy_score, classification_report
from sklearn.inspection import permutation_importance

# Set random seed for reproducibility
np.random.seed(42)

# Generate a sample dataset
X, y = make_classification(n_samples=1000, n_features=20, n_informative=10,
                           n_redundant=5, n_repeated=0, n_classes=2,
                           n_clusters_per_class=2, random_state=42)

# Create feature names and convert to DataFrame
feature_names = [f'Feature_{i}' for i in range(1, 21)]
df = pd.DataFrame(X, columns=feature_names)
df['Target'] = y

# Split into training and testing sets
X_train, X_test, y_train, y_test = train_test_split(df.drop(columns=['Target']),
df['Target'],
                                                    test_size=0.3, random_state=42)

# Train initial Random Forest Classifier
rf_model = RandomForestClassifier(n_estimators=100, random_state=42)
rf_model.fit(X_train, y_train)

# Calculate initial feature importance
initial_importances = pd.DataFrame({
    'Feature': X_train.columns,
    'Importance': rf_model.feature_importances_
})
initial_importances       =       initial_importances.sort_values(by='Importance',
ascending=False)

print("Initial Feature Importance Ranking:")
print(initial_importances)

# Identify top two features
top_features = initial_importances['Feature'].head(2).tolist()

# Create interaction feature
```

```python
X_train[f'{top_features[0]}_x_{top_features[1]}']    =    X_train[top_features[0]]    *
X_train[top_features[1]]
X_test[f'{top_features[0]}_x_{top_features[1]}']    =    X_test[top_features[0]]    *
X_test[top_features[1]]

# Retrain Random Forest model with new feature
rf_model_new = RandomForestClassifier(n_estimators=100, random_state=42)
rf_model_new.fit(X_train, y_train)

# Calculate updated feature importance
new_importances = pd.DataFrame({
    'Feature': X_train.columns,
    'Importance': rf_model_new.feature_importances_
})
new_importances = new_importances.sort_values(by='Importance', ascending=False)

print("\\nUpdated Feature Importance with Interaction Feature:")
print(new_importances)

# Calculate permutation importance for the new model
perm_importance = permutation_importance(rf_model_new, X_test, y_test, n_repeats=10,
random_state=42)
perm_importances = pd.DataFrame({
    'Feature': X_test.columns,
    'Permutation_Importance': perm_importance.importances_mean
})
perm_importances    =    perm_importances.sort_values(by='Permutation_Importance',
ascending=False)

print("\\nPermutation Importance Ranking:")
print(perm_importances)

# Evaluate model performance
y_pred = rf_model_new.predict(X_test)
print("\\nModel Performance:")
print(f"Accuracy: {accuracy_score(y_test, y_pred):.4f}")
print("\\nClassification Report:")
print(classification_report(y_test, y_pred))

# Visualize feature importances
plt.figure(figsize=(12, 6))
plt.bar(new_importances['Feature'], new_importances['Importance'])
plt.title('Updated Feature Importances')
plt.xlabel('Features')
plt.ylabel('Importance')
plt.xticks(rotation=90)
plt.tight_layout()
plt.show()
```

Cet exemple de code démontre une approche complète de l'analyse de l'importance des caractéristiques et de la création de caractéristiques d'interaction. Décomposons les ajouts clés et leur signification :

1. Importance Initiale des Caractéristiques : Nous commençons par entraîner un modèle Random Forest et calculer l'importance initiale des caractéristiques. Cela nous donne une base de référence à laquelle comparer après l'ajout de la caractéristique d'interaction.

2. Identification des Caractéristiques Principales : Nous identifions les deux caractéristiques les plus importantes en fonction du classement d'importance initial. Cette approche garantit que nous créons une interaction entre des caractéristiques qui sont déjà des prédicteurs significatifs.

3. Création de Caractéristique d'Interaction : Nous créons une nouvelle caractéristique en multipliant les valeurs des deux caractéristiques les plus importantes. Ce terme d'interaction peut capturer des relations non linéaires entre ces prédicteurs importants.

4. Réentraînement du Modèle : Nous réentraînons le modèle Random Forest avec le nouveau jeu de données qui inclut la caractéristique d'interaction. Cela nous permet d'évaluer comment l'ajout de cette nouvelle caractéristique affecte les classements d'importance des caractéristiques du modèle.

5. Importance Mise à Jour des Caractéristiques : Nous calculons et affichons les nouveaux classements d'importance des caractéristiques après l'ajout du terme d'interaction. Cela nous aide à comprendre si la caractéristique d'interaction est effectivement précieuse et comment elle se compare aux caractéristiques d'origine.

6. Importance par Permutation : Nous avons ajouté le calcul de l'importance par permutation, qui offre une perspective différente sur l'importance des caractéristiques. Cette méthode est particulièrement utile pour évaluer l'impact des caractéristiques sur les performances du modèle pour des données non vues.

7. Évaluation du Modèle : Nous avons inclus le score de précision et le rapport de classification pour évaluer les performances du modèle. Cela nous aide à comprendre si l'ajout de la caractéristique d'interaction a amélioré le pouvoir prédictif du modèle.

8. Visualisation : Nous créons un diagramme à barres des importances mises à jour des caractéristiques, qui fournit une représentation visuelle claire de la façon dont les caractéristiques, y compris la nouvelle caractéristique d'interaction, se comparent en termes d'importance.

Cette approche complète permet une analyse approfondie de l'importance des caractéristiques et des effets de l'ingénierie des caractéristiques. En comparant les classements d'importance initiaux et mis à jour, en évaluant l'importance par permutation et en évaluant les performances du modèle, nous pouvons prendre des décisions plus éclairées concernant la sélection et l'ingénierie des caractéristiques dans notre flux de travail d'apprentissage automatique.

4.1.4 Considérations Pratiques

Bien que l'importance des caractéristiques soit un outil puissant dans la boîte à outils de l'apprentissage automatique, il est crucial d'aborder son interprétation avec nuance et prudence. Considérez les points clés suivants lors de l'exploitation de l'importance des caractéristiques dans votre processus de modélisation :

1. **Biais Spécifique au Modèle** : Différentes architectures de modèles peuvent produire des classements d'importance des caractéristiques variables. Les modèles basés sur des arbres comme Random Forests et Gradient Boosting ont tendance à attribuer une importance plus élevée aux caractéristiques avec une plage de valeurs plus large, négligeant potentiellement la signification des caractéristiques binaires ou catégorielles. En revanche, les modèles linéaires peuvent pondérer les caractéristiques différemment en fonction de leurs coefficients. Pour atténuer ce biais, il est conseillé d'expérimenter avec plusieurs types de modèles et de comparer leurs sorties d'importance des caractéristiques. Cette validation croisée entre modèles peut fournir une compréhension plus robuste des caractéristiques véritablement impactantes à travers différentes approches algorithmiques.

2. **Risques de Fuite de Données** : Lors de l'ingénierie de caractéristiques basée sur les classements d'importance, soyez vigilant quant aux fuites de données potentielles. Cela se produit lorsque des informations provenant de l'extérieur du jeu de données d'entraînement influencent le modèle, conduisant à des métriques de performance trop optimistes qui ne se généralisent pas aux nouvelles données. Par exemple, si l'importance élevée d'une caractéristique provient de sa similarité avec la variable cible, elle pourrait indiquer une fuite plutôt qu'un véritable pouvoir prédictif. Pour vous protéger contre cela, examinez attentivement les caractéristiques les mieux classées et leur relation avec la cible. Considérez les aspects temporels de vos données et assurez-vous que les caractéristiques n'incorporent pas d'informations futures indisponibles au moment de la prédiction.

3. **Tests et Validation** : Des tests rigoureux sont primordiaux lors de l'incorporation de nouvelles caractéristiques ou de la modification de celles existantes en fonction des classements d'importance. Bien qu'une caractéristique puisse augmenter la précision d'entraînement, sa véritable valeur réside dans l'amélioration des performances sur des données non vues. Mettez en œuvre une stratégie de validation croisée robuste pour évaluer l'impact des changements de caractéristiques à travers plusieurs divisions de données. Portez une attention particulière au delta entre les performances d'entraînement et de validation ; un écart significatif pourrait indiquer un surajustement. De plus, envisagez des techniques comme l'importance par permutation sur un ensemble de test isolé pour évaluer l'impact réel de vos caractéristiques conçues.

4. **Stabilité des Caractéristiques** : Évaluez la stabilité des classements d'importance des caractéristiques à travers différents sous-ensembles de vos données ou au fil du temps. Des classements instables pourraient indiquer du bruit dans les données ou un surajustement à des motifs spécifiques. Des techniques comme l'agrégation bootstrap (bagging) peuvent aider à identifier les caractéristiques constamment importantes.

5. **Corrélation et Multicolinéarité** : Une importance élevée des caractéristiques n'implique pas nécessairement causalité ou indépendance. Examinez les corrélations entre les caractéristiques les mieux classées pour éviter la redondance dans votre modèle. Dans certains cas, des caractéristiques apparemment importantes pourraient être des indicateurs d'autres variables plus fondamentales. Utilisez des techniques comme l'analyse du facteur d'inflation de la variance (VIF) pour détecter et traiter les problèmes de multicolinéarité.

L'importance des caractéristiques fournit des informations inestimables pour guider les efforts d'ingénierie des caractéristiques, permettant aux data scientists de se concentrer sur les variables les plus impactantes. En nous concentrant sur ces caractéristiques clés, nous pouvons améliorer la précision prédictive, rationaliser la complexité du modèle et créer de nouvelles caractéristiques qui capturent des relations significatives au sein des données. Cette approche ciblée et basée sur les données renforce non seulement les performances du modèle, mais approfondit également notre compréhension des mécanismes sous-jacents qui pilotent les prédictions.

De plus, le processus d'analyse de l'importance des caractéristiques peut dévoiler des motifs et des relations cachés dans les données qui pourraient ne pas être immédiatement apparents. Cela peut conduire à de nouvelles perspectives sur le domaine problématique, informant potentiellement les stratégies commerciales ou les hypothèses scientifiques au-delà de la tâche de modélisation immédiate. En combinant l'expertise du domaine avec l'analyse de l'importance des caractéristiques basée sur les données, nous pouvons créer des modèles d'apprentissage automatique plus robustes, interprétables et exploitables.

4.2 Élimination Récursive de Caractéristiques (RFE) et Ajustement du Modèle

L'Élimination Récursive de Caractéristiques (RFE) est une méthode sophistiquée de sélection de caractéristiques qui identifie et conserve systématiquement les caractéristiques les plus influentes dans un jeu de données tout en écartant celles ayant un pouvoir prédictif minimal. Ce processus itératif implique l'entraînement d'un modèle, l'évaluation de l'importance des caractéristiques et l'élimination progressive des caractéristiques les moins significatives. Ce faisant, RFE crée un classement des caractéristiques en fonction de leurs contributions à la précision du modèle, permettant une approche de modélisation plus ciblée et efficace.

La puissance de RFE réside dans sa capacité à optimiser les performances du modèle grâce à la réduction de dimensionnalité. En conservant uniquement les caractéristiques les plus impactantes, RFE aide à :

- Améliorer l'interprétabilité du modèle en se concentrant sur un sous-ensemble de caractéristiques hautement pertinentes

- Améliorer l'efficacité computationnelle en réduisant l'espace des caractéristiques

- Atténuer le surajustement en éliminant les caractéristiques induisant du bruit

- Augmenter la précision globale du modèle en se concentrant sur les variables les plus prédictives

Dans cette section complète, nous approfondirons les subtilités du fonctionnement de RFE, explorant ses mécanismes sous-jacents et les avantages qu'il apporte au processus de sélection des caractéristiques. Nous examinerons son intégration transparente avec les modèles Scikit-learn populaires, démontrant comment il peut être appliqué à divers algorithmes d'apprentissage automatique pour améliorer leurs performances.

De plus, nous explorerons des techniques avancées pour optimiser RFE, y compris des stratégies d'ajustement des paramètres RFE conjointement avec les hyperparamètres du modèle. Cette approche holistique de l'optimisation du modèle garantit que la sélection des caractéristiques et l'architecture du modèle sont affinées simultanément, conduisant à des modèles prédictifs plus robustes et précis.

À la fin de cette section, vous aurez une compréhension approfondie des capacités de RFE et serez équipé de connaissances pratiques pour mettre en œuvre cette technique puissante dans vos propres projets d'apprentissage automatique, conduisant finalement à des modèles plus efficaces et performants.

4.2.1 Comment Fonctionne l'Élimination Récursive de Caractéristiques

L'Élimination Récursive de Caractéristiques (RFE) est une technique avancée de sélection de caractéristiques qui opère par un processus d'élimination rétrospective. Cette méthode commence avec l'ensemble complet de caractéristiques et supprime systématiquement les moins importantes, affinant l'ensemble de caractéristiques à chaque itération. Le processus se déroule comme suit :

1. Entraînement Initial du Modèle : RFE commence par entraîner un modèle en utilisant toutes les caractéristiques disponibles.

2. Évaluation de l'Importance des Caractéristiques : L'algorithme évalue l'importance de chaque caractéristique en fonction des critères du modèle.

3. Élimination de la Caractéristique la Moins Importante : La caractéristique jugée la moins significative est supprimée du jeu de données.

4. Réentraînement du Modèle : Le modèle est ensuite réentraîné en utilisant l'ensemble de caractéristiques réduit.

5. Itération : Les étapes 2 à 4 sont répétées jusqu'à ce que le nombre souhaité de caractéristiques soit atteint.

Cette approche itérative permet à RFE de créer un classement des caractéristiques, celles conservées jusqu'à la fin étant considérées comme les plus cruciales pour le pouvoir prédictif du modèle. RFE est particulièrement efficace lorsqu'il est utilisé en conjonction avec des modèles qui fournissent intrinsèquement des scores d'importance des caractéristiques, tels que :

- Random Forests : Ces modèles d'ensemble peuvent classer les caractéristiques en fonction de leur contribution à la réduction de l'impureté à travers tous les arbres.

- Gradient Boosting : Semblable aux Random Forests, ces modèles peuvent évaluer l'importance des caractéristiques par la fréquence et l'impact de l'utilisation des caractéristiques dans les arbres de décision.

- Régression Logistique : Dans ce cas, les valeurs absolues des coefficients peuvent être utilisées comme mesure de l'importance des caractéristiques.

L'application stratégique de RFE offre plusieurs avantages clés dans le pipeline d'apprentissage automatique :

1. Réduction de Dimensionnalité : En éliminant les caractéristiques moins importantes, RFE réduit significativement la dimensionnalité du jeu de données. Cela améliore non seulement l'efficacité computationnelle, mais aide également à atténuer la malédiction de la dimensionnalité, où les performances du modèle peuvent se dégrader avec un nombre excessif de caractéristiques.

2. Amélioration de l'Interprétabilité du Modèle : En se concentrant sur un sous-ensemble de caractéristiques à fort impact, RFE facilite la compréhension et l'explication du processus de prise de décision du modèle pour les data scientists et les parties prenantes. Ceci est particulièrement crucial dans les domaines où la transparence du modèle est primordiale, comme la santé ou la finance.

3. Prévention du Surajustement : RFE agit comme une forme de régularisation en supprimant les caractéristiques qui peuvent introduire du bruit plutôt que du signal. Cela aide à créer des modèles plus robustes qui se généralisent mieux aux données non vues, réduisant le risque de surajustement aux particularités de l'ensemble d'entraînement.

Exemple : Élimination Récursive de Caractéristiques avec Régression Logistique

```
import numpy as np
import matplotlib.pyplot as plt
from sklearn.datasets import make_classification
```

```python
from sklearn.linear_model import LogisticRegression
from sklearn.ensemble import RandomForestClassifier
from sklearn.feature_selection import RFE
from sklearn.model_selection import train_test_split
from sklearn.metrics import accuracy_score, classification_report
from sklearn.preprocessing import StandardScaler

# Generate a sample dataset
X, y = make_classification(n_samples=1000, n_features=20, n_informative=10,
                           n_redundant=5, n_repeated=0, n_classes=2,
                           random_state=42)

# Split the data into training and testing sets
X_train, X_test, y_train, y_test = train_test_split(X, y, test_size=0.3,
random_state=42)

# Scale the features
scaler = StandardScaler()
X_train_scaled = scaler.fit_transform(X_train)
X_test_scaled = scaler.transform(X_test)

# Initialize models
log_reg = LogisticRegression(max_iter=1000)
rf = RandomForestClassifier(n_estimators=100, random_state=42)

# Function to perform RFE and evaluate model
def perform_rfe(estimator, n_features_to_select):
    rfe = RFE(estimator=estimator, n_features_to_select=n_features_to_select)
    rfe.fit(X_train_scaled, y_train)

    # Make predictions
    y_pred = rfe.predict(X_test_scaled)

    # Evaluate model performance
    accuracy = accuracy_score(y_test, y_pred)

    return rfe, accuracy

# Perform RFE with Logistic Regression
log_reg_rfe, log_reg_accuracy = perform_rfe(log_reg, n_features_to_select=10)

# Perform RFE with Random Forest
rf_rfe, rf_accuracy = perform_rfe(rf, n_features_to_select=10)

# Print results
print("Logistic Regression RFE Results:")
print(f"Accuracy: {log_reg_accuracy:.4f}")
print("\\nRandom Forest RFE Results:")
print(f"Accuracy: {rf_accuracy:.4f}")

# Show selected features for both models
```

```
log_reg_selected = [f"Feature_{i}" for i, selected in enumerate(log_reg_rfe.support_)
if selected]
rf_selected = [f"Feature_{i}" for i, selected in enumerate(rf_rfe.support_) if
selected]

print("\\nLogistic Regression Selected Features:", log_reg_selected)
print("Random Forest Selected Features:", rf_selected)

# Visualize feature importance for Random Forest
importances = rf_rfe.estimator_.feature_importances_
indices = np.argsort(importances)[::-1]

plt.figure(figsize=(10, 6))
plt.title("Feature Importances (Random Forest)")
plt.bar(range(len(importances)), importances[indices])
plt.xticks(range(len(importances)), [f"Feature_{i}" for i in indices], rotation=90)
plt.tight_layout()
plt.show()

# Detailed classification report for the best model
best_model = rf_rfe if rf_accuracy > log_reg_accuracy else log_reg_rfe
y_pred_best = best_model.predict(X_test_scaled)
print("\\nClassification Report for the Best Model:")
print(classification_report(y_test, y_pred_best))
```

Cet exemple de code présente une implémentation approfondie de l'Élimination Récursive de Caractéristiques (RFE) en utilisant à la fois des classificateurs de Régression Logistique et de Forêt Aléatoire. Décomposons les composants clés et leur importance :

1. Génération et Prétraitement des Données :

   o Nous créons un jeu de données plus complexe avec 1000 échantillons et 20 caractéristiques, dont seulement 10 sont informatives.

   o Les données sont divisées en ensembles d'entraînement et de test.

   o Les caractéristiques sont mises à l'échelle en utilisant StandardScaler pour s'assurer que toutes les caractéristiques sont sur la même échelle, ce qui est particulièrement important pour la Régression Logistique.

2. Initialisation du Modèle :

   o Nous initialisons les modèles de Régression Logistique et de Forêt Aléatoire pour comparer leurs performances avec RFE.

3. Implémentation de RFE :

   o Une fonction perform_rfe est créée pour appliquer RFE avec un estimateur donné et un nombre de caractéristiques à sélectionner.

o Cette fonction ajuste le modèle RFE, effectue des prédictions et calcule la précision.

4. Évaluation du Modèle :

o Nous appliquons RFE aux modèles de Régression Logistique et de Forêt Aléatoire.

o La précision de chaque modèle après sélection de caractéristiques est calculée et affichée.

5. Résultats de la Sélection de Caractéristiques :

o Le code affiche les caractéristiques sélectionnées pour les deux modèles, permettant la comparaison des caractéristiques que chaque modèle a jugées importantes.

6. Visualisation :

o Un diagramme à barres est créé pour visualiser l'importance des caractéristiques sélectionnées par le modèle de Forêt Aléatoire.

o Cela fournit une représentation visuelle claire de l'importance des caractéristiques, qui peut être cruciale pour l'interprétation et l'analyse ultérieure.

7. Rapport de Classification Détaillé :

o Un rapport de classification est généré pour le modèle le plus performant (soit Régression Logistique soit Forêt Aléatoire avec RFE).

o Ce rapport fournit une vue plus détaillée de la performance du modèle, incluant la précision, le rappel et le score F1 pour chaque classe.

Cet exemple complet offre un aperçu approfondi de l'effet de RFE sur divers modèles et présente de multiples méthodes pour interpréter et visualiser les résultats. Il illustre l'application pratique de la sélection de caractéristiques et révèle comment différents modèles peuvent prioriser des caractéristiques distinctes. Cela souligne l'importance d'une réflexion approfondie dans le processus de sélection de caractéristiques.

4.2.2 Interprétation des Résultats de RFE

L'Élimination Récursive de Caractéristiques (RFE) est une technique puissante qui améliore la performance du modèle en identifiant et en priorisant les caractéristiques les plus influentes. En supprimant systématiquement les variables moins informatives, RFE améliore non seulement les capacités prédictives du modèle mais augmente également son interprétabilité. Ce processus permet aux data scientists d'obtenir des informations plus approfondies sur les motifs sous-jacents dans les données.

L'efficacité de RFE réside dans sa capacité à rationaliser l'ensemble de caractéristiques, en réduisant le bruit et en se concentrant sur les variables les plus prédictives. Cependant, déterminer le nombre optimal de caractéristiques à conserver est un aspect critique du processus RFE. Cela nécessite une expérimentation et une analyse minutieuses :

- Sélectionner trop peu de caractéristiques : Bien que cela puisse conduire à un modèle hautement simplifié, il risque d'exclure des prédicteurs importants, entraînant potentiellement un sous-ajustement et une précision réduite. Le modèle peut ne pas réussir à capturer les relations complexes dans les données.

- Sélectionner trop de caractéristiques : Conserver un nombre excessif de caractéristiques peut ne pas réduire efficacement la dimensionnalité du jeu de données. Cela peut conduire à une complexité computationnelle accrue et potentiellement introduire du bruit, annulant certains des avantages de la sélection de caractéristiques.

Pour optimiser le processus RFE, il est recommandé d'utiliser des techniques de validation croisée et des métriques de performance pour évaluer différentes tailles de sous-ensembles de caractéristiques. Cette approche aide à trouver le juste équilibre où le modèle atteint une haute précision tout en maintenant simplicité et généralisabilité.

De plus, l'impact de RFE peut varier en fonction de l'algorithme d'apprentissage automatique sous-jacent. Par exemple, les modèles basés sur les arbres comme les Forêts Aléatoires peuvent bénéficier différemment de RFE par rapport aux modèles linéaires comme la Régression Logistique. Par conséquent, il est crucial de considérer l'interaction entre l'architecture du modèle choisie et le processus de sélection de caractéristiques lors de l'implémentation de RFE.

Pour une compréhension plus approfondie, examinez les classements de caractéristiques produits par RFE :

```python
import numpy as np
import pandas as pd
import matplotlib.pyplot as plt
from sklearn.datasets import make_classification
from sklearn.model_selection import train_test_split
from sklearn.ensemble import RandomForestClassifier
from sklearn.feature_selection import RFE
from sklearn.preprocessing import StandardScaler

# Generate a sample dataset
X, y = make_classification(n_samples=1000, n_features=20, n_informative=10,
                           n_redundant=5, n_repeated=0, n_classes=2,
                           random_state=42)

# Convert to DataFrame for better visualization
feature_names = [f'Feature_{i+1}' for i in range(X.shape[1])]
df = pd.DataFrame(X, columns=feature_names)
df['Target'] = y
```

```python
# Split the data
X_train, X_test, y_train, y_test = train_test_split(X, y, test_size=0.3,
random_state=42)

# Scale the features
scaler = StandardScaler()
X_train_scaled = scaler.fit_transform(X_train)
X_test_scaled = scaler.transform(X_test)

# Initialize and fit RFE with RandomForestClassifier
rf = RandomForestClassifier(n_estimators=100, random_state=42)
rfe = RFE(estimator=rf, n_features_to_select=10)
rfe = rfe.fit(X_train_scaled, y_train)

# Display feature rankings
print("Feature Rankings:")
rankings = pd.DataFrame({
    'Feature': feature_names,
    'Rank': rfe.ranking_,
    'Selected': rfe.support_
})
print(rankings.sort_values('Rank'))

# Visualize feature rankings
plt.figure(figsize=(12, 6))
plt.bar(feature_names, rfe.ranking_)
plt.title('Feature Rankings by RFE')
plt.xlabel('Features')
plt.ylabel('Ranking (lower is better)')
plt.xticks(rotation=45)
plt.tight_layout()
plt.show()

# Evaluate model performance
X_train_rfe = rfe.transform(X_train_scaled)
X_test_rfe = rfe.transform(X_test_scaled)
rf_final = RandomForestClassifier(n_estimators=100, random_state=42)
rf_final.fit(X_train_rfe, y_train)
accuracy = rf_final.score(X_test_rfe, y_test)
print(f"\\nModel Accuracy with selected features: {accuracy:.4f}")

# Feature importance of selected features
importances = rf_final.feature_importances_
selected_features = [f for f, s in zip(feature_names, rfe.support_) if s]
importance_df = pd.DataFrame({'Feature': selected_features, 'Importance':
importances})
importance_df = importance_df.sort_values('Importance', ascending=False)

plt.figure(figsize=(10, 6))
plt.bar(importance_df['Feature'], importance_df['Importance'])
plt.title('Feature Importance of Selected Features')
```

```
plt.xlabel('Features')
plt.ylabel('Importance')
plt.xticks(rotation=45)
plt.tight_layout()
plt.show()
```

Décomposons les composants clés :

1. Génération et Préparation des Données :

   o Nous créons un jeu de données synthétique avec 20 caractéristiques, dont seulement 10 sont informatives.

   o Les données sont converties en DataFrame pandas pour une manipulation et une visualisation plus faciles.

   o Nous divisons les données en ensembles d'entraînement et de test, puis mettons à l'échelle les caractéristiques en utilisant StandardScaler.

2. Implémentation de RFE :

   o Nous initialisons un Classificateur de Forêt Aléatoire et l'utilisons comme estimateur pour RFE.

   o RFE est configuré pour sélectionner les 10 meilleures caractéristiques.

   o Nous ajustons RFE sur les données d'entraînement mises à l'échelle.

3. Visualisation des Classements de Caractéristiques :

   o Nous créons un DataFrame pour afficher les classements de toutes les caractéristiques, y compris si elles ont été sélectionnées ou non.

   o Un diagramme à barres visualise les classements, où es rangs inférieurs indiquent des caractéristiques plus importantes.

4. Évaluation du Modèle :

   o Nous transformons les données d'entraînement et de test en utilisant le RFE ajusté pour ne conserver que les caractéristiques sélectionnées.

   o Un nouveau Classificateur de Forêt Aléatoire est entraîné sur l'ensemble de caractéristiques réduit.

   o Nous évaluons la précision du modèle sur l'ensemble de test pour voir l'impact de la sélection de caractéristiques.

5. Analyse de l'Importance des Caractéristiques :

   o Pour les caractéristiques sélectionnées, nous extrayons et visualisons leurs scores d'importance du modèle final de Forêt Aléatoire.

o Cela fournit un aperçu de l'importance relative des caractéristiques que RFE a choisi de conserver.

Cette approche complète montre non seulement comment implémenter RFE mais aussi comment interpréter et visualiser ses résultats. Elle démontre l'ensemble du processus de la sélection de caractéristiques à l'évaluation du modèle, fournissant des informations précieuses sur les caractéristiques qui sont les plus cruciales pour la tâche de prédiction.

4.2.3 Combinaison de RFE avec l'Optimisation des Hyperparamètres

L'intégration de RFE avec l'optimisation des hyperparamètres peut améliorer considérablement à la fois la sélection de caractéristiques et la performance du modèle. Cette combinaison puissante permet un processus d'optimisation plus complet. Le **GridSearchCV** de Scikit-learn fournit un excellent cadre pour cette intégration, permettant l'optimisation simultanée des hyperparamètres du modèle et du nombre de caractéristiques sélectionnées par RFE.

Cette approche offre plusieurs avantages. Premièrement, elle permet une vision plus holistique de l'optimisation du modèle, en considérant simultanément l'espace des caractéristiques et les paramètres internes du modèle. Cela peut conduire à des modèles plus robustes et efficaces, car l'interaction entre la sélection de caractéristiques et les paramètres d'hyperparamètres est prise en compte.

De plus, l'utilisation de GridSearchCV avec RFE automatise le processus de recherche du nombre optimal de caractéristiques à conserver. Cela est particulièrement précieux car le nombre idéal de caractéristiques peut varier selon le jeu de données et le modèle spécifique utilisé. En explorant différentes combinaisons de nombres de caractéristiques et de paramètres de modèle, nous pouvons identifier la configuration qui produit la meilleure performance selon notre métrique choisie (par exemple, précision, score F1).

De plus, cette méthode fournit un moyen systématique d'éviter le surajustement. En évaluant différents sous-ensembles de caractéristiques et configurations de modèle par validation croisée, nous pouvons nous assurer que notre modèle final se généralise bien aux données non vues. Cela est crucial dans les applications du monde réel où la robustesse du modèle est primordiale.

Exemple : RFE et GridSearchCV avec Forêt Aléatoire

Élargissons notre exemple en ajustant à la fois le nombre de caractéristiques sélectionnées par RFE et les paramètres du modèle pour un **Classificateur de Forêt Aléatoire**.

```
import numpy as np
import pandas as pd
import matplotlib.pyplot as plt
from sklearn.datasets import make_classification
from sklearn.model_selection import train_test_split, GridSearchCV
from sklearn.ensemble import RandomForestClassifier
from sklearn.feature_selection import RFE
from sklearn.preprocessing import StandardScaler
```

```python
from sklearn.metrics import classification_report

# Generate a sample dataset
X, y = make_classification(n_samples=1000, n_features=20, n_informative=10,
                           n_redundant=5, n_repeated=0, n_classes=2,
                           random_state=42)

# Convert to DataFrame for better visualization
feature_names = [f'Feature_{i+1}' for i in range(X.shape[1])]
df = pd.DataFrame(X, columns=feature_names)
df['Target'] = y

# Split the data
X_train, X_test, y_train, y_test = train_test_split(X, y, test_size=0.3,
random_state=42)

# Scale the features
scaler = StandardScaler()
X_train_scaled = scaler.fit_transform(X_train)
X_test_scaled = scaler.transform(X_test)

# Initialize Random Forest model
rf = RandomForestClassifier(random_state=42)

# Define parameter grid for RFE and Random Forest
param_grid = {
    'n_features_to_select': [5, 7, 10],        # Number of features to select with
RFE
    'estimator__n_estimators': [50, 100, 150],   # Number of trees in Random Forest
    'estimator__max_depth': [None, 5, 10]        # Max depth of trees
}

# Initialize RFE with Random Forest
rfe = RFE(estimator=rf)

# Use GridSearchCV to search for the best combination of RFE and Random Forest
parameters
grid_search = GridSearchCV(estimator=rfe, param_grid=param_grid, cv=5,
scoring='accuracy', n_jobs=-1)
grid_search.fit(X_train_scaled, y_train)

# Display best parameters and accuracy
print("Best Parameters:", grid_search.best_params_)
print('Best Cross-Validation Accuracy:', grid_search.best_score_)

# Get the best model
best_model = grid_search.best_estimator_

# Evaluate on test set
y_pred = best_model.predict(X_test_scaled)
test_accuracy = best_model.score(X_test_scaled, y_test)
print("\\nTest Set Accuracy:", test_accuracy)
```

```
# Print classification report
print("\\nClassification Report:")
print(classification_report(y_test, y_pred))

# Get selected features
selected_features = [feature for feature, selected in zip(feature_names,
best_model.support_) if selected]
print("\\nSelected Features:", selected_features)

# Plot feature importance
importances = best_model.estimator_.feature_importances_
indices = np.argsort(importances)[::-1]

plt.figure(figsize=(10, 6))
plt.title("Feature Importances")
plt.bar(range(len(importances)), importances[indices])
plt.xticks(range(len(importances)), [feature_names[i] for i in indices], rotation=90)
plt.tight_layout()
plt.show()
```

Maintenant, décomposons cet exemple de code :

- **Génération et Préparation des Données :**
  - o Nous créons un jeu de données synthétique avec 20 caractéristiques, dont seulement 10 sont informatives.
  - o Les données sont converties en DataFrame pandas pour une manipulation et une visualisation plus faciles.
  - o Nous divisons les données en ensembles d'entraînement et de test, puis normalisons les caractéristiques en utilisant StandardScaler.

- **Configuration du Modèle et de la Grille de Paramètres :**
  - o Nous initialisons un RandomForestClassifier comme estimateur de base.
  - o La grille de paramètres est définie pour rechercher différents nombres de caractéristiques à sélectionner (5, 7, 10) et divers paramètres de RandomForest (nombre d'estimateurs et profondeur maximale).

- **Intégration de RFE et GridSearchCV :**
  - o RFE est initialisé avec l'estimateur RandomForest.
  - o GridSearchCV est utilisé pour effectuer une recherche exhaustive sur la grille de paramètres spécifiée.

- o Nous utilisons une validation croisée à 5 plis (augmentée de 3 dans l'exemple original) et définissons n_jobs=-1 pour utiliser tous les cœurs de processeur disponibles pour un calcul plus rapide.

- **Évaluation du Modèle :**
  - o Nous affichons les meilleurs paramètres et la précision de validation croisée trouvés par GridSearchCV.
  - o Le meilleur modèle est ensuite évalué sur l'ensemble de test pour obtenir une estimation non biaisée de ses performances.
  - o Un rapport de classification détaillé est affiché, fournissant la précision, le rappel et le score F1 pour chaque classe.

- **Analyse des Caractéristiques :**
  - o Nous extrayons et affichons la liste des caractéristiques sélectionnées du meilleur modèle.
  - o Les importances des caractéristiques sont calculées et visualisées à l'aide d'un graphique à barres, permettant une interprétation facile des caractéristiques les plus influentes dans les décisions du modèle.

Cet exemple présente une approche complète pour combiner RFE avec l'ajustement des hyperparamètres. Il identifie non seulement le nombre optimal de caractéristiques et les paramètres du modèle, mais fournit également des informations précieuses sur les performances du modèle et l'importance des caractéristiques. L'inclusion d'un rapport de classification et d'une visualisation de l'importance des caractéristiques améliore l'interprétabilité et l'exploitabilité des résultats.

4.2.4 Quand Utiliser RFE

RFE est une technique puissante de sélection de caractéristiques qui offre des avantages significatifs dans divers scénarios :

1. **Travailler avec des Données de Haute Dimension** : Dans les jeux de données comportant de nombreuses caractéristiques, RFE excelle dans l'identification et l'élimination des variables non pertinentes ou redondantes. Ce processus améliore non seulement l'efficacité du modèle mais réduit également la complexité computationnelle, facilitant l'entraînement et le déploiement de modèles dans des environnements de production.

2. **Construire des Modèles Interprétables** : En se concentrant sur un sous-ensemble des caractéristiques les plus importantes, RFE améliore considérablement l'interprétabilité du modèle. Ceci est particulièrement crucial dans des domaines tels que la santé, la finance et les applications juridiques, où comprendre le raisonnement derrière les décisions du modèle est souvent aussi important que les décisions elles-

mêmes. RFE aide les parties prenantes à comprendre quels facteurs déterminent les prédictions du modèle, facilitant la confiance et l'adoption.

3. **Prévenir le Surapprentissage** : RFE joue un rôle vital dans la généralisation du modèle en réduisant le bruit dans les données. En sélectionnant uniquement les caractéristiques les plus pertinentes, il aide le modèle à se concentrer sur les véritables motifs sous-jacents plutôt que de s'ajuster aux fluctuations aléatoires des données d'entraînement. Ceci est particulièrement bénéfique lors du travail avec des jeux de données plus petits ou lorsque le nombre de caractéristiques approche ou dépasse le nombre d'échantillons.

4. **Améliorer les Performances du Modèle** : En éliminant les caractéristiques non pertinentes, RFE peut conduire à une précision améliorée du modèle et à des temps d'entraînement plus rapides. Il aide à réduire la « malédiction de la dimensionnalité », où les performances des algorithmes d'apprentissage automatique peuvent se dégrader à mesure que le nombre de caractéristiques augmente par rapport au nombre d'échantillons d'entraînement.

Bien que RFE offre ces avantages, il est important de noter ses limites. La technique repose sur la capacité du modèle sous-jacent à fournir des scores d'importance des caractéristiques. En tant que tel, il peut ne pas être aussi efficace avec certains algorithmes comme K-Plus Proches Voisins ou Machines à Vecteurs de Support sans noyau linéaire. Dans ces cas, des méthodes alternatives de sélection de caractéristiques telles que l'analyse de corrélation, l'information mutuelle ou les méthodes d'enveloppe pourraient être plus appropriées. De plus, pour de très grands jeux de données ou lors de l'utilisation de modèles complexes, la nature itérative de RFE peut être coûteuse en calcul, nécessitant un examen attentif du compromis entre les ressources computationnelles et les avantages de la sélection de caractéristiques.

4.2.5 Considérations Pratiques

Bien que RFE soit un outil puissant de sélection de caractéristiques, il est essentiel de garder à l'esprit plusieurs considérations clés lors de la mise en œuvre de cette technique :

1. **Complexité Computationnelle** : RFE nécessite l'entraînement d'un modèle à chaque itération, ce qui peut être coûteux en calcul. Pour les grands jeux de données ou les modèles complexes, envisagez d'utiliser le traitement parallèle ou un nombre d'itérations plus faible. De plus, vous pouvez explorer des alternatives plus efficaces comme RFECV (Élimination Récursive de Caractéristiques avec Validation Croisée) qui peut aider à optimiser le nombre de caractéristiques à sélectionner.

2. **Choix du Modèle pour RFE** : L'estimateur utilisé dans RFE doit s'aligner avec le modèle final dans la mesure du possible. Si le modèle final est basé sur des arbres, l'utilisation d'un estimateur basé sur des arbres pour RFE donnera une sélection de caractéristiques plus cohérente. Cet alignement garantit que les métriques d'importance des caractéristiques utilisées pendant l'élimination sont cohérentes avec celles du modèle final, conduisant à des résultats plus fiables.

3. **Validation Croisée** : Appliquez toujours RFE dans un cadre de validation croisée pour éviter le surapprentissage sur une seule division du jeu de données. Cette approche aide à garantir que les caractéristiques sélectionnées se généralisent bien sur différents sous-ensembles des données. Envisagez d'utiliser des techniques comme la validation croisée k-fold stratifiée pour maintenir l'équilibre des classes entre les plis, en particulier pour les jeux de données déséquilibrés.

4. **Stabilité des Caractéristiques** : Évaluez la stabilité des caractéristiques sélectionnées sur plusieurs exécutions ou différents sous-ensembles de données. Les caractéristiques qui sont systématiquement sélectionnées indiquent la robustesse et la fiabilité de votre modèle.

5. **Intégration des Connaissances du Domaine** : Bien que RFE fournisse une approche axée sur les données pour la sélection de caractéristiques, il est crucial d'équilibrer cela avec l'expertise du domaine. Certaines caractéristiques peuvent être statistiquement pertinentes mais pratiquement insignifiantes, ou vice versa. Impliquez des experts du domaine dans le processus de sélection de caractéristiques pour vous assurer que l'ensemble final de caractéristiques s'aligne avec les objectifs commerciaux ou scientifiques.

L'Élimination Récursive de Caractéristiques est un outil précieux pour améliorer les performances du modèle en se concentrant sur les caractéristiques les plus impactantes. Combiné à l'ajustement du modèle, RFE peut aider à créer des modèles efficaces et interprétables qui évitent le surapprentissage tout en capturant les motifs essentiels dans les données. Cette approche est particulièrement utile dans les jeux de données de haute dimension, où il est crucial d'équilibrer la puissance prédictive et la complexité du modèle.

De plus, RFE peut être particulièrement bénéfique dans les scénarios où l'interprétabilité des caractéristiques est aussi importante que les performances du modèle. En éliminant systématiquement les caractéristiques moins importantes, RFE améliore non seulement l'efficacité du modèle mais fournit également des informations sur les variables les plus critiques pour les prédictions. Cela peut être particulièrement précieux dans des domaines comme la santé, la finance ou la recherche scientifique, où la compréhension des facteurs sous-jacents qui déterminent les prédictions est cruciale pour la prise de décision et la poursuite des recherches.

Lors de la mise en œuvre de RFE, il est également important de considérer les interactions potentielles entre les caractéristiques. Bien que RFE se concentre sur l'importance individuelle des caractéristiques, il peut ne pas capturer les relations complexes entre les variables. Pour y remédier, envisagez de compléter RFE avec des techniques comme les graphiques de dépendance partielle ou les valeurs SHAP (SHapley Additive exPlanations) pour obtenir une compréhension plus complète des impacts et interactions des caractéristiques au sein de votre modèle.

4.3 Exercices Pratiques pour le Chapitre 4

Ces exercices vous aideront à pratiquer la sélection de caractéristiques et l'ajustement de modèle en utilisant l'Élimination Récursive de Caractéristiques (RFE) et l'importance des caractéristiques. Chaque exercice comprend une solution avec du code pour vous guider.

Exercice 1 : Identifier les Caractéristiques Importantes avec les Forêts Aléatoires

Utilisez un **Classificateur de Forêt Aléatoire** pour identifier les caractéristiques les plus importantes dans un jeu de données. Concentrez-vous sur la compréhension des scores d'importance des caractéristiques et sélectionnez les principales caractéristiques en fonction de ces scores.

1. Chargez le jeu de données et divisez-le en ensembles d'entraînement et de test.

2. Entraînez un **Classificateur de Forêt Aléatoire** et affichez les scores d'importance des caractéristiques.

3. Sélectionnez les 5 principales caractéristiques en fonction de leur importance et réévaluez le modèle.

```python
from sklearn.ensemble import RandomForestClassifier
from sklearn.datasets import make_classification
from sklearn.model_selection import train_test_split
from sklearn.metrics import accuracy_score
import pandas as pd

# Generate a sample dataset
X, y = make_classification(n_samples=200, n_features=10, n_informative=6,
random_state=42)
df = pd.DataFrame(X, columns=[f'Feature_{i}' for i in range(1, 11)])
df['Target'] = y

# Split data into training and testing sets
X_train, X_test, y_train, y_test = train_test_split(df.drop(columns=['Target']),
df['Target'], test_size=0.3, random_state=42)

# Solution: Train Random Forest model and calculate feature importance
rf_model = RandomForestClassifier(random_state=42)
rf_model.fit(X_train, y_train)
feature_importances = pd.DataFrame({'Feature': X_train.columns, 'Importance':
rf_model.feature_importances_})
feature_importances = feature_importances.sort_values(by='Importance',
ascending=False)

print("Feature Importance Ranking:")
print(feature_importances)

# Select top 5 features
```

```
top_features = feature_importances['Feature'].head(5).values
X_train_top = X_train[top_features]
X_test_top = X_test[top_features]

# Train Random Forest with top 5 features and evaluate
rf_model.fit(X_train_top, y_train)
y_pred = rf_model.predict(X_test_top)
print("Accuracy with Top 5 Features:", accuracy_score(y_test, y_pred))
```

Dans cette solution :

- Nous calculons l'importance de chaque caractéristique et sélectionnons les 5 principales en fonction de leurs scores.

- La précision du modèle est évaluée en utilisant uniquement les principales caractéristiques pour évaluer l'impact sur les performances.

Exercice 2 : Appliquer l'Élimination Récursive de Caractéristiques (RFE) avec la Régression Logistique

Utilisez **RFE** avec un modèle de **Régression Logistique** pour identifier les meilleures caractéristiques pour une tâche de classification. Sélectionnez les 6 principales caractéristiques et évaluez la précision du modèle.

1. Entraînez **RFE** avec la Régression Logistique sur les données d'entraînement.

2. Sélectionnez les 6 principales caractéristiques et réentraînez le modèle en utilisant uniquement ces caractéristiques.

3. Comparez les performances du modèle avec l'ensemble complet de caractéristiques.

```
from sklearn.linear_model import LogisticRegression
from sklearn.feature_selection import RFE

# Solution: Initialize Logistic Regression and RFE
log_reg = LogisticRegression(max_iter=1000)
rfe = RFE(estimator=log_reg, n_features_to_select=6)

# Fit RFE and select top features
rfe.fit(X_train, y_train)

# Display selected features
selected_features = [f'Feature_{i+1}' for i, selected in enumerate(rfe.support_) if
selected]
print("Selected Features with RFE:", selected_features)

# Evaluate accuracy with selected features
X_train_rfe = X_train[selected_features]
X_test_rfe = X_test[selected_features]
log_reg.fit(X_train_rfe, y_train)
```

```
y_pred_rfe = log_reg.predict(X_test_rfe)
print("Model    Accuracy    with    RFE-Selected    Features:",    accuracy_score(y_test,
y_pred_rfe))
```

Dans cette solution :

RFE identifie les 6 principales caractéristiques, et nous réentraînons la **Régression Logistique** avec uniquement ces caractéristiques, en comparant la précision à l'ensemble complet de caractéristiques.

Exercice 3 : Effectuer un Ajustement des Hyperparamètres avec RFE et Forêt Aléatoire

Combinez RFE et **GridSearchCV** pour effectuer la sélection de caractéristiques et l'ajustement du modèle pour un **Classificateur de Forêt Aléatoire**. Ajustez des paramètres tels que le nombre de caractéristiques sélectionnées, n_estimators et max_depth.

1. Définissez une grille de paramètres pour RFE et le modèle de Forêt Aléatoire.

2. Utilisez **GridSearchCV** pour trouver la meilleure combinaison de caractéristiques et de paramètres du modèle.

3. Affichez le nombre optimal de caractéristiques et les paramètres du modèle, ainsi que la précision.

```
from sklearn.model_selection import GridSearchCV
from sklearn.feature_selection import RFE
from sklearn.ensemble import RandomForestClassifier

# Solution: Initialize RFE with Random Forest
rf = RandomForestClassifier(random_state=42)
rfe = RFE(estimator=rf)

# Define parameter grid
param_grid = {
    'n_features_to_select': [5, 7, 9],
    'estimator__n_estimators': [50, 100],
    'estimator__max_depth': [None, 10]
}

# GridSearchCV for tuning RFE and Random Forest parameters
grid_search      =      GridSearchCV(estimator=rfe,      param_grid=param_grid,      cv=3,
scoring='accuracy')
grid_search.fit(X_train, y_train)

# Display best parameters and accuracy
print("Best Parameters from GridSearch:", grid_search.best_params_)
print("Best Model Accuracy:", grid_search.best_score_)
```

Dans cette solution :

Nous effectuons une recherche par grille pour ajuster le nombre de caractéristiques sélectionnées par RFE et les paramètres de la Forêt Aléatoire simultanément, en identifiant la meilleure configuration pour la précision.

Exercice 4 : Ingénierie de caractéristiques basée sur l'importance des caractéristiques

En utilisant les scores d'importance des caractéristiques, créez un terme d'interaction entre deux caractéristiques hautement importantes. Ensuite, réentraînez le modèle et évaluez la précision pour voir si le terme d'interaction améliore les performances.

1. Identifiez deux caractéristiques de haute importance du modèle de Forêt Aléatoire précédent.

2. Créez une nouvelle caractéristique d'interaction en multipliant ces deux caractéristiques.

3. Entraînez un modèle avec la nouvelle caractéristique et comparez les performances à l'ensemble de caractéristiques original.

```
# Identify top two features from feature importance
top_two_features = feature_importances['Feature'].head(2).values
print("Top Two Features for Interaction:", top_two_features)

# Create interaction term
X_train['Interaction_Term']         =         X_train[top_two_features[0]]         *
X_train[top_two_features[1]]
X_test['Interaction_Term']         =         X_test[top_two_features[0]]         *
X_test[top_two_features[1]]

# Train Random Forest with interaction feature
rf_model.fit(X_train, y_train)
y_pred_interaction = rf_model.predict(X_test)
print("Accuracy     with     Interaction     Feature:",     accuracy_score(y_test,
y_pred_interaction))
```

Dans cette solution :

- Nous créons un terme d'interaction entre les deux caractéristiques principales et l'ajoutons au jeu de données avant d'entraîner le modèle.

- La nouvelle précision est ensuite comparée au modèle sans le terme d'interaction pour évaluer l'amélioration.

Ces exercices couvrent les applications pratiques de l'importance des caractéristiques, de RFE et de l'ajustement des hyperparamètres. En maîtrisant ces techniques, vous améliorerez votre capacité à sélectionner et concevoir des caractéristiques qui améliorent la précision et la généralisabilité du modèle.

4.4 Que pourrait-il mal tourner ?

La sélection de caractéristiques et l'ajustement de modèle sont des outils puissants pour optimiser les modèles d'apprentissage automatique, mais ils comportent des défis et des risques potentiels. Voici un aperçu des problèmes courants que vous pourriez rencontrer avec l'Élimination Récursive de Caractéristiques (RFE), l'importance des caractéristiques et l'ajustement de modèle, ainsi que des stratégies pour atténuer ces écueils.

4.4.1 Surapprentissage dû à la sélection de trop peu ou trop de caractéristiques

Un problème courant avec RFE et la sélection de caractéristiques est le surapprentissage dû soit à la sélection de trop peu de caractéristiques (conduisant au sous-apprentissage) soit à trop (conduisant au surapprentissage). Sélectionner trop peu de caractéristiques peut éliminer des informations précieuses, tandis qu'en inclure trop peut augmenter inutilement la complexité du modèle.

Que pourrait-il mal tourner ?

- Avec trop peu de caractéristiques, le modèle pourrait manquer des motifs critiques, entraînant de faibles performances.

- Trop de caractéristiques peuvent capturer du bruit, réduisant la généralisabilité aux données non vues.

Solution :

- Utilisez la validation croisée pour évaluer différents nombres de caractéristiques afin de trouver l'équilibre optimal entre précision et simplicité.

- Surveillez les performances du modèle sur les ensembles de validation pour identifier le surapprentissage ou le sous-apprentissage et ajustez le nombre de caractéristiques en conséquence.

4.4.2 Importance des caractéristiques incohérente entre les modèles

Différents modèles calculent l'importance des caractéristiques différemment, et ces divergences peuvent entraîner de la confusion quant aux caractéristiques véritablement importantes. Par exemple, une caractéristique classée en tête dans un modèle basé sur les arbres pourrait ne pas être significative dans un modèle linéaire.

Que pourrait-il mal tourner ?

- Se fier uniquement à l'importance des caractéristiques d'un seul modèle peut conduire à une sélection de caractéristiques biaisée ou trompeuse.

- Des caractéristiques importantes pourraient être négligées si elles ne se classent pas de manière cohérente entre les modèles.

Solution :

- Testez l'importance des caractéristiques sur plusieurs modèles pour obtenir une vue plus large des caractéristiques qui contribuent systématiquement aux prédictions.

- Utilisez les informations sur l'importance des caractéristiques comme guide, mais vérifiez leur pertinence en testant les caractéristiques sélectionnées en validation croisée.

4.4.3 Temps de calcul excessif pour les grands ensembles de données dans RFE

RFE peut être gourmand en calcul, en particulier avec de grands ensembles de données ou des modèles complexes, car il réentraîne le modèle à plusieurs reprises pour évaluer l'importance des caractéristiques. Cela peut rendre RFE impraticable pour certains ensembles de données de grande dimension.

Que pourrait-il mal tourner ?

- Des temps d'entraînement longs peuvent entraver l'expérimentation et le développement de modèles.

- Un calcul excessif peut mettre à rude épreuve les ressources, provoquant potentiellement des dépassements de délai ou des pannes système.

Solution :

- Limitez le nombre de caractéristiques considérées lors de chaque itération RFE, ou utilisez un sous-ensemble de données pour la sélection de caractéristiques.

- Envisagez des méthodes alternatives de sélection de caractéristiques, telles que la **Régression Lasso** pour les modèles linéaires, qui effectue la sélection de caractéristiques plus efficacement.

4.4.4 Fuite de données dans l'ingénierie des caractéristiques

Créer de nouvelles caractéristiques basées sur des informations qui ne seront pas disponibles au moment de la prédiction peut introduire une fuite de données, gonflant artificiellement les performances du modèle. Par exemple, si une caractéristique est dérivée d'informations futures ou directement liée à la variable cible, elle peut induire le modèle en erreur.

Que pourrait-il mal tourner ?

- La fuite de données amène le modèle à apprendre des motifs qu'il ne rencontrera pas dans des scénarios réels, conduisant à une précision trompeusement élevée pendant l'entraînement.

- Une fois déployé, les performances du modèle peuvent chuter considérablement car il n'a plus accès aux informations « divulguées ».

Solution :

- Évaluez soigneusement chaque caractéristique conçue pour vous assurer qu'elle ne contient pas d'informations liées à la cible.

- Effectuez l'ingénierie des caractéristiques uniquement sur les données d'entraînement et appliquez les transformations aux données de test après l'entraînement du modèle.

4.4.5 Surapprentissage dû à un ajustement excessif des hyperparamètres

L'ajustement des hyperparamètres peut améliorer les performances du modèle, mais il peut également entraîner un surapprentissage si trop d'hyperparamètres sont finement ajustés. Cela est particulièrement problématique lors de l'ajustement à la fois des paramètres de sélection de caractéristiques et des paramètres spécifiques au modèle.

Que pourrait-il mal tourner ?

- Un modèle hautement ajusté peut bien performer sur l'ensemble d'entraînement mais mal sur des données non vues, échouant à généraliser.

- Un ajustement excessif augmente le risque de trouver des motifs spécifiques aux données d'entraînement, entraînant une précision gonflée qui ne tient pas en déploiement.

Solution :

- Limitez la recherche par grille de paramètres à quelques paramètres clés, et utilisez la validation croisée pour vérifier que les améliorations sont cohérentes entre différentes divisions de données.

- Surveillez les performances de validation pour vous assurer que le modèle ajusté généralise bien et ne mémorise pas simplement les données d'entraînement.

4.4.6 Mauvaise interprétation de l'importance des caractéristiques comme relations causales

L'importance des caractéristiques peut indiquer quelles caractéristiques sont utiles pour la prédiction, mais elle n'implique pas nécessairement la causalité. Interpréter à tort des caractéristiques importantes comme causales peut conduire à des conclusions erronées, en particulier dans des domaines où la causalité est critique, comme la santé ou la finance.

Que pourrait-il mal tourner ?

- Les décideurs pourraient s'appuyer sur des caractéristiques qui sont corrélées avec la cible plutôt que véritablement causales, conduisant à des interventions inefficaces ou nuisibles.

- Des caractéristiques importantes qui sont en fait des variables proxy pour d'autres variables peuvent être interprétées à tort comme des facteurs causaux.

Solution :

- Traitez l'importance des caractéristiques comme un indicateur de corrélation, non de causalité, et soyez prudent quant aux conclusions que vous en tirez.

- Effectuez une analyse plus approfondie, telle que des essais randomisés ou des techniques d'inférence causale, si une compréhension causale est nécessaire.

4.4.7 Incompatibilité avec la validation croisée dans RFE

RFE peut parfois conduire à des résultats incohérents entre différentes divisions de validation croisée, car les caractéristiques sélectionnées peuvent varier en fonction de la division des données. Cette incohérence peut rendre difficile la détermination des caractéristiques véritablement importantes.

Que pourrait-il mal tourner ?

- Les caractéristiques peuvent sembler importantes dans certaines divisions de validation croisée mais pas dans d'autres, entraînant une instabilité dans la sélection de caractéristiques.

- Une sélection de caractéristiques incohérente peut rendre le modèle difficile à interpréter et réduire la reproductibilité.

Solution :

- Utilisez la **Validation Croisée Imbriquée**, où RFE est appliqué dans chaque division d'une boucle de validation croisée externe, pour garantir que la sélection ce caractéristiques est systématiquement validée.

- Alternativement, utilisez des métriques d'importance de caractéristiques moyennées sur les divisions de validation croisée pour sélectionner des caractéristiques stables et à fort impact.

Conclusion

RFE, l'importance des caractéristiques et l'ajustement des hyperparamètres sont des outils précieux dans l'ingénierie des caractéristiques, mais ils comportent des défis uniques. En étant conscient des pièges potentiels — tels que le surapprentissage, la fuite de données et la complexité computationnelle — vous pouvez utiliser ces méthodes pour construire des modèles efficaces et interprétables. Pratiquer une sélection de caractéristiques prudente, une validation cohérente et une interprétation prudente garantira que vos modèles sont fiables, performants et prêts pour des applications réelles.

Résumé du Chapitre 4

Dans le Chapitre 4, nous avons exploré des techniques avancées d'ingénierie des caractéristiques axées sur l'optimisation des modèles par le biais d'une sélection minutieuse des caractéristiques, d'une élimination récursive et d'un ajustement des modèles. L'ingénierie des caractéristiques est une étape essentielle dans la construction de modèles hautement performants, car elle nous permet d'affiner les données en identifiant les caractéristiques les plus pertinentes, en créant de nouvelles perspectives et en réduisant le bruit. En exploitant des méthodes telles que **l'importance des caractéristiques**, **l'Élimination Récursive des Caractéristiques (RFE)** et l'ajustement des hyperparamètres, nous pouvons construire des modèles plus efficaces et interprétables qui se généralisent mieux aux données non vues.

Le chapitre a commencé par discuter de **l'importance des caractéristiques** comme outil directeur pour l'ingénierie des caractéristiques. Les scores d'importance des caractéristiques mettent en évidence quelles caractéristiques ont le plus grand pouvoir prédictif, nous permettant de nous concentrer sur celles qui contribuent de manière significative à la précision du modèle. En utilisant des modèles comme les **Forêts Aléatoires** et le **Gradient Boosting**, qui fournissent naturellement des classements d'importance, nous avons appris à classer les caractéristiques et à identifier celles ayant un impact élevé. Nous avons examiné comment les caractéristiques très importantes pourraient être transformées, interagir ou être combinées pour améliorer davantage le pouvoir prédictif. À l'inverse, les caractéristiques peu importantes pourraient être envisagées pour suppression, simplifiant le modèle et réduisant le risque de surapprentissage.

Nous avons ensuite approfondi **l'Élimination Récursive des Caractéristiques (RFE)**, une approche systématique pour sélectionner les caractéristiques les plus importantes en entraînant de manière itérative un modèle, en classant l'importance des caractéristiques et en supprimant les caractéristiques les moins utiles. En réduisant progressivement aux meilleures caractéristiques, RFE aide à créer des modèles à la fois efficaces et plus simples à interpréter. Pour les ensembles de données de grande dimension, où de nombreuses caractéristiques peuvent contribuer au bruit plutôt qu'à des signaux utiles, RFE est particulièrement précieux. Cependant, nous avons également abordé les défis potentiels avec RFE, tels que son intensité computationnelle sur de grands ensembles de données, et discuté de moyens d'équilibrer le calcul et les performances du modèle, comme limiter le nombre de caractéristiques considérées à chaque itération.

Nous avons également exploré l'intégration de RFE avec **l'ajustement des hyperparamètres** en utilisant des outils comme **GridSearchCV**. En ajustant à la fois les paramètres du modèle et le nombre de caractéristiques sélectionnées, nous pouvons affiner nos modèles pour maximiser la précision prédictive. Cette section a souligné l'importance d'éviter le surapprentissage en limitant soigneusement le nombre de paramètres que nous ajustons et en validant chaque étape avec la validation croisée. Nous avons discuté des méthodes pour gérer l'instabilité du modèle, la fuite de données et le surapprentissage lors de l'ajustement fin de pipelines complexes, et l'importance de sélectionner les paramètres en fonction des performances de validation plutôt que de simplement maximiser la précision d'entraînement.

La section « Que pourrait-il mal tourner ? » a abordé les pièges courants dans l'ingénierie des caractéristiques, tels que les risques de fuite de données, la mauvaise interprétation de l'importance des caractéristiques et le surapprentissage dû à un ajustement excessif. Ces problèmes potentiels servent de rappels que bien que l'ingénierie des caractéristiques puisse transformer les performances du modèle, elle nécessite une planification et une validation minutieuses pour être efficace.

En résumé, le Chapitre 4 a fourni un aperçu complet de l'utilisation des techniques d'ingénierie des caractéristiques pour améliorer les performances du modèle. En comprenant les principes qui sous-tendent l'importance des caractéristiques, RFE et l'ajustement du modèle, les scientifiques des données peuvent construire des modèles plus précis, efficaces et interprétables. Ce chapitre équipe les lecteurs de techniques avancées applicables à un large éventail de problèmes de données du monde réel, améliorant à la fois la robustesse du modèle et les perspectives générées par les projets d'apprentissage automatique.

Chapitre 5 : Techniques avancées d'évaluation de modèles

En apprentissage automatique, l'évaluation des modèles joue un rôle central dans la détermination de la précision, de la robustesse et de la capacité d'un modèle à généraliser sur des données non vues. Bien que les méthodes d'évaluation traditionnelles comme la séparation entraînement-test offrent des informations précieuses, elles s'avèrent souvent insuffisantes face à des ensembles de données complexes ou variables, en particulier lors de la préparation de modèles pour un déploiement en conditions réelles. Pour combler cette lacune, des techniques d'évaluation avancées ont été développées afin de fournir une évaluation plus nuancée et complète des performances du modèle.

Ces techniques sophistiquées permettent aux scientifiques des données de tester rigoureusement les modèles sur diverses distributions de données, minimisant le risque de surapprentissage et obtenant des informations plus approfondies sur la capacité du modèle à généraliser sur de nouveaux schémas de données. En employant ces méthodes, nous pouvons simuler plus précisément des scénarios réels et nous assurer que nos modèles sont véritablement prêts pour un déploiement en environnement de production.

Dans ce chapitre, nous examinerons en détail une gamme de techniques d'évaluation conçues pour offrir une vision plus holistique des performances du modèle. Nous commencerons par revisiter la validation croisée, en mettant l'accent particulièrement sur deux méthodes essentielles :

- **K-Folds stratifiés :** Cette technique est cruciale pour gérer les ensembles de données déséquilibrés, en veillant à ce que chaque pli maintienne une distribution représentative de toutes les classes. Cela est particulièrement important dans les scénarios où certaines classes sont sous-représentées, car cela aide à prévenir les biais dans le processus d'évaluation.

- **Séparation temporelle :** Cette méthode est spécifiquement conçue pour les données dépendantes du temps, où le maintien de l'ordre temporel des observations est critique. Elle simule des conditions réelles en s'entraînant sur des données passées et en testant sur des données futures, fournissant une évaluation plus réaliste des performances du modèle dans les tâches de prévision de séries temporelles.

Au-delà de ces techniques de validation croisée, nous explorerons des métriques avancées pour évaluer à la fois les modèles de classification et de régression. Ces métriques offrent des informations plus nuancées sur les performances du modèle par rapport aux mesures de précision de base :

- **ROC-AUC (Courbe caractéristique de fonctionnement du récepteur - Aire sous la courbe) :** Cette métrique est particulièrement utile pour les problèmes de classification binaire, car elle fournit une vue complète des performances du modèle à travers divers seuils de classification.

- **Score F1 :** Une mesure équilibrée de la précision et du rappel, le score F1 est particulièrement précieux lors du traitement d'ensembles de données déséquilibrés où la précision seule peut être trompeuse.

- **Erreur absolue moyenne (EAM) :** Cette métrique offre une mesure intuitive de l'erreur de prédiction dans les tâches de régression, fournissant une moyenne des différences absolues entre les valeurs prédites et réelles.

- **R-carré :** Également connu sous le nom de coefficient de détermination, le R-carré fournit un aperçu de la mesure dans laquelle un modèle de régression explique la variance de la variable cible.

À la conclusion de ce chapitre, vous aurez acquis une compréhension complète de ces techniques et métriques d'évaluation avancées. Ces connaissances vous fourniront les outils nécessaires pour mener des évaluations de modèles approfondies et perspicaces, garantissant que vos modèles d'apprentissage automatique sont robustes, fiables et véritablement prêts pour un déploiement en conditions réelles. Vous serez en mesure de prendre des décisions éclairées concernant la sélection de modèles, l'ajustement fin et le déploiement, conduisant finalement à des projets d'apprentissage automatique plus réussis et percutants.

5.1 Révision de la validation croisée : stratifiée, séries temporelles

La validation croisée se distingue comme l'une des méthodes les plus fiables et largement utilisées pour évaluer les performances des modèles en apprentissage automatique. Elle permet aux scientifiques des données de tester rigoureusement leurs modèles sur plusieurs sous-ensembles de données, ce qui est crucial pour réduire la variance et améliorer la capacité du modèle à généraliser sur des données non vues. Cette section approfondit la validation croisée, en se concentrant sur deux techniques avancées : **la validation croisée K-Folds stratifiée** et **la séparation temporelle**.

Ces méthodes sophistiquées sont conçues pour répondre à des défis spécifiques en matière de distribution de données et de dépendances temporelles. La validation croisée K-Folds stratifiée est particulièrement utile pour gérer les ensembles de données déséquilibrés, en veillant à ce que chaque pli maintienne une distribution représentative de toutes les classes. Cela est particulièrement important dans les scénarios où certaines classes sont sous-représentées, car cela aide à prévenir les biais dans le processus d'évaluation.

D'autre part, la séparation temporelle est adaptée aux données séquentielles, où le maintien de l'ordre temporel des observations est critique. Cette méthode simule des conditions réelles en s'entraînant sur des données passées et en testant sur des données futures, fournissant une évaluation plus réaliste des performances du modèle dans les tâches de prévision de séries temporelles.

En employant ces techniques avancées de validation croisée, les scientifiques des données peuvent obtenir des informations plus approfondies sur les performances de leurs modèles à travers diverses distributions de données et schémas temporels. Cette approche complète de l'évaluation aide à garantir que les modèles sont robustes, fiables et véritablement prêts pour un déploiement dans des scénarios réels, où les distributions de données peuvent évoluer dans le temps ou contenir des déséquilibres.

5.1.1 Validation croisée K-Folds stratifiée

La validation croisée K-Folds stratifiée est une technique puissante conçue pour répondre aux défis posés par les ensembles de données déséquilibrés en apprentissage automatique. Cette méthode est particulièrement précieuse lors du traitement de problèmes de classification où certaines classes sont considérablement sous-représentées par rapport à d'autres. L'importance de cette approche devient évidente lorsque nous considérons les limites de la validation croisée K-Folds standard dans de tels scénarios.

Dans la validation croisée K-Folds traditionnelle, l'ensemble de données est divisé en k sous-ensembles ou plis de taille égale. Le modèle est ensuite entraîné sur k-1 plis et validé sur le pli restant, ce processus étant répété k fois pour garantir que chaque pli sert de ensemble de validation une fois. Bien que cette méthode soit efficace pour les ensembles de données équilibrés, elle peut conduire à des problèmes importants lorsqu'elle est appliquée à des données déséquilibrées.

Le défi principal avec les ensembles de données déséquilibrés est que certains plis peuvent se retrouver avec une représentation insuffisante des classes minoritaires. Cette sous-représentation peut conduire à plusieurs problèmes :

- Entraînement de modèle biaisé : Le modèle peut ne pas avoir suffisamment d'exemples de classes minoritaires pour apprendre, entraînant une mauvaise généralisation pour ces classes.

- Métriques de performance biaisées : Les métriques d'évaluation peuvent être trompeuses, car elles peuvent ne pas refléter avec précision les performances du modèle sur les classes minoritaires.

- Surapprentissage des classes majoritaires : Le modèle peut devenir excessivement biaisé vers la prédiction de la classe majoritaire, négligeant les nuances des classes minoritaires.

Les K-Folds stratifiés répondent à ces problèmes en veillant à ce que la proportion d'échantillons pour chaque classe soit approximativement la même dans chaque pli que dans l'ensemble de données complet. Ce processus de stratification offre plusieurs avantages clés :

- Représentation équilibrée : Chaque pli contient une représentation proportionnelle de toutes les classes, y compris les classes minoritaires.

- Apprentissage amélioré : Le modèle a l'occasion d'apprendre de toutes les classes dans chaque itération d'entraînement, conduisant à des performances plus robustes sur toutes les classes.

- Évaluation plus fiable : Les métriques de performance obtenues à partir des K-Folds stratifiés fournissent une estimation plus précise et fiable des véritables performances du modèle sur des données déséquilibrées.

- Variance réduite : En maintenant des distributions de classes cohérentes à travers les plis, la variance des performances du modèle entre différents plis est généralement réduite.

La mise en œuvre des K-Folds stratifiés implique un processus minutieux de division de l'ensemble de données tout en préservant les proportions de classes. Cela peut être particulièrement difficile avec des problèmes multi-classes ou lors du traitement d'ensembles de données extrêmement déséquilibrés. Cependant, les bibliothèques d'apprentissage automatique modernes comme scikit-learn fournissent des implémentations efficaces des K-Folds stratifiés, les rendant accessibles aux scientifiques des données et aux chercheurs.

En pratique, les K-Folds stratifiés se sont avérés inestimables dans divers domaines où le déséquilibre de classes est courant, tels que la détection de fraude, le diagnostic médical et la prédiction d'événements rares. En fournissant un cadre d'évaluation plus équitable, ils permettent le développement de modèles qui sont non seulement précis dans l'ensemble, mais qui fonctionnent également bien sur toutes les classes, quelle que soit leur représentation dans l'ensemble de données.

Exemple : Utilisation des K-Folds stratifiés avec Scikit-learn

Appliquons la validation croisée K-Folds stratifiée sur un ensemble de données avec des classes déséquilibrées pour observer les différences qu'elle apporte dans l'évaluation.

```
import numpy as np
import matplotlib.pyplot as plt
from sklearn.model_selection import StratifiedKFold, cross_val_score
from sklearn.ensemble import RandomForestClassifier
from sklearn.datasets import make_classification
from sklearn.metrics import confusion_matrix, classification_report
```

```python
# Generate an imbalanced dataset
X, y = make_classification(n_samples=1000, n_features=20, n_classes=2,
                           weights=[0.9, 0.1], random_state=42)

# Initialize RandomForest model
model = RandomForestClassifier(random_state=42)

# Initialize Stratified K-Folds with 5 splits
strat_kfold = StratifiedKFold(n_splits=5, shuffle=True, random_state=42)

# Evaluate model using Stratified K-Folds
scores = cross_val_score(model, X, y, cv=strat_kfold, scoring='accuracy')

print("Stratified K-Folds Accuracy Scores:", scores)
print("Mean Accuracy:", scores.mean())

# Fit the model on the entire dataset for further analysis
model.fit(X, y)

# Make predictions
y_pred = model.predict(X)

# Generate and print confusion matrix
cm = confusion_matrix(y, y_pred)
print("\\nConfusion Matrix:")
print(cm)

# Generate and print classification report
cr = classification_report(y, y_pred)
print("\\nClassification Report:")
print(cr)

# Visualize feature importances
feature_importance = model.feature_importances_
sorted_idx = np.argsort(feature_importance)
pos = np.arange(sorted_idx.shape[0]) + .5

fig, ax = plt.subplots(figsize=(10, 6))
ax.barh(pos, feature_importance[sorted_idx], align='center')
ax.set_yticks(pos)
ax.set_yticklabels(np.array(range(20))[sorted_idx])
ax.set_xlabel('Feature Importance')
ax.set_title('RandomForest Feature Importance')
plt.tight_layout()
plt.show()
```

Cet exemple de code offre une analyse approfondie de la technique de validation croisée K-Folds stratifiée et son application à un ensemble de données déséquilibré. Disséquons le code et examinons ses composants clés :

1. Importation des bibliothèques nécessaires :

    o   Nous importons des bibliothèques supplémentaires comme numpy pour les opérations numériques et matplotlib pour la visualisation.

2. Génération d'un ensemble de données déséquilibré :

    o   Nous utilisons make_classification pour créer un ensemble de données synthétique avec 1000 échantillons, 20 caractéristiques et 2 classes.

    o   Le paramètre weights [0.9, 0.1] crée un ensemble de données déséquilibré avec un ratio de 90:10 entre les classes.

3. Initialisation du modèle RandomForest :

    o   Nous créons un RandomForestClassifier avec un état aléatoire fixe pour la reproductibilité.

4. Configuration des K-Folds stratifiés :

    o   Nous initialisons StratifiedKFold avec 5 divisions, en activant le mélange et en définissant un état aléatoire.

    o   Les K-Folds stratifiés garantissent que la proportion d'échantillons pour chaque classe est approximativement la même dans chaque pli que dans l'ensemble de données complet.

5. Évaluation du modèle :

    o   Nous utilisons cross_val_score pour effectuer une validation croisée et calculer les scores de précision pour chaque pli.

    o   La précision moyenne sur tous les plis est ensuite calculée et affichée.

6. Analyse approfondie :

    o   Nous ajustons le modèle sur l'ensemble de données complet pour une évaluation supplémentaire.

    o   Nous générons des prédictions en utilisant le modèle ajusté.

7. Matrice de confusion :

    o   Nous créons et affichons une matrice de confusion pour visualiser les performances du modèle en termes de vrais positifs, vrais négatifs, faux positifs et faux négatifs.

8. Rapport de classification :

    o   Nous générons un rapport de classification qui fournit la précision, le rappel, le score F1 et le support pour chaque classe.

9. Visualisation de l'importance des caractéristiques :

   o Nous extrayons les importances des caractéristiques du modèle RandomForest.

   o Nous créons un diagramme à barres horizontales pour visualiser l'importance de chaque caractéristique dans le processus de décision du modèle.

Cet exemple présente non seulement l'application des K-Folds stratifiés pour la validation croisée, mais offre également des informations précieuses sur les performances du modèle et l'importance des caractéristiques. Cette approche est particulièrement bénéfique pour les ensembles de données déséquilibrés, car elle garantit que l'évaluation du modèle n'est pas biaisée en faveur de la classe majoritaire. Au contraire, elle fournit une évaluation plus précise des performances sur toutes les classes, quelle que soit leur représentation dans l'ensemble de données.

5.1.2 Validation croisée par séparation temporelle

Les techniques de validation croisée K-Folds standard et K-Folds stratifiés divisent les données de manière aléatoire, ce qui est efficace pour les ensembles de données non séquentiels. Cependant, les données de séries temporelles présentent des défis uniques en raison de leur nature séquentielle. Diviser aléatoirement les données de séries temporelles perturberait l'ordre temporel, conduisant potentiellement à un problème critique connu sous le nom de **fuite de données**. Cela se produit lorsque des informations du futur influencent par inadvertance les prédictions, compromettant la validité de l'évaluation des performances du modèle.

Pour relever ce défi, la méthode de **séparation temporelle** a été développée. Cette technique maintient l'intégrité temporelle des données en les divisant d'une manière qui simule les prédictions futures sur des données non vues. Le principe fondamental de la séparation temporelle est de respecter l'ordre chronologique des observations, en garantissant que les modèles sont toujours entraînés sur des données passées et testés sur des données futures.

Dans une séparation temporelle, chaque pli est créé en divisant l'ensemble de données en ensembles d'entraînement et de test en fonction du temps. Le pli initial utilise une portion plus petite des données pour l'entraînement et une portion ultérieure pour le test. Au fur et à mesure que les plis progressent, l'ensemble d'entraînement devient plus grand, incorporant davantage de données historiques, tandis que l'ensemble de test avance dans le temps. Cette approche offre plusieurs avantages :

- Estimation réaliste des performances : En testant sur des données futures, la séparation temporelle fournit une représentation plus précise de la manière dont le modèle fonctionnera dans des scénarios réels où les prédictions sont faites sur des données à venir et non vues.

- Préservation des dépendances temporelles : Elle maintient les dépendances temporelles inhérentes souvent présentes dans les données de séries temporelles, telles que les tendances, la saisonnalité et d'autres motifs basés sur le temps.

- Adaptabilité à la dérive conceptuelle : Cette méthode peut aider à identifier si les performances d'un modèle se dégradent au fil du temps en raison de motifs ou de relations changeantes dans les données, un phénomène connu sous le nom de dérive conceptuelle.

- Validation prospective : Elle simule l'application pratique des modèles de séries temporelles, où les données historiques sont utilisées pour faire des prédictions sur des événements ou des valeurs futures.

En employant la séparation temporelle, les scientifiques des données peuvent évaluer et affiner leurs modèles avec plus de confiance pour les applications dépendantes du temps, telles que la prévision financière, la prédiction de la demande ou tout scénario où l'aspect temporel des données est crucial. Cette méthode garantit que le processus de validation croisée s'aligne étroitement avec les conditions de déploiement réelles du modèle, conduisant à des prédictions plus fiables et robustes dans des contextes réels sensibles au temps.

Exemple : Utilisation de la séparation temporelle avec Scikit-learn

Appliquons la séparation temporelle sur un ensemble de données pour observer comment elle garantit l'ordre temporel dans la validation croisée.

```python
import numpy as np
import pandas as pd
import matplotlib.pyplot as plt
from sklearn.model_selection import TimeSeriesSplit
from sklearn.linear_model import Ridge
from sklearn.metrics import mean_squared_error, r2_score
from sklearn.preprocessing import StandardScaler

# Generate a sequential dataset
np.random.seed(42)
dates = pd.date_range(start='2023-01-01', periods=100, freq='D')
X = np.random.rand(100, 5)  # 5 features
y = 2 * X[:, 0] + 0.5 * X[:, 1] - X[:, 2] + 0.1 * X[:, 3] - 0.2 * X[:, 4] +
np.random.normal(0, 0.1, 100)

# Create a DataFrame for better visualization
df = pd.DataFrame(X, columns=['Feature_1', 'Feature_2', 'Feature_3', 'Feature_4',
'Feature_5'])
df['Target'] = y
df['Date'] = dates
df.set_index('Date', inplace=True)

# Initialize Ridge model for time-series regression
model = Ridge(alpha=1.0)
```

```python
# Initialize Time-Series Split with 5 splits
time_series_split = TimeSeriesSplit(n_splits=5)

# Lists to store results
train_sizes = []
test_sizes = []
r2_scores = []
mse_scores = []

# Evaluate model using Time-Series Split
for fold, (train_index, test_index) in enumerate(time_series_split.split(X)):
    X_train, X_test = X[train_index], X[test_index]
    y_train, y_test = y[train_index], y[test_index]

    # Scale features
    scaler = StandardScaler()
    X_train_scaled = scaler.fit_transform(X_train)
    X_test_scaled = scaler.transform(X_test)

    # Fit model
    model.fit(X_train_scaled, y_train)

    # Make predictions
    y_pred = model.predict(X_test_scaled)

    # Calculate scores
    r2 = r2_score(y_test, y_pred)
    mse = mean_squared_error(y_test, y_pred)

    # Store results
    train_sizes.append(len(train_index))
    test_sizes.append(len(test_index))
    r2_scores.append(r2)
    mse_scores.append(mse)

    print(f"Fold {fold + 1}:")
    print(f"  Train size: {len(train_index)}, Test size: {len(test_index)}")
    print(f"  R-squared Score: {r2:.3f}")
    print(f"  Mean Squared Error: {mse:.3f}")
    print()

# Visualize results
plt.figure(figsize=(12, 6))
plt.plot(range(1, 6), r2_scores, 'bo-', label='R-squared')
plt.plot(range(1, 6), mse_scores, 'ro-', label='MSE')
plt.xlabel('Fold')
plt.ylabel('Score')
plt.title('Model Performance Across Folds')
plt.legend()
plt.show()

# Visualize feature importances
```

```
feature_importance = np.abs(model.coef_)
feature_names = ['Feature_1', 'Feature_2', 'Feature_3', 'Feature_4', 'Feature_5']

plt.figure(figsize=(10, 6))
plt.bar(feature_names, feature_importance)
plt.xlabel('Features')
plt.ylabel('Absolute Coefficient Value')
plt.title('Feature Importance')
plt.show()
```

Décomposons les composants clés :

1. Génération de données :

   o Nous créons un ensemble de données plus réaliste avec 5 caractéristiques et une variable cible.

   o La variable cible est générée comme une combinaison linéaire des caractéristiques plus un certain bruit.

   o Nous utilisons pandas pour créer un DataFrame avec des dates, ce qui le rend plus représentatif des données de séries temporelles du monde réel.

2. Initialisation du modèle :

   o Nous utilisons un modèle de régression Ridge, qui convient aux données de séries temporelles et aide à prévenir le surapprentissage.

3. Séparation temporelle :

   o Nous utilisons TimeSeriesSplit avec 5 divisions, en veillant à ce que chaque pli respecte l'ordre temporel des données.

4. Boucle d'évaluation :

   o Pour chaque pli, nous divisons les données en ensembles d'entraînement et de test.

   o Nous mettons à l'échelle les caractéristiques en utilisant StandardScaler pour garantir que toutes les caractéristiques sont sur la même échelle.

   o Nous ajustons le modèle sur les données d'entraînement et faisons des prédictions sur les données de test.

   o Nous calculons et stockons à la fois les scores R au carré et l'erreur quadratique moyenne (EQM) pour une évaluation plus complète.

5. Stockage des résultats :

   o Nous stockons les tailles des ensembles d'entraînement et de test, les scores R au carré et les scores EQM pour chaque pli.

- o Cela nous permet d'analyser comment les performances du modèle évoluent à mesure que davantage de données deviennent disponibles pour l'entraînement.

6. Visualisation :

- o Nous créons deux visualisations pour mieux comprendre les performances du modèle : a. Un graphique linéaire montrant comment les scores R au carré et EQM évoluent à travers les plis. b. Un graphique à barres des importances des caractéristiques, nous aidant à comprendre quelles caractéristiques ont le plus d'impact sur les prédictions.

7. Affichage des résultats détaillés :

- o Pour chaque pli, nous affichons les tailles des ensembles d'entraînement et de test, ainsi que les scores R au carré et EQM.

- o Cela fournit une vue claire de la façon dont le modèle se comporte à mesure que davantage de données historiques deviennent disponibles.

Cet exemple fournit une approche réaliste et complète de l'évaluation des modèles de séries temporelles. Il montre comment gérer la mise à l'échelle des caractéristiques, suivre plusieurs indicateurs de performance et visualiser les résultats. Ces améliorations offrent des aperçus plus approfondis sur les performances du modèle au fil du temps et mettent en évidence l'importance relative des différentes caractéristiques dans la réalisation des prédictions.

5.1.3 Choisir entre K-Plis stratifiés et Séparation temporelle

- **K-Plis stratifiés** est idéal pour les ensembles de données déséquilibrés où les classes nécessitent une représentation égale dans chaque pli. Il est particulièrement utile dans les tâches de classification où certaines classes peuvent être sous-représentées. Cette méthode garantit que la proportion d'échantillons pour chaque classe est approximativement la même dans chaque pli que dans l'ensemble du jeu de données. Ce faisant, elle aide à prévenir les biais dans l'évaluation du modèle qui pourraient résulter d'une distribution inégale des classes à travers les plis. Ceci est particulièrement important dans des scénarios tels que le diagnostic médical, la détection de fraude ou la prédiction d'événements rares, où la classe minoritaire est souvent la classe d'intérêt.

- **Séparation temporelle** est essentielle pour les données de séries temporelles ou toute donnée séquentielle où l'ordre temporel est crucial. Les divisions aléatoires entraîneraient une fuite de données et une estimation inexacte des performances. Cette méthode respecte l'ordre chronologique des observations, simulant des scénarios du monde réel où les modèles sont entraînés sur des données passées et testés sur des données futures. Elle est particulièrement précieuse en prévision financière, prédiction de la demande et analyse des tendances. La Séparation temporelle aide à identifier les problèmes potentiels tels que la dérive conceptuelle, où la relation entre les variables d'entrée et la variable cible change au fil du temps.

Les deux méthodes sont des outils importants dans l'évaluation avancée des modèles, offrant des approches spécialisées de validation croisée qui garantissent des évaluations justes et réalistes. Alors que les K-Plis stratifiés se concentrent sur le maintien de l'équilibre des classes, la Séparation temporelle préserve les dépendances temporelles. Le choix entre ces méthodes dépend de la nature des données et des exigences spécifiques de la tâche de modélisation.

Dans certains cas, une combinaison des deux approches peut être nécessaire, en particulier lors du traitement de données de séries temporelles déséquilibrées. En employant ces techniques avancées, les scientifiques des données peuvent obtenir des informations plus fiables sur les performances du modèle et prendre des décisions plus éclairées concernant la sélection et le déploiement du modèle.

5.2 Traiter les données déséquilibrées : SMOTE, Pondération de classe

Les données déséquilibrées présentent un défi important en apprentissage automatique, en particulier dans les tâches de classification où une classe dépasse largement les autres en nombre. Ce déséquilibre peut conduire les modèles à développer un biais fort envers la classe majoritaire, entraînant de mauvaises performances lors de la prédiction de la classe minoritaire. Pour résoudre ce problème, les scientifiques des données emploient diverses techniques pour créer une représentation plus équilibrée des classes pendant l'entraînement du modèle.

Deux méthodes importantes pour gérer les ensembles de données déséquilibrés sont la **Technique de suréchantillonnage synthétique de la minorité (SMOTE)** et la **Pondération de classe**. SMOTE fonctionne en générant des échantillons synthétiques pour la classe minoritaire, augmentant efficacement sa représentation dans l'ensemble de données. Cette technique crée de nouveaux échantillons en interpolant entre les échantillons existants de la classe minoritaire, ajoutant de la diversité à la classe minoritaire sans simplement dupliquer les points de données existants.

D'autre part, la Pondération de classe ajuste l'importance des différentes classes pendant le processus d'entraînement du modèle. En attribuant des poids plus élevés à la classe minoritaire, le modèle est pénalisé plus lourdement pour avoir mal classé les échantillons de la classe minoritaire, l'encourageant à accorder plus d'attention à ces instances sous-représentées.

SMOTE et la Pondération de classe visent tous deux à améliorer les performances du modèle sur les ensembles de données déséquilibrés en abordant le biais inhérent envers la classe majoritaire. En créant une représentation plus équilibrée des classes, ces techniques permettent aux modèles de reconnaître et de prédire avec précision les instances de la classe minoritaire de manière plus efficace. Cela améliore non seulement la précision globale, mais réduit également le risque de biais dans les prédictions du modèle, ce qui est crucial dans de nombreuses applications du monde réel te les que la détection de fraude, le diagnostic médical et la prédiction d'événements rares.

Le choix entre SMOTE et la Pondération de classe dépend souvent des caractéristiques spécifiques de l'ensemble de données et de la tâche de modélisation en question. SMOTE est particulièrement utile pour les ensembles de données fortement déséquilibrés où la classe minoritaire est gravement sous-représentée, tandis que la Pondération de classe peut être plus appropriée pour les ensembles de données modérément déséquilibrés ou lorsque les ressources de calcul sont limitées. Dans certains cas, une combinaison des deux techniques peut donner les meilleurs résultats.

5.2.1 Le défi des données déséquilibrées

Considérez un ensemble de données de détection de fraude où 98 % des transactions sont légitimes et seulement 2 % sont frauduleuses. Ce déséquilibre extrême pose un défi important pour les modèles d'apprentissage automatique. Sans stratégies d'équilibrage appropriées, les modèles ont tendance à développer un biais fort envers la classe majoritaire (transactions légitimes), conduisant à des performances sous-optimales dans la détection des fraudes réelles.

Les implications de ce déséquilibre sont considérables. Un modèle entraîné sur de telles données biaisées pourrait atteindre une précision apparemment impressionnante de 98 % en prédisant simplement toutes les transactions comme légitimes. Cependant, cette haute précision est trompeuse car elle ne parvient pas à capturer l'incapacité du modèle à identifier les activités frauduleuses, qui est l'objectif principal dans les systèmes de détection de fraude.

Ce scénario met en évidence une limitation critique de l'utilisation de la précision comme seule mesure pour évaluer les performances du modèle dans les ensembles de données déséquilibrés. La précision, dans ce cas, devient une mesure inadéquate et potentiellement trompeuse du succès. Elle ne parvient pas à fournir des informations sur la capacité du modèle à détecter la classe minoritaire (transactions frauduleuses), qui est souvent la classe d'intérêt le plus important dans les applications du monde réel.

Pour relever ces défis, les scientifiques des données emploient diverses techniques visant à équilibrer la représentation des classes et à améliorer la sensibilité du modèle aux classes minoritaires. Ces méthodes se répartissent en trois catégories principales :

- Techniques au niveau des données : Celles-ci impliquent la modification de l'ensemble de données pour remédier au déséquilibre. Les exemples incluent le suréchantillonnage de la classe minoritaire, le sous-échantillonnage de la classe majoritaire, ou une combinaison des deux.

- Techniques au niveau de l'algorithme : Celles-ci impliquent la modification de l'algorithme d'apprentissage pour le rendre plus sensible à la classe minoritaire. Cela peut inclure l'ajustement des poids de classe, la modification des seuils de décision ou l'utilisation de méthodes d'ensemble spécialement conçues pour les données déséquilibrées.

- Approches hybrides : Celles-ci combinent les techniques au niveau des données et au niveau de l'algorithme pour obtenir des résultats optimaux.

En mettant en œuvre ces stratégies, nous pouvons développer des modèles qui sont non seulement précis mais aussi efficaces pour identifier les instances critiques de la classe minoritaire. Cette approche équilibrée garantit que les performances du modèle s'alignent plus étroitement avec les objectifs réels de la tâche à accomplir, tels que la détection efficace des transactions frauduleuses dans notre exemple.

5.2.2 Pondération de classe

La **pondération de classe** est une technique puissante utilisée pour traiter les ensembles de données déséquilibrés en apprentissage automatique. Cette méthode attribue une importance plus élevée à la classe minoritaire pendant le processus d'entraînement, augmentant efficacement le coût de la mauvaise classification des échantillons de ce groupe sous-représenté. Ce faisant, la pondération de classe aide à contrecarrer la tendance naturelle des modèles à favoriser la classe majoritaire dans les ensembles de données déséquilibrés.

La mise en œuvre de la pondération de classe varie en fonction de l'algorithme d'apprentissage automatique utilisé. De nombreux algorithmes populaires, notamment la **Régression logistique**, les **Forêts aléatoires** et les **Machines à vecteurs de support**, offrent un support intégré pour la pondération de classe via des paramètres comme class_weight. Ce paramètre peut être défini sur 'balanced' pour un calcul automatique des poids basé sur les fréquences de classe, ou il peut être spécifié manuellement pour donner un contrôle précis sur l'importance de chaque classe.

Lorsqu'il est défini sur 'balanced', l'algorithme calcule automatiquement des poids inversement proportionnels aux fréquences de classe. Par exemple, si la classe A apparaît deux fois plus souvent que la classe B dans les données d'entraînement, la classe B recevra deux fois le poids de la classe A. Cette approche garantit que le modèle accorde une attention égale à toutes les classes, quelle que soit leur représentation dans l'ensemble de données.

Alternativement, les scientifiques des données peuvent spécifier manuellement les poids de classe lorsqu'ils ont des connaissances du domaine sur l'importance relative des différentes classes. Cette flexibilité permet d'affiner le comportement du modèle pour l'aligner avec des objectifs commerciaux spécifiques ou pour tenir compte des coûts variables de mauvaise classification à travers différentes classes.

Il est important de noter que bien que la pondération de classe puisse améliorer considérablement les performances d'un modèle sur les ensembles de données déséquilibrés, elle doit être utilisée judicieusement. Suraccentuer la classe minoritaire peut conduire au surapprentissage ou à une précision globale réduite. Par conséquent, il est souvent bénéfique d'expérimenter avec différents schémas de pondération et d'évaluer leur impact sur les performances du modèle en utilisant des indicateurs appropriés tels que le score F1, la précision, le rappel ou l'aire sous la courbe ROC.

Exemple : Pondération de classe avec la régression logistique

Appliquons la pondération de classe à un modèle de **Régression logistique** sur un ensemble de données déséquilibré, en spécifiant class_weight='balanced' pour attribuer automatiquement des poids en fonction de la distribution des classes.

```python
import numpy as np
import matplotlib.pyplot as plt
from sklearn.datasets import make_classification
from sklearn.linear_model import LogisticRegression
from sklearn.model_selection import train_test_split
from sklearn.metrics import classification_report, confusion_matrix, roc_curve, auc
from sklearn.utils.class_weight import compute_class_weight

# Generate an imbalanced dataset
X, y = make_classification(n_samples=1000, n_features=20, n_classes=2,
                           weights=[0.9, 0.1], random_state=42)

# Split data into training and testing sets
X_train, X_test, y_train, y_test = train_test_split(X, y, test_size=0.3,
random_state=42)

# Initialize Logistic Regression with class weighting
model_weighted = LogisticRegression(class_weight='balanced', random_state=42)
model_weighted.fit(X_train, y_train)

# Initialize Logistic Regression without class weighting for comparison
model_unweighted = LogisticRegression(random_state=42)
model_unweighted.fit(X_train, y_train)

# Make predictions
y_pred_weighted = model_weighted.predict(X_test)
y_pred_unweighted = model_unweighted.predict(X_test)

# Evaluate model performance
print("Classification Report with Class Weighting:")
print(classification_report(y_test, y_pred_weighted))
print("\\nClassification Report without Class Weighting:")
print(classification_report(y_test, y_pred_unweighted))

# Compute confusion matrices
cm_weighted = confusion_matrix(y_test, y_pred_weighted)
cm_unweighted = confusion_matrix(y_test, y_pred_unweighted)

# Plot confusion matrices
fig, (ax1, ax2) = plt.subplots(1, 2, figsize=(12, 5))
ax1.imshow(cm_weighted, cmap='Blues')
ax1.set_title("Confusion Matrix (Weighted)")
ax1.set_xlabel("Predicted")
ax1.set_ylabel("Actual")
ax2.imshow(cm_unweighted, cmap='Blues')
ax2.set_title("Confusion Matrix (Unweighted)")
```

```
ax2.set_xlabel("Predicted")
ax2.set_ylabel("Actual")
plt.tight_layout()
plt.show()

# Compute ROC curve and AUC
fpr_w, tpr_w, _ = roc_curve(y_test, model_weighted.predict_proba(X_test)[:, 1])
fpr_u, tpr_u, _ = roc_curve(y_test, model_unweighted.predict_proba(X_test)[:, 1])
roc_auc_w = auc(fpr_w, tpr_w)
roc_auc_u = auc(fpr_u, tpr_u)

# Plot ROC curve
plt.figure()
plt.plot(fpr_w, tpr_w, color='darkorange', lw=2, label=f'Weighted ROC curve (AUC =
{roc_auc_w:.2f})')
plt.plot(fpr_u, tpr_u, color='green', lw=2, label=f'Unweighted ROC curve (AUC =
{roc_auc_u:.2f})')
plt.plot([0, 1], [0, 1], color='navy', lw=2, linestyle='--')
plt.xlim([0.0, 1.0])
plt.ylim([0.0, 1.05])
plt.xlabel('False Positive Rate')
plt.ylabel('True Positive Rate')
plt.title('Receiver Operating Characteristic (ROC) Curve')
plt.legend(loc="lower right")
plt.show()

# Display class weights
class_weights = compute_class_weight('balanced', classes=np.unique(y_train),
y=y_train)
print("\\nComputed class weights:")
for i, weight in enumerate(class_weights):
    print(f"Class {i}: {weight:.2f}")
```

Cet exemple de code fournit une démonstration complète de l'utilisation de la pondération de classe dans la Régression logistique pour les ensembles de données déséquilibrés. Décomposons les composants clés et leurs objectifs :

- Génération et prétraitement des données :

  o Nous utilisonsmake_classificationpour créer un ensemble de données déséquilibré avec un rapport de 90:10 entre les classes.

  o Les données sont divisées en ensembles d'entraînement et de test en utilisanttrain_test_split.

- Création et entraînement du modèle :

  o Deux modèles de Régression logistique sont créés : un avec pondération de classe (class_weight='balanced') et un sans.

  o Les deux modèles sont entraînés sur les mêmes données d'entraînement.

- Évaluation des performances :

  o Nous utilisonsclassification_reportpour afficher la précision, le rappel et le score F1 pour les deux modèles.

  o Les matrices de confusion sont calculées et visualisées pour montrer la distribution des prédictions correctes et incorrectes.

- Analyse de la courbe ROC :

  o Nous traçons les courbes ROC (Receiver Operating Characteristic) pour les deux modèles.

  o L'aire sous la courbe (AUC) est calculée pour quantifier les performances des modèles.

- Calcul des poids de classe :

  o Nous affichons les poids de classe calculés pour montrer comment la pondération équilibrée est appliquée.

Cet exemple complet permet une comparaison directe entre les approches pondérées et non pondérées, démontrant l'impact de la pondération de classe sur les performances du modèle pour les ensembles de données déséquilibrés. Les visualisations (matrices de confusion et courbes ROC) fournissent des informations intuitives sur le comportement des modèles, tandis que les indicateurs numériques offrent des mesures de performance quantitatives.

5.2.3 Technique de suréchantillonnage synthétique de la minorité (SMOTE)

SMOTE (Synthetic Minority Over-sampling Technique) est une méthode avancée pour traiter le déséquilibre de classes dans les ensembles de données d'apprentissage automatique. Contrairement aux techniques de suréchantillonnage simples qui dupliquent les échantillons existants de la classe minoritaire, SMOTE crée de nouveaux échantillons synthétiques en interpolant entre les échantillons existants. Cette approche innovante augmente non seulement la représentation de la classe minoritaire mais introduit également une diversité précieuse dans l'ensemble de données.

Comment fonctionne SMOTE :

1. **Sélection des voisins :** Pour chaque échantillon de la classe minoritaire, SMOTE identifie ses k plus proches voisins (généralement k=5).

2. **Création d'échantillons synthétiques :** SMOTE sélectionne aléatoirement l'un de ces voisins et crée un nouvel échantillon en interpolant le long du segment de ligne reliant l'échantillon original et le voisin choisi. Ce processus génère efficacement un nouveau point de données qui partage ces caractéristiques avec les deux échantillons existants mais n'est une copie exacte d'aucun des deux.

3. **Exploration de l'espace des caractéristiques :** En créant des échantillons dans l'espace des caractéristiques entre les instances existantes de la classe minoritaire, SMOTE aide le modèle à explorer et à apprendre les frontières de décision dans les zones où la classe minoritaire est sous-représentée.

4. **Équilibrage de l'ensemble de données :** Ce processus est répété jusqu'à ce que l'équilibre souhaité entre les classes soit atteint, aboutissant généralement à un nombre égal d'échantillons pour toutes les classes.

La force de SMOTE réside dans sa capacité à créer de nouveaux échantillons significatifs plutôt que de simples duplications. Cette approche aide à prévenir le surapprentissage qui peut se produire avec les méthodes de suréchantillonnage de base, car le modèle est exposé à un ensemble plus diversifié d'exemples de la classe minoritaire. De plus, en peuplant l'espace des caractéristiques entre les échantillons minoritaires existants, SMOTE contribue à créer des frontières de décision plus robustes, en particulier dans les régions où la classe minoritaire est clairsemée.

SMOTE est particulièrement efficace pour les ensembles de données avec des déséquilibres de classes sévères, où la classe minoritaire est significativement sous-représentée. Son application a montré des améliorations remarquables des performances du modèle dans divers domaines, notamment la détection de fraude, le diagnostic médical et la prédiction d'événements rares, où la classification précise des instances minoritaires est cruciale.

Exemple : Utilisation de SMOTE avec Random Forest

Appliquons SMOTE pour équilibrer un ensemble de données et entraîner un classificateur de **Forêt aléatoire**.

```python
import numpy as np
import matplotlib.pyplot as plt
from imblearn.over_sampling import SMOTE
from sklearn.ensemble import RandomForestClassifier
from sklearn.metrics import classification_report, confusion_matrix, roc_curve, auc
from sklearn.model_selection import train_test_split
from sklearn.datasets import make_classification

# Generate an imbalanced dataset
X, y = make_classification(n_samples=1000, n_features=20, n_classes=2,
                           weights=[0.9, 0.1], random_state=42)

# Split data into training and testing sets
X_train, X_test, y_train, y_test = train_test_split(X, y, test_size=0.3,
random_state=42)

# Apply SMOTE to create balanced training data
smote = SMOTE(random_state=42)
X_train_resampled, y_train_resampled = smote.fit_resample(X_train, y_train)

# Train Random Forest on original and SMOTE-resampled data
```

```python
rf_original = RandomForestClassifier(random_state=42)
rf_original.fit(X_train, y_train)

rf_smote = RandomForestClassifier(random_state=42)
rf_smote.fit(X_train_resampled, y_train_resampled)

# Make predictions
y_pred_original = rf_original.predict(X_test)
y_pred_smote = rf_smote.predict(X_test)

# Evaluate models
print("Classification Report without SMOTE:")
print(classification_report(y_test, y_pred_original))
print("\\nClassification Report with SMOTE:")
print(classification_report(y_test, y_pred_smote))

# Compute confusion matrices
cm_original = confusion_matrix(y_test, y_pred_original)
cm_smote = confusion_matrix(y_test, y_pred_smote)

# Plot confusion matrices
fig, (ax1, ax2) = plt.subplots(1, 2, figsize=(12, 5))
ax1.imshow(cm_original, cmap='Blues')
ax1.set_title("Confusion Matrix (Original)")
ax1.set_xlabel("Predicted")
ax1.set_ylabel("Actual")
ax2.imshow(cm_smote, cmap='Blues')
ax2.set_title("Confusion Matrix (SMOTE)")
ax2.set_xlabel("Predicted")
ax2.set_ylabel("Actual")
plt.tight_layout()
plt.show()

# Compute ROC curve and AUC
fpr_o, tpr_o, _ = roc_curve(y_test, rf_original.predict_proba(X_test)[:, 1])
fpr_s, tpr_s, _ = roc_curve(y_test, rf_smote.predict_proba(X_test)[:, 1])
roc_auc_o = auc(fpr_o, tpr_o)
roc_auc_s = auc(fpr_s, tpr_s)

# Plot ROC curve
plt.figure()
plt.plot(fpr_o, tpr_o, color='darkorange', lw=2, label=f'Original ROC curve (AUC =
{roc_auc_o:.2f})')
plt.plot(fpr_s, tpr_s, color='green', lw=2, label=f'SMOTE ROC curve (AUC =
{roc_auc_s:.2f})')
plt.plot([0, 1], [0, 1], color='navy', lw=2, linestyle='--')
plt.xlim([0.0, 1.0])
plt.ylim([0.0, 1.05])
plt.xlabel('False Positive Rate')
plt.ylabel('True Positive Rate')
plt.title('Receiver Operating Characteristic (ROC) Curve')
plt.legend(loc="lower right")
```

```
plt.show()

# Display class distribution
print("\\nOriginal class distribution:")
print(np.bincount(y_train))
print("\\nSMOTE-resampled class distribution:")
print(np.bincount(y_train_resampled))
```

Cet exemple démontre une approche complète de l'utilisation de SMOTE avec Random Forest pour les ensembles de données déséquilibrés. Examinons les composants clés et leurs fonctions :

- Génération et prétraitement des données :
  - Nous utilisons make_classification pour créer un ensemble de données déséquilibré avec un ratio de 90:10 entre les classes.
  - Les données sont divisées en ensembles d'entraînement et de test en utilisant train_test_split.

- Application de SMOTE :
  - SMOTE est appliqué uniquement aux données d'entraînement pour éviter les fuites de données.
  - Cela crée une version équilibrée de l'ensemble d'entraînement.

- Création et entraînement du modèle :
  - Deux modèles Random Forest sont créés : un entraîné sur les données déséquilibrées d'origine et un sur les données rééchantillonnées avec SMOTE.
  - Les deux modèles sont entraînés sur leurs ensembles de données respectifs.

- Évaluation des performances :
  - Nous utilisons classification_report pour afficher la précision, le rappel et le score F1 pour les deux modèles.
  - Les matrices de confusion sont calculées et visualisées pour montrer la distribution des prédictions correctes et incorrectes.

- Analyse de la courbe ROC :
  - Nous traçons les courbes ROC (Receiver Operating Characteristic) pour les deux modèles.
  - L'aire sous la courbe (AUC) est calculée pour quantifier les performances des modèles.

- Visualisation de la distribution des classes :

o Nous affichons la distribution des classes avant et après SMOTE pour montrer comment le rééchantillonnage équilibre l'ensemble de données.

Cet exemple complet permet une comparaison directe entre l'ensemble de données déséquilibré d'origine et l'approche rééchantillonnée avec SMOTE, démontrant l'impact de SMOTE sur les performances du modèle pour les ensembles de données déséquilibrés. Les visualisations (matrices de confusion et courbes ROC) fournissent des aperçus intuitifs du comportement des modèles, tandis que les indicateurs numériques offrent des mesures de performance quantitatives.

5.2.4 Comparaison de la pondération de classes et de SMOTE

- **La pondération de classes** est une approche simple qui ajuste l'importance des différentes classes directement dans le processus d'entraînement du modèle. Cette méthode est efficace sur le plan informatique car elle ne nécessite pas de générer de nouveaux points de données. Elle est particulièrement efficace pour les ensembles de données avec des déséquilibres modérés, où la classe minoritaire dispose encore d'un nombre raisonnable d'échantillons. En attribuant des poids plus élevés à la classe minoritaire, le modèle devient plus sensible à ces instances pendant l'entraînement, améliorant potentiellement les performances globales sans modifier la distribution originale des données.

- **SMOTE (Synthetic Minority Over-sampling Technique)** adopte une approche plus proactive pour traiter le déséquilibre de classes. Il crée des exemples synthétiques de la classe minoritaire en interpolant entre les échantillons existants. Cette méthode est particulièrement puissante pour les ensembles de données fortement asymétriques où la classe minoritaire est gravement sous-représentée. SMOTE augmente efficacement la diversité de la classe minoritaire, fournissant au modèle un ensemble plus riche d'exemples dont il peut apprendre. Cependant, elle s'accompagne d'une surcharge informatique accrue due à la génération de nouveaux points de données. De plus, SMOTE peut nécessiter une intégration soigneuse avec certains types de modèles et peut potentiellement introduire du bruit s'il n'est pas appliqué judicieusement.

Lors du choix entre ces méthodes, tenez compte de facteurs tels que le degré de déséquilibre dans votre ensemble de données, les ressources informatiques disponibles et les exigences spécifiques de votre tâche d'apprentissage automatique. Dans certains cas, une combinaison des deux techniques pourrait donner les meilleurs résultats, en tirant parti des forces de chaque approche pour créer un modèle plus robuste et équitable.

5.2.5 Considérations pratiques

Bien que SMOTE et la pondération de classes soient des techniques efficaces pour gérer les ensembles de données déséquilibrés, elles comportent chacune leur propre ensemble de défis et de considérations :

1. **Risque de surapprentissage avec SMOTE** : La génération de données synthétiques de SMOTE peut conduire au surapprentissage, en particulier avec des ensembles de données plus petits.

   o **Solution** : Combiner SMOTE avec des techniques de sous-échantillonnage pour la classe majoritaire. Cette approche hybride, souvent appelée SMOTETomek ou SMOTEENN, aide à maintenir la diversité des données tout en traitant le déséquilibre de classes.

   o **Alternative** : Envisagez d'utiliser l'échantillonnage synthétique adaptatif (ADASYN), qui se concentre sur la génération d'échantillons près de la frontière de décision, réduisant potentiellement les risques de surapprentissage.

2. **Coûts informatiques** : Les calculs des plus proches voisins de SMOTE peuvent être gourmands en ressources, en particulier pour les grands ensembles de données.

   o **Solution** : Appliquer SMOTE à un sous-ensemble représentatif des données ou ajuster finement le paramètre k_neighbors.

   o **Alternative** : Explorer des variantes plus efficaces comme Borderline-SMOTE ou SVM-SMOTE, qui se concentrent sur la génération d'échantillons près de la frontière de classe, réduisant potentiellement la surcharge informatique.

3. **Choisir la bonne technique** : La gravité du déséquilibre de classes influence le choix entre la pondération de classes et SMOTE.

   o **Solution** : Mener des expériences comparatives avec les deux approches pour déterminer la méthode la plus efficace pour votre ensemble de données spécifique.

   o **Approche hybride** : Envisagez de combiner la pondération de classes avec SMOTE. Cela peut offrir les avantages des deux techniques, permettant la génération de données synthétiques tout en soulignant l'importance des échantillons de la classe minoritaire dans le processus d'entraînement du modèle.

Traiter les données déséquilibrées est crucial pour développer des modèles justes et précis dans divers domaines. La pondération de classes offre un moyen direct de souligner l'importance de la classe minoritaire au sein du modèle, tandis que SMOTE fournit une méthode pour créer un ensemble de données plus diversifié et représentatif. Le choix entre ces techniques, ou une combinaison de celles-ci, devrait être guidé par des facteurs tels que la taille de l'ensemble de données, le degré de déséquilibre et les exigences spécifiques de l'application.

Pour améliorer davantage les performances du modèle sur les ensembles de données déséquilibrés, envisagez ces stratégies supplémentaires :

- Méthodes d'ensemble : Des techniques comme BalancedRandomForestClassifier ou EasyEnsembleClassifier peuvent être particulièrement efficaces pour les ensembles de données déséquilibrés, combinant les forces de plusieurs modèles.

- Approches de détection d'anomalies : Pour les déséquilibres extrêmes, formuler le problème comme une tâche de détection d'anomalies plutôt qu'un problème de classification traditionnel peut donner de meilleurs résultats.

- Augmentation de données : Dans les domaines où elle est applicable, comme la classification d'images, les techniques d'augmentation de données peuvent être utilisées parallèlement à SMOTE pour diversifier davantage la classe minoritaire.

En fin de compte, l'objectif est de créer un modèle qui se généralise bien aux nouvelles données non vues tout en maintenant des performances élevées sur toutes les classes. Cela nécessite souvent une combinaison de techniques, une validation croisée soigneuse et des considérations spécifiques au domaine pour obtenir des résultats optimaux.

5.3 Exercices pratiques pour le chapitre 5

Ces exercices vous aideront à pratiquer la gestion des données déséquilibrées avec la **pondération de classes** et **SMOTE** et à utiliser des méthodes de validation croisée appropriées. Chaque exercice comprend une solution avec du code à titre indicatif.

Exercice 1 : Évaluer un modèle avec la pondération de classes

Entraînez un modèle de **régression logistique** sur un ensemble de données déséquilibré en utilisant la pondération de classes pour améliorer la sensibilité du modèle à la classe minoritaire. Utilisez la **validation croisée K-Folds stratifiée** pour garantir une représentation équilibrée des classes dans chaque pli.

1. Créez un ensemble de données déséquilibré et divisez-le en ensembles d'entraînement et de test.

2. Appliquez la pondération de classes à un modèle de **régression logistique**.

3. Évaluez le modèle en utilisant la validation croisée K-Folds stratifiée.

```
from sklearn.datasets import make_classification
from sklearn.linear_model import LogisticRegression
from sklearn.model_selection import StratifiedKFold, cross_val_score
from sklearn.metrics import classification_report

# Generate an imbalanced dataset
X, y = make_classification(n_samples=1000, n_features=20, n_classes=2, weights=[0.9,
0.1], random_state=42)

# Initialize Logistic Regression with class weighting
model = LogisticRegression(class_weight='balanced', random_state=42)
```

```
# Initialize Stratified K-Folds with 5 splits
strat_kfold = StratifiedKFold(n_splits=5)

# Solution: Evaluate model using Stratified K-Folds cross-validation
scores = cross_val_score(model, X, y, cv=strat_kfold, scoring='f1')
print("Stratified K-Folds F1 Scores:", scores)
print("Mean F1 Score:", scores.mean())

# Final model evaluation
model.fit(X, y)
y_pred = model.predict(X)
print("\\\\nClassification Report with Class Weighting:")
print(classification_report(y, y_pred))
```

Dans cette solution :

- Le score F1 du modèle est calculé en utilisant la validation croisée K-Folds stratifiée pour fournir une vue équilibrée des performances sur chaque classe.

- La pondération de classes (class_weight='balanced') aide le modèle à considérer la classe minoritaire plus efficacement.

Exercice 2 : Équilibrer les classes avec SMOTE

Utilisez **SMOTE** pour créer un ensemble de données équilibré pour un **classificateur Random Forest**. Comparez les performances sur l'ensemble de données déséquilibré d'origine et l'ensemble de données rééchantillonné avec SMOTE.

1. Entraînez un **classificateur Random Forest** sur l'ensemble de données déséquilibré d'origine.

2. Appliquez SMOTE pour équilibrer l'ensemble de données, et réentraînez le modèle.

3. Comparez les scores F1 des deux modèles pour voir l'impact de SMOTE.

```
from imblearn.over_sampling import SMOTE
from sklearn.ensemble import RandomForestClassifier
from sklearn.model_selection import train_test_split
from sklearn.metrics import classification_report

# Generate an imbalanced dataset
X, y = make_classification(n_samples=1000, n_features=20, n_classes=2, weights=[0.9,
0.1], random_state=42)

# Split data into training and testing sets
X_train, X_test, y_train, y_test = train_test_split(X, y, test_size=0.3,
random_state=42)

# Solution: Train model on original imbalanced data
model = RandomForestClassifier(random_state=42)
```

```
model.fit(X_train, y_train)
y_pred = model.predict(X_test)
print("Classification Report on Original Data:")
print(classification_report(y_test, y_pred))

# Apply SMOTE to create balanced data
smote = SMOTE(random_state=42)
X_resampled, y_resampled = smote.fit_resample(X_train, y_train)

# Train model on SMOTE-resampled data
model.fit(X_resampled, y_resampled)
y_pred_resampled = model.predict(X_test)
print("\\\\nClassification Report with SMOTE:")
print(classification_report(y_test, y_pred_resampled))
```

Dans cette solution :

- **SMOTE** crée des échantillons synthétiques pour équilibrer les classes, améliorant les performances sur la classe minoritaire.

- Le rapport de classification compare le score F1 du modèle et d'autres métriques avant et après l'utilisation de SMOTE, montrant l'efficacité de l'équilibrage.

Exercice 3 : Combiner SMOTE avec la validation croisée K-Folds stratifiée

Utilisez **SMOTE** avec la **validation croisée K-Folds stratifiée** pour évaluer les performances du modèle sur plusieurs plis, en équilibrant les classes dans chaque pli pour une évaluation plus robuste.

1. Appliquez SMOTE au sein de chaque pli de validation croisée.

2. Entraînez un modèle **Random Forest** sur chaque pli et rapportez les scores F1.

```
from sklearn.model_selection import StratifiedKFold, cross_val_score
from sklearn.pipeline import Pipeline
from imblearn.pipeline import make_pipeline # to use SMOTE in cross-validation
from sklearn.ensemble import RandomForestClassifier

# Generate an imbalanced dataset
X, y = make_classification(n_samples=1000, n_features=20, n_classes=2, weights=[0.9,
0.1], random_state=42)

# Initialize SMOTE and Random Forest in a pipeline
pipeline                    =                    make_pipeline(SMOTE(random_state=42),
RandomForestClassifier(random_state=42))

# Initialize Stratified K-Folds Cross-Validation with 5 splits
strat_kfold = StratifiedKFold(n_splits=5)

# Solution: Cross-validation with SMOTE in each fold
scores = cross_val_score(pipeline, X, y, cv=strat_kfold, scoring='f1')
```

```
print("Stratified K-Folds with SMOTE F1 Scores:", scores)
print("Mean F1 Score:", scores.mean())
```

Dans cette solution :

- SMOTE est appliqué au sein de chaque pli en utilisant un pipeline, garantissant que les classes sont équilibrées pour chaque itération de validation croisée.

- Les scores F1 à travers les plis fournissent une mesure complète des performances du modèle sur la classe minoritaire.

Exercice 4 : Comparer la pondération de classes vs. SMOTE sur un ensemble de données déséquilibré

Entraînez deux modèles de **régression logistique** sur un ensemble de données déséquilibré : un avec la pondération de classes et l'autre avec SMOTE. Comparez les performances de chaque approche en utilisant le score F1.

1. Entraînez un modèle de **régression logistique** avec class_weight='balanced'.

2. Entraînez un autre modèle en utilisant SMOTE pour équilibrer l'ensemble de données.

3. Comparez les scores F1 des deux modèles sur un ensemble de test.

```
from imblearn.over_sampling import SMOTE
from sklearn.linear_model import LogisticRegression
from sklearn.metrics import classification_report
from sklearn.model_selection import train_test_split

# Generate an imbalanced dataset
X, y = make_classification(n_samples=1000, n_features=20, n_classes=2, weights=[0.9,
0.1], random_state=42)

# Split data into training and testing sets
X_train, X_test, y_train, y_test = train_test_split(X, y, test_size=0.3,
random_state=42)

# Solution 1: Logistic Regression with class weighting
model_weighted = LogisticRegression(class_weight='balanced', random_state=42)
model_weighted.fit(X_train, y_train)
y_pred_weighted = model_weighted.predict(X_test)
print("Classification Report with Class Weighting:")
print(classification_report(y_test, y_pred_weighted))

# Solution 2: Logistic Regression with SMOTE
smote = SMOTE(random_state=42)
X_resampled, y_resampled = smote.fit_resample(X_train, y_train)
model_smote = LogisticRegression(random_state=42)
model_smote.fit(X_resampled, y_resampled)
y_pred_smote = model_smote.predict(X_test)
print("\\\\nClassification Report with SMOTE:")
```

```
print(classification_report(y_test, y_pred_smote))
```

Dans cette solution :

- La **pondération de classes** et **SMOTE** sont tous deux appliqués pour traiter les données déséquilibrées, permettant une comparaison directe.
- Les rapports de classification montrent les scores F1 pour les deux méthodes, aidant à déterminer quelle technique fonctionne le mieux pour cet ensemble de données.

Ces exercices offrent une expérience pratique de la gestion des données déséquilibrées, incluant l'utilisation de la pondération de classes, SMOTE et des stratégies de validation croisée. En maîtrisant ces techniques, vous améliorerez votre capacité à évaluer et améliorer les performances des modèles sur des ensembles de données déséquilibrés du monde réel.

5.4 Qu'est-ce qui pourrait mal tourner ?

La gestion des données déséquilibrées est cruciale pour construire des modèles d'apprentissage automatique efficaces, en particulier dans des domaines comme la détection de fraude et le diagnostic médical où les déséquilibres de classes sont courants. Cependant, des techniques comme **SMOTE**, la **pondération de classes** et des méthodes spécifiques de validation croisée peuvent présenter des défis si elles ne sont pas mises en œuvre avec soin. Voici quelques pièges potentiels et des stratégies pour les atténuer.

5.4.1 Surapprentissage dû au suréchantillonnage excessif avec SMOTE

Bien que SMOTE (Technique de suréchantillonnage synthétique de la minorité) génère des échantillons synthétiques pour la classe minoritaire, le suréchantillonnage peut conduire au surapprentissage, en particulier dans les petits ensembles de données. Le surapprentissage se produit lorsque le modèle « mémorise » les échantillons synthétiques, qui peuvent être trop similaires aux points de données existants, et échoue à généraliser efficacement.

Qu'est-ce qui pourrait mal tourner ?

- Le modèle peut afficher une grande précision sur l'ensemble d'entraînement mais avoir de mauvaises performances sur de nouvelles données non vues.
- Des échantillons synthétiques trop similaires les uns aux autres peuvent amener le modèle à détecter de faux motifs dans la classe minoritaire, conduisant à des prédictions biaisées.

Solution :

- Utilisez SMOTE en combinaison avec un sous-échantillonnage de la classe majoritaire, ou essayez des **variations de SMOTE** comme **SMOTEENN** ou **SMOTETomek**, qui équilibrent les données plus efficacement en supprimant les échantillons limites ou redondants.

- Effectuez une validation croisée pour vous assurer que le suréchantillonnage n'entraîne pas des performances artificiellement élevées.

5.4.2 Désalignement avec la pondération de classes dans la validation croisée

La pondération de classes aide à corriger les déséquilibres en donnant plus de poids aux erreurs de la classe minoritaire, mais elle peut parfois être désalignée avec certaines stratégies de validation croisée. Ce désalignement peut conduire à des performances incohérentes entre différents plis, en particulier lorsqu'on traite des ensembles de données petits ou très déséquilibrés.

Qu'est-ce qui pourrait mal tourner ?

- Le modèle peut avoir des performances incohérentes à travers les plis de validation croisée si la distribution des classes varie considérablement entre les plis.

- La pondération de classes peut entraîner des métriques de performance trompeuses si elle n'est pas gérée avec soin dans la configuration de validation croisée.

Solution :

- Utilisez la **validation croisée K-Folds stratifiée** pour garantir une distribution de classes cohérente à travers les plis. De cette façon, chaque pli maintient un équilibre représentatif de chaque classe, produisant des métriques de performance plus stables.

- Surveillez régulièrement les performances sur la classe minoritaire en utilisant des métriques comme la **précision**, le **rappel** et le **score F1** pour comprendre dans quelle mesure la pondération de classes gère les déséquilibres.

5.4.3 Intensité computationnelle de SMOTE avec de grands ensembles de données

SMOTE nécessite des calculs de plus proches voisins pour générer des échantillons synthétiques, ce qui peut être computationnellement exigeant sur de grands ensembles de données. À mesure que la taille de l'ensemble de données augmente, SMOTE peut ralentir considérablement, rendant difficile son intégration dans des flux de travail en temps réel ou haute performance.

Qu'est-ce qui pourrait mal tourner ?

- Les longs temps de traitement peuvent entraver la nature itérative du développement de modèles, rendant plus difficile l'expérimentation et le réglage fin d'autres aspects du modèle.

- Pour des ensembles de données très volumineux, SMOTE pourrait même entraîner des problèmes de mémoire ou faire planter le système.

Solution :

- Envisagez d'utiliser le **suréchantillonnage aléatoire** ou le sous-échantillonnage au lieu de SMOTE si l'ensemble de données est trop volumineux. Alternativement, utilisez **SMOTE sur un sous-ensemble de données** ou expérimentez en réduisant k_neighbors pour diminuer les coûts computationnels.

- Explorez des frameworks de **traitement distribué ou parallèle**, tels que Dask ou PySpark, qui peuvent gérer SMOTE plus efficacement sur de grands ensembles de données.

5.4.4 Fuite de données dans la validation croisée de séries temporelles avec SMOTE

L'application de SMOTE ou d'autres techniques de rééchantillonnage sur des données de séries temporelles peut conduire à une fuite de données si des échantillons synthétiques du futur « s'infiltrent » dans l'ensemble d'entraînement pour des prédictions passées. Cela peut conduire à des estimations de performance excessivement optimistes.

Qu'est-ce qui pourrait mal tourner ?

- La fuite de données peut conduire à une précision artificiellement élevée, car le modèle apprend sans le savoir à partir de données auxquelles il n'aurait pas accès dans un scénario du monde réel.

- Le modèle peut échouer à généraliser efficacement, car il repose sur des informations qui ne seront pas disponibles en pratique.

Solution :

- Évitez d'utiliser SMOTE avec des données de séries temporelles ou appliquez-le uniquement à une approche par fenêtre glissante où l'ensemble de test suit toujours l'ensemble d'entraînement dans le temps.

- Envisagez **TimeSeriesSplit** avec **pondération de classes** à la place, car cela permet un flux chronologique naturel des données sans introduire d'échantillons synthétiques qui pourraient causer une fuite.

5.4.5 Mauvaise interprétation des métriques d'évaluation sur des données déséquilibrées

La précision seule peut être une métrique trompeuse pour les données déséquilibrées, car elle ne reflète pas la performance du modèle sur la classe minoritaire. Une précision élevée peut toujours indiquer de mauvaises performances sur la classe minoritaire, résultant en un modèle qui semble réussi mais est inefficace en pratique.

Qu'est-ce qui pourrait mal tourner ?

- Se fier à la précision peut masquer l'incapacité du modèle à prédire la classe minoritaire, conduisant à des échecs de déploiement dans des applications critiques.

- Des métriques trompeuses peuvent amener les parties prenantes à surestimer les performances du modèle et à prendre de mauvaises décisions basées sur des informations incorrectes.

Solution :

- Utilisez des métriques comme la **précision**, le **rappel** et le **score F1** pour évaluer les modèles sur des ensembles de données déséquilibrés, car celles-ci fournissent une image plus claire des performances sur la classe minoritaire.

- Envisagez les métriques **ROC-AUC** et **AUC Précision-Rappel**, qui sont plus appropriées pour les données déséquilibrées et donnent un aperçu du comportement du seuil de classification du modèle.

5.4.6 Le déséquilibre de classes change au fil du temps

Les distributions de classes peuvent évoluer au fil du temps, en particulier dans des domaines dynamiques comme la détection de fraude ou l'analyse du comportement des utilisateurs. Un modèle entraîné sur une distribution passée peut ne pas bien généraliser si le déséquilibre de classes change.

Qu'est-ce qui pourrait mal tourner ?

- Les performances du modèle peuvent se dégrader dans les applications en temps réel s'il rencontre une distribution de classes mise à jour qui diffère considérablement de ses données d'entraînement.

- Les changements de classes déséquilibrées peuvent augmenter les faux positifs ou les faux négatifs, selon quelle classe devient plus proéminente.

Solution :

- Surveillez les performances du modèle au fil du temps et envisagez d'utiliser l'apprentissage incrémental ou de réentraîner le modèle périodiquement pour refléter les changements dans la distribution des classes.

- Utilisez le suivi des métriques en temps réel pour observer toute tendance dans les performances du modèle, en particulier sur les prédictions de la classe minoritaire, et ajustez en conséquence si la distribution change.

Conclusion

Traiter les données déséquilibrées avec des méthodes comme SMOTE et la pondération de classes peut améliorer considérablement les performances du modèle, mais ces méthodes comportent leurs propres défis. En surveillant attentivement la fuite de données, en ajustant l'intensité computationnelle, en choisissant les bonnes métriques et en maintenant une conscience des distributions de classes changeantes, vous pouvez utiliser ces techniques efficacement pour améliorer vos modèles de manière équilibrée et interprétable.

Résumé du Chapitre 5

Dans le Chapitre 5, nous avons exploré des techniques d'évaluation avancées essentielles pour développer des modèles d'apprentissage automatique robustes et équitables. Bien que les méthodes conventionnelles comme la précision et la validation croisée standard soient adaptées aux ensembles de données équilibrés, elles s'avèrent souvent insuffisantes pour évaluer avec précision les modèles entraînés sur des données déséquilibrées ou séquentielles. Ce chapitre a couvert plusieurs techniques d'évaluation nuancées, notamment la **validation croisée stratifiée** et la **division de séries temporelles**, ainsi que des stratégies pour gérer les déséquilibres de classes avec **SMOTE** et la **pondération de classes**. Chacune de ces méthodes contribue à garantir que les modèles sont évalués rigoureusement et peuvent bien généraliser aux données du monde réel.

Nous avons commencé par la **validation croisée stratifiée**, qui est particulièrement bénéfique lors du traitement d'ensembles de données déséquilibrés, car elle préserve la distribution des classes au sein de chaque pli. La stratification K-Folds aide à remédier au déséquilibre dans l'ensemble de données en garantissant que chaque pli maintient un équilibre de classes représentatif, offrant une vision plus réaliste des performances du modèle. Cette technique est particulièrement utile dans des scénarios où des classes rares, comme les transactions frauduleuses, doivent être détectées avec une grande précision.

Ensuite, nous avons exploré la validation croisée par **division de séries temporelles**, conçue pour évaluer les modèles sur des données séquentielles où l'ordre temporel est crucial. En maintenant une progression chronologique dans chaque pli, la division de séries temporelles empêche la fuite de données et reflète les conditions dans lesquelles le modèle fonctionnera en déploiement. Cette technique est précieuse pour les tâches de prévision, comme la prédiction des cours boursiers ou des conditions météorologiques, où il est essentiel de tester la capacité prédictive du modèle sur des données futures sans inclure par inadvertance des informations futures dans l'ensemble d'entraînement.

Le traitement des données déséquilibrées a constitué un autre axe majeur de ce chapitre, où nous avons examiné deux techniques puissantes : la **pondération de classes** et **SMOTE** (Synthetic Minority Oversampling Technique). La pondération de classes ajuste le processus d'entraînement en accordant une plus grande importance à la classe minoritaire, « équilibrant » efficacement l'impact des erreurs commises sur la classe moins représentée. Il s'agit d'une méthode pratique et efficace pour améliorer les performances du modèle sur des ensembles de données déséquilibrés, en particulier dans les algorithmes qui prennent nativement en charge la pondération, comme la **régression logistique** et les **forêts aléatoires**.

SMOTE, quant à lui, génère des échantillons synthétiques pour la classe minoritaire en interpolant entre les plus proches voisins. Cette approche enrichit la classe minoritaire sans simplement dupliquer les échantillons, réduisant les risques de surapprentissage tout en améliorant les performances du modèle sur les classes rares. Bien que SMOTE soit un outil puissant, il nécessite de la prudence, car un échantillonnage synthétique excessif peut conduire à un surapprentissage et à une intensité computationnelle sur de grands ensembles de données. Ainsi, équilibrer le niveau d'échantillons générés par SMOTE avec un sous-échantillonnage de la classe majoritaire est souvent une approche pratique.

Enfin, nous avons abordé les pièges potentiels de l'évaluation avancée, tels que les risques de fuite de données lors de l'application de SMOTE aux données de séries temporelles, les exigences computationnelles de SMOTE sur de grands ensembles de données, et l'importance de choisir des métriques appropriées. Dans les scénarios de données déséquilibrées, se fier uniquement à la précision peut être trompeur ; au lieu de cela, des métriques comme la **précision**, le **rappel**, le **score F1** et **ROC-AUC** fournissent une vision plus équilibrée des performances du modèle. Pour les applications en temps réel, surveiller le comportement du modèle sur la classe minoritaire est crucial pour garantir que les événements rares, comme la fraude ou les pannes de machines, sont détectés avec une grande sensibilité.

En conclusion, les techniques d'évaluation avancées de modèles fournissent la profondeur et la rigueur nécessaires pour construire et déployer des modèles d'apprentissage automatique robustes dans des environnements réels et complexes. En utilisant ces méthodes avec discernement, les scientifiques des données peuvent garantir que leurs modèles sont non seulement précis, mais aussi équitables, interprétables et prêts à gérer la dynamique des données du monde réel.

Quiz Partie 2 : Intégration avec Scikit-Learn pour la construction de modèles

Ce quiz testera votre compréhension de l'ingénierie des caractéristiques avec les pipelines, des techniques d'amélioration de modèles et de l'évaluation avancée de modèles. Chaque question est conçue pour aider à renforcer les concepts clés abordés dans la Partie 2.

Question 1 : Pipelines dans Scikit-Learn

Laquelle des affirmations suivantes concernant les pipelines dans Scikit-Learn est **vraie** ?

- A) Les pipelines appliquent chaque étape en parallèle pour améliorer l'efficacité.

- B) Les pipelines garantissent que les transformations sont appliquées de manière cohérente aux données d'entraînement et de test.

- C) Les pipelines ne supportent pas le réglage des hyperparamètres à travers les étapes individuelles.

- D) Les pipelines sont limités aux modèles linéaires dans Scikit-Learn.

Question 2 : FeatureUnion et combinaison de transformations

Quel est l'objectif de l'utilisation de **FeatureUnion** dans un pipeline ?

- A) Appliquer des transformations séquentielles à chaque caractéristique.

- B) Combiner plusieurs transformations appliquées en parallèle en un seul ensemble de données.

- C) Garantir que les transformations de données sont uniquement appliquées aux données d'entraînement.

- D) Normaliser les données avant de les diviser en ensembles d'entraînement et de test.

Question 3 : Élimination récursive des caractéristiques (RFE)

Laquelle des descriptions suivantes décrit le mieux l'**Élimination récursive des caractéristiques (RFE)** ?

- A) Une méthode pour régler automatiquement les hyperparamètres pour une performance optimale du modèle.

- B) Une technique pour sélectionner les caractéristiques les plus importantes en supprimant de manière récursive les caractéristiques les moins impactantes.

- C) Un algorithme qui réduit la complexité du modèle en limitant la profondeur des arbres de décision.

- D) Une méthode de mise à l'échelle des caractéristiques utilisée pour normaliser les données.

Question 4 : Utilisation de la pondération des classes pour gérer les données déséquilibrées

Dans quel cas l'utilisation du paramètre class_weight='balanced' peut-elle être particulièrement bénéfique ?

- A) Lorsque les données contiennent uniquement des caractéristiques numériques.

- B) Lorsque toutes les classes dans l'ensemble de données sont représentées de manière équilibrée.

- C) Lorsque l'ensemble de données présente un déséquilibre de classes significatif.

- D) Lors de la réalisation de clustering plutôt que de classification.

Question 5 : Avantages de SMOTE pour les ensembles de données déséquilibrés

Quel est l'un des principaux avantages de **SMOTE** pour gérer les ensembles de données déséquilibrés ?

- A) Il augmente la précision de la classe majoritaire.

- B) Il crée des échantillons synthétiques en dupliquant les échantillons existants de la classe minoritaire.

- C) Il génère des échantillons synthétiques en interpolant entre les échantillons minoritaires existants.

- D) Il nécessite moins de calculs que la pondération des classes.

Question 6 : Techniques de validation croisée pour les données de séries temporelles

Quelle technique de validation croisée est la **plus appropriée** pour les données de séries temporelles ?

- A) Validation croisée stratifiée en K plis

- B) Validation croisée par division de séries temporelles

- C) Validation croisée par division aléatoire

- D) Validation croisée SMOTE

Question 7 : Évaluation des modèles sur des données déséquilibrées

Pourquoi l'exactitude peut-elle être une mesure trompeuse pour évaluer les modèles sur des données déséquilibrées ?

- A) L'exactitude surestime toujours la performance du modèle pour les données équilibrées.

- B) L'exactitude ne tient pas compte du biais du modèle envers la classe majoritaire.

- C) L'exactitude n'est utile que pour les problèmes de régression, pas de classification.

- D) L'exactitude est plus élevée pour les modèles entraînés sur des données séquentielles.

Question 8 : Choix des mesures d'évaluation pour les données déséquilibrées

Laquelle des mesures suivantes est la **plus appropriée** pour évaluer la performance sur des données déséquilibrées ?

- A) Erreur quadratique moyenne

- B) Score F1

- C) R carré ajusté

- D) Erreur absolue moyenne

Question 9 : Combinaison de SMOTE avec la validation croisée

Quelle est une considération clé lors de l'utilisation de SMOTE avec la validation croisée ?

- A) SMOTE ne doit être appliqué qu'après la validation croisée pour éviter les fuites de données.

- B) SMOTE peut être appliqué dans chaque pli de validation croisée en utilisant un pipeline pour équilibrer les classes dans chaque pli.

- C) SMOTE est inutile si l'on utilise une méthode de validation croisée équilibrée.

- D) SMOTE s'applique uniquement aux modèles de régression, pas à la classification.

Question 10 : Application de l'ingénierie des caractéristiques dans les pipelines

Pourquoi est-il utile d'incorporer des étapes d'ingénierie des caractéristiques dans un pipeline Scikit-Learn ?

- A) Pour normaliser toutes les données avant d'appliquer les transformations.

- B) Pour garantir que les étapes d'ingénierie des caractéristiques sont appliquées de manière cohérente aux données d'entraînement et de test.

- C) Pour permettre l'ingénierie des caractéristiques uniquement pendant l'entraînement du modèle, pas la prédiction.

- D) Pour rendre le pipeline compatible avec les modèles non Scikit-Learn.

Réponses

1. **B**) Les pipelines garantissent que les transformations sont appliquées de manière cohérente aux données d'entraînement et de test.

2. **B**) Combiner plusieurs transformations appliquées en parallèle en un seul ensemble de données.

3. **B**) Une technique pour sélectionner les caractéristiques les plus importantes en supprimant de manière récursive les caractéristiques les moins impactantes.

4. **C**) Lorsque l'ensemble de données présente un déséquilibre de classes significatif.

5. **C**) Il génère des échantillons synthétiques en interpolant entre les échantillons minoritaires existants.

6. **B**) Validation croisée par division de séries temporelles

7. **B**) L'exactitude ne tient pas compte du biais du modèle envers la classe majoritaire.

8. **B**) Score F1

9. **B**) SMOTE peut être appliqué dans chaque pli de validation croisée en utilisant un pipeline pour équilibrer les classes dans chaque pli.

10. **B**) Pour garantir que les étapes d'ingénierie des caractéristiques sont appliquées de manière cohérente aux données d'entraînement et de test.

Partie 3 : Sujets avancés et tendances futures

Projet 2 : Ingénierie des caractéristiques avec les modèles d'apprentissage profond

Alors que nous nous aventurons dans des territoires avancés, nous nous trouvons à l'intersection de l'ingénierie des caractéristiques traditionnelle et des capacités transformatrices de l'apprentissage profond. Les réseaux de neurones, pierre angulaire des modèles d'apprentissage profond, possèdent une capacité extraordinaire à extraire de manière autonome des caractéristiques à partir de données brutes. Cette capacité est particulièrement prononcée lorsqu'il s'agit de motifs complexes ou d'ensembles de données de grande dimension, tels que les images, le texte et les données de séries temporelles, où la complexité submerge souvent les méthodes conventionnelles.

Il est toutefois crucial de noter que l'avènement de l'apprentissage profond ne rend pas l'ingénierie des caractéristiques obsolète. Au contraire, il amplifie son potentiel. La synergie entre l'ingénierie des caractéristiques et l'apprentissage profond peut produire des modèles qui sont non seulement plus efficaces, mais aussi plus interprétables. Cette combinaison harmonieuse se traduit souvent par des informations précieuses qui améliorent considérablement la précision prédictive et renforcent la robustesse du modèle, créant ainsi une boîte à outils puissante pour les scientifiques des données et les praticiens de l'apprentissage automatique.

Dans ce projet complet, nous nous lancerons dans une exploration de la manière dont l'ingénierie des caractéristiques peut être intégrée de manière transparente dans les flux de travail d'apprentissage profond. Notre parcours englobera un large éventail de techniques, notamment :

- Des méthodes de préparation de données spécialisées conçues spécifiquement pour les modèles d'apprentissage profond

- La création et l'amélioration de caractéristiques qui s'alignent harmonieusement avec les architectures de réseaux de neurones

- L'utilisation de modèles d'apprentissage profond comme générateurs de nouvelles caractéristiques de haut niveau

Cette approche multifacette relève du **apprentissage de représentations**, un paradigme où les modèles d'apprentissage profond servent d'extracteurs de caractéristiques sophistiqués.

Dans ce rôle, ils excellent à découvrir des motifs latents au sein des données, des motifs qui échappent souvent aux techniques traditionnelles d'ingénierie des caractéristiques. En tirant parti de la puissance de l'apprentissage de représentations, nous pouvons exploiter une mine d'informations cachées dans nos ensembles de données, ouvrant la voie à des modèles prédictifs plus nuancés et précis.

1.1 Tirer parti des modèles pré-entraînés pour l'extraction de caractéristiques

L'un des moyens les plus accessibles et efficaces d'ingénier des caractéristiques avec l'apprentissage profond est le **transfert d'apprentissage** — le processus qui consiste à exploiter un modèle pré-entraîné sur un nouveau jeu de données. Cette approche est particulièrement puissante car elle nous permet d'exploiter les connaissances intégrées dans des modèles qui ont été entraînés sur des ensembles de données massifs, tels qu'**ImageNet** pour les images ou **BERT** pour le texte.

Ces modèles pré-entraînés ont déjà appris à capturer des caractéristiques riches et complexes de leurs domaines respectifs. Par exemple, un modèle entraîné sur ImageNet a appris à reconnaître un large éventail de motifs visuels, des bords et textures simples aux formes d'objets complexes. De même, BERT a appris des motifs linguistiques complexes, notamment les significations contextuelles des mots et les structures grammaticales.

Lorsque nous appliquons le transfert d'apprentissage, nous réutilisons essentiellement ces caractéristiques apprises pour nos tâches spécifiques. Ce processus transforme le modèle pré-entraîné en un extracteur de caractéristiques sophistiqué. Au lieu de repartir de zéro et d'essayer d'apprendre nous-mêmes ces caractéristiques complexes — ce qui nécessiterait d'énormes quantités de données et de puissance de calcul — nous pouvons exploiter la base de connaissances du modèle pré-entraîné.

La beauté de cette approche réside dans son efficacité et son efficience. En utilisant des modèles pré-entraînés, nous pouvons travailler avec des représentations de caractéristiques hautement sophistiquées sans avoir besoin d'ensembles de données volumineux ou de ressources informatiques coûteuses. Cela est particulièrement avantageux lorsque l'on travaille avec des ensembles de données plus petits ou plus spécialisés qui n'ont peut-être pas la taille ou la diversité nécessaires pour entraîner un modèle d'apprentissage profond à partir de zéro.

De plus, ces représentations pré-entraînées capturent souvent des nuances et des motifs qui peuvent être difficiles à concevoir manuellement. Elles peuvent détecter des interactions subtiles entre les caractéristiques que les techniques traditionnelles d'ingénierie des caractéristiques pourraient manquer. Cela fait du transfert d'apprentissage un outil inestimable dans la boîte à outils du scientifique des données, en particulier lorsqu'on travaille avec des types de données complexes comme les images, le texte ou les séries temporelles où les motifs sous-jacents peuvent ne pas être immédiatement apparents.

Exemple : Utilisation d'un modèle CNN pré-entraîné pour l'extraction de caractéristiques d'images

Considérons un scénario où nous avons un petit ensemble de données d'images, et nous voulons extraire des caractéristiques de haut niveau à utiliser dans un classificateur. Une approche courante et très efficace consiste à exploiter un **réseau de neurones convolutif (CNN)** pré-entraîné tel que **VGG16** ou **ResNet50** pour générer des caractéristiques sophistiquées. Ces modèles, ayant été entraînés sur de vastes ensembles de données comme ImageNet, ont développé la capacité de reconnaître des motifs visuels complexes et des hiérarchies.

Lorsque nous utilisons un CNN pré-entraîné pour l'extraction de caractéristiques, nous exploitons essentiellement les représentations apprises par le modèle de l'information visuelle. Les premières couches de ces réseaux capturent généralement des caractéristiques de bas niveau comme les bords et les textures, tandis que les couches plus profondes représentent des concepts plus abstraits comme les formes et les parties d'objets. En utilisant les activations de ces couches plus profondes comme nos caractéristiques, nous pouvons représenter nos images dans un espace de grande dimension qui encapsule des informations sémantiques riches.

Cette approche est particulièrement puissante pour les petits ensembles de données car elle nous permet de bénéficier des connaissances généralisées que ces modèles ont acquises, même lorsque nous n'avons pas suffisamment de données pour entraîner de tels modèles complexes à partir de zéro. De plus, ces caractéristiques pré-entraînées se généralisent souvent bien à un large éventail de tâches de classification d'images, ce qui en fait un outil polyvalent dans les applications de vision par ordinateur.

Voici comment nous pouvons utiliser un modèle pré-entraîné pour extraire des caractéristiques d'un ensemble de données d'images :

```python
import tensorflow as tf
from tensorflow.keras.applications import VGG16
from tensorflow.keras.applications.vgg16 import preprocess_input
from tensorflow.keras.preprocessing.image import img_to_array, load_img
import numpy as np
import os

# Load the pretrained VGG16 model with weights from ImageNet, excluding the top layer
model = VGG16(weights='imagenet', include_top=False)

# Path to a directory containing images
image_folder = 'path/to/your/image/folder'

# Function to preprocess and extract features from images
def extract_features(directory, model):
    features = []
    for filename in os.listdir(directory):
        if filename.endswith('.jpg'):  # Assuming images are in .jpg format
```

```
        image_path = os.path.join(directory, filename)
        image = load_img(image_path, target_size=(224, 224))
        image = img_to_array(image)
        image = np.expand_dims(image, axis=0)
        image = preprocess_input(image)

        # Extract features
        feature = model.predict(image)
        features.append(feature.flatten())
    return np.array(features)

# Extract features from images in the specified folder
image_features = extract_features(image_folder, model)
print("Extracted Features Shape:", image_features.shape)
```

Dans cet exemple :

- Nous chargeons **VGG16** avec des poids pré-entraînés d'ImageNet et supprimons la couche de classification supérieure (include_top=False), de sorte que le modèle génère des cartes de caractéristiques brutes.

- La fonction parcourt un répertoire d'images, chargeant chaque image, la redimensionnant à la taille d'entrée requise et la prétraitant à l'aide de la fonction de prétraitement de **VGG16**.

- Chaque image est transmise au modèle, et les caractéristiques résultantes sont stockées sous forme de vecteur aplati, créant un ensemble de caractéristiques pour toutes les images de l'ensemble de données.

Ces caractéristiques extraites peuvent ensuite être utilisées comme entrée pour d'autres modèles d'apprentissage automatique, tels que les **Forêts Aléatoires** ou les **Machines à Vecteurs de Support (SVM)**, pour effectuer des tâches telles que la classification ou le regroupement d'images. En utilisant un CNN pré-entraîné, nous capturons des représentations de haut niveau, telles que les bords, les textures et les formes, qui améliorent les performances du modèle.

Voici une répartition des principaux composants :

- Imports : Le code importe les bibliothèques nécessaires, notamment TensorFlow, Keras et NumPy.

- Chargement du Modèle : Il charge un modèle VGG16 pré-entraîné avec des poids d'ImageNet, excluant la couche supérieure. Cela permet d'utiliser le modèle comme extracteur de caractéristiques.

- Fonction d'Extraction de Caractéristiques : La fonction extract_features est définie pour traiter les images et extraire les caractéristiques. Elle effectue les opérations suivantes :

- o Parcourt les images dans un répertoire spécifié

- o Charge et prétraite chaque image (redimensionnement, conversion en tableau, extension des dimensions)

- o Transmet l'image prétraitée au modèle VGG16 pour extraire les caractéristiques

- o Aplatit et stocke les caractéristiques extraites

- **Extraction de Caractéristiques :** Le code appelle ensuite la fonction extract_features sur un dossier d'images spécifié et affiche la forme du tableau de caractéristiques résultant.

Exemple : Extraction de Caractéristiques Textuelles avec BERT pour les Tâches de TAL

Pour les données textuelles, l'apprentissage par transfert est largement mis en œuvre via des modèles comme **BERT (Bidirectional Encoder Representations from Transformers)**, qui a été pré-entraîné sur un vaste corpus de texte. L'architecture de BERT lui permet d'apprendre des représentations contextuelles profondes de mots et de phrases, capturant les relations sémantiques, le contexte et les nuances linguistiques d'une manière que les modèles traditionnels de sac de mots ou d'enchâssements de mots ne peuvent pas.

La puissance de BERT réside dans sa nature bidirectionnelle, ce qui signifie qu'il considère le contexte d'un mot des côtés gauche et droit simultanément. Cela permet à BERT de comprendre le contexte complet d'un mot dans une phrase, conduisant à des représentations de caractéristiques plus précises. Par exemple, dans la phrase « La banque est fermée », BERT peut distinguer si « banque » fait référence à une institution financière ou à une rive de rivière en fonction des mots environnants.

Le processus de pré-entraînement de BERT implique deux tâches principales : la Modélisation de Langage Masqué (MLM) et la Prédiction de Phrase Suivante (NSP). Le MLM consiste à masquer aléatoirement des mots dans une phrase et à entraîner le modèle à prédire ces mots masqués, tandis que le NSP entraîne le modèle à comprendre les relations entre les phrases. Ces tâches permettent à BERT d'apprendre un large éventail de caractéristiques linguistiques, de la syntaxe de base aux relations sémantiques complexes.

Lorsqu'il est utilisé pour l'extraction de caractéristiques, BERT peut générer des enchâssements riches et contextuels pour les mots, les phrases ou les documents entiers. Ces enchâssements peuvent ensuite servir de caractéristiques d'entrée pour des tâches en aval telles que la classification de texte, l'analyse de sentiment, la reconnaissance d'entités nommées ou le regroupement. La nature contextuelle de ces enchâssements conduit souvent à des améliorations significatives des performances par rapport aux méthodes traditionnelles d'extraction de caractéristiques.

De plus, l'architecture de BERT peut être affinée pour des tâches spécifiques, lui permettant d'adapter ses connaissances pré-entraînées à des applications spécifiques au domaine. Cette flexibilité fait de BERT un outil polyvalent dans la boîte à outils du praticien du TAL, capable de gérer un large éventail de tâches d'apprentissage automatique basées sur le texte avec une grande efficacité et précision.

Voici un exemple d'utilisation de la **bibliothèque Transformers de Hugging Face** pour extraire des caractéristiques de texte à l'aide d'un modèle BERT pré-entraîné :

```python
from transformers import BertTokenizer, BertModel
import torch

# Initialize the BERT tokenizer and model
tokenizer = BertTokenizer.from_pretrained('bert-base-uncased')
model = BertModel.from_pretrained('bert-base-uncased')

# Sample text data
texts = ["This is the first example sentence.", "Here is another sentence for feature
extraction."]

# Function to extract BERT embeddings
def extract_text_features(texts, tokenizer, model):
    features = []
    for text in texts:
        inputs = tokenizer(text, return_tensors='pt', padding=True, truncation=True,
max_length=512)
        with torch.no_grad():
            outputs = model(**inputs)
        # Use the [CLS] token's embedding as a sentence-level feature representation
        features.append(outputs.last_hidden_state[:, 0, :].numpy())
    return np.array(features)

# Extract features from the sample texts
text_features = extract_text_features(texts, tokenizer, model)
print("Extracted Text Features Shape:", text_features.shape)
```

Dans cet exemple :

- Nous utilisons le modèle bert-base-uncased de Hugging Face, une variante couramment utilisée de BERT.

- Chaque phrase est tokenisée et convertie en tenseurs, avec un remplissage et une troncature pour garantir une longueur d'entrée uniforme.

- La couche de sortie du modèle contient des enchâssements pour chaque token ; ici, nous utilisons l'enchâssement du token [CLS], un token spécial représentant la phrase entière, comme vecteur de caractéristiques pour chaque texte.

- Ce processus génère des enchâssements au niveau de la phrase qui peuvent servir de caractéristiques d'entrée pour des tâches en aval, telles que la classification, l'analyse de sentiment ou le regroupement.

Ces caractéristiques de haut niveau, conscientes du contexte, capturent des motifs linguistiques, les rendant précieuses pour les tâches de traitement du langage naturel. Les enchâssements extraits peuvent être utilisés comme entrée pour des algorithmes d'apprentissage automatique supplémentaires ou affinés pour améliorer davantage les performances.

Voici une répartition du code :

1. Importer les bibliothèques nécessaires : Le code importe BertTokenizer et BertModel de la bibliothèque transformers, ainsi que torch pour la fonctionnalité PyTorch.

2. Initialiser le tokeniseur et le modèle BERT : Il charge un modèle BERT pré-entraîné ('bert-base-uncased') et son tokeniseur correspondant.

3. Définir des données textuelles d'exemple : Deux phrases d'exemple sont fournies pour l'extraction de caractéristiques.

4. Définir une fonction d'extraction de caractéristiques : La fonction extract_text_features prend des textes, un tokeniseur et un modèle comme entrées. Elle traite chaque texte en :

   ▪ Tokenisant le texte et en le convertissant en tenseurs

   ▪ Passant l'entrée tokenisée à travers le modèle BERT

   ▪ Extrayant l'enchâssement du token [CLS] comme représentation au niveau de la phrase

5. Extraire les caractéristiques : La fonction est appelée avec les textes d'exemple, et la forme du tableau de caractéristiques résultant est affichée.

1.1.1 Considérations Clés dans l'Utilisation de Modèles Pré-entraînés pour l'Extraction de Caractéristiques

1. **Compatibilité des Ensembles de Données** : Les modèles pré-entraînés comme VGG16 et BERT, bien que puissants, peuvent ne pas toujours s'aligner parfaitement avec des tâches hautement spécifiques en raison de leur entraînement généralisé. Pour optimiser les performances :

   o Affinage : Adaptez le modèle à votre domaine spécifique en l'entraînant davantage sur un ensemble de données plus petit et spécifique à la tâche.

   o Ingénierie de caractéristiques spécifique au domaine : Complétez les caractéristiques pré-entraînées par des caractéristiques conçues sur mesure qui capturent les nuances propres à votre tâche.

   o Méthodes d'ensemble : Combinez des modèles pré-entraînés avec des modèles spécifiques au domaine pour tirer parti des connaissances générales et spécialisées.

2. **Ressources de Calcul** : La gestion des exigences de calcul des modèles d'apprentissage profond lors de l'extraction de caractéristiques est cruciale. Les stratégies pour optimiser l'utilisation des ressources incluent :

   o Traitement par lots : Traitez les données en plus petits morceaux pour optimiser l'utilisation de la mémoire et distribuer le traitement efficacement.

   o Accélération GPU : Utilisez des GPU pour accélérer les calculs, en tirant parti de leurs capacités de traitement parallèle.

   o Compression de modèle : Employez des techniques telles que l'élagage et la quantification pour réduire la taille du modèle et les exigences de calcul.

   o Calcul distribué : Utilisez plusieurs machines ou des ressources cloud pour répartir la charge de calcul pour les tâches d'extraction de caractéristiques à grande échelle.

3. **Sélection de Couche de Modèle** : Le choix de la couche pour l'extraction de caractéristiques a un impact significatif sur la nature et l'utilité des caractéristiques extraites :

   o Couches inférieures : Capturent des caractéristiques de bas niveau (bords, textures) utiles pour les tâches nécessitant une analyse détaillée.

   o Couches intermédiaires : Représentent un équilibre entre les caractéristiques de bas niveau et de haut niveau, adaptées à un large éventail de tâches.

   o Couches plus profondes : Capturent des caractéristiques de haut niveau et abstraites bénéfiques pour les tâches de classification complexes.

   o Fusion multi-couches : Combinez des caractéristiques de différentes couches pour créer des représentations riches et multi-échelles.

   o Sélection de couche spécifique à la tâche : Expérimentez avec différentes combinaisons de couches pour trouver l'ensemble de caractéristiques optimal pour votre application spécifique.

L'exploitation de modèles pré-entraînés comme extracteurs de caractéristiques offre une base puissante pour les tâches d'apprentissage automatique, permettant aux praticiens de bénéficier de représentations de caractéristiques complexes sans données ni entraînement extensifs. Cette approche peut améliorer considérablement les performances, en particulier dans les scénarios avec des données étiquetées limitées.

Cependant, une mise en œuvre réussie nécessite une attention particulière à la compatibilité des ensembles de données, aux ressources de calcul et à la sélection de couche appropriée. En tenant compte de ces facteurs, les praticiens peuvent exploiter efficacement le potentiel de l'apprentissage par transfert, en adaptant de puissants modèles pré-entraînés à leurs tâches et domaines spécifiques.

1.2 Intégration des caractéristiques d'apprentissage profond avec les modèles d'apprentissage automatique traditionnels

L'intégration de caractéristiques extraites de modèles d'apprentissage profond pré-entraînés dans les flux de travail d'apprentissage automatique traditionnels représente une avancée significative dans le domaine de l'apprentissage automatique. Cette approche hybride exploite les forces à la fois de l'apprentissage profond et des techniques d'apprentissage automatique traditionnelles, créant une synergie puissante qui améliore les performances globales du modèle et son efficacité.

Les modèles d'apprentissage profond, en particulier les réseaux de neurones convolutifs (CNN) pour les données d'images et les modèles de transformateurs comme BERT pour les données textuelles, excellent dans l'apprentissage automatique de caractéristiques complexes et hiérarchiques à partir d'entrées brutes. Ces caractéristiques capturent souvent des motifs complexes et des abstractions de haut niveau qui sont difficiles à concevoir manuellement. En extrayant ces caractéristiques apprises et en les alimentant dans des modèles d'apprentissage automatique traditionnels, nous pouvons bénéficier de la puissance de représentation de l'apprentissage profond tout en conservant les avantages de modèles plus simples et plus interprétables.

Cette approche est particulièrement avantageuse lorsqu'on travaille avec des modèles de **forêts aléatoires**, de **machines à vecteurs de support (SVM)** et de **régression logistique**. Ces algorithmes sont reconnus pour leur efficacité, leur interprétabilité et leur capacité à gérer une large gamme de types de données. Lorsqu'ils sont combinés avec des caractéristiques d'apprentissage profond, ils peuvent atteindre des niveaux de performance qui rivalisent ou même surpassent les modèles d'apprentissage profond de bout en bout, en particulier dans des scénarios avec des données étiquetées limitées ou des ressources de calcul restreintes.

Les avantages de cette approche hybride s'étendent au-delà des améliorations de performance. Elle permet une plus grande flexibilité dans la conception de modèles, car les praticiens peuvent choisir l'algorithme traditionnel le plus approprié en fonction de leurs exigences spécifiques, telles que les besoins d'interprétabilité ou les contraintes de calcul. De plus, cette méthode peut réduire considérablement le temps d'entraînement et les exigences en ressources par rapport à l'entraînement de réseaux de neurones profonds à partir de zéro, ce qui en fait une option attrayante pour de nombreuses applications du monde réel.

Dans les sections suivantes, nous approfondirons les aspects pratiques de la mise en œuvre de cette approche hybride. Nous explorerons le processus d'intégration des caractéristiques d'images et de texte dérivées de modèles pré-entraînés dans des classificateurs traditionnels. Cela comprendra des explications détaillées des techniques de prétraitement des données, des stratégies d'entraînement de modèles et des méthodes d'évaluation, fournissant un guide complet pour exploiter la puissance des caractéristiques d'apprentissage profond dans les cadres d'apprentissage automatique conventionnels.

Exemple : Intégration de caractéristiques d'images avec un classificateur de forêt aléatoire

Explorons comment nous pouvons exploiter la puissance de l'extraction de caractéristiques par apprentissage profond en combinaison avec des modèles d'apprentissage automatique traditionnels. Plus précisément, nous nous concentrerons sur l'intégration de caractéristiques d'images **VGG16** avec un classificateur de **forêt aléatoire**. Cette approche hybride offre plusieurs avantages :

1. **Gestion des données de haute dimension** : Les forêts aléatoires excellent dans le traitement d'espaces de caractéristiques de haute dimension, ce qui les rend idéales pour les ensembles de caractéristiques riches extraits par des modèles d'apprentissage profond comme VGG16. Cette capacité permet au classificateur de naviguer efficacement à travers des représentations d'images complexes sans succomber à la malédiction de la dimensionnalité.

2. **Métriques d'importance des caractéristiques** : L'une des forces clés des forêts aléatoires est leur capacité à fournir des classements d'importance des caractéristiques. Cette interprétabilité est cruciale dans de nombreuses applications, car elle nous permet de comprendre quels aspects des caractéristiques VGG16 sont les plus influents dans le processus de classification. Cette compréhension peut guider l'ingénierie des caractéristiques ou l'affinage du modèle.

3. **Robustesse face au surapprentissage** : Les forêts aléatoires sont des modèles d'ensemble qui combinent plusieurs arbres de décision. Cette structure réduit intrinsèquement le risque de surapprentissage, en particulier lors du traitement d'espaces de caractéristiques de haute dimension typiques des extractions d'apprentissage profond. Cette robustesse est particulièrement précieuse lorsqu'on travaille avec des ensembles de données limités.

4. **Efficacité computationnelle** : Bien que les modèles d'apprentissage profond comme VGG16 nécessitent des ressources de calcul importantes pour l'entraînement, les utiliser uniquement pour l'extraction de caractéristiques suivie d'un classificateur de forêt aléatoire peut être plus efficace. Cette approche nous permet de bénéficier de la puissance de représentation de l'apprentissage profond sans la charge computationnelle complète de l'entraînement de réseaux de neurones de bout en bout.

En combinant la capacité de VGG16 à capturer des motifs visuels complexes avec les forces de la forêt aléatoire dans la gestion de données de haute dimension et la fourniture de résultats interprétables, nous créons un modèle hybride puissant. Cette approche est particulièrement utile dans des scénarios où nous devons équilibrer le besoin d'une représentation sophistiquée des caractéristiques avec l'interprétabilité du modèle et l'efficacité computationnelle.

```
from sklearn.ensemble import RandomForestClassifier
from sklearn.model_selection import train_test_split
from sklearn.metrics import accuracy_score, classification_report

# Assume image_features (extracted from VGG16) and image_labels are prepared

# Split data into training and testing sets
X_train, X_test, y_train, y_test = train_test_split(image_features, image_labels,
test_size=0.3, random_state=42)

# Initialize Random Forest Classifier
rf_model = RandomForestClassifier(n_estimators=100, random_state=42)
rf_model.fit(X_train, y_train)

# Make predictions and evaluate the model
y_pred = rf_model.predict(X_test)
print("Accuracy:", accuracy_score(y_test, y_pred))
print("Classification Report:")
print(classification_report(y_test, y_pred))
```

Dans cet exemple :

- Nous supposons que image_features contient les vecteurs de caractéristiques extraits d'un modèle CNN comme VGG16, et image_labels contient les étiquettes correspondantes.

- Les données sont divisées en ensembles d'entraînement et de test, avec un classificateur de **forêt aléatoire** entraîné sur les caractéristiques extraites.

- Nous évaluons le modèle en utilisant la précision et un rapport de classification, fournissant une ventilation détaillée des performances par classe.

Cette intégration nous permet d'exploiter les caractéristiques dérivées de l'apprentissage profond dans un modèle d'apprentissage automatique interprétable, particulièrement utile pour les tâches de classification d'images où l'interprétabilité du modèle est souhaitée.

Voici une explication détaillée du code :

1. Importer les bibliothèques nécessaires :

    o RandomForestClassifier depuis sklearn.ensemble

    o train_test_split depuis sklearn.model_selection

    o accuracy_score et classification_report depuis sklearn.metrics

2. Préparer les données :

    o Le code suppose que image_features (extraites de VGG16) et image_labels sont déjà préparées

3. Diviser les données :

    o Utiliser train_test_split pour diviser les données en ensembles d'entraînement et de test

    o 30 % des données sont réservées pour le test (test_size=0.3)

4. Initialiser et entraîner le classificateur de forêt aléatoire :

    o Créer un RandomForestClassifier avec 100 arbres (n_estimators=100)

    o Ajuster le modèle en utilisant les données d'entraînement

5. Faire des prédictions et évaluer le modèle :

    o Utiliser le modèle entraîné pour prédire les étiquettes de l'ensemble de test

    o Calculer et afficher le score de précision

    o Générer et afficher un rapport de classification détaillé

Exemple : Intégration de caractéristiques de texte avec SVM pour la classification

Pour les données textuelles, les plongements **BERT** (Bidirectional Encoder Representations from Transformers) peuvent être combinés avec un modèle de **machine à vecteurs de support (SVM)** pour créer un système puissant de classification de texte. Cette combinaison exploite les forces du traitement automatique du langage naturel avancé et des techniques d'apprentissage automatique traditionnelles.

BERT, un modèle de langage de pointe, excelle dans la capture de nuances contextuelles et de relations sémantiques dans les données textuelles. Il génère des plongements riches et de haute dimension qui encapsulent des caractéristiques linguistiques complexes. Ces plongements servent de représentations numériques complètes du texte, préservant les informations sémantiques et syntaxiques.

Les SVM, quant à eux, sont particulièrement efficaces pour les tâches de classification de texte en raison de leur capacité à gérer efficacement les espaces de caractéristiques de haute dimension. Ils fonctionnent en trouvant des hyperplans optimaux qui séparent au maximum les différentes classes dans l'espace des caractéristiques. Cette caractéristique rend les SVM bien adaptés au traitement des plongements denses et de haute dimension produits par BERT.

La synergie entre BERT et SVM offre plusieurs avantages :

- Représentation améliorée des caractéristiques : Les plongements contextuels de BERT fournissent une représentation plus nuancée du texte par rapport aux approches traditionnelles de sac de mots ou TF-IDF, capturant des modèles linguistiques subtils et des relations.

- Gestion efficace des données éparses : Les SVM sont réputés pour leur efficacité dans la gestion des données éparses, ce qui est courant dans les tâches de classification de texte où toutes les caractéristiques ne sont pas présentes dans chaque document.

- Robustesse face au surapprentissage : Les SVM disposent de mécanismes de régularisation intégrés qui aident à prévenir le surapprentissage, particulièrement utile lors du traitement de l'espace de haute dimension des plongements BERT.

- Efficacité computationnelle : Une fois que les plongements BERT sont générés, les SVM peuvent être entraînés relativement rapidement, rendant cette approche plus efficace sur le plan computationnel que l'affinage du modèle BERT complet pour chaque tâche spécifique.

Cette combinaison de plongements BERT avec des classificateurs SVM représente une approche puissante dans le domaine du traitement automatique du langage naturel, offrant un équilibre entre les capacités avancées d'extraction de caractéristiques des modèles d'apprentissage profond et la puissance de classification efficace et interprétable des algorithmes d'apprentissage automatique traditionnels.

```python
from sklearn.svm import SVC
from sklearn.model_selection import train_test_split
from sklearn.metrics import accuracy_score, classification_report

# Assume text_features (extracted from BERT) and text_labels are prepared

# Split data into training and testing sets
X_train, X_test, y_train, y_test = train_test_split(text_features, text_labels,
test_size=0.3, random_state=42)

# Initialize SVM classifier
svm_model = SVC(kernel='linear', random_state=42)
svm_model.fit(X_train, y_train)

# Make predictions and evaluate the model
y_pred = svm_model.predict(X_test)
print("Accuracy:", accuracy_score(y_test, y_pred))
print("Classification Report:")
print(classification_report(y_test, y_pred))
```

Dans cet exemple :

- Nous supposons que text_features contient des plongements de phrases générés par BERT, et text_labels fournit les étiquettes de classe pour les données textuelles.

- Nous utilisons un SVM avec un noyau linéaire pour entraîner sur les caractéristiques BERT, fournissant des performances de classification robustes.

- Le rapport de classification détaille la précision, le rappel et le score F1, qui sont essentiels pour évaluer les modèles dans les tâches de traitement automatique du langage naturel où la précision seule peut ne pas capturer l'efficacité du modèle.

L'utilisation des plongements BERT avec des classificateurs traditionnels nous permet d'appliquer une connaissance contextuelle profonde à des modèles plus simples, améliorant les résultats de classification de manière efficace sur le plan computationnel.

Voici une décomposition du code :

1. Importer les bibliothèques nécessaires :

    o SVC (Support Vector Classification) depuis sklearn.svm

    o train_test_split depuis sklearn.model_selection pour diviser l'ensemble de données

    o accuracy_score et classification_report depuis sklearn.metrics pour l'évaluation du modèle

2. Préparer les données :

    o Le code suppose que text_features (extraites de BERT) et text_labels sont déjà préparées

3. Diviser les données :

    o Utiliser train_test_split pour diviser les données en ensembles d'entraînement et de test

    o 30 % des données sont réservées pour le test (test_size=0.3)

4. Initialiser et entraîner le classificateur SVM :

    o Créer un objet SVC avec un noyau linéaire

    o Ajuster le modèle en utilisant les données d'entraînement

5. Faire des prédictions et évaluer le modèle :

    o Utiliser le modèle entraîné pour prédire les étiquettes de l'ensemble de test

    o Calculer et afficher le score de précision

    o Générer et afficher un rapport de classification détaillé

1.2.1 Combinaison de caractéristiques provenant de sources multiples

Un avantage majeur de l'utilisation de caractéristiques extraites est la flexibilité de les combiner avec d'autres types de caractéristiques, telles que des données structurées ou numériques. Cette approche est particulièrement bénéfique dans les ensembles de données complexes qui incluent plusieurs types de données. En intégrant diverses sources de données, nous pouvons créer des modèles plus complets et puissants qui exploitent les forces de chaque type de données.

Par exemple, dans les tâches de classification d'images, nous pouvons combiner des caractéristiques visuelles de haut niveau extraites de modèles d'apprentissage profond comme VGG16 avec des métadonnées structurées sur les images. Cela pourrait inclure des informations telles que l'heure et le lieu où l'image a été prise, les paramètres de l'appareil photo, ou même des étiquettes générées par les utilisateurs. La combinaison de ces caractéristiques peut fournir un contexte plus riche pour la classification, améliorant potentiellement la précision et la robustesse du modèle.

De même, dans les tâches de traitement automatique du langage naturel, nous pourrions combiner les plongements BERT de données textuelles avec des informations structurées sur l'auteur, la date de publication ou d'autres métadonnées pertinentes. Cette approche multimodale peut capturer à la fois le contenu sémantique nuancé du texte et des informations contextuelles importantes qui pourraient influencer l'interprétation.

L'intégration de plusieurs types de caractéristiques permet également une conception de modèle plus flexible. Selon les exigences spécifiques de la tâche, nous pouvons ajuster l'importance relative des différents types de caractéristiques, expérimenter diverses stratégies de combinaison de caractéristiques, ou même créer des modèles d'ensemble qui exploitent différents sous-ensembles de l'espace de caractéristiques combiné.

Voici un exemple de la façon dont nous pourrions intégrer des caractéristiques d'images de VGG16 avec des données structurées dans un modèle unique :

Exemple : Combinaison de caractéristiques d'images et de données structurées avec la régression logistique

Supposons que nous ayons un ensemble de données contenant à la fois des caractéristiques d'images et des données structurées supplémentaires qui peuvent contribuer à une tâche de classification. Cet ensemble de données pourrait inclure :

- Caractéristiques d'images : Représentations visuelles de haut niveau extraites de modèles d'apprentissage profond comme VGG16, capturant des motifs complexes et des abstractions des images.

- Données structurées : Informations supplémentaires fournissant un contexte ou des métadonnées sur les images. Cela pourrait inclure :

  o Informations utilisateur : Âge, localisation, préférences ou historique de navigation de l'utilisateur qui a téléchargé ou interagi avec l'image.

  o Détails du produit : Pour les applications de commerce électronique, cela pourrait inclure le prix, la marque, la catégorie ou les évaluations des clients.

  o Données temporelles : Heure de capture de l'image, date de téléchargement ou informations saisonnières.

     o   Données géographiques : Lieu où l'image a été prise ou la région qu'elle représente.

En combinant ces types de données divers, nous pouvons créer un ensemble de caractéristiques plus complet qui exploite à la fois les représentations riches et abstraites de l'apprentissage profond et les informations spécifiques et contextuelles des données structurées. Cette approche peut conduire à des classifications plus nuancées et précises, en particulier dans des scénarios complexes où l'information visuelle seule peut ne pas être suffisante.

Voici comment nous pourrions les combiner :

```python
import numpy as np
from sklearn.linear_model import LogisticRegression
from sklearn.model_selection import train_test_split
from sklearn.metrics import accuracy_score, classification_report

# Assume image_features, structured_features, and labels are prepared
# Combine image and structured features into one dataset
combined_features = np.hstack((image_features, structured_features))

# Split the combined features into training and testing sets
X_train, X_test, y_train, y_test = train_test_split(combined_features, labels,
test_size=0.3, random_state=42)

# Initialize and train Logistic Regression model
lr_model = LogisticRegression(max_iter=500, random_state=42)
lr_model.fit(X_train, y_train)

# Make predictions and evaluate the model
y_pred = lr_model.predict(X_test)
print("Accuracy:", accuracy_score(y_test, y_pred))
print("Classification Report:")
print(classification_report(y_test, y_pred))
```

Dans cet exemple :

- Nous concaténons les caractéristiques d'images et les caractéristiques structurées le long du deuxième axe pour créer une matrice de caractéristiques unifiée.

- Un modèle de **régression logistique** est ensuite entraîné sur les caractéristiques combinées, bénéficiant à la fois des informations dérivées des images et des informations structurées.

- Le modèle final capture à la fois des caractéristiques d'images de haut niveau et des données structurées supplémentaires, créant une représentation d'entrée plus complète.

Cette configuration est courante dans les applications du monde réel où les ensembles de données se composent souvent de plusieurs sources de données, nécessitant une approche intégrée pour une prédiction précise.

Voici une décomposition du code :

- Importation des bibliothèques nécessaires :
    - numpy pour les opérations numériques
    - LogisticRegression de sklearn pour le modèle de classification
    - train_test_split pour diviser l'ensemble de données
    - accuracy_score et classification_report pour l'évaluation du modèle
- Combinaison des caractéristiques :
    - Le code suppose que image_features et structured_features sont déjà préparés
    - np.hstack() est utilisé pour empiler horizontalement ces caractéristiques, créant une matrice de caractéristiques unifiée
- Division des données :
    - train_test_split divise les caractéristiques combinées et les étiquettes en ensembles d'entraînement et de test
    - 30 % des données sont réservées pour les tests (test_size=0.3)
- Entraînement du modèle :
    - Un modèle LogisticRegression est initialisé avec max_iter=500 pour assurer la convergence
    - Le modèle est entraîné sur les caractéristiques combinées en utilisant la méthode fit()
- Faire des prédictions et évaluer le modèle :
    - Les prédictions sont faites sur l'ensemble de test en utilisant predict()
    - La précision du modèle est calculée et affichée
    - Un rapport de classification détaillé est généré, montrant la précision, e rappel et le score F1

1.2.2 Points clés à retenir et applications avancées

1. **Flexibilité dans la sélection du modèle** : Les caractéristiques d'apprentissage profond extraites de modèles pré-entraînés offrent une polyvalence sans précédent. Elles peuvent être intégrées de manière transparente avec un large éventail

d'algorithmes d'apprentissage automatique traditionnels, notamment les forêts aléatoires, les SVM et la régression logistique. Cette adaptabilité permet aux scientifiques des données d'affiner leur approche, en trouvant un équilibre optimal entre précision, interprétabilité et efficacité computationnelle. Par exemple, on pourrait utiliser des plongements BERT avec un SVM pour des tâches de classification de texte qui nécessitent à la fois une compréhension nuancée du langage et des frontières de décision claires.

2. **Performance améliorée du modèle grâce à la fusion de caractéristiques** : La synergie entre les caractéristiques dérivées de l'apprentissage profond et les données structurées peut améliorer considérablement les performances du modèle. L'apprentissage profond excelle dans la capture de caractéristiques abstraites de haut niveau à partir de données complexes comme les images ou le texte, tandis que les données structurées fournissent des informations spécifiques et contextuelles. Cette combinaison offre une vue d'ensemble des données, permettant aux modèles de prendre des décisions plus éclairées. Par exemple, dans un système de recommandation, la combinaison de données d'interaction utilisateur (structurées) avec des caractéristiques d'apprentissage profond extraites d'images de produits pourrait améliorer considérablement la précision des suggestions.

3. **Utilisation efficace des ressources** : L'exploitation de modèles pré-entraînés comme extracteurs de caractéristiques représente un tournant pour les environnements aux ressources limitées. Cette approche nécessite beaucoup moins de puissance de calcul par rapport à l'entraînement de modèles profonds à partir de zéro, rendant les techniques d'IA avancées accessibles à un éventail plus large d'applications et d'organisations. Cela est particulièrement précieux dans les scénarios d'informatique en périphérie ou lors du travail avec des ensembles de données limités, permettant le déploiement de modèles sophistiqués sur des appareils aux capacités de traitement restreintes.

4. **Interprétabilité améliorée** : Bien que les modèles d'apprentissage profond agissent souvent comme des « boîtes noires », la combinaison de leurs caractéristiques extraites avec des modèles traditionnels peut améliorer considérablement l'interprétabilité. Cette approche hybride permet aux scientifiques des données d'exploiter la puissance des représentations profondes tout en conservant la capacité d'expliquer les décisions du modèle. Par exemple, l'utilisation de scores d'importance des caractéristiques d'une forêt aléatoire entraînée sur des caractéristiques d'images extraites par CNN peut fournir des informations sur les éléments visuels qui influencent le plus les prédictions du modèle, comblant ainsi l'écart entre performance et explicabilité.

5. **Apprentissage par transfert et adaptation de domaine** : L'utilisation de modèles d'apprentissage profond pré-entraînés pour l'extraction de caractéristiques facilite un apprentissage par transfert et une adaptation de domaine efficaces. Les caractéristiques apprises à partir de vastes ensembles de données diversifiés peuvent

être appliquées à des ensembles de données spécifiques, éventuellement plus petits, dans différents domaines. Ce transfert de connaissances peut réduire considérablement la quantité de données étiquetées nécessaires pour de nouvelles tâches, facilitant ainsi l'application de l'IA dans des domaines spécialisés avec une disponibilité limitée de données.

En combinant des caractéristiques dérivées de l'apprentissage profond avec des modèles d'apprentissage automatique traditionnels, les scientifiques des données peuvent exploiter la puissance des représentations profondes sans les ressources étendues généralement requises pour un entraînement complet d'apprentissage profond. Cette approche démocratise non seulement l'accès aux techniques d'IA avancées, mais ouvre également de nouvelles possibilités pour des applications innovantes dans divers domaines, de la santé et des finances à la surveillance environnementale et au-delà.

1.3 Affinage de modèles pré-entraînés pour un apprentissage amélioré des caractéristiques

Alors que l'extraction de caractéristiques à partir de modèles pré-entraînés fournit une base solide, l'affinage va encore plus loin dans cette approche. Il nous permet d'adapter ces modèles spécifiquement à notre ensemble de données et à notre tâche, en améliorant considérablement les performances en mettant à jour les poids du modèle. Ce processus nous permet de capturer des nuances subtiles dans les données que les modèles pré-entraînés génériques pourraient négliger, ce qui se traduit par des représentations de caractéristiques plus riches et plus pertinentes.

L'affinage est particulièrement efficace lorsque nous disposons d'un ensemble de données modéré à grand qui peut bénéficier d'un apprentissage spécifique à la tâche, mais qui ne nécessite pas nécessairement l'entraînement d'un réseau profond à partir de zéro. Cette approche établit un équilibre entre l'exploitation des connaissances préexistantes et l'adaptation à de nouvelles tâches spécifiques.

Le processus d'affinage implique plusieurs étapes clés :

- Sélectionner le modèle pré-entraîné approprié comme point de départ, en fonction de la similarité entre la tâche d'origine et la nouvelle tâche.

- Identifier quelles couches du modèle ajuster. Généralement, les couches ultérieures sont affinées tandis que les couches antérieures, qui capturent des caractéristiques plus générales, restent inchangées.

- Configurer soigneusement le taux d'apprentissage. Un taux d'apprentissage inférieur à celui utilisé pour l'entraînement à partir de zéro est généralement nécessaire pour éviter de perturber trop radicalement les poids pré-entraînés.

- Appliquer des techniques de régularisation pour prévenir le surapprentissage, qui est un risque lors de l'adaptation d'un modèle complexe à un ensemble de données potentiellement plus petit.

Dans cette section, nous approfondirons chacun de ces aspects du processus d'affinage. Nous explorerons les stratégies de sélection des couches, l'optimisation du taux d'apprentissage et les techniques de régularisation efficaces. En maîtrisant ces éléments, vous serez en mesure d'exploiter tout le potentiel des modèles pré-entraînés, en les adaptant pour qu'ils fonctionnent exceptionnellement bien sur vos tâches spécifiques.

1.3.1 Affinage des CNN pour l'apprentissage des caractéristiques d'images

Lorsque l'on travaille avec des données d'images, les **réseaux de neurones convolutifs (CNN)** sont d'excellents candidats pour l'affinage. Ces modèles d'apprentissage profond sont particulièrement habiles à traiter et analyser les informations visuelles, ce qui les rend idéaux pour des tâches telles que la classification d'images, la détection d'objets et la segmentation. Dans cette section, nous explorerons le processus d'affinage d'une architecture CNN populaire, **VGG16**, pour une nouvelle tâche de classification d'images.

VGG16, développé par le Visual Geometry Group d'Oxford, est réputé pour sa simplicité et sa profondeur. Il se compose de 16 couches (13 couches convolutives et 3 couches entièrement connectées) et a été pré-entraîné sur l'ensemble de données ImageNet, qui contient plus d'un million d'images réparties en 1000 catégories. Ce pré-entraînement permet à VGG16 de capturer un large éventail de caractéristiques visuelles, des bords et textures de bas niveau aux représentations d'objets de haut niveau.

Le processus d'affinage consiste à adapter ce modèle pré-entraîné à une nouvelle tâche spécifique. Nous nous concentrons sur l'ajustement des couches supérieures du réseau tout en gardant les couches inférieures intactes. Cette approche est basée sur l'observation que les premières couches d'un CNN apprennent généralement des caractéristiques générales et largement applicables (comme la détection des contours), tandis que les couches ultérieures capturent des caractéristiques plus spécifiques à la tâche.

En mettant à jour les poids des couches supérieures, nous permettons au modèle d'apprendre des caractéristiques spécifiques à la tâche adaptées à notre nouveau problème de classification. Ce processus nous permet d'exploiter les motifs robustes de bas niveau déjà capturés par VGG16 lors de son entraînement initial sur ImageNet, tout en affinant les représentations de haut niveau pour mieux convenir à notre ensemble de données et à notre tâche spécifiques.

Cette méthode d'apprentissage par transfert est particulièrement puissante lorsque l'on travaille avec des ensembles de données plus petits ou lorsque les ressources de calcul sont limitées. Elle nous permet de bénéficier des connaissances étendues intégrées dans le modèle pré-entraîné tout en l'adaptant à nos besoins spécifiques, ce qui se traduit souvent par des temps d'entraînement plus rapides et des performances améliorées par rapport à l'entraînement d'un modèle à partir de zéro.

Exemple : Affinage des couches supérieures de VGG16

Dans cet exemple, nous affinerons les couches supérieures de VGG16 sur un ensemble de données personnalisé tout en gardant les couches inférieures gelées pour préserver leur capacité d'extraction de caractéristiques à usage général.

```python
import tensorflow as tf
from tensorflow.keras.applications import VGG16
from tensorflow.keras.models import Model
from tensorflow.keras.layers import Dense, Flatten
from tensorflow.keras.optimizers import Adam
from tensorflow.keras.preprocessing.image import ImageDataGenerator

# Load the pretrained VGG16 model
base_model = VGG16(weights='imagenet', include_top=False, input_shape=(224, 224, 3))

# Freeze the lower layers to retain their pre-trained weights
for layer in base_model.layers[:-4]:
    layer.trainable = False

# Add custom layers for fine-tuning
x = base_model.output
x = Flatten()(x)
x = Dense(256, activation='relu')(x)
x = Dense(128, activation='relu')(x)
output_layer = Dense(10, activation='softmax')(x)    # Assuming a 10-class
classification

# Create the final model
fine_tuned_model = Model(inputs=base_model.input, outputs=output_layer)

# Compile the model
fine_tuned_model.compile(optimizer=Adam(learning_rate=0.0001),
loss='categorical_crossentropy', metrics=['accuracy'])

# Prepare data generators
train_datagen = ImageDataGenerator(rescale=1.0/255, rotation_range=20,
zoom_range=0.15, horizontal_flip=True)
train_generator = train_datagen.flow_from_directory('path/to/train',
target_size=(224, 224), batch_size=32, class_mode='categorical')

# Fine-tune the model
fine_tuned_model.fit(train_generator, epochs=10)
```

Dans cet exemple :

- **Gel des couches** : Nous gelons toutes les couches de VGG16 sauf les quatre supérieures afin de conserver les motifs à usage général tout en permettant aux couches supérieures de s'adapter à notre ensemble de données.

- **Ajustement du taux d'apprentissage** : L'affinage nécessite un taux d'apprentissage plus faible (0.0001) que l'entraînement à partir de zéro, car des ajustements plus petits permettent d'éviter des mises à jour drastiques des poids qui pourraient perturber les représentations apprises.

- **Augmentation des données** : Étant donné le risque potentiel de surapprentissage, les techniques d'augmentation des données comme la rotation, le zoom et le retournement horizontal permettent d'introduire de légères variations dans les données d'entraînement, favorisant ainsi la généralisabilité.

L'affinage des CNN est idéal pour les tâches où les images de l'ensemble de données cible diffèrent légèrement de celles des données d'entraînement d'origine, comme l'imagerie médicale ou l'identification de produits spécialisés.

Voici une description des composants clés :

- **Importation des bibliothèques** : Le code importe les modules TensorFlow et Keras nécessaires à la création et à l'entraînement du modèle.

- **Chargement du modèle pré-entraîné** : Il charge un modèle VGG16 pré-entraîné sans les couches supérieures, en utilisant les poids ImageNet.

- **Gel des couches** : Les couches inférieures de VGG16 sont gelées pour conserver leurs poids pré-entraînés, tandis que les quatre couches supérieures restent entraînables pour l'affinage.

- **Ajout de couches personnalisées** : De nouvelles couches sont ajoutées au-dessus du modèle de base, notamment des couches Flatten et Dense, avec une couche de sortie finale pour la classification.

- **Compilation du modèle** : Le modèle est compilé avec l'optimiseur Adam (utilisant un faible taux d'apprentissage de 0.0001 pour l'affinage), la perte d'entropie croisée catégorielle et la métrique de précision.

- **Préparation des données** : Un ImageDataGenerator est utilisé pour prétraiter et augmenter les données d'entraînement, notamment par le redimensionnement, la rotation, le zoom et le retournement horizontal.

- **Entraînement** : Enfin, le modèle est affiné à l'aide du générateur de données préparé pendant 10 époques.

1.3.2 Affinage de BERT pour l'apprentissage des caractéristiques textuelles

L'affinage de BERT nous permet d'exploiter ses vastes connaissances linguistiques tout en l'adaptant aux nuances de notre ensemble de données textuelles spécifique. La puissance de BERT réside dans son approche d'entraînement bidirectionnelle, qui lui permet de comprendre le contexte à partir des côtés gauche et droit de chaque mot. Cela se traduit par une compréhension profonde et contextuelle du langage qui surpasse les modèles traditionnels unidirectionnels.

Lorsque nous affinons BERT, nous enseignons essentiellement à ce modèle sophistiqué les particularités de notre langage spécifique au domaine, y compris le vocabulaire unique, les nuances tonales et les subtilités contextuelles.

Le processus d'affinage implique d'ajuster soigneusement toutes les couches du modèle BERT en utilisant un faible taux d'apprentissage. Cette approche méthodique est cruciale car elle permet au modèle de s'adapter aux caractéristiques de notre ensemble de données sans effacer les précieuses connaissances linguistiques qu'il a acquises lors du pré-entraînement. En maintenant un faible taux d'apprentissage, nous nous assurons que le modèle effectue de petites mises à jour progressives de ses poids, préservant sa compréhension fondamentale du langage tout en devenant plus compétent pour notre tâche spécifique.

Cette technique d'affinage est particulièrement puissante pour des tâches telles que l'analyse de sentiments, la reconnaissance d'entités nommées ou les systèmes de questions-réponses où les schémas linguistiques spécifiques au domaine jouent un rôle crucial. Par exemple, dans un contexte médical, BERT peut être affiné pour comprendre une terminologie complexe et les nuances subtiles des dossiers de patients, améliorant considérablement ses performances dans des tâches telles que l'extraction d'entités médicales ou la classification de textes cliniques.

Exemple : Affinage de BERT pour l'analyse de sentiments

Dans cet exemple, nous utiliserons la bibliothèque Transformers de Hugging Face pour affiner BERT pour une tâche d'analyse de sentiments.

```
from transformers import BertTokenizer, BertForSequenceClassification, Trainer,
TrainingArguments
from sklearn.model_selection import train_test_split
import torch
from datasets import load_dataset

# Load dataset (e.g., IMDb sentiment analysis dataset)
dataset = load_dataset("imdb")
train_texts,        val_texts,        train_labels,        val_labels        =
train_test_split(dataset['train']['text'], dataset['train']['label'], test_size=0.2)

# Tokenize the data
tokenizer = BertTokenizer.from_pretrained('bert-base-uncased')
train_encodings    =    tokenizer(train_texts,    truncation=True,    padding=True,
max_length=512)
val_encodings = tokenizer(val_texts, truncation=True, padding=True, max_length=512)

# Convert to torch dataset
class IMDbDataset(torch.utils.data.Dataset):
    def __init__(self, encodings, labels):
        self.encodings = encodings
        self.labels = labels
```

```
    def __getitem__(self, idx):
        item = {key: torch.tensor(val[idx]) for key, val in self.encodings.items()}
        item['labels'] = torch.tensor(self.labels[idx])
        return item

    def __len__(self):
        return len(self.labels)

train_dataset = IMDbDataset(train_encodings, train_labels)
val_dataset = IMDbDataset(val_encodings, val_labels)

# Load pre-trained BERT model for classification
model = BertForSequenceClassification.from_pretrained('bert-base-uncased')

# Set up training arguments
training_args = TrainingArguments(
    output_dir='./results',
    evaluation_strategy="epoch",
    per_device_train_batch_size=8,
    per_device_eval_batch_size=8,
    num_train_epochs=3,
    weight_decay=0.01,
)

# Train the model using Hugging Face Trainer
trainer = Trainer(
    model=model,
    args=training_args,
    train_dataset=train_dataset,
    eval_dataset=val_dataset,
)

trainer.train()
```

Dans cet exemple :

- **Tokenisation du texte** : Nous tokenisons le texte à l'aide du tokeniseur de BERT, garantissant la compatibilité avec les exigences d'entrée du modèle.

- **Affinage de BERT** : Le modèle BertForSequenceClassification est initialisé avec des poids pré-entraînés, puis affiné sur les données de sentiment IMDb.

- **Arguments d'entraînement** : Nous définissons des paramètres pour le Trainer de Hugging Face, tels que la taille du lot, le nombre d'époques et la décroissance des poids, pour gérer la régularisation et éviter le surapprentissage.

L'affinage de BERT améliore considérablement sa capacité à capturer des caractéristiques spécifiques au sentiment à partir des données, ce qui en fait un excellent choix pour les tâches de NLP qui nécessitent une compréhension contextuelle spécifique.

Voici une analyse des composants clés :

- **Importation des bibliothèques** : Le code importe les modules nécessaires de Transformers, scikit-learn, PyTorch et des ensembles de données Hugging Face.

- **Chargement et division de l'ensemble de données** : Il charge l'ensemble de données IMDb pour l'analyse de sentiment et le divise en ensembles d'entraînement et de validation.

- **Tokenisation** : Le tokeniseur BERT est utilisé pour convertir les données textuelles dans un format adapté au modèle.

- **Classe d'ensemble de données personnalisée** : Une classe IMDbDataset est définie pour créer des ensembles de données PyTorch à partir des données tokenisées.

- **Chargement du modèle pré-entraîné** : Un modèle BERT pré-entraîné pour la classification de séquences est chargé.

- **Arguments d'entraînement** : Les paramètres d'entraînement tels que la taille du lot, le nombre d'époques et la décroissance des poids sont définis.

- **Entraînement du modèle** : Le Trainer de Hugging Face est utilisé pour affiner le modèle sur l'ensemble de données IMDb.

1.3.3 Avantages de l'affinage de modèles pré-entraînés

1. **Pertinence accrue des caractéristiques** : L'affinage adapte les poids du modèle aux données cibles, rendant les représentations de caractéristiques plus pertinentes et spécifiques à la tâche. Ce processus permet au modèle de se concentrer sur les nuances du nouveau domaine, capturant des motifs et des relations subtils qui peuvent ne pas avoir été présents dans les données d'entraînement d'origine. Par exemple, un modèle pré-entraîné sur des images générales peut être affiné pour reconnaître des conditions médicales spécifiques dans des radiographies, apprenant à mettre l'accent sur les caractéristiques qui sont particulièrement indicatives de ces conditions.

2. **Utilisation efficace des données** : En s'appuyant sur des modèles pré-entraînés, l'affinage nécessite moins de données et de ressources que l'entraînement à partir de zéro, ce qui le rend réalisable pour des domaines spécialisés. Cette efficacité découle de l'exploitation des extracteurs de caractéristiques robustes déjà présents dans le modèle pré-entraîné. Par exemple, dans le traitement du langage naturel, un modèle BERT pré-entraîné sur un large corpus de texte peut être affiné pour l'analyse de sentiment avec seulement quelques milliers d'exemples étiquetés, alors que l'entraînement d'un modèle comparable à partir de zéro pourrait nécessiter des millions d'exemples.

3. **Généralisation améliorée** : Les représentations de caractéristiques riches apprises par l'affinage permettent aux modèles de généraliser efficacement sur des ensembles de données complexes, tels que des images avec des caractéristiques visuelles spécifiques ou du texte avec un vocabulaire unique. Cette généralisation améliorée résulte de la combinaison des connaissances générales capturées dans le modèle pré-entraîné avec les motifs spécifiques appris pendant l'affinage. Par exemple, un modèle de vision affiné sur des images satellites pourrait mieux généraliser à de nouvelles régions géographiques, combinant sa compréhension des caractéristiques visuelles générales avec des connaissances nouvellement acquises sur des modèles d'utilisation des terres spécifiques.

4. **Transfert de connaissances** : L'affinage facilite le transfert de connaissances d'un domaine à un autre, permettant aux modèles de tirer parti des connaissances acquises à partir d'ensembles de données vastes et diversifiés lors de la gestion de tâches plus spécialisées. Ce transfert peut conduire à une amélioration des performances dans des domaines où les données étiquetées sont rares. Par exemple, un modèle de langage pré-entraîné sur du texte web général peut être affiné pour l'analyse de documents juridiques, apportant sa compréhension générale de la structure et de la sémantique du langage aux termes et conventions spécialisés des textes juridiques.

5. **Prototypage et itération rapides** : L'efficacité de l'affinage permet une expérimentation et une itération plus rapides dans le développement de modèles. Les scientifiques des données et les chercheurs peuvent rapidement adapter les modèles existants à de nouvelles tâches ou ensembles de données, testant des hypothèses et affinant les approches avec des délais plus courts. Cette agilité est particulièrement précieuse dans les domaines en évolution rapide ou lors de la réponse à des défis émergents qui nécessitent un déploiement rapide de solutions d'IA.

1.3.4 Considérations clés pour l'affinage

- **Taux d'apprentissage faibles** : L'affinage nécessite des taux d'apprentissage plus faibles (par exemple, 1e-5 à 1e-4) que l'entraînement standard, garantissant des ajustements subtils des poids sans perturber les connaissances existantes. Cette approche permet au modèle d'affiner sa compréhension de la nouvelle tâche tout en préservant les informations précieuses apprises pendant le pré-entraînement.

- **Sélection de couches** : Selon l'ensemble de données, le gel de certaines couches (par exemple, les couches convolutionnelles inférieures dans les CNN) peut prévenir le surapprentissage et réduire le temps d'entraînement. Cette stratégie est particulièrement efficace lorsque la nouvelle tâche est similaire à la tâche d'origine, car les couches inférieures capturent souvent des caractéristiques générales qui sont transférables entre les tâches.

- **Régularisation** : Des techniques comme l'augmentation de données (pour les images) et la décroissance des poids (pour le texte) sont essentielles pour prévenir le surapprentissage lors de l'affinage ce modèles, en particulier sur des ensembles de données plus petits. Ces méthodes aident le modèle à mieux généraliser en introduisant des variations contrôlées dans les données d'entraînement ou en pénalisant les valeurs de poids importantes.

- **Dégel progressif** : Dans certains cas, le dégel progressif des couches de haut en bas pendant l'affinage peut conduire à de meilleures performances. Cette technique permet au modèle d'adapter ses caractéristiques de niveau supérieur en premier avant d'ajuster des représentations plus fondamentales.

- **Arrêt anticipé** : La mise en œuvre d'un arrêt anticipé peut prévenir le surapprentissage en arrêtant le processus d'entraînement lorsque les performances du modèle sur un ensemble de validation commencent à se détériorer. Cela garantit que le modèle ne mémorise pas les données d'entraînement au détriment de la généralisation.

L'affinage de modèles pré-entraînés offre un niveau avancé de personnalisation, mêlant la puissance représentationnelle de l'apprentissage profond à l'adaptabilité spécifique à la tâche. En sélectionnant soigneusement les couches à mettre à jour et en configurant des paramètres d'entraînement appropriés, l'affinage nous permet d'obtenir des modèles performants et efficaces qui excellent dans des scénarios complexes du monde réel. Cette technique est essentielle pour les applications qui nécessitent un équilibre délicat entre efficacité computationnelle et haute précision.

De plus, l'affinage permet le développement de modèles spécialisés sans avoir besoin de ressources computationnelles étendues ou d'ensembles de données massifs. Cela démocratise l'accès aux capacités d'IA avancées, permettant aux petites organisations et aux chercheurs de tirer parti de modèles de pointe pour leurs cas d'usage spécifiques. La capacité d'adapter rapidement les modèles pré-entraînés à de nouveaux domaines accélère également le rythme de l'innovation dans les applications d'IA dans diverses industries, des soins de santé et de la finance à la surveillance environnementale et à la robotique.

1.4 Apprentissage de caractéristiques de bout en bout dans les architectures hybrides

L'apprentissage de caractéristiques de bout en bout représente un changement de paradigme dans l'apprentissage profond, permettant aux modèles d'extraire, de transformer et de traiter de manière autonome des caractéristiques directement à partir de données brutes. Cette approche élimine le besoin d'ingénierie manuelle des caractéristiques, permettant au modèle de découvrir des représentations optimales spécifiquement adaptées à la tâche cible. La puissance de l'apprentissage de bout en bout est encore amplifiée dans les architectures hybrides, où plusieurs types de données d'entrée sont intégrés de manière transparente dans un seul modèle cohérent.

Les architectures hybrides excellent dans la combinaison de types de données divers, tels que des images avec des données structurées ou du texte avec des données numériques. Cette intégration permet au modèle de tirer parti d'informations complémentaires provenant de différentes sources, créant une compréhension plus complète de l'entrée. Par exemple, dans le diagnostic médical, un modèle hybride peut analyser simultanément des images médicales (par exemple, des radiographies ou des IRM) aux côtés de données structurées sur les patients (par exemple, l'âge, les antécédents médicaux, les résultats de laboratoire). De même, dans les applications de commerce électronique, ces modèles peuvent traiter des images de produits en conjonction avec des données structurées comme les prix, les avis clients et les informations d'inventaire.

La polyvalence des architectures hybrides s'étend à divers domaines où la synthèse de données non structurées et structurées est cruciale. En finance, par exemple, ces modèles peuvent analyser des états financiers (données structurées) aux côtés d'articles de presse et de sentiment sur les réseaux sociaux (données textuelles non structurées) pour prendre des décisions d'investissement plus éclairées. Dans la conduite autonome, les modèles hybrides peuvent intégrer des données visuelles provenant de caméras avec des données structurées provenant de capteurs comme le LIDAR et le GPS pour obtenir des capacités de perception et de prise de décision plus robustes.

Dans cette section, nous allons nous plonger dans la construction d'un modèle de bout en bout qui gère habilement les entrées de données d'images et de données structurées. L'architecture exploite un **réseau de neurones convolutif (CNN)** pour traiter les entrées d'images, capitalisant sur sa capacité à capturer les hiérarchies spatiales et les motifs locaux dans les données visuelles. Simultanément, des couches entièrement connectées sont employées pour traiter les données structurées, permettant au modèle d'apprendre des relations complexes au sein de caractéristiques numériques et catégorielles.

Un aspect clé de cette approche hybride est la fusion des sorties de ces flux de traitement distincts. En combinant les représentations de caractéristiques apprises à partir des images et des données structurées, le modèle crée un ensemble de caractéristiques unifié et riche. Cette représentation fusionnée encapsule à la fois les nuances visuelles capturées par le CNN et les motifs complexes discernés à partir des données structurées, fournissant une vue holistique de chaque instance d'entrée. L'ensemble de caractéristiques combiné résultant sert de fondation pour les prédictions finales, permettant au modèle de prendre des décisions basées sur une compréhension globale de toutes les informations disponibles.

Cette approche intégrée de l'apprentissage de caractéristiques et de la prise de décision représente une avancée significative dans l'apprentissage automatique, offrant une puissance prédictive et une interprétabilité accrues dans une large gamme d'applications complexes du monde réel.

Exemple : Apprentissage de bout en bout avec CNN et données structurées

Explorons un scénario pratique qui démontre la puissance des architectures hybrides dans les applications de commerce électronique. Considérez une place de marché en ligne où nous visons à prédire les catégories de produits en fonction d'une combinaison de données visuelles et non visuelles. Cette approche exploite à la fois les images de produits et les attributs structurés tels que le prix, le poids et les dimensions pour effectuer des classifications précises.

Dans ce contexte, les données d'image capturent des caractéristiques visuelles essentielles du produit, telles que la forme, la couleur et le design. Ces caractéristiques visuelles sont cruciales pour distinguer des articles similaires, comme différencier un ordinateur portable d'une tablette ou une robe d'un chemisier. Simultanément, les données structurées fournissent un contexte précieux que les images seules pourraient ne pas transmettre. Par exemple, la fourchette de prix peut aider à différencier les versions économiques et premium de produits d'apparence similaire, tandis que le poids et les dimensions peuvent distinguer des articles qui peuvent sembler visuellement similaires mais servir des objectifs différents (par exemple, un vase décoratif par rapport à un conteneur de rangement pratique).

En combinant ces types de données divers, notre modèle hybride peut faire des prédictions plus nuancées et précises. Par exemple, il pourrait correctement catégoriser un appareil électronique léger et haut de gamme avec un design élégant comme un smartphone premium, même si l'image seule pourrait être confondue avec une petite tablette. Cette synergie entre les données visuelles et non visuelles permet au modèle de capturer des relations complexes et de prendre des décisions éclairées qui imitent étroitement le raisonnement humain dans les tâches de classification de produits.

Voici comment nous pouvons configurer un modèle hybride de bout en bout en utilisant Keras.

```python
import tensorflow as tf
from tensorflow.keras.layers import Dense, Flatten, Input, concatenate
from tensorflow.keras.models import Model
from tensorflow.keras.applications import ResNet50

# CNN model for image input
image_input = Input(shape=(224, 224, 3))
base_model             =           ResNet50(weights='imagenet',           include_top=False,
input_tensor=image_input)
x = base_model.output
x = Flatten()(x)
x = Dense(256, activation='relu')(x)
x = Dense(128, activation='relu')(x)
image_features = Dense(64, activation='relu')(x)

# Model for structured data input
structured_input = Input(shape=(4,))  # Assuming 4 structured features (e.g., price,
weight, etc.)
structured_features = Dense(32, activation='relu')(structured_input)
structured_features = Dense(16, activation='relu')(structured_features)

# Combine image and structured features
```

```
combined = concatenate([image_features, structured_features])
combined = Dense(64, activation='relu')(combined)
combined = Dense(32, activation='relu')(combined)
output = Dense(10, activation='softmax')(combined)   # Assuming 10 product categories

# Define the final model
hybrid_model = Model(inputs=[image_input, structured_input], outputs=output)

# Compile the model
hybrid_model.compile(optimizer='adam',                loss='categorical_crossentropy',
metrics=['accuracy'])

# Display the model architecture
hybrid_model.summary()
```

Dans cet exemple :

- **Traitement d'image avec CNN** : Nous utilisons **ResNet50** pour traiter les données d'image. Le modèle charge des poids pré-entraînés et supprime la couche de classification supérieure, nous permettant d'affiner sa sortie spécifiquement pour notre tâche. La sortie aplatie est transmise à travers des couches denses supplémentaires pour produire un vecteur de caractéristiques d'image à 64 dimensions.

- **Traitement des données structurées** : L'entrée de données structurées est gérée par des couches entièrement connectées, chaque couche dense affinant la représentation des données structurées.

- **Combinaison des caractéristiques** : Après avoir généré des vecteurs de caractéristiques séparés à partir de l'image et des données structurées, nous les concaténons et les transmettons à travers des couches supplémentaires. Cette représentation de caractéristiques combinée est ensuite utilisée pour faire des prédictions sur les catégories de produits.

Cette configuration permet au CNN de capturer des informations visuelles de haut niveau à partir des images tandis que les couches entièrement connectées encodent les caractéristiques numériques et catégorielles, créant une compréhension globale de chaque produit.

Voici une description des composants clés :

- **Importation des bibliothèques** : Le code importe les modules nécessaires de TensorFlow et Keras pour construire le réseau de neurones.

- **CNN pour le traitement d'image** : Il utilise un modèle ResNet50 pré-entraîné pour traiter les entrées d'image. Le modèle est chargé sans la couche supérieure (include_top=False) pour permettre l'affinage.

- **Traitement des données structurées** : Une entrée séparée est définie pour les données structurées (par exemple, prix, poids) avec son propre ensemble de couches denses.

- **Combinaison des caractéristiques** : Les caractéristiques extraites à la fois de l'image et des données structurées sont concaténées et transmises à travers des couches denses supplémentaires.

- **Couche de sortie** : La couche finale utilise l'activation softmax pour la classification multi-classes, en supposant 10 catégories de produits.

- **Compilation du modèle** : Le modèle est compilé avec l'optimiseur Adam et la perte d'entropie croisée catégorielle, qui convient aux tâches de classification multi-classes.

1.4.1 Entraînement et évaluation du modèle hybride

Une fois l'architecture du modèle définie, l'étape cruciale suivante consiste à l'entraîner simultanément sur les données d'image et structurées. Ce processus nécessite une attention particulière aux techniques de gestion et de traitement des données. Dans Keras, nous exploitons les générateurs de données pour gérer et augmenter efficacement les données d'image, tout en alimentant simultanément les données structurées sous forme de flux d'entrée séparé. Cette approche permet une intégration transparente de types de données divers pendant la phase d'entraînement.

L'utilisation de générateurs de données est particulièrement bénéfique pour le traitement d'image, car ils permettent l'augmentation de données à la volée et une utilisation efficace de la mémoire. Par exemple, ImageDataGenerator dans Keras peut appliquer diverses transformations aux images, telles que la rotation, la mise à l'échelle et le retournement, ce qui contribue à améliorer la généralisation et la robustesse du modèle. Pendant ce temps, les données structurées, généralement sous forme de caractéristiques numériques ou catégorielles, peuvent être alimentées directement dans le modèle aux côtés des lots d'images augmentées.

Cette stratégie d'entraînement à double entrée offre plusieurs avantages. Premièrement, elle permet au modèle d'apprendre simultanément des relations complexes entre les caractéristiques visuelles et non visuelles, découvrant potentiellement des informations qui pourraient être manquées lors du traitement séparé de ces types de données. Deuxièmement, elle optimise l'utilisation de la mémoire en générant des lots de données à la demande, plutôt que de charger l'ensemble du jeu de données en mémoire en une seule fois. Cela est particulièrement crucial lors du traitement de jeux de données à grande échelle ou lors de l'entraînement sur des machines aux ressources limitées.

De plus, cette approche facilite la mise en œuvre de pipelines de prétraitement de données personnalisés pour chaque type d'entrée. Par exemple, alors que les images subissent une augmentation et une normalisation via ImageDataGenerator, les données structurées peuvent être indépendamment mises à l'échelle, normalisées ou encodées selon les besoins. Cette flexibilité garantit que chaque type de données est préparé de manière optimale pour le modèle, conduisant potentiellement à de meilleurs résultats d'apprentissage et à des prédictions plus précises.

```python
from tensorflow.keras.preprocessing.image import ImageDataGenerator
import numpy as np

# Assume we have arrays for structured data and labels
# structured_data and labels are numpy arrays
structured_data = np.random.rand(1000, 4)  # Example structured data
labels    =    tf.keras.utils.to_categorical(np.random.randint(0,    10,    1000),
num_classes=10)  # Example labels for 10 classes

# Image data generator for image augmentation
image_datagen    =    ImageDataGenerator(rescale=1.0/255,    rotation_range=20,
width_shift_range=0.1, height_shift_range=0.1)
image_generator = image_datagen.flow_from_directory(
    'path/to/image/directory',
    target_size=(224, 224),
    batch_size=32,
    class_mode='categorical'
)

# Custom generator for combining image and structured data
def combined_generator(image_gen, structured_data, labels, batch_size=32):
    while True:
        # Generate image batch
        img_batch, label_batch = next(image_gen)

        # Generate structured data batch
        idxs = np.random.randint(0, structured_data.shape[0], batch_size)
        struct_batch = structured_data[idxs]
        label_batch_struct = labels[idxs]

        yield [img_batch, struct_batch], label_batch_struct

# Train the model
hybrid_model.fit(
    combined_generator(image_generator, structured_data, labels),
    steps_per_epoch=100,  # Set as needed
    epochs=10
)
```

Dans cette configuration d'entraînement :

- **ImageDataGenerator** fournit des lots augmentés d'images, tandis que **combined_generator** fusionne ces lots d'images avec les lots de données structurées correspondants pour créer un ensemble de données cohérent pour l'entraînement.

- Le générateur combiné produit des données au format [img_batch, struct_batch], label_batch_struct, correspondant à la structure d'entrée du modèle hybride.

- Pendant l'entraînement, les entrées d'images et de données structurées sont traitées en parallèle, garantissant que chaque lot contient les données complètes pour chaque instance.

Cette approche d'entraînement intégrée capture la complexité des données hybrides, permettant au modèle d'apprendre des représentations conjointes qui reflètent à la fois les caractéristiques visuelles et structurées. Ceci est utile pour des applications comme la catégorisation de produits, où les attributs visuels et d'autres détails du produit contribuent à des prédictions précises.

Voici une description des composants clés :

- **Préparation des données** : Le code suppose l'existence de données structurées et d'étiquettes, représentées par des tableaux numpy.

- **Générateur de données d'image** : Un ImageDataGenerator est utilisé pour l'augmentation d'image, appliquant des transformations telles que la remise à l'échelle, la rotation et les décalages pour améliorer la généralisation du modèle.

- **Générateur personnalisé** : Une fonction combined_generator est définie pour fusionner les lots d'images de l'ImageDataGenerator avec les lots de données structurées correspondants. Cela garantit que les deux types de données sont alimentés dans le modèle simultanément.

- **Entraînement du modèle** : La méthode hybrid_model.fit() est utilisée pour entraîner le modèle, en utilisant le combined_generator pour fournir des lots de types de données mixtes.

1.4.2 Avantages et implications des architectures hybrides de bout en bout

Les architectures hybrides de bout en bout offrent plusieurs avantages significatifs dans le domaine de l'apprentissage automatique et de l'intelligence artificielle :

- **Représentations complètes** : En intégrant plusieurs types de données, les architectures hybrides créent des représentations riches et multifacettes des données d'entrée. Cette synergie entre différentes sources de données (par exemple, images et données structurées) permet au modèle de capturer des relations nuancées qui pourraient être manquées lors du traitement de chaque type de données indépendamment. Par exemple, dans un système de recommandation de produits, les caractéristiques visuelles d'un article peuvent être contextualisées par son prix, conduisant à des suggestions plus précises et pertinentes.

- **Utilisation efficace de la puissance de l'apprentissage profond** : L'approche de bout en bout exploite le plein potentiel de l'apprentissage profond en permettant au modèle d'apprendre automatiquement des représentations optimales des caractéristiques. Cela élimine le besoin d'une ingénierie manuelle extensive des caractéristiques, économisant du temps et découvrant potentiellement des motifs complexes que les experts humains pourraient négliger. De plus, l'optimisation conjointe des caractéristiques provenant de différentes sources de données peut conduire à des propriétés émergentes, où la représentation combinée est plus informative que la somme de ses parties.

- **Applications polyvalentes dans tous les secteurs** : La flexibilité des architectures hybrides les rend applicables à un large éventail de secteurs :

  - Dans le commerce électronique, ces modèles peuvent améliorer la catégorisation des produits, les recommandations personnalisées et la détection de fraude en combinant les données visuelles des produits avec le comportement des utilisateurs et les informations de transaction.

  - Les applications de santé bénéficient de la fusion de l'imagerie médicale avec les dossiers des patients et les données génétiques, améliorant potentiellement la précision du diagnostic et la planification du traitement.

  - Les institutions financières peuvent exploiter les modèles hybrides pour l'évaluation des risques, en combinant les métriques financières traditionnelles avec des sources de données alternatives comme l'imagerie satellite ou le sentiment des médias sociaux.

- **Généralisation améliorée** : En apprenant simultanément à partir de types de données diversifiés, les modèles hybrides présentent souvent de meilleures capacités de généralisation. Cela signifie qu'ils sont plus susceptibles de bien performer sur de nouvelles données non vues, les rendant robustes pour des applications réelles où les données peuvent être bruitées ou incomplètes.

- **Interprétabilité améliorée** : Bien que les modèles d'apprentissage profond soient souvent critiqués pour leur nature de « boîte noire », les architectures hybrides peuvent potentiellement améliorer l'interprétabilité. En séparant initialement différents flux de données, il devient possible d'analyser les contributions de chaque type d'entrée à la prédiction finale, offrant des aperçus sur le processus de prise de décision du modèle.

Ces avantages soulignent le potentiel des architectures hybrides de bout en bout à révolutionner les applications d'apprentissage automatique dans divers domaines, ouvrant la voie à des systèmes d'IA plus sophistiqués et conscients du contexte.

1.4.3 Considérations clés pour la construction de modèles hybrides

Lors de la construction de modèles hybrides qui combinent des images et des données structurées, plusieurs facteurs critiques doivent être soigneusement pris en compte pour garantir des performances optimales et une fiabilité :

- **Alignement et prétraitement des données** : Un alignement précis entre les images et les données structurées est crucial. Cela implique non seulement de faire correspondre chaque image avec ses données structurées correspondantes, mais aussi de s'assurer que les deux types de données sont prétraités de manière appropriée. Pour les images, cela peut inclure le redimensionnement, la normalisation et les techniques d'augmentation. Pour les données structurées, cela peut impliquer la mise à l'échelle, l'encodage des variables catégorielles et la gestion des valeurs manquantes. Un mauvais alignement ou un prétraitement incohérent peut conduire à un apprentissage erroné et à de mauvaises performances du modèle.

- **Conception architecturale** : L'architecture d'un modèle hybride doit être soigneusement conçue pour traiter et intégrer efficacement différents types de données. Cela inclut la décision sur la profondeur et la largeur des couches convolutives pour le traitement d'image, la structure des couches denses pour les données structurées, et la méthode de combinaison de ces caractéristiques (par exemple, concaténation, mécanismes d'attention). Le choix des fonctions d'activation, des méthodes de mise en commun et de la topologie globale du réseau peut avoir un impact significatif sur la capacité du modèle à apprendre des représentations significatives.

- **Gestion des ressources** : Les modèles hybrides exigent souvent des ressources de calcul substantielles en raison de leur architecture complexe et de la nécessité de traiter plusieurs flux de données simultanément. Une utilisation efficace des ressources est essentielle, ce qui peut impliquer :

  - La mise en œuvre du traitement par lots pour optimiser l'utilisation de la mémoire

  - L'utilisation de générateurs de données pour l'augmentation de données à la volée et un entraînement économe en mémoire

  - L'emploi d'un entraînement distribué sur plusieurs GPU ou TPU pour des ensembles de données plus importants

  - La considération de techniques de compression de modèle comme l'élagage ou la quantification pour le déploiement sur des appareils à ressources limitées

- **Atténuation du surapprentissage** : Le risque de surapprentissage est accru dans les modèles hybrides en raison de leur capacité à apprendre des représentations de haute dimension à partir de données visuelles et structurées. Pour y remédier :

  - Mettre en œuvre des techniques de régularisation robustes telles que le dropout, la régularisation L1/L2 ou la normalisation par lots

  - Utiliser des stratégies d'augmentation de données pour les images et les données structurées

- o Considérer des approches d'apprentissage par transfert, en particulier pour le composant de traitement d'image
- o Employer l'arrêt précoce et la sauvegarde de points de contrôle du modèle pour prévenir le surapprentissage pendant l'entraînement

- **Interprétabilité et explicabilité** : Bien que les modèles hybrides puissent offrir un pouvoir prédictif amélioré, ils peuvent également augmenter la complexité, rendant difficile l'interprétation de leur processus de prise de décision. La mise en œuvre de techniques comme l'analyse de l'importance des caractéristiques, la visualisation de l'attention ou les valeurs SHAP (SHapley Additive exPlanations) peut fournir des aperçus sur la façon dont le modèle pondère différentes entrées et caractéristiques lors de la réalisation de prédictions.

Les modèles hybrides de bout en bout représentent une avancée significative en apprentissage automatique, particulièrement dans les domaines nécessitant l'intégration de types de données divers. En traitant simultanément des informations visuelles et structurées, ces modèles peuvent découvrir des motifs et des relations complexes qui pourraient être négligés par des approches à modalité unique.

Cela conduit à la génération de représentations de caractéristiques hautement informatives, qui à leur tour contribuent à des prédictions plus précises, nuancées et interprétables. La capacité à capturer des interactions complexes entre différentes modalités de données rend les modèles hybrides particulièrement précieux dans des domaines tels que le diagnostic médical, où les données d'imagerie doivent être considérées parallèlement à l'historique du patient et aux résultats de laboratoire, ou dans le commerce électronique, où les images de produits, le comportement des utilisateurs et les métadonnées des articles jouent tous des rôles cruciaux dans les systèmes de recommandation.

1.5 Stratégies de déploiement pour les modèles d'apprentissage profond hybrides

Une fois qu'un modèle hybride a été entraîné et validé, la phase de déploiement commence. Cette étape critique nécessite une planification méticuleuse pour garantir le fonctionnement efficace et précis du modèle dans les environnements de production, en particulier lors du traitement de plusieurs types d'entrée tels que les images et les données structurées. Le processus de déploiement englobe plusieurs aspects clés :

Optimisation du modèle : Cela implique des techniques telles que l'élagage, la quantification et la compilation pour réduire la taille du modèle et améliorer la vitesse d'inférence sans perte significative de précision. Par exemple, TensorFlow Lite peut être utilisé pour optimiser les modèles pour les appareils mobiles et périphériques.

Sélection de l'infrastructure : Le choix de la bonne infrastructure de déploiement est crucial. Les options vont des plateformes cloud (par exemple, AWS SageMaker, Google Cloud AI Platform) aux solutions sur site ou aux appareils périphériques, en fonction de facteurs tels que les exigences de latence, les préoccupations en matière de confidentialité des données et les besoins d'évolutivité.

Gestion de l'inférence en temps réel : Pour les modèles hybrides traitant à la fois des images et des données structurées, des pipelines de données efficaces et des conceptions d'API sont essentiels. Cela peut impliquer l'utilisation de techniques de traitement asynchrone ou la mise en œuvre de capacités de prédiction par lots pour gérer efficacement les demandes à volume élevé.

Surveillance et maintenance : Après le déploiement, la surveillance continue des performances du modèle, de la dérive des données et de l'état du système est vitale. Cela comprend la mise en place de systèmes de journalisation, d'alerte et la mise en œuvre de stratégies pour les mises à jour et le réentraînement du modèle.

En traitant ces aspects de manière exhaustive, les organisations peuvent s'assurer que leurs modèles d'apprentissage profond hybrides fonctionnent non seulement bien dans des environnements contrôlés, mais fournissent également des résultats cohérents et fiables dans des scénarios de production du monde réel.

1.5.1 Étape 1 : Optimisation du modèle pour une inférence efficace

Pour garantir des performances optimales dans les environnements de production, en particulier lors du traitement de grands ensembles de données ou de demandes à haute fréquence, il est crucial d'optimiser la taille et la vitesse du modèle. Ce processus d'optimisation implique plusieurs techniques sophistiquées qui peuvent améliorer considérablement l'efficacité du modèle sans compromettre sa précision. Les stratégies d'optimisation clés comprennent :

1. **Élagage du modèle** : Cette technique implique une réduction systématique de la taille du modèle en éliminant les connexions inutiles. En identifiant et en supprimant les paramètres redondants ou moins importants, l'élagage peut diminuer considérablement les exigences de calcul et l'empreinte mémoire du modèle. Ce processus est généralement itératif, avec une surveillance attentive pour s'assurer que l'élagage n'impacte pas significativement les capacités prédictives du modèle.

2. **Quantification** : Cette méthode se concentre sur la réduction de la précision des poids du modèle, en les convertissant généralement de nombres à virgule flottante de 32 bits en entiers de 8 bits. Cette conversion entraîne une réduction spectaculaire de l'utilisation de la mémoire et des exigences de calcul. Les techniques de quantification avancées, telles que la quantification de plage dynamique ou l'entraînement conscient de la quantification, peuvent aider à maintenir la précision du modèle tout en atteignant ces gains d'efficacité.

3. **TensorRT (pour les modèles TensorFlow/Keras)** : TensorRT de NVIDIA est une boîte à outils spécialisée conçue pour optimiser les modèles de réseaux de neurones pour le déploiement sur GPU. Elle utilise une gamme de techniques sophistiquées, notamment :

   o Calibration de précision : Déterminer automatiquement la précision optimale pour chaque couche du réseau.

   o Auto-ajustement du noyau : Sélectionner les noyaux GPU les plus efficaces pour des opérations spécifiques en fonction du matériel et des caractéristiques d'entrée.

   o Fusion de couches et de tenseurs : Combiner plusieurs opérations en noyaux uniques et optimisés pour réduire les transferts de mémoire et améliorer le débit.

   o Mémoire de tenseur dynamique : Allouer et réutiliser efficacement la mémoire GPU pour minimiser l'empreinte mémoire globale.

Ces techniques d'optimisation, lorsqu'elles sont appliquées judicieusement, peuvent aboutir à des modèles qui sont non seulement plus rapides et plus économes en mémoire, mais également plus adaptés au déploiement dans des environnements aux ressources limitées ou des applications en temps réel. Le choix et la combinaison de ces techniques dépendent souvent des exigences spécifiques du scénario de déploiement, telles que les contraintes de latence, le matériel disponible et la nature des données d'entrée.

Exemple : Quantification d'un modèle hybride pour le déploiement

```python
import tensorflow as tf
from tensorflow.keras.models import load_model
import tensorflow_model_optimization as tfmot

# Load the trained hybrid model
hybrid_model = load_model('path/to/saved/hybrid_model.h5')

# Apply quantization
quantize_model = tfmot.quantization.keras.quantize_model
quantized_hybrid_model = quantize_model(hybrid_model)

# Save the quantized model
quantized_hybrid_model.save('path/to/quantized_hybrid_model.h5')
```

Dans cet exemple :

• Nous utilisons le **Model Optimization Toolkit** de TensorFlow pour appliquer la quantification, créant une version du modèle qui utilise moins de mémoire et de ressources de calcul.

- Le modèle quantifié est enregistré et prêt pour le déploiement.

Les modèles quantifiés sont particulièrement utiles lors du déploiement sur des appareils périphériques ou dans des environnements à faibles ressources, tels que les applications mobiles ou les appareils IoT.

Voici une analyse de ce que fait le code :

- Tout d'abord, il importe les bibliothèques nécessaires : TensorFlow, la fonction load_model de Keras et le TensorFlow Model Optimization Toolkit

- Il charge un modèle hybride pré-entraîné à partir d'un fichier en utilisant load_model('path/to/saved/hybrid_model.h5')

- Le processus de quantification est ensuite appliqué en utilisant tfmot.quantization.keras.quantize_model. Cette fonction convertit le modèle pour utiliser une précision réduite (généralement de flottant 32 bits à entier 8 bits), ce qui réduit considérablement la taille du modèle et les exigences de calcul

- Enfin, le modèle quantifié est enregistré dans un nouveau fichier en utilisant quantized_hybrid_model.save('path/to/quantized_hybrid_model.h5')

1.5.2 Étape 2 : Configuration de l'infrastructure pour le déploiement de modèles hybrides

Les modèles hybrides peuvent être déployés sur une variété d'infrastructures, chacune offrant des avantages uniques en fonction des exigences spécifiques en matière de vitesse, d'évolutivité et d'accessibilité. Explorons les options courantes plus en détail :

1. **Plateformes cloud** : Les principaux fournisseurs de cloud tels qu'AWS, Google Cloud et Azure offrent des services robustes et évolutifs spécialement conçus pour le déploiement de modèles hybrides. Ces plateformes fournissent un accès à des GPU et CPU puissants, permettant un traitement efficace des données d'images et structurées. Les principaux avantages comprennent :

   o Une mise à l'échelle élastique pour gérer les charges de travail variables

   o Un équilibrage de charge intégré pour une utilisation optimale des ressources

   o Des outils de surveillance complets pour le suivi des performances

   o Des capacités avancées de versioning de modèles pour des mises à jour et retours en arrière faciles

   o Une intégration avec d'autres services cloud pour des fonctionnalités améliorées

2. **Appareils périphériques** : Pour les applications nécessitant un traitement en temps réel ou celles ayant une connectivité limitée, le déploiement périphérique est un

excellent choix. Cette approche implique l'exécution du modèle directement sur des appareils tels que les smartphones, les capteurs IoT ou le matériel informatique périphérique spécialisé. Les avantages comprennent :

- Une latence considérablement réduite grâce au traitement local des données
- Une confidentialité et une sécurité améliorées car les données sensibles ne quittent pas l'appareil
- La capacité de fonctionner dans des environnements avec une connectivité Internet limitée ou inexistante
- Une utilisation réduite de la bande passante et des coûts associés

3. **Conteneurs Docker** : La conteneurisation offre une solution flexible et portable pour le déploiement de modèles hybrides. Les conteneurs Docker encapsulent le modèle avec ses dépendances, garantissant des performances cohérentes dans différents environnements. Les avantages comprennent :

- Une mise à l'échelle et une réplication faciles des instances de modèle
- Des processus de déploiement et de gestion simplifiés
- L'isolation de l'environnement du modèle du système hôte
- Une intégration transparente avec des outils d'orchestration comme Kubernetes pour des déploiements complexes

Lorsqu'il s'agit de modèles hybrides qui traitent à la fois des images et des données structurées, le choix de l'infrastructure de déploiement dépend souvent du cas d'usage spécifique et des exigences opérationnelles. Pour les scénarios nécessitant un traitement asynchrone de grands volumes de données, un déploiement cloud utilisant des API RESTful est souvent le choix privilégié. Cette configuration permet une gestion efficace de plusieurs requêtes simultanément et peut facilement évoluer pour répondre aux fluctuations de la demande.

D'autre part, pour les applications qui doivent gérer un volume élevé de requêtes ou nécessitent une orchestration complexe, une configuration conteneurisée utilisant Docker et Kubernetes offre une flexibilité et une évolutivité supérieures. Cette approche permet une gestion facile de plusieurs versions de modèles, une allocation efficace des ressources et une intégration transparente avec les architectures de microservices existantes.

Il convient de noter que ces options de déploiement ne sont pas mutuellement exclusives. De nombreuses organisations optent pour une approche hybride, combinant les forces de différentes infrastructures pour créer une stratégie de déploiement robuste et polyvalente. Par exemple, elles peuvent utiliser des appareils périphériques pour le traitement initial des données et l'extraction de caractéristiques, puis envoyer les résultats à un modèle basé sur le cloud pour les prédictions finales, tirant parti des forces des deux approches.

Exemple : Création d'une API REST avec FastAPI pour l'inférence de modèle hybride

FastAPI est un framework web Python moderne et performant conçu pour créer des API, ce qui en fait un excellent choix pour déployer des modèles d'apprentissage automatique, y compris les modèles hybrides. Son efficacité et sa rapidité proviennent de son utilisation de la programmation asynchrone et de Starlette pour les parties web, tandis que Pydantic gère la validation des données. Cette combinaison se traduit par des temps d'exécution rapides et une latence réduite, ce qui est crucial lors du déploiement de modèles complexes comme les systèmes d'apprentissage profond hybrides.

Le support intégré de FastAPI pour OpenAPI (anciennement Swagger) et JSON Schema fournit une documentation API automatique, facilitant la compréhension et l'interaction des développeurs avec le modèle déployé. Cette fonctionnalité est particulièrement avantageuse lorsqu'on travaille avec des modèles hybrides qui peuvent avoir plusieurs types d'entrée ou des structures de données complexes.

De plus, les capacités de typage et de validation des données de FastAPI garantissent que les données envoyées au modèle sont dans le format correct, réduisant les erreurs et améliorant la fiabilité globale. Ceci est particulièrement important pour les modèles hybrides qui traitent à la fois des données structurées et des images, car cela aide à maintenir l'intégrité des données sur différents types d'entrée.

Explorons un exemple de la façon dont nous pourrions déployer un modèle hybride en utilisant FastAPI, démontrant sa capacité à gérer plusieurs types d'entrée et à fournir une inférence rapide et évolutive :

```python
from fastapi import FastAPI, File, UploadFile
from tensorflow.keras.models import load_model
from PIL import Image
import numpy as np
import io

# Load the trained model
model = load_model('path/to/quantized_hybrid_model.h5')

# Initialize FastAPI app
app = FastAPI()

# Preprocess image data
def preprocess_image(image_data):
    image = Image.open(io.BytesIO(image_data))
    image = image.resize((224, 224))
    image_array = np.array(image) / 255.0
    return np.expand_dims(image_array, axis=0)

# Preprocess structured data
def preprocess_structured_data(data):
    return np.array(data).reshape(1, -1)    # Reshape structured data for single
prediction

# Define the prediction endpoint
```

```python
@app.post("/predict")
async def predict(image: UploadFile = File(...), structured_data: list = []):
    # Process image and structured data
    image_array = preprocess_image(await image.read())
    structured_array = preprocess_structured_data(structured_data)

    # Make prediction
    prediction = model.predict([image_array, structured_array])
    predicted_class = np.argmax(prediction, axis=1)[0]

    return {"predicted_class": int(predicted_class)}
```

Dans cet exemple :

- **Traitement d'image** : Les données d'image sont téléchargées, lues et redimensionnées, puis normalisées pour les préparer à la prédiction.

- **Données structurées** : Une simple liste est convertie en tableau NumPy et remodelée pour correspondre à l'entrée du modèle.

- **Point de terminaison de prédiction** : Le point de terminaison /predict prend une image et des données structurées, les prétraite et génère une prédiction, renvoyant la classe prédite.

FastAPI gère les requêtes de manière asynchrone, ce qui le rend idéal pour les applications en temps réel ou à fort trafic. Cette configuration permet à plusieurs utilisateurs d'accéder au modèle simultanément, fournissant des prédictions pour les entrées de données hybrides en temps réel.

Voici une description des composants clés :

- **Importations et chargement du modèle** : Les bibliothèques nécessaires sont importées et un modèle hybride pré-entraîné et quantifié est chargé.

- **Initialisation de FastAPI** : Une application FastAPI est créée.

- **Fonctions de prétraitement des données** :

  o preprocess_image() : Redimensionne l'image d'entrée à 224x224 pixels et normalise les valeurs des pixels.

  o preprocess_structured_data() : Remodèle les données structurées pour une prédiction unique.

- **Point de terminaison de prédiction** : Une route POST asynchrone "/predict" est définie, qui :

  o Accepte un fichier image téléchargé et des données structurées en entrée.

  o Prétraite à la fois l'image et les données structurées.

o   Transmet les données traitées au modèle pour la prédiction.

o   Renvoie la classe prédite sous forme de réponse JSON.

1.5.3 Étape 3 : Surveillance et mise à jour du modèle

En production, la surveillance continue des performances du modèle est essentielle pour maintenir la précision et l'efficacité. Les distributions de données peuvent évoluer au fil du temps, un phénomène connu sous le nom de **dérive des données**, qui peut entraîner une dégradation des performances du modèle s'il n'est pas traité. Pour garantir que le modèle reste efficace, plusieurs stratégies de surveillance clés doivent être mises en œuvre :

1. **Métriques de performance** : Suivre et analyser régulièrement des métriques telles que la précision, la précision, le rappel, le score F1 et l'AUC-ROC. De plus, surveiller le temps de réponse et l'utilisation des ressources pour garantir un fonctionnement efficace. De nombreuses plateformes cloud offrent des tableaux de bord en temps réel pour visualiser ces métriques, permettant une identification rapide des problèmes de performance.

2. **Tests A/B** : Mettre en place un cadre de tests A/B robuste pour comparer différentes versions de modèles. Cette approche permet une évaluation minutieuse des améliorations ou des régressions potentielles des performances. Introduire progressivement les mises à jour en utilisant des déploiements canari ou des stratégies de déploiement bleu-vert pour minimiser les risques et assurer des transitions en douceur.

3. **Réentraînement du modèle** : Établir une approche systématique pour le réentraînement périodique du modèle. Ce processus doit incorporer de nouvelles données collectées à partir de l'utilisation réelle, garantissant que le modèle reste précis et pertinent. Envisager la mise en place de pipelines de réentraînement automatisés qui se déclenchent en fonction de seuils de performance ou d'intervalles programmés.

4. **Surveillance de la qualité des données** : Mettre en place des vérifications pour garantir la qualité et l'intégrité des données entrantes. Cela inclut la surveillance des valeurs manquantes, des valeurs aberrantes et des distributions de données inattendues. Une mauvaise qualité des données peut avoir un impact significatif sur les performances du modèle et doit être traitée rapidement.

5. **Détection de la dérive conceptuelle** : Au-delà de la dérive des données, surveiller la dérive conceptuelle, où la relation entre les caractéristiques d'entrée et les variables cibles change au fil du temps. Mettre en œuvre des tests statistiques ou des approches basées sur l'apprentissage automatique pour détecter ces changements et déclencher des alertes lorsque des modifications significatives se produisent.

Le déploiement d'un modèle d'apprentissage profond hybride exige une optimisation méticuleuse et une planification d'infrastructure pour garantir à la fois l'efficacité et la précision des prédictions. Des techniques telles que la quantification et l'élagage de modèle jouent un rôle crucial pour rendre les modèles hybrides légers et suffisamment rapides pour les applications du monde réel. Ces méthodes d'optimisation réduisent non seulement la taille du modèle, mais améliorent également la vitesse d'inférence, les rendant adaptés au déploiement sur divers appareils, y compris les plateformes mobiles et informatiques en périphérie.

Les environnements basés sur le cloud ou conteneurisés offrent l'évolutivité et la flexibilité nécessaires pour gérer les exigences du déploiement en production. Ces infrastructures permettent au modèle de traiter efficacement les requêtes simultanées de plusieurs utilisateurs, garantissant une haute disponibilité et des performances constantes. Les capacités d'équilibrage de charge et de mise à l'échelle automatique améliorent encore la capacité du modèle à gérer efficacement des charges de travail variables.

La surveillance et la mise à jour continues du modèle en production sont essentielles pour maintenir ses performances au fil du temps. Ce processus continu permet au modèle de s'adapter aux changements dans la distribution des données ou aux besoins commerciaux en évolution. La mise en place d'un système de surveillance robuste aide à la détection précoce de la dégradation des performances, permettant des interventions et des mises à jour opportunes.

En déployant le modèle hybride, nous obtenons un pipeline entièrement intégré qui gère de manière transparente le prétraitement des données, l'extraction de caractéristiques et la prédiction. Cette approche de bout en bout aboutit à une solution polyvalente et évolutive capable de traiter des données d'entrée multidimensionnelles. La combinaison des capacités d'apprentissage profond avec l'analyse de données structurées fournit un outil puissant pour aborder des problèmes complexes du monde réel dans divers domaines.

De plus, le déploiement de modèles hybrides ouvre de nouvelles possibilités pour l'apprentissage par transfert et l'adaptation de domaine. La capacité du modèle à traiter à la fois des données non structurées (par exemple, images, texte) et des données structurées permet une représentation de caractéristiques plus complète, améliorant potentiellement les performances dans des scénarios avec des données étiquetées limitées ou lors de l'adaptation à de nouvelles tâches connexes.

En conclusion, le déploiement et la maintenance réussis de modèles d'apprentissage profond hybrides nécessitent une approche holistique qui englobe une optimisation minutieuse, une infrastructure robuste, une surveillance continue et des mises à jour régulières. Cette stratégie globale garantit que le modèle reste précis, efficace et pertinent dans des environnements dynamiques du monde réel, fournissant des informations et des prédictions précieuses dans un large éventail d'applications.

Chapitre 6 : Introduction à la sélection de caractéristiques avec Lasso et Ridge

La sélection de caractéristiques est une technique cruciale en science des données et en apprentissage automatique qui vise à identifier les caractéristiques les plus pertinentes contribuant aux prédictions du modèle. En réduisant le nombre de caractéristiques, ce processus améliore l'interprétabilité du modèle, réduit la charge de calcul, améliore potentiellement la précision et atténue le surapprentissage. Dans ce chapitre, nous explorons deux techniques de régularisation importantes : la régression **Lasso** et la régression **Ridge**.

Ces techniques servent plusieurs objectifs dans le domaine de l'apprentissage automatique :

- Gérer la multicolinéarité : Elles traitent le problème des caractéristiques fortement corrélées, qui peuvent conduire à des estimations de coefficients instables et peu fiables.

- Prévenir le surapprentissage : En ajoutant des pénalités au modèle, elles découragent les modèles trop complexes qui peuvent mal performer sur des données non vues.

- Sélection de caractéristiques : Elles constituent des outils précieux pour identifier les caractéristiques les plus importantes dans un ensemble de données.

La régularisation, dans son essence, pénalise la complexité du modèle. Cela encourage des modèles plus simples et plus interprétables en réduisant ou en éliminant les coefficients de caractéristiques moins influents. Explorons chaque technique plus en détail :

La régression **Lasso** (Least Absolute Shrinkage and Selection Operator) :

- Utilise la régularisation L1

- Particulièrement efficace pour réduire certains coefficients à zéro

- Effectue la sélection de caractéristiques en sélectionnant un sous-ensemble des caractéristiques originales

- Idéale pour les ensembles de données avec de nombreuses caractéristiques non pertinentes ou redondantes

La régression **Ridge** :

- Applique la régularisation L2

- Réduit les coefficients vers zéro sans les éliminer complètement

- Utile lors du traitement de caractéristiques multicolinéaires

- Mieux adaptée aux situations où toutes les caractéristiques contribuent, même si certaines ne sont que faiblement prédictives

Le choix entre la régression Lasso et Ridge dépend des caractéristiques spécifiques de votre ensemble de données et des objectifs de votre analyse. Lasso est particulièrement utile lorsque vous pensez que seul un sous-ensemble de vos caractéristiques est vraiment important, tandis que Ridge est bénéfique lorsque vous souhaitez conserver toutes les caractéristiques mais réduire leur impact sur le modèle.

En pratique, ces techniques peuvent être ajustées à l'aide d'un paramètre de régularisation, souvent noté lambda (λ). Ce paramètre contrôle la force de la pénalité appliquée aux coefficients. Une valeur de λ plus élevée entraîne une régularisation plus forte, tandis qu'une valeur plus faible permet au modèle de s'ajuster plus étroitement aux données.

En tirant parti de ces techniques de régularisation, les scientifiques des données et les praticiens de l'apprentissage automatique peuvent construire des modèles plus robustes, interprétables et efficaces. Dans les sections suivantes, nous explorerons les fondements mathématiques de ces méthodes et démontrerons leurs applications pratiques à l'aide d'exemples concrets.

6.1 Techniques de régularisation pour la sélection de caractéristiques

Les techniques de régularisation sont utilisées pour contrôler la complexité des modèles d'apprentissage automatique en ajoutant une pénalité à la fonction de perte, décourageant les valeurs extrêmes dans les paramètres du modèle. Ces techniques sont essentielles pour prévenir le surapprentissage, en particulier lors du traitement de données de haute dimension où le nombre de caractéristiques est important par rapport au nombre d'observations. Dans cette section, nous approfondirons deux méthodes de régularisation largement utilisées : la **régularisation L1** et la **régularisation L2**, en expliquant comment elles influencent la sélection de caractéristiques et les performances du modèle.

6.1.1 Régularisation L1 : Régression Lasso

La régularisation L1, employée dans la **régression Lasso**, introduit un terme de pénalité à la fonction de perte qui est égal à la valeur absolue des coefficients du modèle. Cette approche innovante sert plusieurs objectifs :

1. Sélection de caractéristiques

En encourageant la parcimonie, Lasso réduit efficacement les coefficients de caractéristiques moins importantes à zéro, sélectionnant automatiquement les caractéristiques les plus pertinentes. Ce processus est réalisé grâce au terme de régularisation L1, qui ajoute une pénalité proportionnelle à la valeur absolue des coefficients. À mesure que la force de régularisation augmente, davantage de coefficients sont poussés à exactement zéro, éliminant effectivement ces caractéristiques du modèle.

Cette caractéristique de Lasso la rend particulièrement utile dans les ensembles de données de haute dimension où le nombre de caractéristiques dépasse de loin le nombre d'observations, comme en génomique ou en analyse de texte. En identifiant et en conservant automatiquement uniquement les prédicteurs les plus influents, Lasso simplifie non seulement le modèle, mais fournit également des informations précieuses sur l'importance des caractéristiques, améliorant à la fois l'interprétabilité du modèle et les performances prédictives.

2. Simplification du modèle

Alors que la régression Lasso pousse les coefficients à zéro, elle effectue efficacement la sélection de caractéristiques, résultant en un modèle plus parcimonieux. Ce processus de simplification présente plusieurs avantages :

- Amélioration de l'interprétabilité : En ne conservant que les variables les plus influentes, le modèle devient plus facile à comprendre et à expliquer aux parties prenantes. Ceci est particulièrement précieux dans les domaines où la transparence du modèle est cruciale, comme la santé ou la finance.

- Complexité réduite : Les modèles plus simples sont moins sujets au surapprentissage et se généralisent souvent mieux aux données non vues. Cela s'aligne avec le principe du rasoir d'Occam en apprentissage automatique, qui favorise les explications plus simples.

- Efficacité computationnelle : Avec moins de coefficients non nuls, le modèle nécessite moins de ressources de calcul pour l'entraînement et la prédiction, ce qui peut être significatif pour les applications à grande échelle.

- Informations sur l'importance des caractéristiques : Les coefficients non nuls fournissent une indication claire des caractéristiques les plus impactantes, offrant des informations précieuses sur la structure de données sous-jacente et les relations.

3. Prévention du surapprentissage

En limitant l'ampleur des coefficients, Lasso aide à prévenir que le modèle ne devienne trop complexe et ne surapprenne sur les données d'entraînement. Ceci est réalisé grâce au terme de régularisation, qui pénalise les valeurs de coefficients importantes. En conséquence, Lasso encourage le modèle à se concentrer sur les caractéristiques les plus importantes et à écarter ou réduire l'impact de celles moins pertinentes.

Ce mécanisme est particulièrement efficace dans les espaces de haute dimension où le risque de surapprentissage est plus prononcé en raison de l'abondance de caractéristiques. En favorisant la parcimonie, Lasso simplifie non seulement le modèle mais améliore également ses capacités de généralisation, le rendant plus susceptible de bien performer sur des données non vues.

Cette caractéristique est particulièrement précieuse dans les scénarios où le nombre de caractéristiques dépasse largement le nombre d'observations, comme en génomique ou en analyse de texte, où le surapprentissage est un défi courant.

4. Gestion de la multicolinéarité

La régression Lasso excelle dans la gestion de la multicolinéarité, qui se produit lorsque les caractéristiques d'un ensemble de données sont fortement corrélées. Dans de tels scénarios, Lasso démontre une capacité unique à sélectionner une caractéristique parmi un groupe de variables corrélées tout en éliminant ou en réduisant considérablement les coefficients des autres. Cette caractéristique est particulièrement précieuse à plusieurs égards :

- Amélioration de la stabilité du modèle : En sélectionnant une seule caractéristique d'un groupe corrélé, Lasso réduit l'instabilité qui peut résulter de la multicolinéarité dans les modèles de régression traditionnels.

- Interprétabilité améliorée : Le processus de sélection de caractéristiques simplifie le modèle, facilitant l'interprétation des variables les plus influentes dans la prédiction du résultat.

- Réduction du surapprentissage : En éliminant les informations redondantes, Lasso aide à prévenir le surapprentissage qui peut se produire lorsque plusieurs caractéristiques corrélées sont incluses dans le modèle.

Par exemple, dans un ensemble de données comportant plusieurs indicateurs économiques fortement corrélés, Lasso pourrait conserver le PIB tout en réduisant à zéro les coefficients de variables étroitement liées comme le PNB ou le revenu par habitant. Cette approche sélective traite non seulement la multicolinéarité, mais fournit également des informations sur quelle mesure économique spécifique est la plus prédictive de la variable de résultat.

La double action de régularisation et de sélection de caractéristiques rend Lasso particulièrement précieux dans les ensembles de données de haute dimension où le nombre de caractéristiques dépasse considérablement le nombre d'observations. Cette caractéristique est particulièrement bénéfique dans des domaines tels que la génomique, où des milliers de prédicteurs potentiels peuvent exister.

De plus, la capacité de Lasso à produire des modèles parcimonieux s'aligne bien avec le principe de parcimonie en modélisation scientifique, où les explications plus simples sont généralement préférées. En identifiant automatiquement les caractéristiques les plus cruciales, Lasso améliore non seulement les performances du modèle, mais fournit également des informations sur le processus sous-jacent de génération de données.

Le terme de pénalité Lasso est ajouté à la fonction de coût des moindres carrés ordinaires (OLS) comme suit :

$$LassoLoss = RSS + \lambda \boldsymbol{\Sigma}_{j=1}^{p} \left| \beta_j \right|$$

Où :

- **RSS** est la somme des carrés des résidus, qui quantifie l'erreur de prédiction du modèle en sommant les différences au carré entre les valeurs observées et prédites. Ce terme représente l'ajustement du modèle aux données.

- **λ** (lambda) est le paramètre de régularisation qui contrôle la force de la pénalité. Il agit comme un bouton de réglage, équilibrant le compromis entre l'ajustement du modèle et la complexité.

- **β_j** représente les coefficients de chaque caractéristique dans le modèle. Ces coefficients indiquent l'impact de chaque caractéristique sur la variable cible.

- **Σ|β_j|** est la norme L1 des coefficients, qui additionne les valeurs absolues de tous les coefficients. Ce terme est responsable de la propriété de sélection de caractéristiques de Lasso.

À mesure que **λ** augmente, Lasso applique une pénalité plus forte, poussant davantage de coefficients à exactement zéro. Ce processus sélectionne efficacement uniquement les caractéristiques les plus influentes, créant un modèle parcimonieux. La valeur optimale de **λ** est cruciale pour atteindre le bon équilibre entre la complexité du modèle et la précision prédictive. Elle est souvent déterminée par validation croisée, où différentes valeurs de λ sont testées pour trouver celle qui minimise l'erreur de prédiction sur les données de validation.

L'interaction entre RSS et le terme de pénalité est essentielle pour comprendre le comportement de Lasso. Lorsque λ est petit, le modèle privilégie la minimisation de RSS, conduisant potentiellement au surapprentissage. À mesure que λ augmente, le terme de pénalité gagne plus d'influence, encourageant la réduction des coefficients et la sélection de caractéristiques, ce qui peut améliorer la généralisation aux nouvelles données.

Exemple : Sélection de caractéristiques avec la régression Lasso

Démontrons les capacités de sélection de caractéristiques de la régression Lasso en utilisant un ensemble de données comportant plusieurs caractéristiques, dont beaucoup ont un pouvoir prédictif limité. Cet exemple illustrera comment Lasso identifie et conserve efficacement les caractéristiques les plus pertinentes tout en éliminant ou en réduisant l impact de celles qui sont moins importantes.

Nous allons créer un ensemble de données synthétique qui comprend à la fois des caractéristiques informatives et des variables de bruit. Cette approche nous permet de simuler des scénarios réels où les ensembles de données contiennent souvent un mélange d'informations pertinentes et non pertinentes. En appliquant la régression Lasso à cet ensemble de données, nous pouvons observer sa capacité à distinguer entre ces types de caractéristiques et à effectuer des sélections éclairées.

Notre démonstration comprendra les étapes suivantes :

- Génération d'un ensemble de données synthétique avec des coefficients connus

- Ajout de caractéristiques de bruit pour simuler des informations non pertinentes

- Application de la régression Lasso avec un paramètre de régularisation spécifique

- Analyse des coefficients résultants pour identifier les caractéristiques sélectionnées

- Visualisation de l'impact de Lasso sur la sélection de caractéristiques

Cet exemple pratique aidera à renforcer les concepts théoriques discutés précédemment, montrant comment la régularisation L1 de Lasso conduit à des modèles parcimonieux en réduisant à zéro les coefficients moins importants. Il mettra également en évidence l'importance du paramètre de régularisation dans le contrôle du compromis entre la complexité du modèle et la sélection de caractéristiques.

```python
import numpy as np
import matplotlib.pyplot as plt
from sklearn.datasets import make_regression
from sklearn.linear_model import Lasso, LinearRegression
from sklearn.model_selection import train_test_split
from sklearn.metrics import mean_squared_error, r2_score

# Set random seed for reproducibility
np.random.seed(42)

# Generate a synthetic dataset with noise
n_samples, n_features = 100, 10
X, y, true_coef = make_regression(n_samples=n_samples, n_features=n_features,
                                  noise=0.1, coef=True, random_state=42)

# Add irrelevant features (noise)
n_noise_features = 5
X_noise = np.random.normal(0, 1, (n_samples, n_noise_features))
X = np.hstack([X, X_noise])

# Split the data into training and testing sets
X_train, X_test, y_train, y_test = train_test_split(X, y, test_size=0.3,
random_state=42)

# Apply Lasso regression with different regularization parameters
alphas = [0.001, 0.01, 0.1, 1, 10]
lasso_models = []

for alpha in alphas:
    lasso = Lasso(alpha=alpha)
    lasso.fit(X_train, y_train)
```

```
        lasso_models.append(lasso)

# Apply standard Linear Regression for comparison
lr = LinearRegression()
lr.fit(X_train, y_train)

# Plotting
plt.figure(figsize=(15, 10))

# Plot coefficients
plt.subplot(2, 1, 1)
for i, (alpha, lasso) in enumerate(zip(alphas, lasso_models)):
    plt.plot(range(X.shape[1]),      lasso.coef_,      marker='o',      label=f'Lasso
(alpha={alpha})')
plt.plot(range(n_features),     true_coef,     'k*',     markersize=10,     label='True
coefficients')
plt.plot(range(X.shape[1]), lr.coef_, '---', label='Linear Regression')
plt.axhline(y=0, color='k', linestyle='--')
plt.xlabel('Feature Index')
plt.ylabel('Coefficient Value')
plt.title('Lasso Coefficients vs. Linear Regression')
plt.legend()

# Plot MSE for different alphas
plt.subplot(2, 1, 2)
mse_values   =   [mean_squared_error(y_test,   lasso.predict(X_test))   for   lasso   in
lasso_models]
plt.semilogx(alphas, mse_values, marker='o')
plt.xlabel('Alpha (log scale)')
plt.ylabel('Mean Squared Error')
plt.title('MSE vs. Alpha for Lasso Regression')

plt.tight_layout()
plt.show()

# Print results
print("Linear Regression Results:")
print(f"MSE: {mean_squared_error(y_test, lr.predict(X_test)):.4f}")
print(f"R^2: {r2_score(y_test, lr.predict(X_test)):.4f}")

print("\\nLasso Regression Results:")
for alpha, lasso in zip(alphas, lasso_models):
    mse = mean_squared_error(y_test, lasso.predict(X_test))
    r2 = r2_score(y_test, lasso.predict(X_test))
    n_selected = np.sum(lasso.coef_ != 0)
    print(f"Alpha: {alpha:.3f}, MSE: {mse:.4f}, R^2: {r2:.4f}, Selected Features:
{n_selected}")

# Display non-zero coefficients for the best Lasso model
best_lasso   =   min(lasso_models,   key=lambda   m:   mean_squared_error(y_test,
m.predict(X_test)))
print("\\nBest Lasso Model (Selected Features and their Coefficients):")
```

```
for idx, coef in enumerate(best_lasso.coef_):
    if coef != 0:
        print(f"Feature {idx}: {coef:.4f}")
```

Maintenant, décomposons cet exemple :

1. Génération et préparation des données :

- Nous créons un ensemble de données synthétique avec 10 caractéristiques pertinentes et 5 caractéristiques non pertinentes (bruit).

- Les données sont divisées en ensembles d'entraînement et de test pour l'évaluation du modèle.

2. Application du modèle :

- Nous appliquons la régression Lasso avec plusieurs paramètres de régularisation (alphas) pour observer comment différents niveaux de régularisation affectent la sélection de caractéristiques.

- Un modèle de régression linéaire standard est également ajusté à des fins de comparaison.

3. Visualisation :

- Le premier sous-graphique montre les valeurs de coefficient pour différents modèles Lasso (avec des alphas variables), les vrais coefficients et les coefficients de la régression linéaire.

- Le deuxième sous-graphique affiche l'erreur quadratique moyenne (MSE) pour différentes valeurs d'alpha, aidant à identifier la force de régularisation optimale.

4. Évaluation des performances :

- Nous calculons et affichons l'erreur quadratique moyenne (MSE) et les scores R au carré (R^2) pour la régression linéaire et les modèles Lasso avec différents alphas.

- Cela nous permet de comparer les performances de Lasso par rapport à la régression linéaire standard et d'observer comment différents niveaux de régularisation affectent les performances du modèle.

5. Analyse de la sélection de caractéristiques :

- Pour chaque modèle Lasso, nous comptons le nombre de caractéristiques sélectionnées (coefficients non nuls), démontrant comment une régularisation plus forte (alpha plus élevé) conduit à moins de caractéristiques sélectionnées.

- Nous identifions le meilleur modèle Lasso en fonction de la MSE de l'ensemble de test et affichons ses coefficients non nuls, montrant quelles caractéristiques ont été jugées les plus importantes par le modèle.

Cet exemple offre un aperçu complet du comportement de la régression Lasso, mettant en évidence ses capacités de sélection de caractéristiques. En ajustant la force de régularisation et en la comparant à la régression linéaire standard, nous pouvons voir comment Lasso trouve un équilibre entre la simplicité du modèle (utilisant moins de caractéristiques) et les performances prédictives. Les visualisations et les mesures de performance fournies nous aident à comprendre les compromis entre la sélection de caractéristiques et la complexité du modèle.

6.1.2 Régularisation L2 : Régression Ridge

Contrairement à la régularisation L1, la **régularisation L2** (utilisée dans la régression Ridge) emploie une approche différente de la gestion des caractéristiques. Elle ajoute une pénalité proportionnelle au carré des coefficients, les réduisant efficacement vers zéro sans les éliminer complètement. Cette approche nuancée offre plusieurs avantages :

1. Réduction des coefficients

L'approche de la régression Ridge en matière de régularisation implique de pénaliser le carré des coefficients, ce qui conduit à une forme unique de réduction des coefficients. Cette méthode encourage le modèle à privilégier des valeurs de coefficient plus petites et plus stables sur toutes les caractéristiques. La nature quadratique de la pénalité garantit que les coefficients plus importants sont pénalisés plus lourdement, créant une distribution équilibrée de l'importance parmi les prédicteurs.

Ce mécanisme de réduction remplit plusieurs objectifs :

- **Atténuation de la multicolinéarité** : En réduisant les magnitudes des coefficients, la régression Ridge traite efficacement le problème de la multicolinéarité. Lorsque les prédicteurs sont fortement corrélés, la régression linéaire standard peut produire des estimations instables et peu fiables. L'approche de réduction de Ridge aide à stabiliser ces estimations, permettant au modèle de gérer les caractéristiques corrélées de manière plus fluide.

- **Sensibilité réduite du modèle** : La réduction des coefficients dans la régression Ridge réduit la sensibilité du modèle aux prédicteurs individuels. Ceci est particulièrement bénéfique dans les scénarios où les données peuvent contenir du bruit ou où certaines caractéristiques pourraient avoir une influence disproportionnée en raison de problèmes d'échelle ou de valeurs aberrantes.

- **Généralisation améliorée** : En contraignant les valeurs de coefficient, la régression Ridge aide à prévenir le surapprentissage. Cela conduit à des modèles qui sont plus susceptibles de bien se généraliser à des données non vues, car ils sont moins enclins à capturer le bruit ou les particularités spécifiques à l'ensemble d'entraînement.

De plus, la nature continue de la réduction de Ridge permet un ajustement fin de la force de régularisation. Cela permet aux scientifiques des données de trouver un équilibre optimal entre la complexité du modèle et les performances prédictives, s'adaptant aux caractéristiques spécifiques de l'ensemble de données en question.

2. Préservation de l'information

Contrairement à Lasso, qui peut supprimer entièrement des caractéristiques, Ridge conserve toutes les caractéristiques dans le modèle, bien qu'avec une importance réduite pour les moins influentes. Cela est particulièrement bénéfique lorsque toutes les caractéristiques contiennent un certain niveau de pouvoir prédictif. L'approche de la régression Ridge en matière de gestion des caractéristiques est plus nuancée, permettant une représentation complète de la complexité des données.

La préservation de toutes les caractéristiques dans la régression Ridge offre plusieurs avantages :

- Représentation holistique du modèle : En conservant toutes les caractéristiques, Ridge garantit que le modèle capture le spectre complet des relations au sein des données. Cela est particulièrement précieux dans les systèmes complexes où même des contributeurs mineurs peuvent jouer un rôle dans le pouvoir prédictif global.

- Stabilité de l'importance des caractéristiques : La méthode de Ridge consistant à réduire les coefficients plutôt qu'à les éliminer fournit une évaluation plus stable de l'importance des caractéristiques à travers différents échantillons ou itérations du modèle.

- Flexibilité dans l'interprétation des caractéristiques : Conserver toutes les caractéristiques permet une interprétation plus flexible du modèle, car les analystes peuvent toujours considérer l'importance relative de toutes les variables, même celles avec des coefficients plus petits.

Cette caractéristique de la régression Ridge la rend particulièrement adaptée aux scénarios où :

- Les connaissances du domaine suggèrent que toutes les variables ont une pertinence potentielle

- L'interaction entre les caractéristiques est complexe et pas entièrement comprise

- Il existe un besoin d'équilibrer la simplicité du modèle avec une représentation complète des données

En préservant toutes les caractéristiques, la régression Ridge fournit une vue plus holistique du paysage des données, permettant une analyse et une interprétation nuancées qui peuvent être cruciales dans des domaines comme l'économie, la biologie ou les sciences sociales où de multiples facteurs contribuent souvent aux résultats de manière subtile et interconnectée.

3. Gestion des caractéristiques corrélées

La régression Ridge excelle dans les scénarios où les prédicteurs sont fortement corrélés. Elle a tendance à attribuer des coefficients similaires aux caractéristiques corrélées, distribuant efficacement l'importance entre elles plutôt que d'en sélectionner une arbitrairement. Cette approche est particulièrement précieuse dans les ensembles de données complexes où les caractéristiques sont interconnectées et potentiellement redondantes.

En pratique, cela signifie que la régression Ridge peut gérer efficacement la multicolinéarité, un problème courant dans les ensembles de données du monde réel. Par exemple, dans les modèles économiques, des facteurs comme la croissance du PIB, le taux de chômage et l'inflation peuvent être étroitement liés. La régression Ridge attribuerait des poids similaires à ces prédicteurs corrélés, permettant au modèle de capturer leur impact collectif sans s'appuyer excessivement sur un seul facteur.

De plus, le traitement par Ridge des caractéristiques corrélées améliore la stabilité du modèle. En distribuant l'importance entre les prédicteurs connexes, elle réduit la sensibilité du modèle aux petits changements dans les données. Cette stabilité est cruciale dans des domaines comme la finance ou la santé, où des prédictions cohérentes et fiables sont essentielles.

La capacité à gérer les caractéristiques corrélées fait également de la régression Ridge un outil précieux en ingénierie des caractéristiques. Elle permet aux scientifiques des données d'inclure plusieurs caractéristiques connexes sans risque d'instabilité du modèle, découvrant potentiellement des interactions subtiles qui pourraient être manquées si les caractéristiques étaient éliminées prématurément.

4. Réduction continue

La pénalité L2 dans la régression Ridge introduit une réduction lisse et continue des coefficients à mesure que la force de régularisation augmente. Cette caractéristique permet un contrôle précis de la complexité du modèle, offrant plusieurs avantages :

1. Réduction progressive de l'impact des caractéristiques : Contrairement à la sélection abrupte de caractéristiques de Lasso, la régression Ridge réduit progressivement l'impact des caractéristiques moins importantes. Cela permet une approche plus nuancée de l'importance des caractéristiques, où même les contributeurs mineurs peuvent encore jouer un rôle dans les prédictions du modèle.

2. Stabilité dans les estimations de coefficients : La nature continue de la réduction de Ridge conduit à des estimations de coefficients plus stables à travers différents échantillons de données. Cette stabilité est particulièrement précieuse dans les domaines où un comportement de modèle cohérent est crucial, comme dans les prévisions financières ou les diagnostics médicaux.

3. Flexibilité dans l'ajustement du modèle : La réduction lisse permet aux scientifiques des données d'affiner la complexité du modèle avec une grande précision. En ajustant le paramètre de régularisation, on peut trouver un équilibre optimal entre simplicité

du modèle et puissance prédictive, s'adaptant aux besoins spécifiques du problème en question.

4. Préservation des relations entre caractéristiques : Contrairement à Lasso, qui peut sélectionner arbitrairement une caractéristique parmi un groupe de prédicteurs corrélés, la réduction continue de Ridge maintient l'importance relative de toutes les caractéristiques. Cette préservation des relations entre caractéristiques peut être cruciale pour comprendre les systèmes complexes où de multiples facteurs interagissent de manière subtile.

5. Robustesse à la multicolinéarité : L'approche de réduction continue de la régression Ridge la rend particulièrement efficace pour gérer la multicolinéarité. En distribuant l'impact entre les caractéristiques corrélées plutôt qu'en sélectionnant un seul représentant, Ridge fournit une représentation plus holistique des relations sous-jacentes dans les données.

Cette approche nuancée de la réduction des coefficients fait de la régression Ridge un outil puissant dans les scénarios où l'interaction entre les caractéristiques est complexe et où toutes les variables contribuent potentiellement au résultat, même si certaines ne le font que faiblement.

La capacité de la régression Ridge à équilibrer l'influence des caractéristiques sans élimination complète la rend particulièrement précieuse dans les domaines où les interactions entre caractéristiques sont complexes et où toutes les variables contribuent potentiellement au résultat. Par exemple, dans les études génétiques ou la modélisation économique, où de nombreux facteurs peuvent avoir des impacts subtils mais significatifs, Ridge peut fournir des modèles plus nuancés et interprétables.

Le terme de pénalité Ridge est ajouté à la fonction de coût des moindres carrés ordinaires (MCO) comme suit :

$$Ridge\ Loss = RSS + \lambda \Sigma_{j=1}^{p} \left| \beta_j^2 \right|$$

Où :

- λ (lambda) contrôle le degré de régularisation.
- β_j représente les coefficients de chaque caractéristique.

La régression Ridge adopte une approche différente de la gestion des caractéristiques par rapport à Lasso. Alors que Lasso peut éliminer complètement des caractéristiques en fixant leurs coefficients à zéro, la régression Ridge maintient toutes les caractéristiques dans le modèle. Au lieu de la sélection de caractéristiques, Ridge effectue une réduction des coefficients, diminuant la magnitude de tous les coefficients sans les réduire complètement à zéro.

Cette approche a plusieurs implications importantes :

- Préservation des contributions des caractéristiques : En conservant toutes les caractéristiques, Ridge garantit que chaque prédicteur contribue aux prédictions du modèle, bien qu'avec une importance potentiellement réduite pour les caractéristiques moins influentes. Cela est particulièrement bénéfique dans les scénarios où toutes les caractéristiques sont censées contenir un certain niveau de pouvoir prédictif, même s'il est minimal.

- Gestion des caractéristiques corrélées : Ridge est particulièrement efficace face à la multicolinéarité. Elle a tendance à distribuer les poids plus uniformément entre les caractéristiques corrélées, plutôt que d'en sélectionner arbitrairement une plutôt que les autres. Cela peut conduire à des modèles plus stables et interprétables en présence de prédicteurs fortement corrélés.

- Régularisation continue : La réduction des coefficients dans la régression Ridge est continue, permettant un ajustement fin de la force de régularisation. Cela permet aux scientifiques des données de trouver un équilibre optimal entre complexité du modèle et performance prédictive, s'adaptant aux caractéristiques spécifiques de l'ensemble de données.

En essence, l'approche de la régression Ridge en matière de gestion des caractéristiques offre une représentation plus nuancée et complète de la complexité des données. Cela la rend particulièrement précieuse dans les domaines où l'interaction entre les caractéristiques est complexe et pas entièrement comprise, comme dans la modélisation économique, les systèmes biologiques ou les sciences sociales, où de multiples facteurs contribuent souvent aux résultats de manière subtile et interconnectée.

6.1.3 Choisir entre la régression Lasso et Ridge

Le choix entre la régression Lasso et Ridge dépend des caractéristiques spécifiques de votre ensemble de données et des objectifs de votre analyse. Voici un guide détaillé pour vous aider à décider :

Lasso (Régularisation L1)

Lasso est particulièrement utile dans les scénarios suivants :

- La régression Lasso est particulièrement avantageuse dans plusieurs scénarios :

- **Ensembles de données de grande dimension** : Lorsqu'on traite des ensembles de données qui ont un grand nombre de caractéristiques par rapport au nombre d'observations, Lasso excelle dans l'identification des prédicteurs les plus significatifs. Cette capacité est cruciale dans des domaines tels que la génomique, où des milliers de marqueurs génétiques peuvent être analysés pour prédire les résultats de maladies.

- **Modèles parcimonieux** : Dans les situations où seul un sous-ensemble de caractéristiques est considéré comme véritablement pertinent, la capacité de Lasso à fixer les coefficients des caractéristiques non pertinentes à exactement zéro est inestimable. Cette propriété rend Lasso idéal pour les applications en traitement du signal ou en reconnaissance d'images, où l'isolation des caractéristiques clés du bruit est essentielle.

- **Sélection automatique de caractéristiques** : La capacité de Lasso à éliminer des caractéristiques constitue un excellent outil pour la sélection automatique de caractéristiques. Cela simplifie non seulement l'interprétation du modèle, mais réduit également le risque de surapprentissage. Par exemple, dans la modélisation financière, Lasso peut aider à identifier les indicateurs économiques les plus influents parmi une vaste gamme de prédicteurs potentiels.

- **Efficacité computationnelle** : En réduisant le nombre de caractéristiques, Lasso conduit à des modèles plus efficaces sur le plan computationnel. Ceci est particulièrement crucial dans les applications en temps réel ou lors du travail avec de très grands ensembles de données. Par exemple, dans les systèmes de recommandation traitant des millions d'interactions utilisateur, Lasso peut aider à créer des modèles simplifiés qui fournissent des suggestions rapides et précises.

De plus, la propriété de sélection de caractéristiques de Lasso peut améliorer l'interprétabilité du modèle, facilitant ainsi la compréhension et la validation du processus de prise de décision du modèle par les experts du domaine. Ceci est particulièrement précieux dans des domaines comme la santé, où la transparence des modèles prédictifs est souvent une exigence réglementaire.

Ridge (Régularisation L2)

La régression Ridge est souvent préférée dans ces situations :

- **Gestion de la multicolinéarité** : La régression Ridge excelle dans la gestion des ensembles de données avec des caractéristiques fortement corrélées. Contrairement aux méthodes qui pourraient sélectionner arbitrairement une caractéristique d'un groupe corrélé, Ridge distribue l'importance de manière plus uniforme parmi les prédicteurs connexes. Cette approche conduit à des estimations de coefficients plus stables et fiables, particulièrement précieuses dans les systèmes complexes où les caractéristiques sont interconnectées.

- **Utilisation complète des caractéristiques** : Dans les scénarios où toutes les caractéristiques sont censées contribuer au résultat, même si certaines contributions sont minimales, la régression Ridge brille. Elle conserve toutes les caractéristiques dans le modèle tout en ajustant leur impact par la réduction des coefficients. Cette propriété est particulièrement utile dans des domaines comme la génomique ou la science environnementale, où de nombreux facteurs peuvent avoir des effets subtils mais significatifs sur le résultat.

- **Analyse nuancée de l'importance des caractéristiques** : La régression Ridge offre une approche plus granulaire pour évaluer l'importance des caractéristiques. Au lieu d'une sélection binaire de caractéristiques (incluse ou exclue), elle fournit un spectre continu de pertinence des caractéristiques. Cela permet une interprétation plus nuancée de la signification des prédicteurs, ce qui peut être crucial dans l'analyse exploratoire de données ou lors de la construction de modèles interprétables dans des domaines comme la santé ou la finance.

- **Estimation robuste des coefficients** : La stabilité des estimations de coefficients dans la régression Ridge est un avantage significatif, en particulier lors du travail avec des échantillons de données variables. Cette robustesse est particulièrement précieuse dans les applications nécessitant un comportement de modèle cohérent à travers différents ensembles de données ou périodes de temps, comme dans les prévisions financières ou la recherche médicale. Elle garantit que les prédictions et interprétations du modèle restent fiables même face à de légères variations dans les données d'entrée.

Considérations pour les deux

Lors du choix entre Lasso et Ridge, considérez les éléments suivants :

- **Connaissance du domaine et contexte du problème** : Une compréhension approfondie du domaine du problème est cruciale pour sélectionner la technique de régularisation appropriée. Par exemple, en génomique, où une sélection parcimonieuse de caractéristiques est souvent souhaitée, Lasso pourrait être préférable. Inversement, dans la modélisation économique, où de multiples facteurs sont généralement interconnectés, la régression Ridge pourrait être plus appropriée. Votre expertise du domaine peut vous guider dans le choix d'une méthode qui s'aligne sur la structure sous-jacente et les relations dans vos données.

- **Interprétabilité du modèle et importance des caractéristiques** : Le choix entre Lasso et Ridge peut avoir un impact significatif sur l'interprétabilité du modèle. La propriété de sélection de caractéristiques de Lasso peut conduire à des modèles plus parcimonieux en éliminant complètement les caractéristiques moins importantes. Cela peut être particulièrement précieux dans des domaines comme la santé ou la finance, où comprendre quels facteurs déterminent les prédictions est crucial. D'autre part, la régression Ridge conserve toutes les caractéristiques mais ajuste leur importance, fournissant une vue plus nuancée de la pertinence des caractéristiques. Cette approche peut être bénéfique dans les systèmes complexes où même les contributeurs mineurs peuvent jouer un rôle dans le résultat global.

- **Validation croisée pour la sélection du modèle** : L'évaluation empirique par validation croisée est souvent la méthode la plus fiable pour déterminer quelle technique de régularisation performe mieux sur votre ensemble de données spécifique. En comparant systématiquement Lasso et Ridge sur plusieurs divisions de données, vous pouvez évaluer quelle méthode se généralise mieux aux données non vues. Cette approche aide à atténuer le risque de surapprentissage et fournit une estimation robuste de la performance de chaque méthode dans votre contexte particulier.

- **Elastic Net : Combiner la régularisation L1 et L2** : Dans les scénarios où les forces de Lasso et de Ridge sont toutes deux souhaitables, Elastic Net offre une alternative puissante. En combinant les pénalités L1 et L2, Elastic Net peut effectuer une sélection de caractéristiques comme Lasso tout en gérant également des groupes de caractéristiques corrélées comme Ridge. Cette approche hybride est particulièrement utile dans les ensembles de données de grande dimension avec des interactions de caractéristiques complexes, comme dans les applications de bioinformatique ou de traitement avancé du signal. Elastic Net permet d'affiner l'équilibre entre la sélection de caractéristiques et la réduction de coefficients, conduisant potentiellement à des modèles qui capturent les meilleurs aspects des régressions Lasso et Ridge.

En considérant attentivement ces facteurs et en comprenant les forces de chaque technique de régularisation, vous pouvez prendre une décision éclairée qui s'aligne sur les caractéristiques de votre ensemble de données et vos objectifs analytiques. N'oubliez pas que le choix entre Lasso et Ridge n'est pas toujours évident, et l'expérimentation joue souvent un rôle crucial dans la recherche de l'approche optimale pour votre problème spécifique.

6.2 Ajustement des hyperparamètres pour l'ingénierie des caractéristiques

L'ajustement des hyperparamètres est un processus critique en apprentissage automatique qui optimise la performance du modèle sans modifier les données sous-jacentes. Dans le domaine de l'ingénierie des caractéristiques et de la régularisation, l'ajustement fin de paramètres comme **alpha** (pour Lasso et Ridge) ou **lambda** (force de régularisation) est particulièrement crucial. Ces paramètres régissent l'équilibre délicat entre la sélection de caractéristiques et la complexité du modèle, impactant directement la capacité du modèle à généraliser et son interprétabilité.

L'importance de l'ajustement des hyperparamètres dans ce contexte ne peut être sous-estimée. Il permet aux scientifiques des données de :

- Optimiser la sélection de caractéristiques : En ajustant la force de régularisation, nous pouvons identifier les caractéristiques les plus pertinentes, réduisant le bruit et améliorant l'efficacité du modèle.

- Contrôler la complexité du modèle : Un ajustement approprié prévient le surapprentissage en pénalisant la complexité excessive, garantissant que le modèle capture les véritables tendances plutôt que le bruit.

- Améliorer la généralisation : Les modèles bien ajustés sont plus susceptibles de performer de manière cohérente sur des données non vues, un indicateur clé de solutions d'apprentissage automatique robustes.

- Améliorer l'interprétabilité : En sélectionnant les caractéristiques les plus impactantes, l'ajustement peut conduire à des modèles plus facilement compris et explicables, cruciaux dans de nombreuses applications commerciales et scientifiques.

Cette section explorera les techniques avancées pour ajuster les paramètres de régularisation dans la régression Lasso et Ridge. Nous explorerons des méthodes sophistiquées comme l'optimisation bayésienne et l'ajustement multi-objectif, qui vont au-delà des approches traditionnelles de recherche par grille. Ces techniques améliorent non seulement la performance du modèle, mais offrent également des aperçus sur l'importance des caractéristiques et le comportement du modèle sous différentes conditions de régularisation.

En maîtrisant ces stratégies d'ajustement avancées, vous serez équipé pour développer des modèles hautement optimisés qui trouvent l'équilibre parfait entre pouvoir prédictif et interprétabilité. Cette connaissance est inestimable dans des scénarios réels où la performance du modèle et l'explicabilité sont tout aussi critiques.

6.2.1 Aperçu des techniques d'ajustement des hyperparamètres

L'ajustement des hyperparamètres est un processus critique en apprentissage automatique qui optimise la performance du modèle. Il peut être abordé en utilisant diverses techniques sophistiquées, chacune avec ses propres forces et applications :

1. **Recherche par grille** : Cette méthode exhaustive parcourt systématiquement un ensemble prédéfini de valeurs d'hyperparamètres. Bien que coûteuse en calcul, elle garantit de trouver la configuration optimale dans l'espace de recherche spécifié. La recherche par grille est particulièrement utile lorsque vous avez une connaissance préalable des plages de paramètres potentiellement efficaces.

2. **Recherche aléatoire** : Cette technique échantillonne aléatoirement dans l'espace des hyperparamètres, la rendant plus efficace que la recherche par grille, en particulier dans les espaces de grande dimension. Elle est particulièrement efficace lors du traitement d'un grand nombre d'hyperparamètres ou lorsque les ressources de calcul sont limitées. La recherche aléatoire peut souvent trouver une bonne solution avec moins d'itérations que la recherche par grille.

3. **Optimisation bayésienne** : Cette méthode avancée utilise des modèles probabilistes pour guider le processus de recherche. Elle construit un modèle de substitution de la fonction objectif et l'utilise pour sélectionner les hyperparamètres les plus prometteurs à évaluer ensuite. L'optimisation bayésienne est particulièrement efficace pour les fonctions objectifs coûteuses à évaluer et peut trouver de bonnes solutions avec moins d'itérations que la recherche par grille et la recherche aléatoire.

4. **Validation croisée** : Bien qu'il ne s'agisse pas d'une méthode de recherche en soi, la validation croisée est un composant crucial de l'ajustement des hyperparamètres. Elle implique de partitionner les données en sous-ensembles, d'entraîner sur une portion et de valider sur l'ensemble mis de côté. Ce processus est répété plusieurs fois pour garantir que la performance du modèle est cohérente à travers différentes divisions de données, réduisant ainsi le risque de surapprentissage sur un sous-ensemble particulier des données.

En plus de ces méthodes, il existe d'autres techniques avancées qui méritent d'être mentionnées :

1. **Algorithmes génétiques** : Ces algorithmes évolutionnaires imitent la sélection naturelle pour optimiser les hyperparamètres. Ils sont particulièrement utiles pour les problèmes d'optimisation complexes et non convexes où les méthodes traditionnelles pourraient rencontrer des difficultés.

2. **Hyperband** : Cette méthode combine la recherche aléatoire avec des stratégies d'arrêt précoce. Elle est particulièrement efficace pour ajuster les réseaux de neurones, où l'entraînement peut être coûteux en calcul.

6.2.2 Recherche par grille

La recherche par grille est une approche complète et systématique de l'ajustement des hyperparamètres en apprentissage automatique. Elle fonctionne en recherchant de manière exhaustive à travers un ensemble prédéfini de valeurs d'hyperparamètres pour trouver la combinaison optimale qui produit la meilleure performance du modèle. Voici une explication détaillée de la façon dont la recherche par grille fonctionne et de son importance dans le contexte des techniques de régularisation comme la régression Lasso et Ridge :

1. Définir la grille de paramètres

L'étape initiale et cruciale de la recherche par grille est d'établir une grille complète de valeurs d'hyperparamètres à explorer. Dans le contexte des techniques de régularisation comme la régression Lasso et Ridge, cela implique principalement de spécifier une plage de valeurs alpha, qui contrôlent la force de régularisation. Le paramètre alpha joue un rôle central dans la détermination du compromis entre la complexité du modèle et l'ajustement aux données.

Lors de la définition de cette grille, il est essentiel de couvrir une large gamme de valeurs potentielles pour capturer divers niveaux de régularisation. Une grille typique pourrait couvrir plusieurs ordres de grandeur, par exemple : [0.001, 0.01, 0.1, 1, 10, 100]. Cette échelle logarithmique permet d'explorer à la fois des effets de régularisation très faibles (0.001) et très forts (100).

Le choix des valeurs dans votre grille peut avoir un impact significatif sur le résultat de votre processus d'ajustement de modèle. Une plage trop étroite pourrait manquer la force de régularisation optimale, tandis qu'une plage excessivement large pourrait être coûteuse en calcul. Il est souvent bénéfique de commencer avec une plage plus large, puis de l'affiner en fonction des résultats initiaux.

De plus, la grille doit être adaptée aux caractéristiques spécifiques de votre ensemble de données et de votre problème. Pour les ensembles de données de grande dimension ou ceux susceptibles de surapprentissage, vous pourriez vouloir inclure des valeurs alpha plus élevées. Inversement, pour des ensembles de données plus simples ou lorsque vous soupçonnez un sous-apprentissage, des valeurs alpha plus faibles pourraient être plus appropriées.

N'oubliez pas que la recherche par grille évaluera la performance de votre modèle pour chaque combinaison dans cette grille, donc équilibrer exhaustivité et efficacité computationnelle est essentiel. Au fur et à mesure que vous obtenez des aperçus des exécutions initiales, vous pouvez ajuster et affiner votre grille de paramètres pour vous concentrer sur les plages les plus prometteuses, conduisant potentiellement à une performance de modèle plus optimale.

2. Test exhaustif de combinaisons

La recherche par grille évalue méticuleusement la performance du modèle pour chaque combinaison possible d'hyperparamètres dans la grille définie. Cette approche exhaustive garantit qu'aucune configuration optimale potentielle n'est négligée. Par exemple, lors de l'ajustement d'un seul paramètre comme alpha dans la régression Lasso ou Ridge, la recherche par grille entraînerait et évaluerait le modèle pour chaque valeur alpha spécifiée dans la grille.

Ce processus exhaustif permet une exploration approfondie de l'espace des hyperparamètres, ce qui est particulièrement précieux lorsque la relation entre les hyperparamètres et la performance du modèle n'est pas bien comprise. Il peut révéler des interactions inattendues entre les paramètres et identifier des configurations optimales qui pourraient être manquées par des méthodes moins exhaustives.

Cependant, le caractère exhaustif de la recherche par grille a un coût de calcul. À mesure que le nombre d'hyperparamètres ou la gamme de valeurs augmente, le nombre de combinaisons à tester croît de manière exponentielle. Cette « malédiction de la dimensionnalité » peut rendre la recherche par grille impraticable pour les espaces d'hyperparamètres de grande dimension ou lorsque les ressources de calcul sont limitées. Dans de tels cas, des méthodes alternatives comme la recherche aléatoire ou l'optimisation bayésienne pourraient être plus appropriées.

Malgré son intensité de calcul, la recherche par grille reste un choix populaire pour sa simplicité, sa fiabilité et sa capacité à trouver l'optimum global dans l'espace de recherche spécifié. Elle est particulièrement efficace lorsque les connaissances du domaine peuvent être utilisées pour réduire la gamme de valeurs d'hyperparamètres plausibles, en concentrant la recherche sur les zones les plus prometteuses de l'espace des paramètres.

3. Validation croisée

La recherche par grille utilise la validation croisée k-fold pour garantir des résultats robustes et généralisables. Cette technique consiste à diviser les données en k sous-ensembles, ou plis. Pour chaque combinaison d'hyperparamètres, le modèle subit k itérations d'entraînement et d'évaluation. À chaque itération, k-1 plis sont utilisés pour l'entraînement, tandis que le pli restant sert d'ensemble de validation. Ce processus effectue une rotation à travers tous les plis, garantissant que chaque point de données est utilisé à la fois pour l'entraînement et la validation.

L'utilisation de la validation croisée dans la recherche par grille offre plusieurs avantages :

- Réduction du surapprentissage : En évaluant le modèle sur différents sous-ensembles de données, la validation croisée aide à atténuer le risque de surapprentissage sur un sous-ensemble particulier des données d'entraînement.

- Estimations de performance fiables : La performance moyenne sur tous les plis fournit une estimation plus stable et fiable de la façon dont le modèle est susceptible de performer sur des données non vues.

- Gestion de la variabilité des données : Elle tient compte de la variabilité dans les données, garantissant que les hyperparamètres choisis fonctionnent bien à travers différentes distributions de données au sein de l'ensemble de données.

Le choix de k dans la validation croisée k-fold est crucial. Les choix courants incluent la validation croisée à 5 plis et à 10 plis. Une valeur k plus élevée fournit une évaluation plus approfondie mais augmente le coût de calcul. Pour les ensembles de données plus petits, la validation croisée leave-one-out (où k est égal au nombre de points de données) pourrait être envisagée, bien qu'elle puisse être coûteuse en calcul pour les ensembles de données plus grands.

Dans le contexte des techniques de régularisation comme la régression Lasso et Ridge, la validation croisée joue un rôle particulièrement important. Elle aide à identifier la force de régularisation optimale (valeur alpha) qui se généralise bien à travers différents sous-ensembles de données. Ceci est crucial car l'efficacité de la régularisation peut varier selon les caractéristiques spécifiques des données d'entraînement utilisées.

4. Sélection et optimisation de la métrique de performance

Le choix de la métrique de performance est crucial dans l'ajustement des hyperparamètres. Les métriques courantes incluent l'erreur quadratique moyenne (MSE) pour les tâches de régression et l'exactitude pour les problèmes de classification. Cependant, la sélection doit s'aligner sur les objectifs spécifiques de votre modèle et la nature de vos données. Par exemple :

- Dans les tâches de classification déséquilibrées, des métriques comme le score F1, la précision ou le rappel pourraient être plus appropriées que l'exactitude.

- Pour les problèmes de régression avec des valeurs aberrantes, l'erreur absolue moyenne (MAE) pourrait être préférée à la MSE car elle est moins sensible aux valeurs extrêmes.

- Dans certains cas, des métriques spécifiques au domaine (par exemple, l'aire sous la courbe ROC pour la classification binaire en diagnostic médical) pourraient être plus pertinentes.

L'objectif est de trouver la combinaison d'hyperparamètres qui optimise cette métrique choisie sur tous les plis de validation croisée. Ce processus garantit que les paramètres sélectionnés ne fonctionnent pas seulement bien sur une seule division des données, mais de manière cohérente sur plusieurs sous-ensembles, améliorant la généralisabilité du modèle.

De plus, il est important de noter que différentes métriques peuvent conduire à différents hyperparamètres optimaux. Par conséquent, examiner attentivement et potentiellement expérimenter avec diverses métriques de performance peut fournir des informations précieuses sur le comportement de votre modèle et aider à sélectionner la configuration la plus appropriée pour votre cas d'utilisation spécifique.

5. Sélection des meilleurs paramètres

Après avoir évalué toutes les combinaisons, la recherche par grille identifie l'ensemble d'hyperparamètres qui produit la meilleure performance moyenne sur les plis de validation croisée. Ce processus implique plusieurs étapes clés :

a) Agrégation de la performance : Pour chaque combinaison d'hyperparamètres, la recherche par grille calcule la métrique de performance moyenne (par exemple, erreur quadratique moyenne, exactitude) sur tous les plis de validation croisée. Cette agrégation fournit une estimation robuste de la performance du modèle pour chaque ensemble d'hyperparamètres.

b) Classement : Les combinaisons d'hyperparamètres sont ensuite classées en fonction de leur performance moyenne. La combinaison avec la meilleure performance (par exemple, l'erreur la plus faible pour les tâches de régression ou l'exactitude la plus élevée pour les tâches de classification) est identifiée comme l'ensemble optimal.

c) Départage : Dans les cas où plusieurs combinaisons produisent des performances supérieures similaires, des critères supplémentaires peuvent être pris en compte. Par exemple, des modèles plus simples (par exemple, ceux avec une régularisation plus forte dans la régression Lasso ou Ridge) pourraient être préférés si la différence de performance est négligeable.

d) Entraînement du modèle final : Une fois les meilleurs hyperparamètres identifiés, un modèle final est généralement entraîné en utilisant ces paramètres optimaux sur l'ensemble des données d'entraînement. Ce modèle est alors prêt pour l'évaluation sur l'ensemble de test mis de côté ou le déploiement dans des applications réelles.

Avantages et limitations de la recherche par grille :

La recherche par grille est une technique puissante d'ajustement d'hyperparamètres avec plusieurs avantages notables :

- Exhaustivité : Elle explore systématiquement chaque combinaison dans l'espace de paramètres défini, garantissant qu'aucune configuration optimale potentielle n'est négligée. Cette approche exhaustive est particulièrement précieuse lorsque la relation entre les hyperparamètres et la performance du modèle n'est pas bien comprise.

- Simplicité : La nature simple de la méthode la rend facile à mettre en œuvre et à interpréter. Sa simplicité permet une documentation claire et la reproductibilité du processus d'ajustement, ce qui est crucial dans les applications scientifiques et industrielles.

- Reproductibilité : La recherche par grille produit des résultats déterministes, ce qui signifie qu'avec les mêmes entrées et la même grille de paramètres, elle produira toujours la même configuration optimale. Cette reproductibilité est essentielle pour vérifier les résultats et maintenir la cohérence entre différentes exécutions ou environnements.

Cependant, la recherche par grille présente également certaines limitations qu'il est important de considérer :

- Intensité de calcul : Comme la recherche par grille évalue chaque combinaison possible d'hyperparamètres, elle peut être extrêmement coûteuse en calcul. Cela est particulièrement problématique lors du traitement d'un grand nombre d'hyperparamètres ou lorsque chaque évaluation du modèle prend du temps. Dans de tels cas, le temps requis pour terminer la recherche peut devenir prohibitivement long.

- Malédiction de la dimensionnalité : Le coût de calcul croît exponentiellement avec le nombre d'hyperparamètres à ajuster. Cette « malédiction de la dimensionnalité » signifie que la recherche par grille devient de plus en plus impraticable à mesure que la dimensionnalité de l'espace des hyperparamètres augmente. Pour les espaces de grande dimension, des méthodes alternatives comme la recherche aléatoire ou l'optimisation bayésienne peuvent être plus appropriées.

Pour atténuer ces limitations, les praticiens emploient souvent des stratégies telles que :

- Sélection éclairée de paramètres : Tirer parti des connaissances du domaine pour réduire la gamme de valeurs d'hyperparamètres plausibles, en concentrant la recherche sur les zones les plus prometteuses de l'espace des paramètres.

- Approche grossière à fine : Commencer avec une grille plus large et plus grossière, puis affiner la recherche autour des régions prometteuses identifiées lors du premier passage.

- Approches hybrides : Combiner la recherche par grille avec d'autres méthodes, comme utiliser la recherche aléatoire pour l'exploration initiale suivie d'une recherche par grille ciblée dans les régions prometteuses.

Application en régularisation : Dans le contexte de la régression Lasso et Ridge, la recherche par grille aide à identifier la valeur alpha optimale qui équilibre la complexité du modèle et la performance. Une valeur alpha bien ajustée garantit que le modèle ne sous-apprend pas (trop de régularisation) ni ne surapprend pas (trop peu de régularisation) les données.

Bien que la recherche par grille soit puissante, elle est souvent complétée par d'autres méthodes comme la recherche aléatoire ou l'optimisation bayésienne, en particulier lors du traitement d'espaces d'hyperparamètres plus grands ou lorsque les ressources de calcul sont limitées.

Exemple : Ajustement d'hyperparamètres pour la régression Lasso

Commençons par la régression Lasso et ajustons le paramètre **alpha** pour contrôler la force de régularisation. Une valeur alpha bien ajustée aide à équilibrer le nombre de caractéristiques sélectionnées et la performance du modèle, évitant une régularisation excessive ou un sous-apprentissage.

Nous définissons un espace de recherche pour les valeurs alpha, couvrant une gamme de valeurs potentielles. Nous utiliserons **GridSearchCV** pour évaluer chaque paramètre alpha à travers les plis de validation croisée.

```python
import numpy as np
import matplotlib.pyplot as plt
from sklearn.linear_model import Lasso
from sklearn.model_selection import GridSearchCV, train_test_split
from sklearn.datasets import make_regression
from sklearn.metrics import mean_squared_error, r2_score

# Generate synthetic dataset
X, y = make_regression(n_samples=200, n_features=50, noise=0.1, random_state=42)

# Split into training and testing sets
X_train, X_test, y_train, y_test = train_test_split(X, y, test_size=0.3,
random_state=42)

# Define a range of alpha values for GridSearch
alpha_values = {'alpha': np.logspace(-4, 2, 20)}

# Initialize Lasso model and GridSearchCV
lasso = Lasso(max_iter=10000)
grid_search         =         GridSearchCV(lasso,         alpha_values,         cv=5,
scoring='neg_mean_squared_error', n_jobs=-1)

# Run grid search
grid_search.fit(X_train, y_train)

# Get the best model
best_lasso = grid_search.best_estimator_

# Make predictions on test set
```

```python
y_pred = best_lasso.predict(X_test)

# Calculate performance metrics
mse = mean_squared_error(y_test, y_pred)
r2 = r2_score(y_test, y_pred)

# Display results
print("Best alpha for Lasso:", grid_search.best_params_['alpha'])
print("Best cross-validated score (negative MSE):", grid_search.best_score_)
print("Test set Mean Squared Error:", mse)
print("Test set R-squared:", r2)

# Plot feature coefficients
plt.figure(figsize=(12, 6))
plt.bar(range(X.shape[1]), best_lasso.coef_)
plt.xlabel('Feature Index')
plt.ylabel('Coefficient Value')
plt.title('Lasso Regression: Feature Coefficients')
plt.show()

# Plot MSE vs alpha
cv_results = grid_search.cv_results_
plt.figure(figsize=(12, 6))
plt.semilogx(cv_results['param_alpha'], -cv_results['mean_test_score'])
plt.xlabel('Alpha')
plt.ylabel('Mean Squared Error')
plt.title('Lasso Regression: MSE vs Alpha')
plt.show()
```

Cet exemple de code présente une approche approfondie de l'ajustement d'hyperparamètres pour la régression Lasso en utilisant GridSearchCV. Décortiquons le code et examinons ses composants clés :

1. Instructions d'importation :

   o Nous importons des bibliothèques supplémentaires comme numpy pour les opérations numériques et matplotlib pour les graphiques.

   o De sklearn, nous importons les métriques pour l'évaluation de la performance.

2. Génération et division des données :

   o Nous créons un ensemble de données synthétiques avec 200 échantillons et 50 caractéristiques, ce qui est plus complexe que l'exemple original.

   o Les données sont divisées en ensembles d'entraînement (70%) et de test (30%).

3. Grille d'hyperparamètres :

- o Nous utilisons np.logspace pour créer une gamme logarithmique de valeurs alpha de 10^-4 à 10^2, avec 20 points.

- o Cela fournit un espace de recherche plus complet par rapport à l'exemple original.

4. Configuration de GridSearchCV :

- o Nous utilisons une validation croisée à 5 plis et l'erreur quadratique moyenne négative comme métrique de score.

- o Le paramètre n_jobs=-1 permet à la recherche d'utiliser tous les cœurs de CPU disponibles, accélérant potentiellement le processus.

5. Ajustement et évaluation du modèle :

- o Après avoir ajusté l'objet GridSearchCV, nous extrayons le meilleur modèle et effectuons des prédictions sur l'ensemble de test.

- o Nous calculons à la fois l'erreur quadratique moyenne (MSE) et le score R au carré (R2) pour évaluer la performance.

6. Visualisation des résultats :

- o Nous créons deux graphiques pour visualiser les résultats : a. Un graphique à barres des coefficients des caractéristiques, montrant quelles caractéristiques sont les plus importantes dans le modèle. b. Un graphique de MSE vs. valeurs alpha, démontrant comment la performance du modèle change avec différentes forces de régularisation.

Cet exemple fournit une exploration approfondie de l'ajustement d'hyperparamètres de la régression Lasso. Il inclut une gamme plus large de valeurs alpha, des métriques de performance supplémentaires et des visualisations qui offrent des perspectives sur l'importance des caractéristiques et l'impact de la force de régularisation sur la performance du modèle.

6.2.3 Recherche aléatoire

La recherche aléatoire est une technique alternative d'ajustement d'hyperparamètres qui répond à certaines des limitations de la recherche par grille, notamment son intensité de calcul lors du traitement d'espaces de paramètres de grande dimension. Contrairement à la recherche par grille, qui évalue exhaustivement toutes les combinaisons possibles, la recherche aléatoire échantillonne un nombre fixe de paramètres à partir des distributions spécifiées pour chaque paramètre.

Les aspects clés de la recherche aléatoire comprennent :

- **Efficacité :** La recherche aléatoire évalue un sous-ensemble aléatoire de l'espace des paramètres, trouvant souvent de bonnes solutions beaucoup plus rapidement que la recherche par grille. Ceci est particulièrement avantageux lors du traitement de grands espaces de paramètres, où la recherche exhaustive devient impraticable. Par exemple, dans un espace de grande dimension avec plusieurs hyperparamètres, la recherche aléatoire peut rapidement identifier des régions prometteuses sans avoir besoin d'évaluer chaque combinaison possible.

- **Flexibilité :** Contrairement à la recherche par grille, qui fonctionne généralement avec des valeurs discrètes prédéfinies, la recherche aléatoire accommode à la fois les espaces de paramètres discrets et continus. Cette flexibilité lui permet d'explorer une gamme plus large de solutions potentielles. Par exemple, elle peut échantillonner des taux d'apprentissage à partir d'une distribution continue ou sélectionner parmi un ensemble discret de fonctions d'activation, ce qui la rend adaptable à divers types d'hyperparamètres à travers différents algorithmes d'apprentissage automatique.

- **Couverture probabiliste :** Avec un nombre suffisant d'itérations, la recherche aléatoire a une forte probabilité de trouver la combinaison de paramètres optimale ou quasi-optimale. Cette approche probabiliste exploite la loi des grands nombres, garantissant qu'à mesure que le nombre d'itérations augmente, la probabilité d'échantillonner dans toutes les régions de l'espace des paramètres s'améliore. Cette caractéristique la rend particulièrement utile dans des scénarios où la relation entre les hyperparamètres et la performance du modèle est complexe ou mal comprise.

- **Allocation des ressources :** La recherche aléatoire offre un meilleur contrôle sur les ressources de calcul en permettant aux utilisateurs de spécifier le nombre d'itérations. Ceci contraste avec la recherche par grille, où la charge de calcul est déterminée par la taille de la grille de paramètres. Cette flexibilité dans l'allocation des ressources est cruciale dans des scénarios avec une capacité de calcul limitée ou des contraintes de temps. Elle permet aux scientifiques des données d'équilibrer le compromis entre la minutie de la recherche et le coût de calcul, adaptant le processus de recherche aux ressources disponibles et aux délais du projet.

- **Exploration de combinaisons inattendues :** En échantillonnant aléatoirement dans l'espace des paramètres, la recherche aléatoire peut tomber sur des combinaisons de paramètres inattendues qui pourraient être négligées dans une approche plus structurée. Cette nature exploratoire peut conduire à la découverte de configurations nouvelles et efficaces qu'un expert humain ou une approche basée sur une grille pourrait ne pas considérer, aboutissant potentiellement à des solutions innovantes pour des problèmes complexes.

Le processus de recherche aléatoire implique :

1. Définition de l'espace des paramètres

Dans la recherche aléatoire, au lieu de spécifier des valeurs discrètes pour chaque hyperparamètre, vous définissez des distributions de probabilité à partir desquelles échantillonner. Cette approche permet une exploration plus flexible et complète de l'espace des paramètres. Par exemple :

- Distribution uniforme : Idéale pour les taux d'apprentissage ou d'autres paramètres où toute valeur dans une plage a la même probabilité d'être optimale. Par exemple, vous pourriez définir une distribution uniforme entre 0,001 et 0,1 pour un taux d'apprentissage.

- Distribution log-uniforme : Adaptée aux forces de régularisation (comme alpha dans la régression Lasso ou Ridge) où vous souhaitez explorer une large gamme de magnitudes. Cette distribution est particulièrement utile lorsque la valeur optimale peut s'étendre sur plusieurs ordres de grandeur.

- Distribution uniforme discrète : Utilisée pour les paramètres à valeurs entières comme le nombre d'estimateurs dans une méthode d'ensemble ou la profondeur maximale d'un arbre de décision.

- Distribution normale ou gaussienne : Appropriée lorsque vous avez des connaissances préalables suggérant que la valeur optimale est susceptible d'être proche d'un certain point, avec une probabilité décroissante à mesure que vous vous éloignez de ce point.

Cette définition flexible de l'espace des paramètres permet à la recherche aléatoire d'explorer efficacement une gamme plus large de possibilités, découvrant potentiellement des configurations optimales qui pourraient être manquées par des méthodes de recherche plus rigides.

2. Échantillonnage aléatoire

Pour chaque itération, l'algorithme échantillonne aléatoirement un ensemble d'hyperparamètres à partir de ces distributions. Ce processus d'échantillonnage est au cœur de l'efficacité et de la flexibilité de la recherche aléatoire. Contrairement à la recherche par grille, qui évalue des combinaisons prédéterminées, la recherche aléatoire explore dynamiquement l'espace des paramètres. Cette approche permet :

- Exploration diversifiée : En sélectionnant aléatoirement des combinaisons de paramètres, la recherche peut couvrir une large gamme de possibilités, découvrant potentiellement des configurations optimales qui pourraient être manquées par des approches plus structurées.

- Adaptabilité : La nature aléatoire de l'échantillonnage permet à la recherche de s'adapter à la structure sous-jacente de l'espace des paramètres, qui est souvent inconnue au départ.

- Évolutivité : À mesure que le nombre d'hyperparamètres augmente, la recherche aléatoire maintient son efficacité, ce qui la rend particulièrement adaptée aux espaces de paramètres de haute dimension où la recherche par grille devient prohibitive en termes de calcul.

- Efficacité temporelle : Les utilisateurs peuvent contrôler le nombre d'itérations, permettant un équilibre entre la rigueur de la recherche et les ressources de calcul.

Le caractère aléatoire de cette étape est essentiel à la capacité de la méthode à naviguer efficacement dans des paysages de paramètres complexes, trouvant souvent des solutions quasi-optimales dans une fraction du temps requis par les méthodes exhaustives.

3. Évaluation du modèle

Pour chaque ensemble de paramètres échantillonné aléatoirement, le modèle subit un processus d'évaluation complet utilisant la validation croisée. Cette étape cruciale implique :

- Diviser les données en plusieurs plis, généralement 5 ou 10, pour garantir une estimation robuste de la performance.

- Entraîner le modèle sur un sous-ensemble des données (plis d'entraînement) et l'évaluer sur le pli retenu (pli de validation).

- Répéter ce processus pour tous les plis afin d'obtenir une estimation plus fiable de la performance du modèle.

- Calculer les métriques de performance (par exemple, l'erreur quadratique moyenne pour la régression, la précision pour la classification) moyennées sur tous les plis.

Cette approche de validation croisée fournit une estimation plus fiable de la façon dont le modèle se généralise à des données non vues, aidant à prévenir le surapprentissage et garantissant que les hyperparamètres sélectionnés conduisent à une performance robuste sur différents sous-ensembles de données.

4. Optimisation : Après avoir terminé toutes les itérations, la recherche aléatoire sélectionne la combinaison de paramètres qui a donné la meilleure performance parmi les échantillons évalués. Cet ensemble optimal représente les hyperparamètres les plus efficaces découverts dans les contraintes de la recherche.

La recherche aléatoire s'avère particulièrement efficace dans plusieurs scénarios :

- Espaces de paramètres étendus : Lorsque l'espace de recherche des hyperparamètres est vaste, la recherche par grille devient prohibitive en termes de calcul. La recherche aléatoire peut explorer efficacement cet espace sans évaluer exhaustivement chaque combinaison.

- Incertitude sur l'importance des hyperparamètres : Dans les cas où il n'est pas clair quels hyperparamètres impactent le plus significativement la performance du modèle, l'échantillonnage non biaisé de la recherche aléatoire peut découvrir des relations importantes qui pourraient être négligées dans une approche plus structurée.

- Paysages de performance complexes : Lorsque la relation entre les hyperparamètres et la performance du modèle est complexe ou inconnue, la capacité de la recherche aléatoire à échantillonner dans diverses régions de l'espace des paramètres peut révéler des configurations optimales qui ne sont pas intuitives ou facilement prévisibles.

- Contraintes de temps et de ressources : La recherche aléatoire permet un nombre fixe d'itérations, ce qui la rend adaptée aux scénarios avec des ressources de calcul limitées ou des contraintes de temps strictes.

- Problèmes de haute dimension : À mesure que le nombre d'hyperparamètres augmente, la recherche aléatoire maintient son efficacité, tandis que la recherche par grille devient exponentiellement plus chronophage.

En exploitant ces forces, la recherche aléatoire découvre souvent des solutions quasi-optimales plus rapidement que les méthodes exhaustives, ce qui en fait un outil précieux dans la boîte à outils du praticien de l'apprentissage automatique pour un ajustement d'hyperparamètres efficace et performant.

Bien que la recherche aléatoire ne garantisse pas de trouver la meilleure combinaison absolue comme le fait la recherche par grille, elle trouve souvent une solution presque aussi bonne dans une fraction du temps. Cela en fait un choix populaire pour l'ajustement initial des hyperparamètres, en particulier dans l'apprentissage profond et d'autres modèles à forte intensité de calcul.

Implémentons la recherche aléatoire pour l'ajustement d'hyperparamètres de la régression Lasso :

```python
import numpy as np
from sklearn.datasets import make_regression
from sklearn.model_selection import train_test_split, RandomizedSearchCV
from sklearn.linear_model import Lasso
from sklearn.metrics import mean_squared_error, r2_score
import matplotlib.pyplot as plt

# Generate synthetic data
X, y = make_regression(n_samples=200, n_features=50, noise=0.1, random_state=42)
X_train, X_test, y_train, y_test = train_test_split(X, y, test_size=0.3,
random_state=42)

# Define the parameter distribution
param_dist = {'alpha': np.logspace(-4, 2, 100)}

# Create and configure the RandomizedSearchCV object
random_search = RandomizedSearchCV(
    Lasso(random_state=42),
    param_distributions=param_dist,
    n_iter=20,
    cv=5,
    scoring='neg_mean_squared_error',
    random_state=42
```

```
)

# Perform the randomized search
random_search.fit(X_train, y_train)

# Get the best model and its performance
best_lasso = random_search.best_estimator_
best_alpha = random_search.best_params_['alpha']
best_score = -random_search.best_score_

# Evaluate on test set
y_pred = best_lasso.predict(X_test)
mse = mean_squared_error(y_test, y_pred)
r2 = r2_score(y_test, y_pred)

# Print results
print(f"Best Alpha: {best_alpha}")
print(f"Best Cross-validation MSE: {best_score}")
print(f"Test set MSE: {mse}")
print(f"Test set R-squared: {r2}")

# Plot feature coefficients
plt.figure(figsize=(12, 6))
plt.bar(range(X.shape[1]), best_lasso.coef_)
plt.xlabel('Feature Index')
plt.ylabel('Coefficient Value')
plt.title('Lasso Regression: Feature Coefficients')
plt.show()

# Plot MSE vs alpha
results = random_search.cv_results_
plt.figure(figsize=(12, 6))
plt.semilogx(results['param_alpha'], -results['mean_test_score'])
plt.xlabel('Alpha')
plt.ylabel('Mean Squared Error')
plt.title('Lasso Regression: MSE vs Alpha')
plt.show()
```

Décomposons les éléments clés de ce code :

1. Génération et division des données :

   o Nous créons un ensemble de données synthétiques avec 200 échantillons et 50 caractéristiques.

   o Les données sont divisées en ensembles d'entraînement (70 %) et de test (30 %).

2. Distribution des paramètres :

- o Nous définissons une distribution logarithmique pour les valeurs alpha allant de 10^-4 à 10^2.
- o Cela permet d'explorer une large gamme de forces de régularisation.

3. Configuration de RandomizedSearchCV :

- o Nous configurons RandomizedSearchCV avec 20 itérations et une validation croisée à 5 plis.
- o La métrique d'évaluation est définie sur l'erreur quadratique moyenne négative.

4. Ajustement et évaluation du modèle :

- o Après l'ajustement, nous extrayons le meilleur modèle et ses métriques de performance.
- o Nous évaluons le meilleur modèle sur l'ensemble de test, en calculant l'EQM et le R carré.

5. Visualisation des résultats :

- o Nous créons deux graphiques : un pour les coefficients des caractéristiques et un autre pour l'EQM en fonction des valeurs alpha.
- o Ces visualisations aident à comprendre l'importance des caractéristiques et l'impact de la force de régularisation.

Cet exemple démontre comment la recherche aléatoire explore efficacement l'espace des hyperparamètres pour la régression Lasso. Elle offre un équilibre entre rigueur de la recherche et efficacité de calcul, ce qui la rend appropriée pour l'ajustement initial des hyperparamètres dans divers scénarios d'apprentissage automatique.

6.2.4 Utilisation de la recherche aléatoire pour un ajustement efficace

La recherche aléatoire est une approche efficace de l'ajustement des hyperparamètres qui offre plusieurs avantages par rapport aux méthodes traditionnelles de recherche par grille. Voici une explication détaillée de la façon d'utiliser la recherche aléatoire pour un ajustement efficace :

1. Définir les distributions de paramètres

Au lieu de spécifier des valeurs discrètes pour chaque hyperparamètre, définissez des distributions de probabilité. Cette approche permet une exploration plus complète de l'espace des paramètres. Par exemple :

- Utilisez une distribution uniforme pour les taux d'apprentissage (par exemple, uniform(0.001, 0.1)). Ceci est particulièrement utile lorsque vous n'avez aucune connaissance préalable du taux d'apprentissage optimal et que vous souhaitez explorer une plage de valeurs avec une probabilité égale.

- Utilisez une distribution log-uniforme pour les forces de régularisation (par exemple, loguniform(1e-5, 100)). Cette distribution est bénéfique lorsque la valeur optimale peut s'étendre sur plusieurs ordres de grandeur, ce qui est souvent le cas pour les paramètres de régularisation.

- Utilisez une distribution uniforme discrète pour les paramètres entiers (par exemple, randint(1, 100) pour la profondeur d'arbre). Ceci est idéal pour les paramètres qui ne peuvent prendre que des valeurs entières, comme le nombre de couches dans un réseau de neurones ou la profondeur maximale d'un arbre de décision.

En définissant ces distributions, vous permettez à l'algorithme de recherche aléatoire d'échantillonner à partir d'une plage continue de valeurs, découvrant potentiellement des configurations optimales qui pourraient être manquées par une approche de recherche par grille plus rigide. Cette flexibilité est particulièrement précieuse lors du traitement de modèles complexes ou lorsque la relation entre les hyperparamètres et la performance du modèle n'est pas bien comprise.

2. Définir le nombre d'itérations

Déterminez le nombre de combinaisons aléatoires à essayer. Cette étape cruciale vous permet de contrôler le compromis entre rigueur de la recherche et coût de calcul. Lors de la définition du nombre d'itérations, tenez compte des facteurs suivants :

- Complexité de votre modèle : Les modèles plus complexes avec un plus grand nombre d'hyperparamètres peuvent nécessiter plus d'itérations pour explorer efficacement l'espace des paramètres.

- Taille de l'espace des paramètres : Si vous avez défini de larges plages pour vos distributions de paramètres, vous pourriez avoir besoin de plus d'itérations pour échantillonner adéquatement cet espace.

- Ressources de calcul disponibles : Un nombre d'itérations plus élevé fournira une recherche plus approfondie, mais au prix d'un temps de calcul accru.

- Contraintes de temps : Si vous travaillez dans des délais serrés, vous devrez peut-être limiter le nombre d'itérations et vous concentrer sur les paramètres les plus impactants.

Une pratique courante consiste à commencer avec un nombre relativement petit d'itérations (par exemple, 20 à 50) pour l'exploration initiale, puis à augmenter ce nombre pour des recherches plus affinées en fonction des premiers résultats. N'oubliez pas que, bien que plus d'itérations conduisent généralement à de meilleurs résultats, il y a souvent un point de rendements décroissants où des itérations supplémentaires apportent une amélioration minimale.

3. Mettre en œuvre la validation croisée

Utilisez la validation croisée à k plis pour garantir une estimation robuste de la performance pour chaque ensemble de paramètres échantillonné. Cette étape cruciale implique :

- Diviser les données d'entraînement en k sous-ensembles ou plis de taille égale (généralement 5 ou 10)

- Utiliser itérativement k-1 plis pour l'entraînement et le pli restant pour la validation

- Faire tourner le pli de validation à travers tous les k sous-ensembles

- Faire la moyenne des métriques de performance sur toutes les k itérations

La validation croisée offre plusieurs avantages dans le contexte de la recherche aléatoire :

- Réduit le surapprentissage : En évaluant sur plusieurs sous-ensembles de données, elle aide à empêcher le modèle d'être trop optimisé pour un sous-ensemble particulier

- Fournit une estimation plus fiable de la performance du modèle : La performance moyenne sur les plis est généralement plus représentative de la véritable performance du modèle qu'une seule division entraînement-test

- Aide à identifier des hyperparamètres stables : Les paramètres qui fonctionnent de manière cohérente bien sur différents plis sont plus susceptibles de bien se généraliser à des données non vues

Lors de la mise en œuvre de la validation croisée avec la recherche aléatoire, il est important de considérer le compromis de calcul entre le nombre de plis et le nombre d'itérations. Un nombre plus élevé de plis fournit une évaluation plus approfondie, mais augmente le coût de calcul. Équilibrer ces facteurs est essentiel pour un ajustement d'hyperparamètres efficace et performant.

4. Exécuter la recherche

Lancer la recherche aléatoire, qui effectuera les étapes suivantes :

- Échantillonner aléatoirement des combinaisons de paramètres à partir des distributions définies, assurant une exploration diversifiée de l'espace des paramètres

- Entraîner et évaluer les modèles en utilisant la validation croisée pour chaque combinaison échantillonnée, fournissant une estimation robuste de la performance du modèle

- Suivre l'ensemble de paramètres le plus performant tout au long du processus de recherche

- Naviguer efficacement dans le paysage des hyperparamètres, découvrant potentiellement des configurations optimales qui pourraient être manquées par la recherche par grille

- S'adapter à la complexité de l'espace des paramètres, allouant davantage de ressources aux régions prometteuses

Ce processus exploite la puissance de la randomisation pour explorer l'espace des hyperparamètres de manière plus approfondie que les méthodes exhaustives, tout en maintenant l'efficacité de calcul. L'échantillonnage aléatoire permet la découverte de combinaisons de paramètres inattendues qui peuvent produire une performance supérieure du modèle. De plus, la recherche peut être facilement parallélisée, réduisant davantage le temps de calcul pour les problèmes à grande échelle.

5. Analyser les résultats

Après avoir terminé la recherche aléatoire, il est crucial d'effectuer une analyse approfondie des résultats. Cette étape est essentielle pour comprendre le comportement du modèle et prendre des décisions éclairées concernant l'optimisation ultérieure. Voici ce qu'il faut examiner :

- Les meilleurs hyperparamètres trouvés : Identifier la combinaison qui a produit la performance la plus élevée. Cela vous donne un aperçu de la force de régularisation optimale et d'autres paramètres clés pour votre ensemble de données spécifique.

- La distribution de la performance à travers différentes combinaisons de paramètres : Analyser comment différents ensembles d'hyperparamètres ont affecté la performance du modèle. Cela peut révéler des motifs ou des tendances dans l'espace des paramètres.

- La relation entre les paramètres individuels et la performance du modèle : Examiner comment chaque hyperparamètre influence indépendamment la performance du modèle. Cela peut aider à prioriser les paramètres sur lesquels se concentrer dans les efforts d'ajustement futurs.

- Convergence de la recherche : Évaluer si le processus de recherche a montré des signes de convergence vers des valeurs optimales ou s'il suggère un besoin d'exploration supplémentaire.

- Valeurs aberrantes et résultats inattendus : Rechercher des résultats surprenants qui pourraient indiquer des propriétés intéressantes de vos données ou de votre modèle.

En effectuant cette analyse complète, vous pouvez obtenir des informations plus approfondies sur le comportement de votre modèle, identifier les domaines d'amélioration et prendre des décisions fondées sur les données pour affiner votre processus de sélection de caractéristiques.

6. Affiner la recherche

Après avoir effectué la recherche aléatoire initiale, il est crucial d'affiner votre approche en fonction des résultats obtenus. Ce processus itératif permet une exploration plus ciblée et efficace de l'espace des hyperparamètres. Voici comment vous pouvez affiner votre recherche :

- Réduire les plages de paramètres : Analyser la distribution des modèles très performants de la recherche initiale. Identifier les plages de valeurs d'hyperparamètres qui produisent systématiquement de bons résultats. Utiliser ces informations pour définir un espace de recherche plus ciblé, en se concentrant sur les régions les plus prometteuses. Par exemple, si vous avez initialement recherché des valeurs alpha de 10^{-4} à 10^2 et constaté que les meilleurs modèles avaient des valeurs alpha entre 10^{-2} et 10^0, vous pourriez réduire votre prochaine recherche à cette plage.

- Augmenter les itérations dans les zones prometteuses : Une fois que vous avez identifié les régions les plus prometteuses de l'espace des hyperparamètres, allouez davantage de ressources de calcul à ces zones. Cela peut être fait en augmentant le nombre d'itérations ou d'échantillons dans ces régions spécifiques. Par exemple, si une plage particulière de taux d'apprentissage a montré du potentiel, vous pourriez consacrer davantage d'itérations à l'exploration de variations dans cette plage.

- Ajuster les types de distribution : En fonction des résultats initiaux, vous pourriez vouloir modifier le type de distribution utilisé pour échantillonner certains paramètres. Par exemple, si vous avez initialement utilisé une distribution uniforme pour un paramètre mais constaté que les valeurs plus basses fonctionnaient systématiquement mieux, vous pourriez passer à une distribution log-uniforme pour échantillonner plus densément dans la plage inférieure.

- Introduire de nouveaux paramètres : Si la recherche initiale a révélé des limitations dans la performance de votre modèle, envisagez d'introduire des hyperparamètres supplémentaires qui pourraient résoudre ces problèmes. Par exemple, vous pourriez ajouter des paramètres liés à l'architecture du modèle ou introduire des techniques de régularisation qui ne faisaient pas partie de la recherche initiale.

En affinant votre recherche de cette manière, vous pouvez progressivement vous concentrer sur la configuration optimale des hyperparamètres, en équilibrant l'exploration de nouvelles possibilités avec l'exploitation des régions connues pour être bonnes. Cette approche aide à trouver la meilleure configuration possible du modèle tout en faisant un usage efficace des ressources de calcul.

7. Valider sur l'ensemble de test

L'étape finale et cruciale du processus d'ajustement des hyperparamètres est d'évaluer le modèle avec les hyperparamètres les plus performants sur un ensemble de test mis de côté. Cette étape est essentielle pour plusieurs raisons :

- Évaluer la véritable généralisation : L'ensemble de test fournit une estimation non biaisée de la performance du modèle sur des données complètement nouvelles et non vues. Ceci est crucial car le modèle n'a jamais été exposé à ces données pendant l'entraînement ou l'ajustement des hyperparamètres.

- Détecter le surapprentissage : S'il existe un écart significatif entre la performance sur l'ensemble de validation (utilisé pendant l'ajustement) et l'ensemble de test, cela peut indiquer que le modèle a sur-appris sur les données de validation.

- Confirmer la robustesse du modèle : Une bonne performance sur l'ensemble de test confirme que les hyperparamètres sélectionnés conduisent à un modèle qui se généralise bien à travers différents ensembles de données.

- Sélection finale du modèle : Dans les cas où plusieurs modèles fonctionnent de manière similaire pendant la validation croisée, la performance sur l'ensemble de test peut être le facteur décisif dans le choix du modèle final.

Il est important de noter que l'ensemble de test ne devrait être utilisé qu'une seule fois, après que tout l'ajustement et la sélection du modèle soient terminés, afin de maintenir son intégrité en tant que véritable mesure de la performance de généralisation.

En utilisant la recherche aléatoire, vous pouvez explorer efficacement un grand espace d'hyperparamètres, trouvant souvent des solutions quasi optimales beaucoup plus rapidement que les méthodes exhaustives. Cette approche est particulièrement précieuse lors du traitement d'espaces de paramètres de haute dimension ou lorsque les ressources de calcul sont limitées.

Voici un exemple de code démontrant l'utilisation de la recherche aléatoire pour l'ajustement efficace d'un modèle de régression Lasso :

```python
import numpy as np
from sklearn.datasets import make_regression
from sklearn.model_selection import RandomizedSearchCV
from sklearn.linear_model import Lasso
from scipy.stats import uniform, loguniform

# Generate synthetic data
X, y = make_regression(n_samples=1000, n_features=100, noise=0.1, random_state=42)

# Define the Lasso model
lasso = Lasso(random_state=42)

# Define the parameter distributions
param_dist = {
    'alpha': loguniform(1e-5, 100),
    'max_iter': uniform(1000, 5000)
}

# Set up RandomizedSearchCV
random_search = RandomizedSearchCV(
    lasso,
    param_distributions=param_dist,
    n_iter=100,
    cv=5,
    scoring='neg_mean_squared_error',
```

```
    random_state=42
)

# Perform the random search
random_search.fit(X, y)

# Print the best parameters and score
print("Best parameters:", random_search.best_params_)
print("Best    score:", -random_search.best_score_)   # Negate because of
neg_mean_squared_error
```

Décomposons ce code :

1. Importer les bibliothèques nécessaires :

   o Nous importons NumPy pour les opérations numériques, make_regression pour générer des données synthétiques, RandomizedSearchCV pour l'algorithme de recherche, Lasso pour le modèle de régression, et uniform et loguniform de scipy.stats pour définir les distributions de paramètres.

2. Générer des données synthétiques :

   o Nous créons un ensemble de données synthétique avec 1000 échantillons et 100 caractéristiques en utilisant make_regression.

3. Définir le modèle Lasso :

   o Nous initialisons un modèle Lasso avec un état aléatoire fixe pour la reproductibilité.

4. Définir les distributions de paramètres :

   o Nous utilisons une distribution log-uniforme pour 'alpha' afin d'explorer des valeurs sur plusieurs ordres de grandeur.

   o Nous utilisons une distribution uniforme pour 'max_iter' afin d'explorer différentes valeurs d'itération maximale.

5. Configurer RandomizedSearchCV :

   o Nous configurons la recherche avec 100 itérations, une validation croisée à 5 plis, et utilisons l'erreur quadratique moyenne négative comme métrique de score.

6. Effectuer la recherche aléatoire .

   o Nous ajustons l'objet RandomizedSearchCV à nos données, ce qui effectue le processus de recherche.

7. Afficher les résultats :

    ○   Nous affichons les meilleurs paramètres trouvés et le score correspondant (inversé pour revenir à l'EQM).

Cet exemple démontre comment explorer efficacement l'espace des hyperparamètres pour un modèle de régression Lasso en utilisant la recherche aléatoire. Il permet une exploration approfondie de différentes forces de régularisation (alpha) et limites d'itération, trouvant potentiellement des configurations optimales beaucoup plus rapidement qu'une recherche en grille exhaustive.

6.2.5 Optimisation bayésienne

L'optimisation bayésienne est une technique avancée pour l'ajustement des hyperparamètres qui exploite des modèles probabilistes pour guider le processus de recherche. Contrairement à la recherche en grille ou à la recherche aléatoire, l'optimisation bayésienne utilise les informations des évaluations précédentes pour prendre des décisions éclairées sur les combinaisons d'hyperparamètres à essayer ensuite. Cette approche est particulièrement efficace pour optimiser des fonctions coûteuses à évaluer, comme l'entraînement de modèles d'apprentissage automatique complexes.

Les composants clés de l'optimisation bayésienne comprennent :

1. Modèle de substitution

Un modèle probabiliste, généralement un processus gaussien, qui sert de proxy pour la fonction objectif inconnue dans l'optimisation bayésienne. Ce modèle approxime la relation entre les hyperparamètres et la performance du modèle en se basant sur les configurations précédemment évaluées. Le modèle de substitution est continuellement mis à jour au fur et à mesure que de nouvelles évaluations sont effectuées, lui permettant de devenir de plus en plus précis dans la prédiction de la performance de combinaisons d'hyperparamètres non testées.

Le modèle de substitution joue un rôle crucial dans l'efficacité de l'optimisation bayésienne en :

- Capturant l'incertitude : Il fournit non seulement des estimations ponctuelles mais aussi des bornes d'incertitude pour ses prédictions, ce qui est essentiel pour équilibrer l'exploration et l'exploitation.

- Permettant des décisions éclairées : En approximant l'ensemble du paysage de la fonction objectif, il permet à l'algorithme d'optimisation de faire des suppositions éduquées sur les zones prometteuses de l'espace des hyperparamètres.

- Réduisant le coût de calcul : Au lieu d'évaluer la fonction objectif réelle (qui peut être coûteuse), le modèle de substitution peut être interrogé rapidement pour guider le processus de recherche.

Au fur et à mesure que l'optimisation progresse, le modèle de substitution devient de plus en plus raffiné, conduisant à des prédictions plus précises et à une sélection d'hyperparamètres plus efficace. Cette nature adaptative rend l'optimisation bayésienne particulièrement efficace pour les espaces d'hyperparamètres complexes où les méthodes traditionnelles comme la recherche en grille ou la recherche aléatoire peuvent être inefficaces.

2. Fonction d'acquisition

Un composant critique de l'optimisation bayésienne qui guide la sélection de la prochaine combinaison d'hyperparamètres à évaluer. Cette fonction équilibre stratégiquement deux aspects clés :

- Exploration : Enquêter sur des régions inconnues ou sous-échantillonnées de l'espace des hyperparamètres pour découvrir des configurations potentiellement meilleures.

- Exploitation : Se concentrer sur les zones connues pour avoir une bonne performance en se basant sur les évaluations précédentes.

Les fonctions d'acquisition courantes incluent :

- Amélioration attendue (Expected Improvement - EI) : Calcule le montant attendu d'amélioration par rapport à la meilleure valeur actuellement observée.

- Borne de confiance supérieure (Upper Confidence Bound - UCB) : Équilibre la moyenne et l'incertitude des prédictions du modèle de substitution.

- Probabilité d'amélioration (Probability of Improvement - PI) : Estime la probabilité qu'un nouveau point améliore le meilleur actuel.

Le choix de la fonction d'acquisition peut avoir un impact significatif sur l'efficacité et l'efficience du processus d'optimisation, ce qui en fait une considération cruciale dans la mise en œuvre de l'optimisation bayésienne pour l'ajustement des hyperparamètres.

3. Fonction objectif

La métrique de performance réelle qui est optimisée pendant le processus d'optimisation bayésienne. Cette fonction quantifie la qualité d'une configuration d'hyperparamètres particulière. Les exemples courants incluent :

- Précision de validation : Souvent utilisée dans les tâches de classification pour mesurer la performance prédictive du modèle.

- Erreur quadratique moyenne (EQM) : Généralement employée dans les problèmes de régression pour évaluer la précision des prédictions.

- Log-vraisemblance négative : Utilisée dans les modèles probabilistes pour évaluer dans quelle mesure le modèle s'ajuste aux données.

- Aire sous la courbe ROC (AUC-ROC) : Utilisée dans la classification binaire pour mesurer la capacité du modèle à distinguer entre les classes.

Le choix de la fonction objectif est crucial car il influence directement le processus d'optimisation et la sélection d'hyperparamètres qui en résulte. Il doit s'aligner avec l'objectif ultime de la tâche d'apprentissage automatique en question.

Le processus d'optimisation bayésienne est une approche itérative qui explore intelligemment l'espace des hyperparamètres. Voici une explication plus détaillée de chaque étape :

1. Initialiser : Commencer par sélectionner aléatoirement quelques configurations d'hyperparamètres et évaluer leur performance. Cela fournit un ensemble initial de points de données pour construire le modèle de substitution.

2. Ajuster le modèle de substitution : Construire un modèle probabiliste, généralement un processus gaussien, en utilisant les points de données observés. Ce modèle approxime la relation entre les hyperparamètres et la performance du modèle.

3. Proposer la prochaine configuration : Utiliser la fonction d'acquisition pour déterminer la configuration d'hyperparamètres la plus prometteuse à évaluer ensuite. Cette fonction équilibre l'exploration de zones inconnues et l'exploitation de régions connues pour être bonnes.

4. Évaluer la fonction objectif : Appliquer les hyperparamètres proposés au modèle et mesurer sa performance en utilisant la fonction objectif prédéfinie (par exemple, précision de validation, erreur quadratique moyenne).

5. Mettre à jour le modèle de substitution : Incorporer la nouvelle observation dans le modèle de substitution, affinant sa compréhension de l'espace des hyperparamètres.

6. Itérer : Répéter les étapes 2 à 5 pour un nombre spécifié d'itérations ou jusqu'à ce qu'un critère de convergence soit atteint. À chaque itération, le modèle de substitution devient plus précis, conduisant à des propositions d'hyperparamètres de plus en plus meilleures.

Ce processus exploite la puissance de l'inférence bayésienne pour naviguer efficacement dans l'espace des hyperparamètres, le rendant particulièrement efficace pour optimiser des modèles complexes avec des fonctions d'évaluation coûteuses. En mettant continuellement à jour ses connaissances en se basant sur les évaluations précédentes, l'optimisation bayésienne peut souvent trouver des configurations d'hyperparamètres optimales ou quasi optimales avec moins d'itérations par rapport aux méthodes de recherche en grille ou aléatoire.

Les avantages de l'optimisation bayésienne incluent :

- Efficacité : Elle nécessite souvent moins d'itérations que la recherche aléatoire ou en grille pour trouver des hyperparamètres optimaux. Ceci est particulièrement bénéfique lors du traitement de modèles coûteux en calcul ou de grands ensembles de données, car cela peut réduire considérablement le temps et les ressources nécessaires pour l'ajustement.

- Adaptativité : Le processus de recherche s'adapte en fonction des résultats précédents, se concentrant sur les régions prometteuses de l'espace des hyperparamètres. Cette exploration intelligente permet à l'algorithme de se concentrer rapidement sur des configurations optimales, le rendant plus efficace que les méthodes qui échantillonnent l'espace uniformément.

- Gestion d'espaces complexes : Elle peut naviguer efficacement dans des espaces d'hyperparamètres de haute dimension et non convexes. Cette capacité est cruciale pour les modèles d'apprentissage automatique modernes avec de nombreux hyperparamètres interconnectés, où la relation entre les paramètres et la performance est souvent non linéaire et complexe.

- Quantification de l'incertitude : L'optimisation bayésienne fournit non seulement des estimations ponctuelles mais aussi des bornes d'incertitude pour ses prédictions. Cette information supplémentaire peut être précieuse pour comprendre la fiabilité du processus d'optimisation et prendre des décisions éclairées sur le moment d'arrêter la recherche.

Bien que l'optimisation bayésienne puisse être plus complexe à mettre en œuvre que des méthodes plus simples, elle conduit souvent à de meilleurs résultats, en particulier lorsque le coût d'évaluation de chaque configuration d'hyperparamètres est élevé. Cela la rend particulièrement précieuse pour ajuster des modèles coûteux en calcul ou lors du travail avec de grands ensembles de données. La capacité de prendre des décisions éclairées sur les configurations à essayer ensuite, en se basant sur toutes les évaluations précédentes, donne à l'optimisation bayésienne un avantage significatif dans les scénarios où chaque évaluation compte.

De plus, l'approche probabiliste de l'optimisation bayésienne lui permet d'équilibrer l'exploration et l'exploitation plus efficacement que les méthodes déterministes. Cela signifie qu'elle peut à la fois explorer minutieusement l'espace des hyperparamètres pour éviter de manquer des configurations potentiellement bonnes, et aussi se concentrer intensivement sur les zones prometteuses pour affiner les meilleures solutions. Cet équilibre est crucial pour trouver des optima globaux dans des paysages d'hyperparamètres complexes.

Voici un exemple de code démontrant l'optimisation bayésienne pour l'ajustement d'un modèle de régression Lasso :

```python
import numpy as np
from sklearn.datasets import make_regression
from sklearn.model_selection import cross_val_score
from sklearn.linear_model import Lasso
from skopt import BayesSearchCV
from skopt.space import Real, Integer

# Generate synthetic data
X, y = make_regression(n_samples=1000, n_features=100, noise=0.1, random_state=42)
```

```
# Define the Lasso model
lasso = Lasso(random_state=42)

# Define the search space
search_spaces = {
    'alpha': Real(1e-5, 100, prior='log-uniform'),
    'max_iter': Integer(1000, 5000)
}

# Set up BayesSearchCV
bayes_search = BayesSearchCV(
    lasso,
    search_spaces,
    n_iter=50,
    cv=5,
    scoring='neg_mean_squared_error',
    random_state=42
)

# Perform the Bayesian optimization
bayes_search.fit(X, y)

# Print the best parameters and score
print("Best parameters:", bayes_search.best_params_)
print("Best    score:",    -bayes_search.best_score_)    # Negate because of
neg_mean_squared_error
```

Décomposons ce code :

1. Importer les bibliothèques nécessaires :

   o Nous importons NumPy, make_regression pour les données synthétiques, cross_val_score pour l'évaluation, Lasso pour le modèle de régression, et BayesSearchCV ainsi que les définitions d'espace de scikit-optimize (skopt) pour l'optimisation bayésienne.

2. Générer des données synthétiques :

   o Nous créons un ensemble de données synthétiques avec 1000 échantillons et 100 caractéristiques en utilisant make_regression.

3. Définir le modèle Lasso :

   o Nous initialisons un modèle Lasso avec un état aléatoire fixe pour la reproductibilité.

4. Définir l'espace de recherche :

   o Nous utilisons Real pour les paramètres continus (alpha) et Integer pour les paramètres discrets (max_iter).

- o   Le prior 'log-uniform' pour alpha permet l'exploration sur plusieurs ordres de grandeur.

5.   Configurer BayesSearchCV :

- o   Nous configurons la recherche avec 50 itérations, une validation croisée à 5 plis, et utilisons l'erreur quadratique moyenne négative comme métrique de score.

6.   Effectuer l'optimisation bayésienne :

- o   Nous ajustons l'objet BayesSearchCV à nos données, ce qui effectue le processus d'optimisation.

7.   Afficher les résultats :

- o   Nous affichons les meilleurs paramètres trouvés et le score correspondant (négativé pour revenir à l'EQM).

Cet exemple démontre comment utiliser l'optimisation bayésienne pour explorer efficacement l'espace des hyperparamètres d'un modèle de régression Lasso. La classe BayesSearchCV de scikit-optimize implémente l'algorithme d'optimisation bayésienne, en utilisant un processus gaussien comme modèle de substitution et l'amélioration espérée comme fonction d'acquisition par défaut.

L'optimisation bayésienne permet une exploration plus intelligente de l'espace des hyperparamètres par rapport à la recherche aléatoire ou en grille. Elle utilise les informations des évaluations précédentes pour prendre des décisions éclairées sur les combinaisons d'hyperparamètres à essayer ensuite, trouvant potentiellement des configurations optimales plus rapidement et avec moins d'itérations.

6.2.6 Validation croisée

La validation croisée est une technique statistique fondamentale en apprentissage automatique qui joue un rôle crucial dans l'évaluation et l'optimisation de la performance des modèles. Cette méthode est particulièrement précieuse pour évaluer la capacité d'un modèle à se généraliser à des ensembles de données indépendants, ce qui est essentiel dans les domaines de la sélection de caractéristiques et de l'ajustement d'hyperparamètres. La validation croisée fournit un cadre robuste pour l'évaluation des modèles en partitionnant l'ensemble de données en plusieurs sous-ensembles, permettant une évaluation plus complète de la performance du modèle sur différentes configurations de données.

Dans le contexte de la sélection de caractéristiques, la validation croisée aide à identifier quelles caractéristiques contribuent de manière cohérente à la performance du modèle à travers diverses partitions de données. Ceci est particulièrement important lors du traitement d'ensembles de données de haute dimension, où le risque de surapprentissage au bruit dans les données est significatif. En utilisant la validation croisée conjointement avec des techniques de sélection de caractéristiques comme la régression Lasso ou Ridge, les scientifiques des données peuvent déterminer avec plus de confiance quelles caractéristiques sont vraiment importantes pour la prédiction, plutôt que simplement corrélées par coïncidence dans une seule division de l'ensemble de données.

Pour l'ajustement d'hyperparamètres, la validation croisée est indispensable. Elle permet une exploration systématique de l'espace des hyperparamètres, garantissant que les paramètres choisis fonctionnent bien sur différents sous-ensembles des données. Ceci est particulièrement crucial pour les paramètres de régularisation dans les régressions Lasso et Ridge, où le niveau optimal de régularisation peut varier considérablement en fonction des caractéristiques spécifiques de l'ensemble de données. La validation croisée aide à trouver un équilibre entre la complexité du modèle et la capacité de généralisation, qui est au cœur du développement efficace de modèles d'apprentissage automatique.

Concept de base

La validation croisée est une technique sophistiquée qui consiste à diviser systématiquement l'ensemble de données en plusieurs sous-ensembles. Ce processus comprend généralement la création d'un ensemble d'entraînement et d'un ensemble de validation. Le modèle est ensuite entraîné sur la plus grande portion (ensemble d'entraînement) et évalué sur la plus petite portion mise de côté (ensemble de validation). Ce qui rend la validation croisée particulièrement puissante, c'est sa nature itérative - ce processus est répété plusieurs fois, chaque fois avec une partition différente des données servant d'ensemble de validation.

L'avantage clé de cette approche réside dans sa capacité à utiliser toutes les données disponibles à la fois pour l'entraînement et la validation. En parcourant différentes partitions de données, la validation croisée garantit que chaque point de données a l'occasion de faire partie à la fois des ensembles d'entraînement et de validation à travers différentes itérations. Cette rotation aide à réduire l'impact de tout biais potentiel qui pourrait exister dans une seule division entraînement-test.

De plus, en agrégeant les résultats de plusieurs itérations, la validation croisée fournit une estimation plus complète et fiable de la performance du modèle. Cette approche est particulièrement précieuse dans des scénarios où l'ensemble de données est limité en taille, car elle maximise l'utilisation des données disponibles. La nature répétée du processus aide également à identifier et atténuer les problèmes liés à la stabilité du modèle et à la sensibilité à des points de données ou sous-ensembles spécifiques.

Types courants de validation croisée

1. Validation croisée K-Fold

Cette technique largement utilisée consiste à partitionner l'ensemble de données en K sous-ensembles de taille égale ou « plis ». Le processus se déroule ensuite comme suit :

1. Phase d'entraînement : Le modèle est entraîné sur K-1 plis, utilisant effectivement (K-1)/K des données pour l'entraînement.

2. Phase de validation : Le pli restant est utilisé pour valider la performance du modèle.

3. Itération : Ce processus est répété K fois, chaque pli servant d'ensemble de validation exactement une fois.

4. Évaluation de la performance : La performance globale du modèle est déterminée en faisant la moyenne des métriques sur toutes les K itérations.

Cette méthode offre plusieurs avantages :

- Utilisation complète : Elle garantit que chaque point de données est utilisé à la fois pour l'entraînement et la validation.

- Robustesse : En utilisant plusieurs divisions entraînement-validation, elle fournit une estimation plus fiable de la capacité de généralisation du modèle.

- Réduction du biais : Elle aide à atténuer l'impact des particularités potentielles des données dans une seule division.

Le choix de K est crucial et varie généralement de 5 à 10, équilibrant entre coût de calcul et fiabilité de l'estimation. La validation croisée K-Fold est particulièrement précieuse dans des scénarios avec des données limitées, car elle maximise l'utilisation des échantillons disponibles à la fois pour l'entraînement et l'évaluation.

2. Validation croisée K-Fold stratifiée

Cette méthode est une amélioration de la validation croisée K-Fold standard, spécifiquement conçue pour relever les défis posés par les ensembles de données déséquilibrés. Dans la validation K-Fold stratifiée, les plis sont créés de manière à maintenir la même proportion d'échantillons pour chaque classe que dans l'ensemble de données original. Cette approche offre plusieurs avantages clés :

- Représentation équilibrée : En préservant la distribution des classes dans chaque pli, elle garantit que les classes majoritaires et minoritaires sont adéquatement représentées dans les ensembles d'entraînement et de validation.

- Réduction du biais : Elle aide à minimiser le biais potentiel qui peut survenir lorsque l'échantillonnage aléatoire conduit à des distributions de classes inégales entre les plis.

- Généralisation améliorée : L'approche stratifiée conduit souvent à des estimations de performance plus fiables, en particulier pour les modèles entraînés sur des ensembles de données avec des déséquilibres de classes significatifs.

- Cohérence entre les plis : Elle fournit une performance de modèle plus cohérente entre différents plis, rendant les résultats de validation croisée plus stables et interprétables.

Cette technique est particulièrement précieuse dans des scénarios tels que les diagnostics médicaux, la détection de fraude, ou la prédiction d'événements rares, où la classe minoritaire est souvent d'intérêt principal et où une mauvaise classification peut avoir des conséquences importantes.

3. Validation croisée Leave-One-Out (LOOCV)

Il s'agit d'une forme spécialisée de validation croisée K-Fold où K est égal au nombre d'échantillons dans l'ensemble de données. Dans la LOOCV :

- Chaque échantillon individuel sert d'ensemble de validation exactement une fois.

- Le modèle est entraîné sur tous les autres échantillons (n-1, où n est le nombre total d'échantillons).

- Ce processus est répété n fois, garantissant que chaque point de données est utilisé pour la validation.

La LOOCV offre plusieurs avantages uniques :

- Maximise les données d'entraînement : Elle utilise le plus grand ensemble d'entraînement possible pour chaque itération.

- Réduit le biais : En utilisant presque toutes les données pour l'entraînement, elle minimise le biais dans l'évaluation du modèle.

- Déterministe : Contrairement aux méthodes de division aléatoire, la LOOCV produit des résultats cohérents d'une exécution à l'autre.

Cependant, il est important de noter que la LOOCV peut être coûteuse en calcul pour les grands ensembles de données et peut souffrir d'une variance élevée dans ses estimations de performance. Elle est particulièrement utile pour les petits ensembles de données où maximiser les données d'entraînement est crucial.

4. Validation croisée de séries temporelles

Cette forme spécialisée de validation croisée est conçue pour les données temporelles, où l'ordre chronologique des observations est crucial. Contrairement aux méthodes de validation croisée traditionnelles, la validation croisée de séries temporelles respecte la nature temporelle des données, garantissant que les observations futures ne sont pas utilisées pour prédire des événements passés. Cette approche est particulièrement importante dans des domaines tels que la finance, l'économie et la prévision météorologique, où la séquence des événements importe considérablement.

Le processus implique généralement la création d'une série de fenêtres d'entraînement croissantes avec un ensemble de validation de taille fixe. Voici comment cela fonctionne :

1. Fenêtre d'entraînement initiale : Commencer avec un ensemble d'entraînement de taille minimale.

2. Validation : Utiliser le prochain ensemble d'observations (taille fixe) comme ensemble de validation.

3. Élargir la fenêtre : Augmenter l'ensemble d'entraînement en incluant l'ensemble de validation précédent.

4. Répéter : Continuer ce processus, en gardant toujours l'ensemble de validation comme données futures non vues.

Cette méthode offre plusieurs avantages :

- Intégrité temporelle : Elle maintient la structure temporelle des données, cruciale pour de nombreuses applications réelles.

- Évaluation réaliste : Elle simule le processus réel de faire des prédictions futures basées sur des données historiques.

- Adaptabilité : Elle peut capturer des motifs ou tendances évolutifs dans les données au fil du temps.

La validation croisée de séries temporelles est essentielle pour développer des modèles robustes dans des domaines où la performance passée ne garantit pas les résultats futurs, aidant à créer des modèles prédictifs plus fiables et pratiques pour les phénomènes temporels.

Avantages dans la sélection de caractéristiques et l'ajustement d'hyperparamètres

- **Estimation robuste de la performance :** La validation croisée fournit une estimation plus fiable de la performance du modèle par rapport à une seule division entraînement-test, en particulier lorsqu'on travaille avec des données limitées. En utilisant plusieurs sous-ensembles des données, elle capture une gamme plus large de comportements potentiels du modèle, conduisant à une évaluation plus précise de la façon dont le modèle pourrait performer sur des données non vues. Ceci est particulièrement crucial dans des scénarios où la collecte de données est coûteuse ou chronophage, car elle maximise l'utilité de l'information disponible.

- **Atténuation du surapprentissage :** En évaluant le modèle sur différents sous-ensembles de données, la validation croisée aide à détecter et prévenir le surapprentissage, ce qui est crucial dans la sélection de caractéristiques. Ce processus permet l'identification de caractéristiques qui contribuent de manière cohérente à la performance du modèle à travers diverses partitions de données, plutôt que celles qui peuvent sembler importantes en raison de corrélations fortuites dans une seule division. En conséquence, les caractéristiques sélectionnées sont plus susceptibles d'être véritablement prédictives et généralisables.

- **Optimisation des hyperparamètres :** Elle permet une comparaison systématique de différentes configurations d'hyperparamètres, garantissant que les paramètres choisis se généralisent bien à travers divers sous-ensembles des données. Ceci est particulièrement important pour les techniques de régularisation comme la régression Lasso et Ridge, où la force du terme de pénalité peut impacter significativement la sélection de caractéristiques et la performance du modèle. La validation croisée aide à trouver l'équilibre optimal entre la complexité du modèle et la capacité de généralisation.

- **Évaluation de l'importance des caractéristiques :** Lorsqu'elle est utilisée en conjonction avec des techniques de sélection de caractéristiques, la validation croisée aide à identifier les caractéristiques constamment importantes à travers différentes partitions de données. Cette approche fournit une mesure plus robuste de l'importance des caractéristiques, car elle considère comment les caractéristiques performent à travers plusieurs configurations de données. Elle peut révéler des caractéristiques qui pourraient être négligées dans une seule division entraînement-test, ou inversement, mettre en évidence des caractéristiques qui peuvent sembler importantes dans une division mais échouent à se généraliser dans d'autres.

- **Évaluation de la stabilité du modèle :** La validation croisée offre des aperçus sur la stabilité du modèle à travers différents sous-ensembles de données. En observant comment l'importance des caractéristiques et la performance du modèle varient entre les plis, les scientifiques des données peuvent évaluer la robustesse de leur processus de sélection de caractéristiques et identifier des zones potentielles d'instabilité ou de sensibilité dans le modèle.

- **Gestion du compromis biais-variance :** Grâce à l'entraînement et l'évaluation répétés sur différents sous-ensembles de données, la validation croisée aide à gérer le compromis biais-variance. Elle fournit une image plus claire de savoir si le modèle est en sous-apprentissage (biais élevé) ou en surapprentissage (variance élevée) à travers différentes configurations de données, guidant les décisions sur la complexité du modèle et la sélection de caractéristiques.

Considérations de mise en œuvre

- **Choix de K :** La sélection de K dans la validation croisée K-fold est cruciale. Bien que 5 et 10 soient des choix courants, le K optimal dépend de la taille de l'ensemble de données et de la complexité du modèle. Des valeurs K plus élevées offrent plus de données d'entraînement par pli, conduisant potentiellement à des estimations de performance de modèle plus stables. Cependant, cela se fait au prix d'un temps de calcul accru. Pour les petits ensembles de données, des valeurs K plus élevées (par exemple, 10) peuvent être préférables pour maximiser les données d'entraînement, tandis que pour les grands ensembles de données, des valeurs K plus faibles (par exemple, 5) peuvent suffire pour équilibrer l'efficacité computationnelle avec une évaluation robuste.

- **Stratification :** La validation croisée stratifiée est particulièrement importante pour maintenir l'équilibre des classes dans les problèmes de classification, en particulier avec les ensembles de données déséquilibrés. Cette technique garantit que chaque pli contient approximativement la même proportion d'échantillons pour chaque classe que dans l'ensemble de données complet. La stratification aide à réduire le biais dans les estimations de performance et fournit une évaluation plus fiable de la façon dont le modèle se généralise à travers différentes distributions de classes. Elle est particulièrement cruciale lorsqu'on traite des événements rares ou des classes minoritaires qui pourraient être sous-représentées dans les divisions aléatoires.

- **Ressources computationnelles :** La validation croisée peut effectivement être intensive en calcul, en particulier pour les grands ensembles de données ou les modèles complexes. Cette demande en ressources augmente avec des valeurs K plus élevées et des algorithmes plus complexes. Pour gérer cela, envisagez d'utiliser des techniques de traitement parallèle, telles que le calcul distribué ou l'accélération GPU, pour accélérer le processus de validation croisée. Pour les très grands ensembles de données, vous pourriez également envisager d'utiliser un ensemble de validation de réserve ou un sous-ensemble plus petit de données pour l'ajustement initial des hyperparamètres avant d'appliquer la validation croisée à l'ensemble de données complet.

- **Validation croisée imbriquée :** La validation croisée imbriquée est une technique puissante qui aborde le défi d'ajuster simultanément les hyperparamètres et d'évaluer la performance du modèle sans fuite de données. Elle implique deux boucles : une boucle externe pour l'évaluation du modèle et une boucle interne pour l'ajustement des hyperparamètres. Cette approche fournit une estimation non biaisée de la vraie performance du modèle tout en optimisant les hyperparamètres. Bien que coûteuse en calcul, la validation croisée imbriquée est particulièrement précieuse dans des scénarios où l'ensemble de données est limité et où maximiser l'utilisation des données disponibles est crucial. Elle aide à prévenir les estimations de performance trop optimistes qui peuvent survenir lors de l'utilisation des mêmes données pour l'ajustement et l'évaluation.

- **Considérations sur les séries temporelles :** Pour les données de séries temporelles, les techniques de validation croisée standard peuvent ne pas être appropriées en raison de la nature temporelle des données. Dans de tels cas, des méthodes de validation croisée de séries temporelles, telles que la validation par fenêtre glissante ou par fenêtre croissante, devraient être employées. Ces méthodes respectent l'ordre chronologique des données et simulent le processus de faire des prédictions sur des points de données futurs et non vus.

Dans le contexte de la régression Lasso et Ridge, la validation croisée est particulièrement précieuse pour sélectionner le paramètre de régularisation optimal (alpha). Elle aide à trouver le bon équilibre entre biais et variance, garantissant que les caractéristiques sélectionnées et les paramètres du modèle se généralisent bien aux données non vues.

Voici un exemple de code démontrant la validation croisée pour l'ajustement d'hyperparamètres dans la régression Lasso :

```
import numpy as np
```

```python
from sklearn.model_selection import cross_val_score
from sklearn.linear_model import Lasso
from sklearn.datasets import make_regression

# Generate sample data
X, y = make_regression(n_samples=100, n_features=20, noise=0.1, random_state=42)

# Define a range of alpha values to test
alphas = np.logspace(-4, 4, 20)

# Perform cross-validation for each alpha value
for alpha in alphas:
    lasso = Lasso(alpha=alpha)
    scores = cross_val_score(lasso, X, y, cv=5, scoring='neg_mean_squared_error')
    print(f"Alpha: {alpha:.4f}, Mean MSE: {-scores.mean():.4f}")

# Find the best alpha
best_alpha = alphas[np.argmin(-cross_val_score(Lasso(), X, y, cv=5,
                              scoring='neg_mean_squared_error',
                              param_name='alpha', param_range=alphas))]
print(f"Best Alpha: {best_alpha:.4f}")
```

Décomposition du code :

1. Nous importons les bibliothèques nécessaires et générons des données de régression échantillons.

2. Nous définissons une plage de valeurs alpha à tester en utilisant np.logspace(), qui crée une échelle logarithmique de valeurs. Ceci est utile pour explorer une large gamme de grandeurs.

3. Nous itérons à travers chaque valeur alpha :

   • Créer un modèle Lasso avec l'alpha actuel.

   • Utiliser cross_val_score() pour effectuer une validation croisée à 5 plis.

   • Nous utilisons l'erreur quadratique moyenne négative comme métrique de score (sklearn utilise le MSE négatif à des fins d'optimisation).

   • Imprimer l'alpha et le MSE moyen sur tous les plis.

4. Enfin, nous trouvons la meilleure valeur alpha :

   • Nous utilisons à nouveau cross_val_score(), mais cette fois avec les arguments param_name et param_range pour tester toutes les valeurs alpha en une seule fois.

   • Nous utilisons np.argmin() pour trouver l'indice de l'alpha qui a produit le MSE le plus faible.

- Nous imprimons la meilleure valeur alpha.

Cet exemple démontre comment utiliser la validation croisée pour ajuster le paramètre de régularisation (alpha) dans la régression Lasso, en veillant à sélectionner une valeur qui se généralise bien sur différents sous-ensembles de données.

6.2.7 Meilleures pratiques pour l'ajustement des hyperparamètres dans la sélection de caractéristiques

1. **Validation croisée** : Mettre en œuvre la validation croisée pour assurer une sélection robuste des hyperparamètres. Cette technique consiste à diviser les données en plusieurs sous-ensembles, à entraîner le modèle sur une partie des données et à valider sur le sous-ensemble mis de côté. La validation croisée à cinq ou dix plis est couramment utilisée, offrant un équilibre entre l'efficacité computationnelle et l'estimation fiable de la performance. Cette approche aide à atténuer le risque de surapprentissage à une division particulière des données et fournit une représentation plus précise de la façon dont le modèle se comportera sur des données non vues.

2. **Commencer avec une large plage** : Initialiser la recherche d'hyperparamètres avec une large gamme de valeurs. Pour les paramètres de régularisation dans la régression Lasso et Ridge, cela peut s'étendre de très petites valeurs (par exemple, 0,001) à de grandes valeurs (par exemple, 100 ou plus). Cette large plage permet l'exploration de divers comportements de modèle, d'une régularisation minimale (plus proche des moindres carrés ordinaires) à une régularisation forte (éliminant potentiellement de nombreuses caractéristiques). Au fur et à mesure que la recherche progresse, réduire la plage en fonction des tendances de performance observées, en se concentrant sur les zones qui montrent des promesses en termes de précision du modèle et de sélection de caractéristiques.

3. **Surveiller le surapprentissage** : Surveiller attentivement les signes de surapprentissage pendant le processus d'ajustement. Bien que la validation croisée aide, il est crucial de maintenir un ensemble de test séparé qui reste intact tout au long du processus d'ajustement. Évaluer régulièrement la performance du modèle sur cet ensemble de test pour s'assurer que les améliorations des scores de validation croisée se traduisent par une meilleure généralisation. Si la performance sur l'ensemble de test stagne ou se dégrade tandis que les scores de validation croisée continuent de s'améliorer, cela peut indiquer un surapprentissage aux données de validation.

4. **Utiliser les courbes de validation** : Employer les courbes de validation comme outil visuel pour comprendre la relation entre les valeurs des hyperparamètres et la performance du modèle. Ces courbes tracent une métrique de performance (par exemple, l'erreur quadratique moyenne ou le R au carré) en fonction de différentes valeurs d'hyperparamètres. Elles peuvent révéler des informations importantes, telles que le point auquel l'augmentation de la régularisation commence à dégrader la performance du modèle, ou l'endroit où le modèle commence à être en sous-

apprentissage. Les courbes de validation peuvent également aider à identifier la région des valeurs optimales des hyperparamètres, guidant des efforts d'ajustement plus ciblés.

5. **Combiner la régularisation L1 et L2** : Envisager d'utiliser la régularisation Elastic Net, en particulier pour les ensembles de données complexes avec de nombreuses caractéristiques ou une multicolinéarité élevée. Elastic Net combine les pénalités L1 (Lasso) et L2 (Ridge), offrant une approche plus flexible de la sélection de caractéristiques et de la régularisation. La composante L1 favorise la parcimonie en ramenant certains coefficients exactement à zéro, tandis que la composante L2 aide à gérer les caractéristiques corrélées et assure la stabilité. L'ajustement de l'équilibre entre les pénalités L1 et L2 (généralement désigné par le paramètre 'l1_ratio') permet un contrôle précis du comportement du modèle.

6. **Stabilité de l'importance des caractéristiques** : Évaluer la stabilité de l'importance des caractéristiques sur différents paramètres d'hyperparamètres. Les caractéristiques qui montrent constamment une importance élevée sur diverses intensités de régularisation sont susceptibles d'être des prédicteurs véritablement significatifs. À l'inverse, les caractéristiques qui ne sont sélectionnées qu'à certaines valeurs d'hyperparamètres peuvent être moins fiables. Cette analyse peut fournir des informations sur la robustesse du processus de sélection de caractéristiques et aider à prendre des décisions éclairées sur les caractéristiques à inclure dans le modèle final.

7. **Efficacité computationnelle** : Équilibrer la rigueur de la recherche d'hyperparamètres avec les contraintes computationnelles. Pour les grands ensembles de données ou les modèles complexes, des techniques comme la recherche aléatoire ou l'optimisation bayésienne peuvent être plus efficaces qu'une recherche par grille exhaustive. Ces méthodes peuvent souvent trouver de bonnes valeurs d'hyperparamètres avec moins d'itérations, permettant une exploration plus étendue de l'espace des hyperparamètres dans des délais raisonnables.

L'ajustement des hyperparamètres dans l'ingénierie des caractéristiques joue un rôle crucial dans l'optimisation de la performance du modèle, en particulier dans le contexte des techniques de régularisation comme la régression Lasso et Ridge. Ce processus garantit que le niveau de régularisation s'aligne sur la complexité inhérente des données, trouvant un équilibre délicat entre la simplicité du modèle et la puissance prédictive. En affinant ces hyperparamètres, nous pouvons contrôler efficacement le compromis entre biais et variance, conduisant à des modèles à la fois précis et généralisables.

La recherche par grille et la recherche aléatoire sont deux techniques populaires employées dans ce processus d'ajustement. La recherche par grille évalue systématiquement un ensemble prédéfini de valeurs d'hyperparamètres, tandis que la recherche aléatoire échantillonne à partir d'une distribution de valeurs possibles. Ces méthodes nous permettent d'explorer efficacement l'espace des hyperparamètres, identifiant l'intensité de régularisation optimale qui équilibre la sélection de caractéristiques avec la précision prédictive. Par exemple, dans la régression Lasso, trouver la bonne valeur alpha peut déterminer quelles caractéristiques sont conservées ou éliminées, impactant directement l'interprétabilité et la performance du modèle.

Les avantages de l'application de ces pratiques d'ajustement s'étendent au-delà des simples métriques de performance. Les scientifiques des données peuvent créer des modèles plus interprétables, car le processus de sélection de caractéristiques devient plus raffiné et délibéré. Cette interprétabilité est cruciale dans de nombreuses applications du monde réel, où la compréhension du processus de prise de décision du modèle est aussi importante que sa précision prédictive. De plus, la robustesse obtenue grâce à un ajustement approprié améliore la capacité du modèle à bien se généraliser aux données non vues, un aspect critique pour assurer l'applicabilité et la fiabilité du modèle dans le monde réel.

En outre, ces pratiques d'ajustement contribuent à l'efficacité globale du processus de modélisation. En identifiant systématiquement les caractéristiques les plus pertinentes, nous pouvons réduire la dimensionnalité du problème, conduisant à des modèles qui sont moins exigeants sur le plan computationnel et plus faciles à maintenir. Cet aspect est particulièrement précieux dans les scénarios de big data ou dans les applications où le déploiement et les mises à jour des modèles doivent être fréquents et rapides.

6.3 Exercices pratiques : Chapitre 6

Dans cette section d'exercices, nous appl querons des techniques de régularisation pour la sélection de caractéristiques en utilisant Lasso et Ridge. Ces exercices vous aideront à consolider votre compréhension de la régularisation L1 et L2 et de l'ajustement des hyperparamètres.

Exercice 1 : Application de Lasso pour la sélection de caractéristiques

Objectif : Utiliser la régression Lasso pour identifier les caractéristiques les plus importantes d'un ensemble de données et observer comment la modification du paramètre alpha affecte la sélection de caractéristiques.

Instructions :

1. Charger un ensemble de données avec au moins 15 caractéristiques.

2. Appliquer la régression Lasso et expérimenter avec différentes valeurs de alpha.

3. Lister les coefficients non nuls (caractéristiques sélectionnées) pour chaque valeur alpha et les tracer pour visualiser quelles caractéristiques restent pertinentes à mesure que alpha augmente.

Solution :

```
from sklearn.datasets import make_regression
from sklearn.linear_model import Lasso
import matplotlib.pyplot as plt
```

```python
# Generate synthetic data with 15 features
X, y = make_regression(n_samples=100, n_features=15, noise=0.1, random_state=42)

# Define different alpha values to test
alpha_values = [0.01, 0.1, 1, 5, 10]
selected_features = {}

# Apply Lasso for each alpha value
for alpha in alpha_values:
    lasso = Lasso(alpha=alpha, max_iter=10000)
    lasso.fit(X, y)
    selected_features[alpha] = lasso.coef_

# Plot non-zero coefficients for each alpha
plt.figure(figsize=(10, 6))
for alpha, coefs in selected_features.items():
    plt.plot(range(len(coefs)), coefs, marker='o', label=f'alpha={alpha}')
plt.axhline(0, color='gray', linestyle='--')
plt.xlabel("Feature Index")
plt.ylabel("Coefficient Value")
plt.legend()
plt.title("Lasso Coefficients for Different Alpha Values")
plt.show()
```

Ce code montre comment le modèle sélectionne les caractéristiques en ajustant **alpha**. À mesure qu'**alpha** augmente, davantage de coefficients sont ramenés à zéro, éliminant les caractéristiques ayant des relations plus faibles avec la variable cible.

Exercice 2 : Ajustement de Lasso avec la recherche par grille

Objectif : Utiliser GridSearchCV pour trouver l'alpha optimal pour la régression Lasso en fonction de la performance du modèle.

Instructions :

1. Charger un ensemble de données et le diviser en ensembles d'entraînement et de test.

2. Utiliser GridSearchCV pour identifier le meilleur alpha à partir d'une plage de valeurs prédéfinie.

3. Évaluer le modèle avec le meilleur alpha sur l'ensemble de test.

Solution :

```python
from sklearn.linear_model import Lasso
from sklearn.model_selection import GridSearchCV, train_test_split
from sklearn.metrics import mean_squared_error
from sklearn.datasets import make_regression

# Generate synthetic data
```

```
X, y = make_regression(n_samples=100, n_features=20, noise=0.1, random_state=42)

# Split into training and testing sets
X_train, X_test, y_train, y_test = train_test_split(X, y, test_size=0.3,
random_state=42)

# Define range of alpha values for GridSearch
alpha_values = {'alpha': [0.001, 0.01, 0.1, 1, 10]}

# Initialize Lasso and GridSearchCV
lasso = Lasso(max_iter=10000)
grid_search = GridSearchCV(lasso, alpha_values, cv=5,
scoring='neg_mean_squared_error')
grid_search.fit(X_train, y_train)

# Best alpha value
best_alpha = grid_search.best_params_['alpha']
print("Optimal alpha for Lasso:", best_alpha)

# Evaluate model with best alpha
best_lasso = Lasso(alpha=best_alpha)
best_lasso.fit(X_train, y_train)
y_pred = best_lasso.predict(X_test)
print("Test MSE with optimal alpha:", mean_squared_error(y_test, y_pred))
```

Cet exercice démontre comment utiliser **GridSearchCV** pour affiner **alpha** pour Lasso, améliorant la sélection de caractéristiques et minimisant l'erreur.

Exercice 3 : Application de la régression Ridge avec validation croisée

Objectif : Explorer la régression Ridge et déterminer l'intensité de régularisation optimale pour un ensemble de données avec des caractéristiques multicolinéaires.

Instructions :

1. Charger un ensemble de données avec des caractéristiques multicolinéaires (par exemple, un ensemble de données avec des variables corrélées).

2. Utiliser la régression Ridge avec validation croisée pour déterminer la meilleure valeur **alpha**.

3. Comparer la performance du modèle sur les ensembles d'entraînement et de test.

Solution :

```
from sklearn.linear_model import Ridge
from sklearn.model_selection import cross_val_score
import numpy as np

# Generate synthetic data with correlated features
np.random.seed(42)
```

```
X = np.random.rand(100, 5)
y = X @ np.array([2, 4, -3, 1, 5]) + np.random.normal(0, 0.1, 100)

# Initialize Ridge model and range of alpha values
alpha_values = [0.01, 0.1, 1, 10, 100]
ridge_scores = []

# Evaluate each alpha with cross-validation
for alpha in alpha_values:
    ridge = Ridge(alpha=alpha)
    scores = cross_val_score(ridge, X, y, cv=5, scoring='neg_mean_squared_error')
    ridge_scores.append((alpha, np.mean(scores)))

# Find best alpha
best_alpha, best_score = max(ridge_scores, key=lambda x: x[1])
print("Optimal alpha for Ridge:", best_alpha)
print("Cross-validated MSE:", -best_score)
```

Dans cet exercice :

- **Validation croisée** : Nous appliquons la validation croisée pour évaluer la performance de la régression Ridge pour différentes valeurs d'alpha.

- **Comparaison** : L'alpha optimal réduit les effets de la multicolinéarité, stabilisant les estimations de coefficients et améliorant la généralisation.

Exercice 4 : Utilisation de la recherche aléatoire pour un ajustement efficace de Lasso

Objectif : Utiliser RandomizedSearchCV pour ajuster efficacement **alpha** pour Lasso sur un ensemble de données de haute dimension.

Instructions :

1. Charger un ensemble de données de haute dimension.

2. Définir une plage logarithmique de valeurs **alpha** et appliquer RandomizedSearchCV.

3. Comparer le meilleur modèle avec le modèle Lasso de base en utilisant les données de test.

Solution :

```
from sklearn.model_selection import RandomizedSearchCV
import numpy as np

# Generate synthetic data with high dimensionality
X, y = make_regression(n_samples=100, n_features=50, noise=0.1, random_state=42)

# Define alpha search space for RandomizedSearchCV
alpha_values = {'alpha': np.logspace(-4, 1, 100)}
```

```
# Initialize Lasso and RandomizedSearchCV
lasso = Lasso(max_iter=10000)
random_search       =       RandomizedSearchCV(lasso,       alpha_values,       cv=5,
scoring='neg_mean_squared_error', n_iter=10, random_state=42)
random_search.fit(X, y)

# Display best alpha and score
best_alpha = random_search.best_params_['alpha']
print("Optimal alpha for Lasso (Randomized Search):", best_alpha)
print("Best cross-validated score (negative MSE):", random_search.best_score_)
```

Dans cet exemple :

- **Données de haute dimension** : Nous créons un ensemble de données avec de nombreuses caractéristiques et utilisons la recherche aléatoire pour identifier rapidement une valeur alpha appropriée pour Lasso.

- **Plage logarithmique** : En définissant une plage logarithmique étendue pour alpha, nous explorons efficacement l'espace de recherche sans ajustement exhaustif.

Ces exercices offrent une expérience pratique avec les techniques de régularisation et l'ajustement des hyperparamètres pour la sélection de caractéristiques en utilisant Lasso et Ridge. En comprenant comment sélectionner et ajuster ces paramètres, vous pouvez améliorer la performance du modèle, réduire le surapprentissage et obtenir des résultats plus interprétables.

6.4 Que peut-il mal tourner ?

Dans ce chapitre sur la sélection de caractéristiques avec Lasso et Ridge, nous avons exploré des techniques puissantes pour optimiser la performance du modèle et réduire la complexité. Cependant, même avec ces outils, il existe plusieurs pièges potentiels dont il faut être conscient :

6.4.1 Sur-régularisation conduisant au sous-apprentissage :

- Lorsque **alpha** (paramètre de régularisation) est défini trop haut dans Lasso ou Ridge, il peut sur-pénaliser le modèle, ramenant trop de coefficients vers zéro et supprimant des caractéristiques précieuses. Cela peut conduire au **sous-apprentissage**, où le modèle capture trop peu du motif sous-jacent des données.

- **Solution** : Utiliser la validation croisée pour affiner le paramètre alpha. Commencer avec une plage large et réduire progressivement en fonction de la performance validée de manière croisée.

6.4.2 Mauvaise interprétabilité avec Ridge :

- La régression Ridge n'effectue pas de sélection de caractéristiques en ramenant les coefficients à zéro. Au lieu de cela, elle réduit les coefficients, ce qui peut rendre l'interprétation difficile, en particulier dans les ensembles de données de haute dimension.

- **Solution** : Lorsque l'interprétabilité est une priorité, envisager d'utiliser Lasso ou **Elastic Net** (une combinaison de régularisation L1 et L2) pour imposer la parcimonie dans l'ensemble de caractéristiques.

6.4.3 Instabilité avec les caractéristiques corrélées dans Lasso

- Lasso peut être instable lorsque les caractéristiques sont fortement corrélées. Si deux caractéristiques corrélées ont un pouvoir prédictif similaire, Lasso peut sélectionner arbitrairement l'une et ignorer l'autre, conduisant à une instabilité et une sélection de caractéristiques incohérente.

- **Solution** : Pour les ensembles de données avec une forte multicolinéarité, envisager d'utiliser la régression Ridge ou Elastic Net, qui ont tendance à gérer les caractéristiques corrélées plus efficacement.

6.4.4 Surapprentissage pendant l'ajustement des hyperparamètres

- Un ajustement excessif des hyperparamètres peut conduire à un **surapprentissage sur l'ensemble de validation**, en particulier si le même ensemble de données est utilisé de manière répétée pour la validation. Ce surapprentissage peut entraîner des estimations de performance gonflées qui ne se généralisent pas à de nouvelles données.

- **Solution** : Utiliser la validation croisée imbriquée si possible, ou réserver un ensemble de test séparé pour l'évaluation finale après l'ajustement des hyperparamètres.

6.4.5 Ignorer l'influence de la mise à l'échelle des données

- Les techniques de régularisation comme Lasso et Ridge sont sensibles à la mise à l'échelle des caractéristiques. Sans mise à l'échelle, les caractéristiques avec des plages numériques plus grandes peuvent dominer la régularisation, faussant le modèle.

- **Solution** : Toujours standardiser ou normaliser les caractéristiques avant d'appliquer Lasso ou Ridge. Cela garantit que toutes les caractéristiques contribuent de manière égale au processus de régularisation.

6.4.6 Utilisation de Lasso ou Ridge avec des données éparses

- Lasso et Ridge peuvent être intensifs en calcul sur des ensembles de données volumineux ou épars, car le processus d'optimisation itératif nécessite de recalculer les pénalités à chaque étape.

- **Solution** : Pour les ensembles de données très volumineux ou épars, envisager d'utiliser des modèles linéaires régularisés optimisés pour l'efficacité, tels que **SGDClassifier** dans Scikit-Learn, qui effectue une descente de gradient stochastique avec des pénalités L1 ou L2.

6.4.7 Définition de stratégies de validation croisée inappropriées

- Ne pas choisir la bonne stratégie de validation croisée (par exemple, utiliser une validation croisée standard pour des données de séries temporelles) peut conduire à des résultats trompeurs et à une mauvaise généralisation.

- **Solution** : Choisir des techniques de validation croisée qui s'alignent avec la structure des données, comme **TimeSeriesSplit** pour les données de séries temporelles ou **StratifiedKFold** pour les tâches de classification déséquilibrées.

En comprenant ces défis potentiels et en intégrant les meilleures pratiques, vous pouvez exploiter efficacement Lasso et Ridge pour la sélection de caractéristiques, en améliorant la performance du modèle et l'interprétabilité tout en évitant les problèmes courants.

Résumé du Chapitre 6

Dans ce chapitre, nous avons exploré les techniques fondamentales de sélection de caractéristiques utilisant la régularisation, en mettant l'accent sur la régression Lasso (régularisation L1) et Ridge (régularisation L2). Ces deux méthodes jouent un rôle essentiel dans le contrôle de la complexité du modèle, l'amélioration de l'interprétabilité et l'optimisation de la performance, en particulier lors du travail avec des données de haute dimension ou des ensembles de données sujets au surapprentissage. Ces méthodes sont précieuses pour affiner les modèles soit en sélectionnant les caractéristiques les plus prédictives, soit en stabilisant les coefficients du modèle en présence de multicolinéarité.

La **régression Lasso**, qui utilise la régularisation L1, se distingue par sa capacité à effectuer à la fois la sélection de caractéristiques et la régularisation. En ajoutant une pénalité proportionnelle à la valeur absolue des coefficients, Lasso réduit certains coefficients à zéro, éliminant efficacement les caractéristiques moins pertinentes du modèle. Cette propriété rend Lasso particulièrement utile pour la sélection de caractéristiques dans les ensembles de données de haute dimension, où nous visons à ne conserver que les variables les plus impactantes. Cependant, une limitation de Lasso est son instabilité potentielle lors du traitement de caractéristiques fortement corrélées, car il peut sélectionner arbitrairement une caractéristique plutôt qu'une autre similaire. Cette limitation peut être atténuée en utilisant **Elastic Net**, une combinaison de pénalités L1 et L2, qui gère les caractéristiques corrélées de manière plus efficace.

La **régression Ridge**, quant à elle, applique la régularisation L2, pénalisant le carré des coefficients. Ridge n'élimine pas les caractéristiques mais réduit plutôt tous les coefficients vers zéro, ce qui peut stabiliser le modèle, en particulier dans les ensembles de données comportant des caractéristiques multicolinéaires. Cette réduction aide à répartir l'importance entre les caractéristiques corrélées, rendant Ridge idéal lorsque chaque caractéristique contient des informations prédictives. Ridge est particulièrement précieux dans les applications où toutes les caractéristiques sont pertinentes, même si certaines ne sont que faiblement prédictives. Cependant, Ridge est moins efficace pour la sélection de caractéristiques puisqu'il ne ramène pas les coefficients à zéro.

En plus de comprendre ces techniques, nous avons abordé le processus d'**ajustement des hyperparamètres** pour optimiser les paramètres de régularisation, tels que le paramètre **alpha** dans Lasso et Ridge. Un ajustement approprié de ces paramètres est crucial, car il nous permet d'équilibrer la force de régularisation avec la performance du modèle, évitant à la fois le surapprentissage et le sous-apprentissage. Nous avons exploré des méthodes telles que la **recherche en grille** et la **recherche aléatoire** pour l'ajustement, ainsi que l'importance de la validation croisée pour s'assurer que les hyperparamètres sélectionnés se généralisent bien aux nouvelles données.

Enfin, nous avons discuté des défis courants et des pièges potentiels dans l'application des techniques de régularisation, tels que la sur-régularisation, la sensibilité à la mise à l'échelle des caractéristiques et l'intensité de calcul sur les grands ensembles de données. En comprenant ces aspects, les praticiens peuvent exploiter Lasso et Ridge efficacement, créant des modèles plus robustes et interprétables qui se généralisent bien.

En résumé, Lasso et Ridge sont des outils puissants pour la sélection de caractéristiques et la régularisation, chacun avec des forces et des limitations uniques. En maîtrisant ces techniques, les scientifiques des données peuvent améliorer la puissance prédictive et l'efficacité de leurs modèles, ouvrant la voie à des solutions plus fiables et évolutives dans les applications du monde réel.

Chapitre 7 : Ingénierie des caractéristiques pour l'apprentissage profond

L'apprentissage profond a révolutionné le domaine de la science des données, offrant des outils sophistiqués capables de traiter de vastes quantités de données et de découvrir des motifs complexes. Ces réseaux neuronaux avancés ont démontré des capacités remarquables dans divers domaines, de la reconnaissance d'images et de la parole au traitement du langage naturel et aux systèmes autonomes. La puissance de l'apprentissage profond réside dans sa capacité à apprendre automatiquement des représentations hiérarchiques des données, lui permettant de capturer des relations et des motifs complexes qui peuvent être difficiles à discerner pour les humains.

Cependant, l'efficacité des modèles d'apprentissage profond dépend fortement de la qualité et de la préparation des données d'entrée. Cette dépendance souligne l'importance continue de l'ingénierie des caractéristiques, même à l'ère des réseaux neuronaux. Bien que les algorithmes d'apprentissage profond puissent souvent extraire des caractéristiques significatives à partir de données brutes, le processus de préparation et de structuration de ces données reste crucial pour des performances optimales.

Contrairement aux modèles d'apprentissage automatique traditionnels qui nécessitent souvent une ingénierie manuelle extensive des caractéristiques, les réseaux d'apprentissage profond sont conçus pour apprendre des représentations de haut niveau directement à partir de données brutes. Cette capacité a considérablement réduit le besoin de caractéristiques créées manuellement dans de nombreuses applications. Par exemple, dans les tâches de vision par ordinateur, les réseaux neuronaux convolutifs peuvent automatiquement apprendre à détecter les contours, les formes et les objets complexes à partir de données brutes de pixels, éliminant le besoin d'extraction manuelle de caractéristiques.

Néanmoins, s'assurer que les données d'entrée sont bien structurées, normalisées et pertinentes est essentiel pour améliorer les performances et la stabilité du modèle. Une préparation appropriée des données peut avoir un impact significatif sur le processus d'apprentissage, affectant des facteurs tels que la vitesse de convergence, la capacité de généralisation et la précision globale. Par exemple, dans les tâches de traitement du langage naturel, les étapes de prétraitement comme la tokenisation, la suppression des mots vides et la gestion des mots hors vocabulaire peuvent grandement influencer la capacité du modèle à comprendre et à générer du texte.

Dans ce chapitre, nous explorerons les fondamentaux de l'**ingénierie des caractéristiques pour l'apprentissage profond**, couvrant un large éventail de techniques pour préparer les données, gérer les échelles de caractéristiques et optimiser les données pour les réseaux neuronaux. Nous explorerons comment ces méthodes peuvent être appliquées à différents types de données et domaines de problèmes pour maximiser le potentiel des modèles d'apprentissage profond.

En commençant par la **préparation des données**, nous discuterons des meilleures pratiques pour nettoyer et transformer les données afin qu'elles soient compatibles avec les réseaux neuronaux. Cette section couvrira des techniques telles que la gestion des valeurs manquantes, le traitement des valeurs aberrantes et la résolution des déséquilibres de classes. Nous explorerons également les considérations spécifiques pour préparer les données structurées (par exemple, les ensembles de données tabulaires), les données d'images (par exemple, le redimensionnement, l'augmentation) et les données textuelles (par exemple, la tokenisation, l'incorporation).

De plus, nous examinerons des techniques avancées d'ingénierie des caractéristiques qui peuvent améliorer les modèles d'apprentissage profond, telles que :

- Les méthodes de mise à l'échelle et de normalisation des caractéristiques pour garantir que toutes les entrées contribuent également au processus d'apprentissage

- Les techniques de réduction de dimensionnalité comme l'analyse en composantes principales (ACP) et t-SNE pour les données de grande dimension

- L'ingénierie des caractéristiques spécifique aux séries temporelles, incluant les caractéristiques de décalage et les statistiques glissantes

- Les techniques de gestion des variables catégorielles, telles que les couches d'incorporation pour les caractéristiques de haute cardinalité

- Les méthodes d'incorporation des connaissances du domaine dans l'ingénierie des caractéristiques pour guider le processus d'apprentissage

En maîtrisant ces techniques d'ingénierie des caractéristiques, les scientifiques des données et les praticiens de l'apprentissage automatique peuvent améliorer considérablement les performances et la robustesse de leurs modèles d'apprentissage profond dans un large éventail d'applications et de domaines.

7.1 Préparation des données pour les réseaux neuronaux

La préparation des données pour les réseaux neuronaux est un processus critique qui exige une attention méticuleuse aux détails. Cette préparation implique de structurer, de mettre à l'échelle et de formater soigneusement les données pour optimiser les performances des modèles d'apprentissage profond. Les réseaux neuronaux sont fondamentalement conçus pour traiter l'information sous forme de tableaux numériques, nécessitant la conversion de toutes les données d'entrée dans un format numérique cohérent.

L'importance du prétraitement des données dans l'apprentissage profond ne peut être surestimée. Contrairement aux algorithmes d'apprentissage automatique traditionnels, les réseaux neuronaux présentent une sensibilité accrue aux variations de la distribution des données. Cette sensibilité rend les étapes de prétraitement telles que la mise à l'échelle et l'encodage non seulement bénéfiques, mais essentielles pour obtenir des performances optimales. Ces mesures préparatoires garantissent que le réseau neuronal peut apprendre efficacement de toutes les caractéristiques disponibles sans être influencé de manière disproportionnée par une seule entrée.

Pour aborder systématiquement cette tâche cruciale, nous pouvons décomposer le processus de préparation des données pour les réseaux neuronaux en trois étapes principales :

- **Nettoyage et transformation des données** : Cette étape initiale consiste à identifier et à traiter les problèmes tels que les valeurs manquantes, les valeurs aberrantes et les incohérences dans l'ensemble de données. Elle peut également inclure la sélection ou la création de caractéristiques pour s'assurer que les données d'entrée sont pertinentes et informatives pour la tâche à accomplir.

- **Mise à l'échelle et normalisation** : Cette étape garantit que toutes les caractéristiques numériques sont sur une échelle similaire, empêchant les caractéristiques de plus grande amplitude de dominer le processus d'apprentissage. Les techniques courantes incluent la mise à l'échelle min-max, la standardisation et la mise à l'échelle robuste.

- **Encodage des variables catégorielles** : Étant donné que les réseaux neuronaux fonctionnent sur des données numériques, les variables catégorielles doivent être converties dans un format numérique. Cela implique souvent des techniques telles que l'encodage one-hot, l'encodage par étiquettes ou des méthodes plus avancées comme les incorporations d'entités pour les variables catégorielles de haute cardinalité.

En exécutant méticuleusement ces étapes préparatoires, les scientifiques des données peuvent améliorer considérablement l'efficacité et l'efficience de leurs modèles d'apprentissage profond, ouvrant la voie à des prédictions et des insights plus précis.

7.1.1 Étape 1 : Nettoyage et transformation des données

La première étape de la préparation des données pour un réseau neuronal est un processus critique qui consiste à s'assurer que toutes les caractéristiques sont bien définies, exemptes de bruit et pertinentes pour la tâche à accomplir. Cette étape initiale pose les fondations d'un entraînement et de performances réussis du modèle. Elle implique un examen approfondi de l'ensemble de données pour identifier et traiter les problèmes potentiels qui pourraient entraver le processus d'apprentissage.

Les caractéristiques bien définies sont celles qui ont des significations et des interprétations claires dans le contexte du problème. Cela nécessite souvent une expertise du domaine pour comprendre quels attributs sont les plus susceptibles de contribuer au pouvoir prédictif du modèle. Les caractéristiques doivent être sélectionnées ou conçues pour capturer l'essence du problème à résoudre.

L'élimination du bruit des données est cruciale car les réseaux neuronaux peuvent être sensibles aux variations non pertinentes. Le bruit peut prendre diverses formes, telles que des erreurs de mesure, des valeurs aberrantes ou des informations non pertinentes. Des techniques comme le lissage, la détection des valeurs aberrantes et la sélection de caractéristiques peuvent être employées pour réduire le bruit et améliorer le rapport signal/bruit dans l'ensemble de données.

Assurer la pertinence des caractéristiques consiste à se concentrer sur les attributs qui sont les plus susceptibles de contribuer au pouvoir prédictif du modèle. Cela peut impliquer des techniques de sélection de caractéristiques, l'application de connaissances du domaine, ou même la création de nouvelles caractéristiques par l'ingénierie des caractéristiques. Les caractéristiques pertinentes aident le modèle à apprendre des motifs et des relations significatifs, conduisant à une meilleure généralisation et performance sur des données non vues.

En abordant méticuleusement ces aspects lors de l'étape initiale de préparation des données, nous établissons une base solide pour les étapes ultérieures de mise à l'échelle, de normalisation et d'encodage, améliorant finalement la capacité du réseau neuronal à apprendre efficacement à partir des données.

Voici les transformations courantes :

1. **Gestion des valeurs manquantes** :

    o Les réseaux neuronaux nécessitent des ensembles de données complets pour des performances optimales. Les valeurs manquantes peuvent conduire à des prédictions biaisées ou inexactes, rendant leur gestion cruciale.

    o Les stratégies courantes pour traiter les données manquantes incluent :

        ▪ Imputation : Cela consiste à remplir les valeurs manquantes avec des valeurs estimées. Les méthodes vont de simples (imputation par la moyenne, la médiane ou le mode) à plus complexes (imputation par régression ou imputation multiple).

        ▪ Suppression : Supprimer les lignes ou colonnes avec des valeurs manquantes. Cette approche est directe mais peut conduire à une perte de données significative si l'absence de données est prévalente.

        ▪ Utilisation d'algorithmes pouvant gérer les valeurs manquantes : Certaines techniques avancées, comme certaines méthodes basées sur les arbres de décision, peuvent travailler directement avec des données manquantes.

- o Pour l'apprentissage profond spécifiquement :

  - Données numériques : L'imputation par la moyenne est souvent utilisée en raison de sa simplicité et de son efficacité. Cependant, des méthodes plus sophistiquées comme l'imputation par k plus proches voisins (k-NN) ou l'utilisation d'autoencodeurs pour l'imputation peuvent potentiellement donner de meilleurs résultats.

  - Données catégorielles : Créer une nouvelle catégorie pour les valeurs manquantes est courant. Cette approche permet au modèle d'apprendre potentiellement des motifs liés à l'absence de données.

  - Masquage : Dans les modèles de séquences, une couche de masquage peut être utilisée pour ignorer les valeurs manquantes pendant l'entraînement et la prédiction.

- o Le choix de la méthode dépend de facteurs tels que la quantité de données manquantes, le mécanisme d'absence (par exemple, Absence Complètement Aléatoire, Absence Aléatoire, ou Absence Non Aléatoire), et les exigences spécifiques du modèle d'apprentissage profond utilisé.

2. **Suppression des valeurs aberrantes** :

- o Les valeurs aberrantes peuvent avoir un impact significatif sur les performances des réseaux neuronaux, conduisant potentiellement à un apprentissage instable et à une mauvaise généralisation. Identifier et traiter les valeurs aberrantes est crucial pour maintenir la cohérence des données et améliorer la robustesse du modèle.

- o Il existe plusieurs stratégies pour gérer les valeurs aberrantes dans l'apprentissage profond :

  - Suppression : Dans certains cas, supprimer complètement les points de données identifiés comme aberrants peut être approprié. Cependant, cette approche doit être utilisée avec prudence pour éviter de perdre des informations précieuses.

  - Transformation : Appliquer des transformations mathématiques comme logarithmiques ou racines carrées peut aider à réduire l'impact des valeurs extrêmes tout en préservant le point de données.

  - Winsorisation : Cette technique consiste à plafonner les valeurs extrêmes à un percentile spécifié des données, réduisant efficacement l'impact des valeurs aberrantes sans les supprimer entièrement.

- o Pour les caractéristiques numériques, mettre en œuvre une stratégie de plafonnement peut être particulièrement efficace :

  - Définir des limites supérieures et inférieures basées sur des connaissances du domaine ou des mesures statistiques (par exemple, 3 écarts types par rapport à la moyenne).

  - Remplacer les valeurs dépassant ces limites par les valeurs limites respectives.

  - Cette approche préserve la distribution globale tout en atténuant l'effet des valeurs aberrantes extrêmes.

- o Il est important de noter que le choix de la méthode de gestion des valeurs aberrantes peut avoir un impact significatif sur les performances du modèle. Par conséquent, il est souvent bénéfique d'expérimenter différentes approches et d'évaluer leurs effets sur les résultats du modèle.

3. **Transformation des caractéristiques pour la compatibilité neuronale** :

Les réseaux neuronaux nécessitent des caractéristiques d'entrée numériques pour un traitement optimal. Cela nécessite la transformation de divers types de données :

1. Caractéristiques catégorielles : Celles-ci doivent être encodées en représentations numériques pour être compatibles avec les réseaux neuronaux. Les méthodes courantes incluent :

   - o Encodage one-hot : Crée des colonnes binaires pour chaque catégorie. Cette méthode est particulièrement utile pour les données nominales sans ordre inhérent. Par exemple, si nous avons une caractéristique « couleur » avec les catégories « rouge », « bleu » et « vert », l'encodage one-hot créerait trois colonnes binaires distinctes, une pour chaque couleur.

   - o Encodage par étiquettes : Attribue un entier unique à chaque catégorie. Cette approche est plus adaptée aux données ordinales où il existe un ordre significatif entre les catégories. Par exemple, les niveaux d'éducation comme « lycée », « licence » et « master » pourraient être encodés respectivement comme 1, 2 et 3.

   - o Couches d'incorporation : Utilisées pour les variables catégorielles de haute cardinalité, qui sont des caractéristiques avec un grand nombre de catégories uniques. Les incorporations apprennent une représentation vectorielle dense pour chaque catégorie, capturant les relations sémantiques entre les catégories. Ceci est particulièrement efficace pour les tâches de traitement du langage naturel ou lorsqu'il s'agit de caractéristiques comme les identifiants de produits dans les systèmes de recommandation.

- o Encodage cible : Cette technique avancée remplace les catégories par la moyenne de la variable cible pour cette catégorie. Elle est utile lorsqu'il existe une relation forte entre la catégorie et la variable cible, mais doit être utilisée avec prudence pour éviter le surapprentissage.

- o Le choix de la méthode d'encodage dépend de la nature de la variable catégorielle, des exigences spécifiques de l'architecture du réseau neuronal et des caractéristiques du problème à résoudre. Il est souvent bénéfique d'expérimenter différentes techniques d'encodage pour déterminer laquelle donne les meilleures performances pour une tâche donnée.

2. Données textuelles : Nécessitent une tokenisation et une incorporation, ce qui implique :

- o Diviser le texte en mots ou sous-mots individuels (tokens). Ce processus peut varier en fonction de la langue et des exigences spécifiques de la tâche. Par exemple, en anglais, une tokenisation simple par espaces peut suffire pour de nombreuses applications, tandis que des langues plus complexes peuvent nécessiter des tokeniseurs spécialisés.

- o Convertir les tokens en indices numériques. Cette étape crée un vocabulaire où chaque token unique se voit attribuer un identifiant entier unique. Cette conversion est nécessaire car les réseaux neuronaux fonctionnent avec des données numériques.

- o Appliquer des incorporations de mots pour la représentation sémantique. Cette étape cruciale transforme les tokens en représentations vectorielles denses qui capturent les relations sémantiques entre les mots. Il existe plusieurs approches :

  - Incorporations pré-entraînées : Utiliser des modèles comme Word2Vec, GloVe ou FastText, qui sont entraînés sur de grands corpus et capturent les modèles linguistiques généraux.

  - Incorporations spécifiques à la tâche : Entraîner des incorporations à partir de zéro sur votre ensemble de données spécifique, ce qui peut capturer des relations sémantiques spécifiques au domaine.

  - Incorporations contextualisées : Utiliser des modèles comme BERT ou GPT, qui génèrent des incorporations dynamiques basées sur le contexte dans lequel un mot apparaît.

- o Gestion des mots hors vocabulaire (OOV) : Mettre en œuvre des stratégies telles que l'utilisation d'un token spécial « inconnu », l'emploi d'une tokenisation par sous-mots (par exemple, WordPiece, Byte-Pair Encoding), ou l'utilisation de modèles au niveau des caractères pour gérer les mots non vus pendant l'entraînement.

3. Données de séries temporelles : Nécessitent des transformations spécialisées pour capturer les motifs et dépendances temporels :

- o Création de caractéristiques décalées : Celles-ci représentent les valeurs passées de la variable cible ou d'autres caractéristiques pertinentes. Par exemple, si l'on prédit les cours des actions, on pourrait inclure les prix du jour, de la semaine ou du mois précédents comme caractéristiques. Cela permet au modèle d'apprendre des motifs historiques.

- o Application de moyennes mobiles ou d'autres statistiques glissantes : Celles-ci lissent les fluctuations à court terme et mettent en évidence les tendances à long terme. Les techniques courantes incluent les moyennes mobiles simples, les moyennes mobiles exponentielles et les écarts types glissants. Ces caractéristiques peuvent aider le modèle à capturer les informations de tendance et de volatilité.

- o Encodage des caractéristiques cycliques : De nombreuses séries temporelles ont des motifs cycliques basés sur des périodes de temps. Par exemple :

  - ▪ Jour de la semaine : Peut être encodé à l'aide de transformations sinusoïdales et cosinusoïdales pour capturer la nature circulaire des motifs hebdomadaires.

  - ▪ Mois de l'année : Encodé de manière similaire pour représenter les cycles annuels.

  - ▪ Heure de la journée : Utile pour capturer les motifs quotidiens dans les données à haute fréquence.

- o Différenciation : Prendre la différence entre des pas de temps consécutifs peut aider à rendre une série temporelle non stationnaire stationnaire, ce qui est souvent une exigence pour de nombreux modèles de séries temporelles.

- o Décomposition : Séparer une série temporelle en ses composantes de tendance, saisonnières et résiduelles peut fournir des caractéristiques précieuses à partir desquelles le modèle peut apprendre.

4. Données d'image : Nécessitent un prétraitement spécifique pour garantir des performances optimales dans les réseaux neuronaux :

- o Redimensionnement à une dimension cohérente : Cette étape est cruciale car les réseaux neuronaux, en particulier les réseaux neuronaux convolutifs (CNN), nécessitent des images d'entrée de taille uniforme. Le redimensionnement aide à normaliser l'entrée, permettant au réseau de traiter les images efficacement quelle que soit leur dimension d'origine. Les techniques courantes incluent le recadrage, le remplissage ou la mise à l'échelle, chacune avec ses propres compromis en termes de préservation des rapports d'aspect et du contenu informationnel.

o   Normalisation des valeurs de pixels : Typiquement, cela implique de mettre à l'échelle les intensités de pixels dans une plage de 0-1 ou -1 à 1. La normalisation est essentielle pour plusieurs raisons :

- Elle favorise une convergence plus rapide pendant l'entraînement en garantissant que toutes les caractéristiques sont sur une échelle similaire.

- Elle atténue l'impact des conditions d'éclairage variables ou des paramètres de caméra différents entre les images.

- Elle permet au modèle de traiter les caractéristiques de manière plus égale, empêchant la domination des pixels de haute intensité.

o   Application de techniques d'augmentation de données : Cette étape est essentielle pour augmenter la robustesse et la généralisation du modèle. L'augmentation ce données élargit artificiellement l'ensemble de données d'entraînement en créant des versions modifiées des images existantes. Les techniques courantes incluent :

- Transformations géométriques : Rotations, retournements, mise à l'échelle et translations.

- Augmentations de l'espace colorimétrique : Ajustement de la luminosité, du contraste ou application de variations de couleur.

- Ajout de bruit ou application de filtres : Bruit gaussien, effets de flou ou d'accentuation.

- Mélange d'images : Techniques comme mixup ou CutMix qui combinent plusieurs images d'entraînement.

Ces augmentations aident le modèle à apprendre l'invariance à diverses transformations et préviennent le surapprentissage, en particulier lorsqu'on travaille avec des ensembles de données limités.

o   Normalisation par canal : Pour les images multi-canaux (par exemple, RVB), il est souvent bénéfique de normaliser chaque canal séparément, garantissant que le modèle traite tous les canaux de couleur de manière égale.

o   Gestion des données manquantes ou corrompues : Mise en œuvre de stratégies pour traiter les images incomplètes ou endommagées, telles que la suppression, l'interpolation ou l'utilisation de modèles génératifs pour reconstruire les parties manquantes.

En transformant soigneusement les caractéristiques pour qu'elles soient compatibles avec les réseaux neuronaux, nous garantissons que le réseau peut apprendre efficacement de toutes les informations disponibles, ce qui conduit à une amélioration des performances et de la généralisation du modèle.

Exemple : Nettoyage et transformation d'un ensemble de données échantillon

Plongeons dans un exemple pratique utilisant Pandas pour nettoyer et préparer des données avec des valeurs manquantes et des valeurs aberrantes. Ce processus est crucial dans le prétraitement des données pour les modèles d'apprentissage profond, car il garantit la qualité et la cohérence des données. Nous allons parcourir une approche étape par étape pour gérer les problèmes de données courants :

- Valeurs manquantes : Nous démontrerons des techniques pour imputer ou supprimer les points de données manquants, qui peuvent avoir un impact significatif sur les performances du modèle s'ils ne sont pas traités.

- Valeurs aberrantes : Nous explorerons des méthodes pour identifier et traiter les valeurs aberrantes, qui peuvent fausser les distributions et affecter l'entraînement du modèle.

- Transformation des données : Nous montrerons comment convertir les variables catégorielles dans un format adapté aux réseaux neuronaux.

À la fin de cet exemple, vous aurez une compréhension claire de la façon d'appliquer ces techniques essentielles de nettoyage de données en utilisant Python et Pandas, préparant le terrain pour des étapes d'ingénierie des caractéristiques plus avancées.

```python
import pandas as pd
import numpy as np
from sklearn.preprocessing import StandardScaler, OneHotEncoder
from sklearn.impute import SimpleImputer
from sklearn.compose import ColumnTransformer
from sklearn.pipeline import Pipeline

# Sample dataset
data = {
    'age': [25, 30, np.nan, 35, 40, 100, 28, 45, np.nan, 50],
    'income': [50000, 60000, 45000, 70000, np.nan, 200000, 55000, np.nan, 65000,
75000],
    'category': ['A', 'B', np.nan, 'A', 'B', 'C', 'A', 'C', 'B', np.nan],
    'education': ['High School', 'Bachelor', 'Master', np.nan, 'PhD', 'Bachelor',
'Master', 'High School', 'PhD', 'Bachelor']
}
df = pd.DataFrame(data)

# Display original data
print("Original Data:")
print(df)
```

```python
print("\\n")

# Define preprocessing steps for numerical and categorical columns
numeric_features = ['age', 'income']
categorical_features = ['category', 'education']

numeric_transformer = Pipeline(steps=[
    ('imputer', SimpleImputer(strategy='median')),
    ('scaler', StandardScaler())
])

categorical_transformer = Pipeline(steps=[
    ('imputer', SimpleImputer(strategy='constant', fill_value='Unknown')),
    ('onehot', OneHotEncoder(handle_unknown='ignore'))
])

preprocessor = ColumnTransformer(
    transformers=[
        ('num', numeric_transformer, numeric_features),
        ('cat', categorical_transformer, categorical_features)
    ])

# Fit and transform the data
X_processed = preprocessor.fit_transform(df)

# Convert to DataFrame for better visualization
feature_names = (numeric_features +

preprocessor.named_transformers_['cat'].named_steps['onehot'].get_feature_names(cate
gorical_features).tolist())
df_processed = pd.DataFrame(X_processed, columns=feature_names)

# Handle outliers (e.g., cap age at 99th percentile)
age_cap = np.percentile(df['age'].dropna(), 99)
df['age'] = np.where(df['age'] > age_cap, age_cap, df['age'])

print('Processed Data:")
print(df_processed)

# Additional statistics
print('\\nData Statistics:")
print(df_processed.describe())

print("\\nMissing Values After Processing:")
print(df_processed.isnull().sum())

print("\\nUnique Values in Categorical Columns:")
for col in categorical_features:
    print(f"{col}: {df[col].nunique()}")
```

Explication détaillée du code :

1. Importation des bibliothèques : Nous importons les bibliothèques nécessaires : pandas pour la manipulation des données, numpy pour les opérations numériques, et divers modules de scikit-learn pour les tâches de prétraitement.

2. Création de l'ensemble de données échantillon : Nous créons un ensemble de données échantillon plus diversifié avec 10 entrées, incluant des valeurs manquantes (np.nan) dans différentes colonnes. Cet ensemble de données inclut maintenant une colonne supplémentaire 'education' pour démontrer la gestion de plusieurs variables catégorielles.

3. Affichage des données originales : Nous affichons l'ensemble de données original pour montrer l'état initial de nos données, incluant les valeurs manquantes et les valeurs aberrantes potentielles.

4. Définition des étapes de prétraitement : Nous séparons nos caractéristiques en colonnes numériques et catégorielles. Ensuite, nous créons des pipelines de prétraitement pour chaque type :

   o Pour les caractéristiques numériques : Nous utilisons SimpleImputer pour remplir les valeurs manquantes avec la médiane, puis appliquons StandardScaler pour normaliser les données.

   o Pour les caractéristiques catégorielles : Nous utilisons SimpleImputer pour remplir les valeurs manquantes avec 'Unknown', puis appliquons OneHotEncoder pour convertir les catégories en colonnes binaires.

5. Création d'un ColumnTransformer : Nous utilisons ColumnTransformer pour appliquer différentes étapes de prétraitement à différentes colonnes. Cela nous permet de gérer les données numériques et catégorielles simultanément.

6. Ajustement et transformation des données : Nous appliquons nos étapes de prétraitement à l'ensemble de données entier en une seule fois en utilisant fit_transform().

7. Conversion en DataFrame : Nous convertissons les données traitées en DataFrame pandas pour une visualisation et une analyse plus faciles. Nous créons également des noms de colonnes appropriés pour les variables catégorielles encodées en one-hot.

8. Gestion des valeurs aberrantes : Au lieu d'utiliser une valeur fixe, nous plafonnons la colonne 'age' au 99e percentile. Il s'agit d'une approche plus dynamique pour gérer les valeurs aberrantes, car elle s'adapte à la distribution des données.

9. Affichage des données traitées : Nous affichons l'ensemble de données traité pour montrer les résultats de nos étapes de prétraitement.

10. Statistiques supplémentaires : Nous fournissons davantage d'informations sur les données traitées :

- o Statistiques de base des données traitées en utilisant describe()
- o Vérification des valeurs manquantes restantes
- o Nombre de valeurs uniques dans les colonnes catégorielles originales

Cet exemple présente une approche robuste et complète du prétraitement des données pour l'apprentissage profond. Il gère habilement les valeurs manquantes, met à l'échelle les caractéristiques numériques, encode les variables catégorielles et traite les valeurs aberrantes—tout en maintenant une visibilité claire sur les données à chaque étape. Une telle approche est particulièrement bien adaptée aux scénarios du monde réel, où les ensembles de données comprennent souvent plusieurs types de caractéristiques et présentent divers défis de qualité des données.

7.1.2 Étape 2 : Mise à l'échelle et normalisation

Les réseaux neuronaux sont très sensibles à l'échelle des données d'entrée, ce qui peut impacter significativement leur performance et leur efficacité. Les caractéristiques avec des plages très différentes peuvent dominer le processus d'apprentissage, conduisant potentiellement à des résultats biaisés ou sous-optimaux. Pour résoudre ce problème, les scientifiques des données emploient des techniques de mise à l'échelle et de normalisation, garantissant que toutes les caractéristiques d'entrée contribuent de manière égale au processus d'apprentissage.

Il existe deux méthodes principales utilisées à cette fin :

Normalisation

Cette technique met à l'échelle les données dans une plage spécifique, typiquement entre 0 et 1. La normalisation est particulièrement utile lorsqu'on traite des caractéristiques qui ont des limites naturelles, comme les valeurs de pixels dans les images (0-255) ou les métriques basées sur des pourcentages (0-100%). En mappant ces valeurs à une plage cohérente, nous empêchons les caractéristiques avec des valeurs absolues plus grandes d'éclipser celles avec des plages plus petites.

Le processus de normalisation implique de transformer les valeurs originales en utilisant une formule mathématique qui maintient les relations relatives entre les points de données tout en les contraignant dans une plage prédéterminée. Cette transformation est particulièrement bénéfique dans les modèles d'apprentissage profond pour plusieurs raisons :

- Convergence améliorée du modèle : Les caractéristiques normalisées conduisent souvent à une convergence plus rapide et plus stable pendant le processus d'entraînement, car le modèle n'a pas besoin d'apprendre des échelles très différentes pour différentes caractéristiques.

- Interprétabilité améliorée des caractéristiques : Lorsque toutes les caractéristiques sont sur la même échelle, il devient plus facile d'interpréter leur importance relative et leur impact sur les prédictions du modèle.

- Atténuation de l'instabilité numérique : Les grandes valeurs peuvent parfois conduire à une instabilité numérique dans les réseaux neuronaux, particulièrement lors de l'utilisation de fonctions d'activation comme sigmoid ou tanh. La normalisation aide à prévenir ces problèmes.

Les techniques de normalisation courantes incluent la mise à l'échelle Min-Max, qui mappe la valeur minimale à 0 et la valeur maximale à 1, et la mise à l'échelle décimale, qui déplace la virgule décimale des valeurs pour créer une plage souhaitée. Le choix de la méthode de normalisation dépend souvent des exigences spécifiques du modèle et de la nature des données traitées.

Standardisation

Cette méthode remise à l'échelle les données pour avoir une moyenne de zéro et un écart-type de un. La standardisation est particulièrement bénéfique lorsqu'on travaille avec des ensembles de données qui contiennent des caractéristiques avec des échelles et des distributions variées. En centrant les données autour de zéro et en les mettant à l'échelle à une variance unitaire, la standardisation garantit que chaque caractéristique contribue proportionnellement au processus d'apprentissage du modèle, quelle que soit son échelle originale.

Le processus de standardisation implique de soustraire la valeur moyenne de chaque caractéristique des points de données puis de diviser par l'écart-type. Cette transformation résulte en une distribution où environ 68% des valeurs se situent à un écart-type de la moyenne, 95% à deux écarts-types, et 99,7% à trois écarts-types.

La standardisation offre plusieurs avantages dans le contexte de l'apprentissage profond :

- Amélioration de la descente de gradient : Les caractéristiques standardisées conduisent souvent à une convergence plus rapide pendant l'optimisation, car l'algorithme de descente de gradient peut naviguer plus facilement dans l'espace des caractéristiques.

- Importance des caractéristiques : Lorsque les caractéristiques sont standardisées, leurs coefficients dans le modèle peuvent être directement comparés pour évaluer leur importance relative.

- Gestion des valeurs aberrantes : La standardisation peut aider à atténuer l'impact des valeurs aberrantes en les mettant à l'échelle par rapport à l'écart-type de la caractéristique.

Cependant, il est important de noter que la standardisation ne limite pas les valeurs à une plage spécifique, ce qui peut être une considération pour certaines architectures de réseaux neuronaux ou lors du traitement de caractéristiques qui ont des limites naturelles.

Le choix entre normalisation et standardisation dépend souvent des caractéristiques spécifiques de l'ensemble de données et des exigences de l'architecture du réseau neuronal. Par exemple :

- Les réseaux neuronaux convolutifs (CNN) pour le traitement d'images fonctionnent généralement bien avec des données normalisées, car les valeurs de pixels se situent naturellement dans une plage fixe.

- Les réseaux neuronaux récurrents (RNN) et d'autres architectures traitant des séries temporelles ou des données tabulaires bénéficient souvent de la standardisation, en particulier lorsque les caractéristiques ont des unités ou des échelles différentes.

Il convient de noter que la mise à l'échelle doit être appliquée de manière cohérente sur les ensembles d'entraînement, de validation et de test pour maintenir l'intégrité de l'évaluation des performances du modèle. De plus, lors du traitement de nouvelles données non vues pendant l'inférence, il est crucial d'appliquer les mêmes paramètres de mise à l'échelle utilisés pendant l'entraînement pour garantir la cohérence des prédictions du modèle.

Exemple : Mise à l'échelle et normalisation des caractéristiques

Plongeons plus profondément dans la mise à l'échelle des caractéristiques numériques en utilisant deux méthodes populaires de Scikit-Learn : StandardScaler et MinMaxScaler. Ces techniques sont cruciales pour préparer les données pour les réseaux neuronaux, car elles aident à garantir que toutes les caractéristiques contribuent également au processus d'apprentissage du modèle.

StandardScaler transforme les données pour avoir une moyenne de 0 et un écart-type de 1. Cela est particulièrement utile lorsque vos caractéristiques ont des unités ou des échelles différentes. Par exemple, si vous avez des caractéristiques comme l'âge (0-100) et le revenu (milliers à millions), StandardScaler les ramènera à une échelle comparable.

D'autre part, MinMaxScaler met à l'échelle les données dans une plage fixe, typiquement entre 0 et 1. Cela est bénéfique lorsque vous avez besoin que vos caractéristiques aient une plage spécifique et délimitée, ce qui peut être important pour certains algorithmes ou lorsque vous souhaitez préserver les valeurs zéro dans es données éparses.

Le choix entre ces scalers dépend souvent de la nature de vos données et des exigences de votre réseau neuronal. Dans l'exemple suivant, nous démontrerons comment appliquer les deux techniques de mise à l'échelle à un ensemble de données échantillon :

```python
import numpy as np
import pandas as pd
from sklearn.preprocessing import StandardScaler, MinMaxScaler, RobustScaler
import matplotlib.pyplot as plt

# Sample data
X = np.array([[25, 50000], [30, 60000], [35, 70000], [40, 80000], [45, 90000], [50,
100000], [55, 110000], [60, 120000]])
df = pd.DataFrame(X, columns=['Age', 'Income'])

# Standardization
scaler = StandardScaler()
```

```python
X_standardized = scaler.fit_transform(X)
df_standardized = pd.DataFrame(X_standardized, columns=['Age_std', 'Income_std'])

# Normalization (Min-Max Scaling)
normalizer = MinMaxScaler()
X_normalized = normalizer.fit_transform(X)
df_normalized = pd.DataFrame(X_normalized, columns=['Age_norm', 'Income_norm'])

# Robust Scaling
robust_scaler = RobustScaler()
X_robust = robust_scaler.fit_transform(X)
df_robust = pd.DataFrame(X_robust, columns=['Age_robust', 'Income_robust'])

# Combine all scaled data
df_combined = pd.concat([df, df_standardized, df_normalized, df_robust], axis=1)

# Display results
print("Combined Data:")
print(df_combined)

# Visualize the scaling effects
fig, axes = plt.subplots(2, 2, figsize=(15, 10))
fig.suptitle('Comparison of Scaling Techniques')

axes[0, 0].scatter(df['Age'], df['Income'])
axes[0, 0].set_title('Original Data')

axes[0, 1].scatter(df_standardized['Age_std'], df_standardized['Income_std'])
axes[0, 1].set_title('Standardized Data')

axes[1, 0].scatter(df_normalized['Age_norm'], df_normalized['Income_norm'])
axes[1, 0].set_title('Normalized Data')

axes[1, 1].scatter(df_robust['Age_robust'], df_robust['Income_robust'])
axes[1, 1].set_title('Robust Scaled Data')

for ax in axes.flat:
    ax.set(xlabel='Age', ylabel='Income')

plt.tight_layout()
plt.show()
```

Explication détaillée du code :

1. Importation des bibliothèques : Nous importons numpy pour les opérations numériques, pandas pour la manipulation de données, sklearn pour les outils de prétraitement, et matplotlib pour la visualisation.

2. Création des données échantillons : Nous créons un jeu de données échantillon plus large avec 8 entrées, incluant à la fois des données d'âge et de revenu. Cela fournit un jeu de données plus complet pour démontrer les effets de la mise à l'échelle.

3. Standardisation (StandardScaler) :

   o Transforme les caractéristiques pour avoir une moyenne de 0 et un écart-type de 1.

   o Utile lorsque les caractéristiques ont des échelles et/ou des unités différentes.

   o Formule : $z = (x - \mu) / \sigma$, où μ est la moyenne et σ est l'écart-type.

4. Normalisation (MinMaxScaler) :

   o Met à l'échelle les caractéristiques dans une plage fixe, généralement entre 0 et 1.

   o Préserve les valeurs zéro et ne centre pas les données.

   o Formule : x_scaled = (x - x_min) / (x_max - x_min)

5. Mise à l'échelle robuste (RobustScaler) :

   o Met à l'échelle les caractéristiques en utilisant des statistiques robustes aux valeurs aberrantes.

   o Utilise la médiane et l'écart interquartile au lieu de la moyenne et de l'écart-type.

   o Utile lorsque vos données contiennent de nombreuses valeurs aberrantes.

6. Combinaison des données : Nous combinons les jeux de données originaux et mis à l'échelle dans un seul DataFrame pour faciliter la comparaison.

7. Visualisation :

   o Nous créons une grille 2×2 de nuages de points pour visualiser les effets des différentes techniques de mise à l'échelle.

   o Cela permet une comparaison directe de la manière dont chaque méthode transforme les données.

Points clés à retenir :

- StandardScaler centre les données et les met à l'échelle à variance unitaire, ce qui peut être observé dans le graphique standardisé où les données sont centrées autour de (0,0).

- MinMaxScaler compresse tous les points de données dans une plage fixe [0,1], en maintenant la forme de la distribution originale.

- RobustScaler produit un résultat similaire à StandardScaler mais est moins influencé par les valeurs aberrantes.

Cet exemple offre un examen approfondi de diverses techniques de mise à l'échelle, de leur impact sur les données et des méthodes pour visualiser ces transformations. Il est particulièrement précieux pour comprendre comment différentes approches de mise à l'échelle peuvent affecter votre jeu de données avant son entrée dans un réseau neuronal.

7.1.3 Étape 3 : Encodage des variables catégorielles

Les données catégorielles nécessitent un encodage avant de pouvoir être introduites dans un réseau neuronal. Ce processus transforme les données non numériques dans un format que les réseaux neuronaux peuvent traiter efficacement. Il existe plusieurs techniques d'encodage, chacune avec ses propres forces et cas d'usage :

Encodage one-hot

Cette méthode transforme les variables catégorielles dans un format que les réseaux neuronaux peuvent traiter efficacement. Elle crée un vecteur binaire pour chaque catégorie, où chaque valeur de catégorie unique est représentée par une colonne distincte. Par exemple, considérons une catégorie « couleur » avec les valeurs « rouge », « bleu » et « vert ». L'encodage one-hot générerait trois nouvelles colonnes : « couleur_rouge », « couleur_bleu » et « couleur_vert ». Dans chaque ligne, la colonne correspondant à la couleur présente contiendrait un 1, tandis que les autres seraient à 0.

Cette technique d'encodage est particulièrement précieuse pour les catégories nominales qui ne possèdent pas d'ordre inhérent. En créant des colonnes binaires distinctes pour chaque catégorie, l'encodage one-hot évite d'imposer des relations numériques artificielles entre les catégories. Ceci est crucial car les réseaux neuronaux pourraient autrement interpréter les encodages numériques comme ayant un ordre ou une magnitude significatifs.

Cependant, l'encodage one-hot comporte certaines considérations à garder à l'esprit :

- Dimensionnalité : Pour les catégories avec de nombreuses valeurs uniques, l'encodage one-hot peut augmenter considérablement le nombre de caractéristiques d'entrée, pouvant potentiellement conduire au « fléau de la dimensionnalité ».

- Parcimonie : Les données encodées résultantes peuvent être parcimonieuses, avec de nombreuses valeurs à 0, ce qui peut impacter l'efficacité de certains algorithmes.

- Gestion des nouvelles catégories : L'encodage one-hot peut avoir des difficultés avec des catégories nouvelles, non vues dans les données de test ou de production qui n'étaient pas présentes pendant l'entraînement.

Malgré ces défis, l'encodage one-hot demeure une méthode populaire et efficace pour préparer les données catégorielles pour les réseaux neuronaux, en particulier lors du traitement de catégories nominales de cardinalité faible à modérée.

Voici un exemple de comment implémenter l'encodage one-hot en utilisant Python et la bibliothèque pandas :

```python
import pandas as pd
from sklearn.preprocessing import OneHotEncoder

# Sample data
data = pd.DataFrame({
    'color': ['red', 'blue', 'green', 'red', 'green'],
    'size': ['small', 'medium', 'large', 'medium', 'small']
})

# Initialize the OneHotEncoder
encoder = OneHotEncoder(sparse=False)

# Fit and transform the data
encoded_data = encoder.fit_transform(data)

# Get feature names
feature_names = encoder.get_feature_names_out(['color', 'size'])

# Create a new DataFrame with encoded data
encoded_df = pd.DataFrame(encoded_data, columns=feature_names)

print("Original data:")
print(data)
print("\\nOne-hot encoded data:")
print(encoded_df)
```

Explication détaillée du code :

1. Importer les bibliothèques nécessaires : Nous importons pandas pour la manipulation de données et OneHotEncoder de sklearn pour l'encodage one-hot.

2. Créer des données échantillons : Nous créons un DataFrame simple avec deux colonnes catégorielles : 'color' et 'size'.

3. Initialiser OneHotEncoder : Nous créons une instance de OneHotEncoder avec sparse=False pour obtenir une sortie de tableau dense au lieu d'une matrice creuse.

4. Ajuster et transformer les données : Nous utilisons la méthode fit_transform pour à la fois ajuster l'encodeur à nos données et les transformer en une seule étape.

5. Obtenir les noms des caractéristiques : Nous utilisons get_feature_names_out pour obtenir les noms des nouvelles colonnes encodées.

6. Créer un nouveau DataFrame : Nous créons un nouveau DataFrame avec les données encodées, en utilisant les noms des caractéristiques comme étiquettes de colonnes.

7. Afficher les résultats : Nous affichons à la fois les données originales et encodées pour comparaison.

Ce code démontre comment l'encodage one-hot transforme les variables catégorielles dans un format approprié pour les modèles d'apprentissage automatique, y compris les réseaux neuronaux. Chaque valeur de catégorie unique devient une colonne distincte, avec des valeurs binaires indiquant la présence (1) ou l'absence (0) de cette catégorie pour chaque ligne.

Lorsque vous exécutez ce code, vous verrez comment les données catégorielles originales sont transformées dans un format encodé one-hot, où chaque valeur de catégorie unique a sa propre colonne avec des indicateurs binaires.

Encodage par étiquette

Cette technique attribue à chaque catégorie un entier unique. Par exemple, « rouge » pourrait être encodé comme 0, « bleu » comme 1, et « vert » comme 2. Bien qu'efficace en termes d'utilisation de mémoire, l'encodage par étiquette est mieux utilisé avec des données ordinales (catégories ayant un ordre significatif). Il est important de noter que les réseaux neuronaux peuvent interpréter l'ordre des étiquettes comme ayant une signification, ce qui peut conduire à des hypothèses incorrectes pour les catégories nominales.

L'encodage par étiquette est particulièrement utile lors du traitement de variables ordinales, où l'ordre des catégories importe. Par exemple, lors de l'encodage des niveaux d'éducation (par exemple, « Lycée », « Licence », « Master », « Doctorat »), l'encodage par étiquette préserve l'ordre inhérent, ce qui peut être significatif pour le modèle.

Cependant, l'encodage par étiquette présente des limites lorsqu'il est appliqué à des catégories nominales (celles sans ordre inhérent). Par exemple, l'encodage de races de chiens en nombres (par exemple, Labrador = 0, Caniche = 1, Beagle = 2) pourrait amener le modèle à déduire incorrectement que la différence numérique entre les races est significative.

La mise en œuvre de l'encodage par étiquette est simple en utilisant des bibliothèques comme scikit-learn :

```
import pandas as pd
from sklearn.preprocessing import LabelEncoder

# Sample data
data = pd.DataFrame({
    'color': ['red', 'blue', 'green', 'red', 'green', 'blue', 'yellow'],
    'size': ['small', 'medium', 'large', 'medium', 'small', 'large', 'medium']
})

# Initialize LabelEncoder
le_color = LabelEncoder()
le_size = LabelEncoder()

# Fit and transform the data
data['color_encoded'] = le_color.fit_transform(data['color'])
```

```
data['size_encoded'] = le_size.fit_transform(data['size'])

print("Original and encoded data:")
print(data)

print("\\nUnique categories and their encoded values:")
print("Colors:", dict(zip(le_color.classes_, le_color.transform(le_color.classes_))))
print("Sizes:", dict(zip(le_size.classes_, le_size.transform(le_size.classes_))))

# Demonstrate inverse transform
color_codes = [0, 1, 2, 3]
size_codes = [0, 1, 2]

print("\\nDecoding back to original categories:")
print("Colors:", le_color.inverse_transform(color_codes))
print("Sizes:", le_size.inverse_transform(size_codes))
```

Explication détaillée du code :

1. Importation des bibliothèques :

    o Nous importons pandas pour la manipulation de données et LabelEncoder de sklearn pour l'encodage des variables catégorielles.

2. Création de données échantillons :

    o Nous créons un DataFrame avec deux colonnes catégorielles : 'color' et 'size'.

    o Cet exemple comprend des données plus diversifiées pour mieux démontrer le processus d'encodage.

3. Initialisation de LabelEncoder :

    o Nous créons deux instances distinctes de LabelEncoder, une pour 'color' et une pour 'size'.

    o Cela nous permet d'encoder chaque catégorie de manière indépendante.

4. Ajustement et transformation des données :

    o Nous utilisons fit_transform() pour à la fois ajuster l'encodeur à nos données et les transformer en une seule étape.

    o Les valeurs encodées sont ajoutées comme nouvelles colonnes dans le DataFrame.

5. Affichage des résultats :

    o Nous affichons les données originales ainsi que les données encodées pour une comparaison facile.

6. Affichage des correspondances d'encodage :

o Nous créons des dictionnaires pour montrer comment chaque catégorie unique est associée à sa valeur encodée.

o Cela aide à comprendre et interpréter les données encodées.

7. Démonstration de la transformation inverse :

o Nous montrons comment décoder les valeurs numériques pour retrouver leurs catégories originales.

o Cela est utile lorsque vous devez convertir des prédictions ou des données encodées en forme lisible par l'humain.

Cet exemple fournit un aperçu complet de l'encodage par étiquette. Il démontre comment gérer plusieurs variables catégorielles, montre la correspondance entre les catégories originales et les valeurs encodées, et inclut le processus de transformation inverse. Cette approche donne une compréhension plus complète du fonctionnement de l'encodage par étiquette et de la manière dont il peut être appliqué dans des scénarios réels.

Lors de l'utilisation de l'encodage par étiquette, il est essentiel de documenter le schéma d'encodage et d'assurer une application cohérente sur les ensembles d'entraînement, de validation et de test. De plus, pour les modèles sensibles à l'amplitude des caractéristiques d'entrée (comme les réseaux neuronaux), il peut être nécessaire de mettre à l'échelle les valeurs encodées pour empêcher le modèle d'attribuer une importance excessive aux catégories avec des représentations numériques plus grandes.

Encodage binaire

Cette méthode combine des aspects de l'encodage one-hot et de l'encodage par étiquette, offrant un équilibre entre efficacité et préservation de l'information. Elle fonctionne en deux étapes :

1. Attribution d'entiers : Chaque catégorie unique se voit attribuer un entier, similairement à l'encodage par étiquette.

2. Conversion binaire : L'entier attribué est ensuite converti en sa représentation binaire.

Par exemple, si nous avons les catégories A, B, C et D, elles pourraient se voir attribuer les entiers 0, 1, 2 et 3 respectivement. En binaire, ceux-ci seraient représentés comme 00, 01, 10 et 11.

Les avantages de l'encodage binaire incluent :

- Efficacité mémoire : Il nécessite moins de colonnes que l'encodage one-hot, en particulier pour les catégories ayant de nombreuses valeurs uniques. Pour n catégories, l'encodage binaire utilise $\log_2(n)$ colonnes, tandis que l'encodage one-hot utilise n colonnes.

- Préservation de l'information : Contrairement à l'encodage par étiquette, il n'impose pas de relation ordinale arbitraire entre les catégories.

- Réduction de la dimensionnalité : Il crée moins de nouvelles caractéristiques comparé à l'encodage one-hot, ce qui peut être bénéfique pour l'entraînement du modèle et la réduction du surapprentissage.

Cependant, l'encodage binaire présente également certaines considérations :

- Interprétation : Les caractéristiques binaires résultantes peuvent être moins interprétables que les caractéristiques encodées one-hot.

- Compatibilité du modèle : Tous les modèles ne gèrent pas nécessairement les caractéristiques encodées en binaire de manière optimale, il est donc important de considérer les exigences spécifiques de l'algorithme choisi.

L'encodage binaire est particulièrement utile dans les scénarios où vous traitez des variables catégorielles de haute cardinalité et où l'efficacité mémoire est une préoccupation, comme dans les applications d'apprentissage automatique à grande échelle ou lorsque vous travaillez avec des ressources informatiques limitées.

Voici un exemple de comment implémenter l'encodage binaire en utilisant Python et la bibliothèque category_encoders :

```python
import pandas as pd
import category_encoders as ce

# Sample data
data = pd.DataFrame({
    'color': ['red', 'blue', 'green', 'red', 'green', 'blue', 'yellow'],
    'size': ['small', 'medium', 'large', 'medium', 'small', 'large', 'medium']
})

# Initialize BinaryEncoder
encoder = ce.BinaryEncoder(cols=['color', 'size'])

# Fit and transform the data
encoded_data = encoder.fit_transform(data)

print("Original data:")
print(data)
print("\\nBinary encoded data:")
print(encoded_data)

# Display mapping
print("\\nEncoding mapping:")
print(encoder.mapping)
```

Explication détaillée du code :

1. Importation des bibliothèques :

   o Nous importons pandas pour la manipulation de données et category_encoders pour l'encodage binaire.

2. Création de données échantillons :

   o Nous créons un DataFrame avec deux colonnes catégorielles : 'color' et 'size'.

3. Initialisation de BinaryEncoder :

   o Nous créons une instance de BinaryEncoder, en spécifiant les colonnes à encoder.

4. Ajustement et transformation des données :

   o Nous utilisons fit_transform() pour à la fois ajuster l'encodeur à nos données et les transformer en une seule étape.

5. Affichage des résultats :

   o Nous affichons les données originales et les données encodées en binaire pour comparaison.

6. Affichage de la correspondance d'encodage :

   o Nous affichons la correspondance pour voir comment chaque catégorie est encodée en binaire.

Lorsque vous exécutez ce code, vous verrez comment chaque catégorie unique dans 'color' et 'size' est transformée en un ensemble de colonnes binaires. Le nombre de colonnes binaires pour chaque caractéristique dépend du nombre de catégories uniques dans cette caractéristique.

L'encodage binaire fournit une représentation compacte des variables catégorielles, particulièrement utile pour les caractéristiques de haute cardinalité. Il établit un équilibre entre l'explosion de dimensionnalité de l'encodage one-hot et les hypothèses ordinales de l'encodage par étiquette, ce qui en fait un outil précieux dans la boîte à outils d'ingénierie des caractéristiques pour l'apprentissage profond.

Plongement (Embedding)

Pour les variables catégorielles de haute cardinalité (nombreuses valeurs uniques), le plongement peut être une solution efficace. Cette technique apprend une représentation vectorielle de faible dimension pour chaque catégorie pendant le processus d'entraînement du réseau neuronal. Les plongements peuvent capturer des relations complexes entre les catégories et sont couramment utilisés dans les tâches de traitement du langage naturel.

Les plongements fonctionnent en associant chaque catégorie à un vecteur dense dans un espace vectoriel continu. Contrairement à l'encodage one-hot, qui traite chaque catégorie comme entièrement distincte, les plongements permettent des comparaisons significatives entre les catégories basées sur leurs représentations vectorielles apprises. Cela est particulièrement utile lors du traitement de grands vocabulaires dans les données textuelles ou lors du travail avec des variables catégorielles qui ont des similitudes ou des hiérarchies inhérentes.

La dimensionnalité de l'espace de plongement est un hyperparamètre qui peut être ajusté. Généralement, elle est beaucoup plus petite que le nombre de catégories uniques, ce qui aide à réduire la complexité du modèle et à atténuer la malédiction de la dimensionnalité. Par exemple, une variable catégorielle avec 10 000 valeurs uniques pourrait être plongée dans un espace de 50 ou 100 dimensions.

L'un des principaux avantages des plongements est leur capacité à généraliser. Ils peuvent capturer des relations sémantiques entre les catégories, permettant au modèle de faire des prédictions intelligentes même pour des catégories qu'il n'a pas vues pendant l'entraînement. Cela est particulièrement précieux dans les systèmes de recommandation, où les plongements peuvent représenter les utilisateurs et les articles dans un espace partagé, facilitant la découverte de préférences et de similitudes latentes.

Dans le contexte de l'apprentissage profond pour les données tabulaires, les plongements peuvent être appris dans le cadre de l'architecture du réseau neuronal. Cela permet au modèle de découvrir automatiquement des représentations optimales pour les variables catégorielles, adaptées à la tâche spécifique en cours. Les plongements appris peuvent également être visualisés ou analysés séparément, fournissant potentiellement des aperçus sur les relations entre les catégories qui pourraient ne pas être immédiatement apparentes dans les données brutes.

Voici un exemple de comment implémenter les plongements pour les variables catégorielles en utilisant TensorFlow/Keras :

```
import tensorflow as tf
import numpy as np
import pandas as pd
from sklearn.model_selection import train_test_split

# Sample data
data = pd.DataFrame({
    'user_id': np.random.randint(1, 1001, 10000),
    'product_id': np.random.randint(1, 501, 10000),
    'purchase': np.random.randint(0, 2, 10000)
})

# Prepare features and target
X = data[['user_id', 'product_id']]
y = data['purchase']

# Split the data
```

```
X_train, X_test, y_train, y_test = train_test_split(X, y, test_size=0.2,
random_state=42)

# Define the model
user_input = tf.keras.layers.Input(shape=(1,))
product_input = tf.keras.layers.Input(shape=(1,))

user_embedding = tf.keras.layers.Embedding(input_dim=1001, output_dim=50)(user_input)
product_embedding = tf.keras.layers.Embedding(input_dim=501,
output_dim=50)(product_input)

user_vec = tf.keras.layers.Flatten()(user_embedding)
product_vec = tf.keras.layers.Flatten()(product_embedding)

concat = tf.keras.layers.Concatenate()([user_vec, product_vec])

dense = tf.keras.layers.Dense(64, activation='relu')(concat)
output = tf.keras.layers.Dense(1, activation='sigmoid')(dense)

model = tf.keras.Model(inputs=[user_input, product_input], outputs=output)

# Compile the model
model.compile(optimizer='adam', loss='binary_crossentropy', metrics=['accuracy'])

# Train the model
model.fit([X_train['user_id'], X_train['product_id']], y_train,
          epochs=5, batch_size=32, validation_split=0.2)

# Evaluate the model
loss, accuracy = model.evaluate([X_test['user_id'], X_test['product_id']], y_test)
print(f"Test Accuracy: {accuracy:.4f}")
```

Explication de la décomposition du code :

1. Préparation des données :

   o Nous créons un jeu de données échantillon avec des identifiants d'utilisateurs, des identifiants de produits et des informations d'achat.

   o Les données sont divisées en ensembles d'entraînement et de test.

2. Architecture du modèle :

   o Nous définissons des couches d'entrée séparées pour user_id et product_id.

   o Des couches d'embedding sont créées pour les identifiants d'utilisateurs et de produits. Le paramètre input_dim est défini sur le nombre de catégories uniques plus un (pour tenir compte d'une éventuelle indexation à partir de zéro), et output_dim est défini sur 50 (la dimension de l'embedding).

   o Les vecteurs embeddings sont aplatis et concaténés.

- o Des couches denses sont ajoutées pour un traitement supplémentaire, avec une activation sigmoïde finale pour la classification binaire.

3. Compilation et entraînement du modèle :

- o Le modèle est compilé avec une perte d'entropie croisée binaire et l'optimiseur Adam.

- o Le modèle est entraîné sur es données préparées.

4. Évaluation :

- o Les performances du modèle sont évaluées sur l'ensemble de test.

Cet exemple démontre comment les embeddings peuvent être utilisés pour représenter des variables catégorielles de haute cardinalité (identifiants d'utilisateurs et de produits) dans un espace de dimension inférieure. Les couches d'embedding apprennent à mapper chaque identifiant unique vers un vecteur de 50 dimensions pendant le processus d'entraînement. Ces embeddings appris capturent des relations significatives entre les utilisateurs et les produits, permettant au modèle de faire des prédictions basées sur ces représentations latentes.

Les principaux avantages de l'utilisation des embeddings dans ce scénario incluent :

- Réduction de la dimensionnalité : Au lieu d'utiliser l'encodage one-hot, qui résulterait en des vecteurs creux de très haute dimension, les embeddings fournissent une représentation dense de dimension inférieure.

- Capture des relations sémantiques : L'espace d'embedding peut capturer des similitudes entre les utilisateurs ou les produits, même s'ils n'ont pas été vus ensemble dans les données d'entraînement.

- Évolutivité : Cette approche évolue bien pour un grand nombre de catégories, la rendant adaptée aux applications réelles avec de nombreux utilisateurs et produits.

En utilisant les embeddings, nous permettons au réseau neuronal d'apprendre des représentations optimales de nos variables catégorielles, spécifiquement adaptées à la tâche de prédiction des achats. Cela peut conduire à une amélioration des performances du modèle et à une meilleure généralisation sur des données non vues.

Le choix de la méthode d'encodage dépend de la nature de vos données catégorielles, des exigences spécifiques de votre architecture de réseau neuronal et du problème que vous essayez de résoudre. Il est souvent bénéfique d'expérimenter avec différentes techniques d'encodage pour déterminer laquelle donne les meilleures performances pour votre cas d'usage particulier.

La préparation des données pour les réseaux neuronaux est un processus complexe mais crucial qui implique le nettoyage, la mise à l'échelle et l'encodage des données. Des données correctement transformées et mises à l'échelle améliorent le processus d'apprentissage, permettant aux réseaux neuronaux de converger plus rapidement et de fournir des résultats plus précis. En veillant à ce que chaque caractéristique soit traitée de manière appropriée — qu'il s'agisse de mettre à l'échelle des valeurs numériques ou d'encoder des catégories — nous créons une fondation pour un modèle d'apprentissage profond réussi.

7.2 Intégration de l'ingénierie des caractéristiques avec TensorFlow/Keras

L'intégration de l'ingénierie des caractéristiques directement dans le flux de travail TensorFlow/Keras offre des avantages significatifs dans le développement de modèles d'apprentissage profond. Cette approche transforme le processus traditionnel de préparation des données en incorporant les transformations de données directement dans le pipeline du modèle. Ce faisant, elle garantit la cohérence du prétraitement des données à travers les étapes d'entraînement et d'inférence, ce qui est crucial pour la fiabilité et les performances du modèle.

L'un des principaux avantages de cette intégration est l'amélioration du processus de déploiement. Lorsque les étapes d'ingénierie des caractéristiques sont intégrées au modèle, cela simplifie le pipeline de déploiement, réduisant le risque de divergences entre les environnements d'entraînement et de production. Cette intégration transparente améliore également la portabilité du modèle, car toutes les étapes de prétraitement nécessaires voyagent avec le modèle lui-même.

Dans les sections suivantes, nous approfondirons les aspects pratiques de la mise en œuvre de cette approche intégrée. Nous explorerons comment incorporer des techniques essentielles d'ingénierie des caractéristiques telles que la mise à l'échelle des données numériques, l'encodage des variables catégorielles et l'augmentation des données d'images dans les pipelines TensorFlow/Keras. Ces techniques seront démontrées à travers des exemples pratiques, en exploitant les couches de prétraitement natives de Keras pour une transformation efficace des données.

De plus, nous présenterons la puissante API tf.data, qui joue un rôle crucial dans la création de pipelines d'entrée haute performance. Cette API permet la construction de flux de travail de transformation de données complexes qui peuvent gérer efficacement de grands ensembles de données, ce qui en fait un outil inestimable pour les praticiens de l'apprentissage profond travaillant avec des types et des volumes de données diversifiés.

En combinant ces outils et techniques, nous démontrerons comment créer un flux de travail cohérent de bout en bout qui gère de manière transparente divers aspects de la préparation des données et de l'entraînement du modèle. Cette approche intégrée non seulement rationalise le processus de développement, mais contribue également à la construction de modèles d'apprentissage profond plus robustes et déployables.

7.2.1 Utilisation des couches de prétraitement Keras

Keras, une API de réseaux neuronaux de haut niveau, offre un ensemble complet de couches de prétraitement qui intègrent de manière transparente les transformations de données dans l'architecture du modèle. Ces couches servent d'outils puissants pour l'ingénierie des caractéristiques, opérant au sein de l'écosystème TensorFlow pour améliorer l'efficacité et la cohérence des pipelines de traitement des données. En incorporant ces couches de prétraitement, les développeurs peuvent rationaliser leurs flux de travail, garantissant que les transformations de données sont appliquées uniformément pendant les étapes d'entraînement et d'inférence du développement du modèle.

L'intégration des couches de prétraitement directement dans l'architecture du modèle offre plusieurs avantages significatifs. Premièrement, elle élimine le besoin d'étapes de prétraitement séparées en dehors du modèle, réduisant la complexité du pipeline global et minimisant le risque d'incohérences entre les environnements d'entraînement et de déploiement. Deuxièmement, ces couches peuvent être optimisées parallèlement au modèle pendant l'entraînement, conduisant potentiellement à des performances améliorées et à un calcul plus efficace. Enfin, en encapsulant la logique de prétraitement au sein du modèle lui-même, il devient plus facile de versionner, distribuer et déployer des modèles avec leurs transformations de données associées intactes.

Les couches de prétraitement Keras couvrent un large éventail de tâches de transformation de données, y compris la normalisation des caractéristiques numériques, l'encodage des variables catégorielles et la vectorisation de texte. Ces couches peuvent gérer divers types et structures de données, ce qui en fait des outils polyvalents pour aborder divers problèmes d'apprentissage automatique. De plus, elles sont conçues pour être compatibles avec le mode d'exécution de graphe de TensorFlow, permettant aux développeurs d'exploiter toute la puissance des capacités d'optimisation et de distribution de TensorFlow.

Couche de normalisation

La couche de normalisation est un composant crucial dans la boîte à outils de prétraitement pour les modèles d'apprentissage profond. Cette couche effectue une transformation statistique sur les caractéristiques d'entrée numériques, les mettant à l'échelle pour avoir une moyenne de zéro et un écart type de un. Ce processus, connu sous le nom de standardisation, est essentiel pour plusieurs raisons :

1. Mise à l'échelle des caractéristiques : Elle ramène toutes les caractéristiques numériques à une échelle commune, empêchant les caractéristiques de plus grande amplitude de dominer le processus d'apprentissage.

2. Convergence du modèle : Les données normalisées conduisent souvent à une convergence plus rapide et plus stable pendant l'entraînement du modèle, car elles aident à atténuer les effets des plages de caractéristiques variables sur les algorithmes de descente de gradient.

3. Performances améliorées : En standardisant les caractéristiques, le modèle peut plus facilement apprendre l'importance relative des différentes entrées, conduisant potentiellement à de meilleures performances globales.

4. Gestion des valeurs aberrantes : La normalisation peut aider à réduire l'impact des valeurs aberrantes, rendant le modèle plus robuste aux valeurs extrêmes dans l'ensemble de données.

5. Interprétabilité : Les caractéristiques normalisées permettent une interprétation plus facile des coefficients du modèle, car elles sont sur une échelle comparable.

La couche de normalisation dans Keras s'adapte aux statistiques des données d'entrée pendant la phase de compilation du modèle, calculant et stockant la moyenne et l'écart type de chaque caractéristique. Pendant l'entraînement et l'inférence, elle applique ces statistiques stockées pour transformer les données entrantes de manière cohérente. Cela garantit que toutes les données traitées par le modèle subissent la même normalisation, maintenant la cohérence entre les environnements d'entraînement et de déploiement.

Couches d'encodage des catégories

Ces couches spécialisées dans Keras sont conçues pour gérer efficacement les données catégorielles au sein de l'architecture du modèle. Elles offrent diverses méthodes d'encodage, principalement l'encodage one-hot et l'encodage entier, qui sont cruciales pour convertir les variables catégorielles en un format adapté au traitement par réseau neuronal. L'encodage one-hot crée des colonnes binaires pour chaque catégorie, tandis que l'encodage entier attribue un entier unique à chaque catégorie.

L'avantage clé de ces couches est leur intégration transparente dans le pipeline du modèle. En incorporant l'encodage directement au sein du modèle, plusieurs avantages sont réalisés :

- Cohérence : Garantit que le même schéma d'encodage est appliqué pendant les phases d'entraînement et d'inférence, réduisant le risque de discordances. Cette cohérence est cruciale pour maintenir l'intégrité des prédictions du modèle à travers les différentes étapes de son cycle de vie.

- Flexibilité : Permet une expérimentation facile avec différentes stratégies d'encodage sans modifier l'architecture du modèle de base. Cette adaptabilité permet aux data scientists d'itérer et d'optimiser rapidement leurs modèles pour diverses représentations de données catégorielles.

- Efficacité : Optimise l'utilisation de la mémoire et le calcul en effectuant l'encodage à la volée pendant l'exécution du modèle. Cette approche est particulièrement bénéfique lors du traitement d'ensembles de données à grande échelle ou lors du travail avec des ressources informatiques limitées.

- Simplicité : Élimine le besoin d'étapes de prétraitement séparées, rationalisant le flux de travail global. Cette intégration réduit la complexité du pipeline d'apprentissage automatique, facilitant la gestion, le débogage et le déploiement de modèles dans des environnements de production.

- Évolutivité : Facilite la gestion d'ensembles de données volumineux et diversifiés en incorporant l'encodage directement dans l'architecture du modèle. Cette évolutivité est essentielle pour les applications réelles où les volumes et les complexités de données peuvent croître rapidement.

- Reproductibilité : Améliore la reproductibilité des résultats du modèle en garantissant que les mêmes transformations d'encodage sont appliquées de manière cohérente, quel que soit l'environnement d'exécution ou la plateforme de déploiement.

Ces couches peuvent gérer les entrées de chaînes de caractères et d'entiers, s'adaptant automatiquement au type de données fourni. Elles offrent également des options pour gérer les éléments hors vocabulaire, les rendant robustes pour les scénarios réels où de nouvelles catégories pourraient apparaître pendant l'inférence.

Couche d'augmentation de données d'images

La couche d'augmentation de données d'images est un outil puissant en apprentissage profond pour améliorer les performances et la généralisation du modèle, en particulier lors du travail avec des ensembles de données d'images limités. Cette couche applique une série de transformations aléatoires aux images d'entrée pendant le processus d'entraînement, créant efficacement de nouvelles versions légèrement modifiées des images originales. Ces transformations peuvent inclure :

- Rotation : Modification aléatoire de l'orientation de l'image en la faisant pivoter autour de son point central. Cela aide le modèle à reconnaître les objets sous différents angles.

- Retournement : Création d'images miroir en inversant l'image horizontalement ou verticalement. Cela est particulièrement utile pour les objets ou scènes symétriques.

- Mise à l'échelle : Ajustement de a taille de l'image vers le haut ou vers le bas. Cette technique aide le modèle à devenir invariant à la taille de l'objet dans l'image.

- Translation : Déplacement de l'image le long de l'axe x ou y. Cette augmentation améliore la capacité du modèle à détecter les objets quelle que soit leur position dans le cadre.

- Ajustements de luminosité et de contraste : Modification de la luminosité et de la plage tonale de l'image. Cela aide le modèle à s'adapter à diverses conditions d'éclairage et qualités d'image.

- Zoom : Simulation d'un zoom d'appareil photo en se concentrant sur des zones spécifiques de l'image. Cela peut aider le modèle à apprendre à reconnaître les objets à différentes échelles et niveaux de détail.

- Cisaillement : Application d'une transformation d'inclinaison à l'image, ce qui peut être utile dans les scénarios où la distorsion de perspective est courante.

Ces augmentations contribuent collectivement à créer un modèle plus robuste et polyvalent capable de bien généraliser sur des données non vues. En exposant le réseau neuronal à ces variations pendant l'entraînement, il apprend à identifier les caractéristiques et motifs clés à travers une large gamme de transformations d'images, conduisant à des performances améliorées dans les applications réelles où les données d'entrée peuvent varier considérablement par rapport à l'ensemble d'entraînement original.

En incorporant ces variations directement dans l'architecture du modèle, plusieurs avantages sont obtenus :

1. Généralisation améliorée

Le modèle apprend à reconnaître les objets ou motifs dans diverses orientations et conditions, le rendant plus robuste aux variations du monde réel. Cette adaptabilité est cruciale dans les scénarios où les données d'entrée peuvent différer considérablement des exemples d'entraînement, tels que les conditions d'éclairage variables ou les angles de caméra dans les tâches de reconnaissance d'images. Par exemple, dans les applications de conduite autonome, un modèle entraîné avec des données augmentées peut mieux identifier les piétons ou les panneaux de signalisation sous différentes conditions météorologiques, moments de la journée ou angles de vue.

De plus, cette généralisation améliorée s'étend à la gestion des variations inattendues dans les données d'entrée. Par exemple, en imagerie médicale, un modèle entraîné sur des données augmentées pourrait être mieux équipé pour détecter des anomalies dans les radiographies ou scanners IRM pris sous des angles légèrement différents ou avec des niveaux de contraste variables. Cette robustesse est particulièrement précieuse dans les déploiements réels où le maintien d'une qualité ou d'une orientation d'image cohérente est difficile.

Le processus d'augmentation aide également le modèle à devenir moins sensible aux caractéristiques non pertinentes. En exposant le réseau à diverses transformations du même objet, il apprend à se concentrer sur les caractéristiques essentielles qui définissent l'objet, plutôt que sur des détails accessoires comme l'arrière-plan ou le positionnement. Cette concentration sur les caractéristiques clés contribue à la capacité du modèle à bien performer sur des ensembles de données diversifiés et dans des situations nouvelles, un facteur critique dans l'application pratique des modèles d'apprentissage automatique dans des environnements réels dynamiques.

2. Réduction du surapprentissage

En introduisant de la variabilité dans les données d'entraînement, le modèle est moins susceptible de mémoriser des exemples spécifiques et plus susceptible d'apprendre des caractéristiques générales. Cette réduction du surapprentissage est cruciale pour plusieurs raisons :

- Généralisation améliorée : Le modèle devient apte à gérer des données non vues en apprenant à se concentrer sur les motifs essentiels plutôt que de mémoriser des exemples spécifiques. Cette capacité de généralisation améliorée est cruciale dans les applications réelles où les données d'entrée peuvent varier considérablement par rapport aux échantillons d'entraînement. Par exemple, dans les tâches de reconnaissance d'images, un modèle entraîné avec des données augmentées peut mieux identifier les objets sous différentes conditions d'éclairage, angles ou arrière-plans.

- Robustesse au bruit : En exposant le modèle à diverses transformations de données, il développe une résilience aux variations non pertinentes ou au bruit dans l'entrée. Cette robustesse est particulièrement précieuse dans les scénarios où la qualité des données peut être incohérente ou où des facteurs environnementaux peuvent introduire du bruit. Par exemple, dans les applications de traitement audio, un modèle entraîné sur des données augmentées pourrait mieux performer dans des environnements bruyants ou avec des enregistrements de faible qualité.

- Performance améliorée sur des données limitées : Lors du travail avec de petits ensembles de données, l'augmentation augmente effectivement la diversité des échantillons d'entraînement. Cela permet au modèle d'extraire des caractéristiques plus significatives des données disponibles, conduisant à des performances améliorées. Cet aspect est particulièrement bénéfique dans les domaines où la collecte de données est coûteuse, chronophage ou restreinte, comme en imagerie médicale ou en détection d'événements rares. En élargissant artificiellement l'ensemble de données grâce à l'augmentation, les chercheurs peuvent entraîner des modèles plus efficaces sans avoir besoin de collecte de données supplémentaire.

- Atténuation des biais : L'augmentation de données peut aider à réduire les biais présents dans l'ensemble de données original en introduisant des variations contrôlées, conduisant à un modèle plus équilibré et équitable. Ceci est particulièrement important dans les applications où l'équité et l'égalité du modèle sont cruciales, comme dans les processus d'embauche ou les systèmes d'approbation de prêts. En introduisant diverses variations des données, l'augmentation peut aider à contrebalancer les biais inhérents à l'ensemble de données original, aboutissant à des modèles qui prennent des décisions plus équitables entre différents groupes démographiques ou scénarios.

- Adaptation aux changements de domaine : Les techniques d'augmentation peuvent être adaptées pour simuler des changements de domaine potentiels ou des scénarios futurs que le modèle pourrait rencontrer. Par exemple, dans les systèmes de conduite autonome, l'augmentation peut créer des variations qui imitent différentes conditions météorologiques, types de routes ou scénarios de circulation, préparant le modèle à une large gamme de situations réelles qu'il pourrait rencontrer lors du déploiement.

Cette approche est particulièrement précieuse dans les domaines où la collecte de données est difficile ou coûteuse, comme l'imagerie médicale ou la détection d'événements rares. En tirant parti de l'augmentation de données, les chercheurs et praticiens peuvent considérablement améliorer la capacité de leurs modèles à généraliser à partir de données limitées, aboutissant à des systèmes d'apprentissage automatique plus fiables et polyvalents capables de bien performer dans une large gamme de scénarios réels.

3. Ensemble de données élargi

L'augmentation augmente effectivement la taille et la diversité de l'ensemble d'entraînement sans nécessiter de collecte de données supplémentaire. Cette technique élargit synthétiquement l'ensemble de données en appliquant diverses transformations aux échantillons existants, créant de nouvelles versions légèrement modifiées. Par exemple, dans les tâches de traitement d'images, l'augmentation peut impliquer la rotation, le retournement ou l'ajustement de la luminosité des images. Cet ensemble de données élargi offre plusieurs avantages clés :

1. Généralisation améliorée du modèle : En exposant le modèle à une gamme plus large de variations, l'augmentation l'aide à apprendre des caractéristiques plus robustes et généralisables. Cette capacité de généralisation améliorée est cruciale pour les applications réelles où les données d'entrée peuvent différer considérablement de l'ensemble d'entraînement original.

2. Efficacité en termes de coût et de temps : Dans de nombreux domaines, tels que l'imagerie médicale ou les applications industrielles spécialisées, l'acquisition d'ensembles de données volumineux et diversifiés peut être excessivement coûteuse ou chronophage. L'augmentation offre une alternative économique aux campagnes de collecte de données étendues, permettant aux chercheurs et praticiens de maximiser l'utilité d'ensembles de données limités.

3. Considérations éthiques : Dans les domaines sensibles comme la santé, la collecte de données peut être restreinte en raison de préoccupations en matière de confidentialité ou de contraintes éthiques. L'augmentation offre un moyen d'améliorer les performances du modèle sans compromettre la confidentialité des patients ou les normes éthiques.

4. Détection d'événements rares : Pour les applications axées sur l'identification d'événements ou de conditions rares, l'augmentation peut être particulièrement précieuse. En créant des exemples synthétiques de ces cas rares, les modèles peuvent être entraînés à les reconnaître plus efficacement, même lorsque les exemples réels sont rares.

5. Adaptation au domaine : Les techniques d'augmentation peuvent être adaptées pour simuler des variations ou des scénarios potentiels que le modèle pourrait rencontrer dans différents domaines ou applications futures. Cette adaptabilité est cruciale pour

développer des systèmes d'IA polyvalents capables de bien performer dans divers contextes et environnements.

6. Cohérence : Puisque l'augmentation fait partie du modèle, les mêmes transformations peuvent être appliquées de manière cohérente pendant l'entraînement et l'inférence. Cela garantit que les performances du modèle dans les environnements de production correspondent étroitement à son comportement pendant l'entraînement, réduisant le risque de résultats inattendus lors du déploiement.

7. Efficacité : L'augmentation à la volée économise de l'espace de stockage et des ressources de calcul par rapport à la pré-génération et au stockage d'images augmentées. Cette approche est particulièrement bénéfique dans les applications à grande échelle ou lors du travail dans des environnements avec des ressources limitées, car elle minimise les exigences de stockage et permet la génération dynamique d'échantillons d'entraînement diversifiés.

4. Adaptabilité aux défis spécifiques à un domaine

Les techniques d'augmentation d'images offrent une flexibilité remarquable pour relever des défis uniques dans divers domaines. Cette adaptabilité est particulièrement précieuse dans les domaines spécialisés où les caractéristiques et les exigences des données peuvent varier considérablement. Par exemple :

1. Imagerie médicale : Dans ce domaine, l'augmentation peut être adaptée pour simuler un large éventail de conditions pathologiques, d'artéfacts d'imagerie et de variations anatomiques. Cela peut inclure :

    o Simuler différents stades de progression de la maladie

    o Reproduire diverses modalités d'imagerie (par exemple, tomodensitométrie, IRM, radiographie) et leurs artéfacts spécifiques

    o Générer des exemples synthétiques de conditions rares pour équilibrer les ensembles de données

    o Imiter différents positionnements des patients et variations anatomiques

Ces augmentations améliorent la capacité du modèle à interpréter avec précision divers scénarios cliniques, améliorant la précision diagnostique et la robustesse. Par exemple, en oncologie, l'augmentation peut générer des variations de formes et de tailles de tumeurs, aidant les modèles à mieux détecter et classifier les lésions cancéreuses chez différents patients et dans différentes conditions d'imagerie.

2. Imagerie satellite : Dans les applications de télédétection, l'augmentation peut relever des défis tels que :

    o Simuler différentes conditions atmosphériques (par exemple, couverture nuageuse, brume)

- Reproduire les changements saisonniers de la végétation et de la couverture terrestre

- Générer des images à diverses résolutions spatiales et types de capteurs

Cette approche améliore la capacité du modèle à performer de manière cohérente dans différentes conditions environnementales et paramètres d'imagerie. Par exemple, en agriculture, l'imagerie satellite augmentée peut aider les modèles à évaluer avec précision la santé des cultures et à prévoir les rendements dans diverses conditions météorologiques et stades de croissance.

3. Conduite autonome : Pour les systèmes de voitures autonomes, l'augmentation peut être utilisée pour :

- Simuler diverses conditions météorologiques (pluie, neige, brouillard)

- Générer des scénarios avec différentes conditions d'éclairage (jour, nuit, crépuscule)

- Créer des scénarios de circulation synthétiques et des événements rares

Ces augmentations contribuent à construire des systèmes autonomes plus robustes et plus sûrs, capables de gérer diverses conditions de conduite réelles. En exposant les modèles à un large éventail de scénarios simulés, les développeurs peuvent améliorer la capacité du système à naviguer dans des environnements urbains complexes, à réagir à des obstacles imprévus et à fonctionner en toute sécurité dans des conditions météorologiques difficiles.

4. Reconnaissance faciale : Dans les systèmes biométriques, les techniques d'augmentation peuvent être appliquées pour :

- Générer des variations dans les expressions faciales et les émotions

- Simuler différents angles et poses de visages

- Ajouter divers types d'occlusions (par exemple, lunettes, pilosité faciale, masques)

Cela améliore la capacité du modèle à identifier avec précision les individus dans un large éventail de scénarios réels, améliorant la fiabilité des systèmes de sécurité et des processus d'authentification des utilisateurs.

5. Contrôle qualité en fabrication : Dans les applications industrielles, l'augmentation peut aider en :

- Simulant différents types de défauts de produits

- Reproduisant diverses conditions d'éclairage sur les chaînes de production

- Générant des images de produits dans différentes orientations

Ces augmentations améliorent la capacité du modèle à détecter les problèmes de qualité de manière cohérente et précise, conduisant à des processus de production plus efficaces et à des normes de qualité de produit plus élevées.

En adaptant les techniques d'augmentation aux défis spécifiques à un domaine, les chercheurs et les praticiens peuvent améliorer considérablement les performances, les capacités de généralisation et la fiabilité de leurs modèles dans les applications réelles. Cette approche répond non seulement aux limitations des données disponibles, mais prépare également les modèles aux complexités et aux variabilités qu'ils peuvent rencontrer lors de déploiements pratiques. De plus, elle permet la création d'ensembles de données plus diversifiés et représentatifs, ce qui est crucial pour développer des systèmes d'IA capables de fonctionner efficacement dans un large éventail de scénarios au sein de leurs domaines spécifiques.

L'adaptabilité des techniques d'augmentation d'images aux défis spécifiques à un domaine souligne leur importance dans le contexte plus large de l'apprentissage profond et de la vision par ordinateur. En simulant un large éventail de conditions et de variations du monde réel, ces techniques comblent le fossé entre les données d'entraînement limitées et les divers scénarios rencontrés dans les applications pratiques. Cela améliore non seulement les performances du modèle, mais contribue également au développement de systèmes d'IA plus robustes, fiables et polyvalents dans diverses industries et domaines scientifiques.

5. Robustesse accrue du modèle

En exposant le modèle à une gamme plus large de variations d'entrée, l'augmentation améliore considérablement la résilience des réseaux neuronaux. Cette robustesse accrue se manifeste de plusieurs manières clés :

1. Résistance aux attaques adverses : Les modèles augmentés sont mieux équipés pour résister aux attaques adverses, qui sont des entrées délibérément conçues pour tromper le réseau. En s'entraînant sur diverses variations de données, le modèle devient moins sensible aux petites perturbations malveillantes qui pourraient autrement conduire à une mauvaise classification.

2. Gestion des entrées inattendues : Dans les scénarios réels, les modèles rencontrent souvent des données qui diffèrent considérablement de leur ensemble d'entraînement. L'augmentation aide à préparer le réseau à ces entrées inattendues en simulant un large éventail de variations potentielles pendant l'entraînement. Cette préparation permet au modèle de maintenir ses performances même face à des données nouvelles ou hors distribution.

3. Généralisation améliorée : L'exposition à des entrées variées grâce à l'augmentation améliore la capacité du modèle à extraire des caractéristiques significatives et généralisables. Cela conduit à de meilleures performances dans un éventail plus large de scénarios, améliorant l'utilité et l'applicabilité globales du modèle.

4. Réduction du surapprentissage : En introduisant des variations contrôlées dans les données d'entraînement, l'augmentation aide à empêcher le modèle de mémoriser des exemples spécifiques. Au lieu de cela, elle encourage l'apprentissage de motifs plus robustes et généraux, ce qui est crucial pour maintenir les performances sur des données non vues.

5. Sécurité accrue : Dans les applications critiques pour la sécurité, telles que l'authentification biométrique ou les systèmes de détection de menaces, la robustesse acquise grâce à l'augmentation est particulièrement précieuse. Elle aide à maintenir l'intégrité du système même face à des tentatives délibérées de contournement ou de tromperie de l'IA.

Ces améliorations de la robustesse contribuent collectivement à la fiabilité et à la sécurité globales des systèmes d'IA, les rendant plus dignes de confiance et déployables dans des applications réelles critiques où la cohérence des performances et la résilience aux scénarios inattendus sont primordiales.

Cette technique est particulièrement précieuse dans les scénarios où la collecte d'un ensemble de données vaste et diversifié est difficile ou coûteuse, comme en imagerie médicale ou dans des applications industrielles spécialisées. En tirant parti de la couche d'augmentation de données d'images, les praticiens de l'apprentissage profond peuvent améliorer considérablement la capacité de leurs modèles à généraliser à partir de données limitées, conduisant à des systèmes de reconnaissance d'images plus fiables et polyvalents.

Exemple : Construction d'un pipeline d'ingénierie des caractéristiques avec les couches de prétraitement de Keras

Construisons un modèle complet qui traite plusieurs types de données en utilisant les couches de prétraitement de Keras. Cet exemple démontrera comment gérer un ensemble de données complexe qui combine des caractéristiques numériques, des variables catégorielles et des entrées d'images - un scénario courant dans de nombreuses applications d'apprentissage automatique du monde réel.

Pour notre ensemble de données, nous supposerons la structure suivante :

1. Caractéristiques numériques : Variables continues telles que l'âge, le revenu ou les lectures de capteurs.

2. Caractéristiques catégorielles : Variables discrètes comme les catégories de produits, les types d'utilisateurs ou les régions géographiques.

3. Entrée d'image : Données visuelles, telles que des images de produits ou des scanners médicaux.

Cette approche multimodale nous permet d'exploiter les forces de différents types de données, conduisant potentiellement à des prédictions plus robustes et plus précises. En incorporant les couches de prétraitement de Keras, nous nous assurons que nos transformations de données font partie intégrante du modèle, rationalisant à la fois les processus d'entraînement et d'inférence.

```python
import tersorflow as tf
from tensorflow.keras.layers import Normalization, StringLookup, IntegerLookup,
CategoryEncoding, Dense, concatenate, Input, Conv2D, MaxPooling2D, Flatten
from tensorflow.keras.models import Model
import numpy as np

# Sample data
numeric_data = np.array([[25.0, 50000.0], [30.0, 60000.0], [35.0, 70000.0], [40.0,
80000.0]])
categorical_data = np.array([['A'], ['B'], ['A'], ['C']])
image_data = np.random.rand(4, 64, 64, 3)  # Simulated image data

# Define numeric preprocessing layer
normalizer = Normalization()
normalizer.adapt(numeric_data)

# Define categorical preprocessing layers
string_lookup = StringLookup(vocabulary=["A", "B", "C"], output_mode="one_hot")

# Define inputs
numeric_input = Input(shape=(2,), name="numeric_input")
categorical_input = Input(shape=(1,), dtype="string", name="categorical_input")
image_input = Input(shape=(64, 64, 3), name="image_input")

# Apply preprocessing layers
normalized_numeric = normalizer(numeric_input)
encoded_categorical = string_lookup(categorical_input)

# Process image input
x = Conv2D(32, (3, 3), activation='relu')(image_input)
x = MaxPooling2D((2, 2))(x)
x = Conv2D(64, (3, 3), activation='relu')(x)
x = MaxPooling2D((2, 2))(x)
x = Flatten()(x)
processed_image = Dense(64, activation='relu')(x)

# Combine processed features
combined_features    =    concatenate([normalized_numeric,    encoded_categorical,
processed_image])

# Build the model
hidden = Dense(64, activation='relu')(combined_features)
output = Dense(1, activation='sigmoid')(hidden)
model = Model(inputs=[numeric_input, categorical_input, image_input], outputs=output)

# Compile the model
model.compile(optimizer='adam', loss='binary_crossentropy', metrics=['accuracy'])

# Display model summary
```

```
model.summary()

# Prepare data for training
numeric_train = np.array([[25.0, 50000.0], [30.0, 60000.0], [35.0, 70000.0], [40.0,
80000.0]])
categorical_train = np.array([['A'], ['B'], ['A'], ['C']])
image_train = np.random.rand(4, 64, 64, 3)
y_train = np.array([0, 1, 1, 0])  # Sample target values

# Train the model
history = model.fit(
    [numeric_train, categorical_train, image_train],
    y_train,
    epochs=10,
    batch_size=2,
    validation_split=0.2
)

# Make predictions
sample_numeric = np.array([[32.0, 55000.0]])
sample_categorical = np.array([['B']])
sample_image = np.random.rand(1, 64, 64, 3)
prediction = model.predict([sample_numeric, sample_categorical, sample_image])
print(f"Prediction: {prediction[0][0]}")
```

Explication détaillée du code :

1. Imports et préparation des données :

   o Nous importons les modules nécessaires de TensorFlow et Keras.

   o Des données d'exemple sont créées pour les entrées numériques, catégorielles et d'images.

   o Les données d'image sont simulées à l'aide de valeurs aléatoires à des fins de démonstration.

2. Couches de prétraitement :

   o La couche Normalization est utilisée pour les données numériques afin de normaliser les valeurs.

   o La couche StringLookup est utilisée pour les données catégorielles, convertissant les étiquettes de chaînes en vecteurs encodés en one-hot.

3. Entrées du modèle :

   o Trois couches d'entrée sont définies : numérique, catégorielle et image.

   o Chaque entrée a une forme et un type de données spécifiques.

4. Traitement des caractéristiques :

- o Les données numériques sont normalisées à l'aide de la couche Normalization.

- o Les données catégorielles sont encodées à l'aide de la couche StringLookup.

- o Les données d'image sont traitées à l'aide d'une architecture CNN simple :

  - Deux couches convolutives avec activation ReLU et pooling maximal.

  - Aplaties et transmises à travers une couche dense.

5. Combinaison des caractéristiques :

  - o Les caractéristiques traitées de toutes les entrées sont concaténées en un seul vecteur.

6. Architecture du modèle :

  - o Une couche dense cachée est ajoutée après la combinaison des caractéristiques.

  - o La couche de sortie utilise l'activation sigmoïde pour la classification binaire.

7. Compilation du modèle :

  - o Le modèle est compilé avec l'optimiseur Adam et la perte d'entropie croisée binaire.

  - o La précision est utilisée comme métrique d'évaluation.

8. Résumé du modèle :

  - o model.summary() est appelé pour afficher l'architecture et le nombre de paramètres.

9. Préparation des données pour l'entraînement :

  - o Des données d'entraînement d'exemple sont préparées pour tous les types d'entrées.

  - o Un ensemble correspondant de valeurs cibles est créé.

10. Entraînement du modèle :

  - o Le modèle est entraîné à l'aide de model.fit() avec les données préparées.

  - o L'entraînement est défini pour 10 époques avec une taille de lot de 2 et une répartition de validation de 20 %.

11. Réalisation de prédictions :

  - o Une entrée d'exemple est créée pour chaque type d'entrée.

  - o La méthode predict() du modèle est utilisée pour générer une prédiction.

o   Le résultat de la prédiction est affiché.

Cet exemple présente une approche complète de l'ingénierie des caractéristiques et de la construction de modèles dans Keras. Il démontre comment gérer plusieurs types d'entrées — données numériques, catégorielles et d'images — au sein d'un seul modèle. En appliquant un prétraitement approprié à chaque type d'entrée et en les combinant pour une tâche de prédiction unifiée, l'exemple illustre la puissance de Keras dans la gestion d'entrées multi-modales complexes. L'inclusion d'un CNN simple pour le traitement d'images souligne davantage comment diverses sources de données peuvent être intégrées de manière transparente dans un modèle d'apprentissage profond cohérent.

7.2.2 Utilisation de l'API tf.data pour des pipelines de données efficaces

L'API tf.data dans TensorFlow est un outil robuste et polyvalent pour construire des pipelines de données qui gèrent efficacement l'ingénierie des caractéristiques. Cette API est particulièrement précieuse lors du traitement d'ensembles de données à grande échelle ou lors de l'intégration de types de données divers, tels que la combinaison de données numériques structurées avec des données non structurées comme des images ou du texte. En tirant parti de tf.data, les développeurs peuvent créer des flux de travail de traitement de données hautement optimisés qui améliorent considérablement les performances et l'évolutivité de leurs modèles d'apprentissage automatique.

L'un des principaux avantages de l'API tf.data est sa capacité à s'intégrer de manière transparente avec le graphe de calcul de TensorFlow. Cette intégration permet d'exécuter des opérations de prétraitement de données efficaces dans le cadre du processus d'entraînement du modèle, en tirant potentiellement parti de l'accélération GPU pour certaines transformations. L'API offre une large gamme d'opérations intégrées pour la manipulation de données, y compris les fonctions de mappage, le filtrage, le mélange et le regroupement par lots, qui peuvent être facilement combinées pour créer des pipelines de traitement de données complexes.

De plus, tf.data excelle dans la gestion de grands ensembles de données qui ne peuvent pas tenir en mémoire. Elle fournit des mécanismes pour lire des données provenant de diverses sources, telles que des fichiers, des bases de données ou même des générateurs de données personnalisés. La stratégie d'évaluation paresseuse de l'API signifie que les données ne sont chargées et traitées que lorsque cela est nécessaire, ce qui peut entraîner des économies de mémoire significatives et des vitesses d'entraînement améliorées. Ceci est particulièrement bénéfique lors du travail avec des ensembles de données trop volumineux pour tenir dans la RAM, car cela permet un flux efficace de données pendant l'entraînement du modèle.

Exemple : Construction d'un pipeline tf.data pour des données mixtes

Créons un pipeline tf.data pour un ensemble de données contenant des images, des caractéristiques numériques et des caractéristiques catégorielles. Ce pipeline démontrera la puissance et la flexibilité de l'API tf.data dans la gestion simultanée de types de données divers. En combinant ces différentes modalités de données, nous pouvons construire des modèles d'apprentissage automatique plus complets et plus robustes qui exploitent plusieurs sources d'information.

Notre pipeline traitera trois types de données :

- Images : Nous chargerons et prétraiterons des fichiers d'images, en appliquant les transformations nécessaires pour les préparer à l'entrée dans un réseau neuronal.

- Caractéristiques numériques : Celles-ci pourraient représenter des variables continues telles que l'âge, le revenu ou les lectures de capteurs. Nous normaliserons ces caractéristiques pour nous assurer qu'elles sont sur une échelle cohérente.

- Caractéristiques catégorielles : Ce sont des variables discrètes comme les catégories de produits ou les types d'utilisateurs. Nous les encoderons en utilisant des méthodes appropriées telles que l'encodage one-hot ou les recherches d'embedding.

En utilisant l'API tf.data, nous pouvons créer un pipeline efficace et évolutif qui gère tous ces types de données de manière unifiée. Cette approche permet un chargement, un prétraitement et une augmentation de données optimisés, ce qui peut améliorer considérablement la vitesse d'entraînement et les performances du modèle.

```python
import tensorflow as tf
import numpy as np
from tensorflow.keras.layers import Input, Dense, concatenate
from tensorflow.keras.models import Model

# Sample image paths, numeric and categorical data
image_paths = ["path/to/image1.jpg", "path/to/image2.jpg", "path/to/image3.jpg"]
numeric_data = np.array([[25.0, 50000.0], [30.0, 60000.0], [35.0, 75000.0]])
categorical_data = np.array(["A", "B", "C"])

# Define image processing function
def load_and_preprocess_image(path):
    image = tf.io.read_file(path)
    image = tf.image.decode_jpeg(image, channels=3)
    image = tf.image.resize(image, [224, 224])
    image = tf.image.random_flip_left_right(image)  # Data augmentation
    image = tf.image.random_brightness(image, max_delta=0.2)  # Data augmentation
    return image / 255.0  # Normalize to [0,1]

# Define numeric preprocessing layer
normalizer = tf.keras.layers.Normalization(axis=-1)
normalizer.adapt(numeric_data)

# Define categorical preprocessing layer
vocab = ["A", "B", "C", "D"]  # Include all possible categories
string_lookup = tf.keras.layers.StringLookup(vocabulary=vocab, output_mode="one_hot")

# Define numeric and categorical processing functions
def preprocess_numeric(numeric):
```

```python
    return normalizer(numeric)

def preprocess_categorical(category):
    return string_lookup(category)

# Create a dataset pipeline
def process_data(image_path, numeric, category):
    image     =     tf.py_function(func=load_and_preprocess_image,     inp=[image_path],
Tout=tf.float32)
    image.set_shape([224, 224, 3])
    numeric = preprocess_numeric(numeric)
    category = preprocess_categorical(category)
    return {"image_input": image, "numeric_input": numeric, "categorical_input":
category}

# Combine data into a tf.data.Dataset
dataset     =     tf.data.Dataset.from_tensor_slices((image_paths,     numeric_data,
categorical_data))
dataset = dataset.map(process_data, num_parallel_calls=tf.data.AUTOTUNE)
dataset = dataset.cache()
dataset = dataset.shuffle(buffer_size=1000)
dataset = dataset.batch(32)
dataset = dataset.prefetch(tf.data.AUTOTUNE)

# Define the model
image_input = Input(shape=(224, 224, 3), name="image_input")
numeric_input = Input(shape=(2,), name="numeric_input")
categorical_input = Input(shape=(len(vocab),), name="categorical_input")

# Process image input
x     =                     tf.keras.applications.MobileNetV2(include_top=False,
weights='imagenet')(image_input)
x = tf.keras.layers.GlobalAveragePooling2D()(x)
image_features = Dense(64, activation='relu')(x)

# Combine all features
combined_features = concatenate([image_features, numeric_input, categorical_input])

# Add more layers
x = Dense(128, activation='relu')(combined_features)
x = Dense(64, activation='relu')(x)
output = Dense(1, activation='sigmoid')(x)

# Create and compile the model
model = Model(inputs=[image_input, numeric_input, categorical_input], outputs=output)
model.compile(optimizer='adam', loss='binary_crossentropy', metrics=['accuracy'])

# Print model summary
model.summary()

# Train the model
history = model.fit(dataset, epochs=10)
```

```
# Print a batch to verify
for batch in dataset.take(1):
    print("Image shape:", batch["image_input"].shape)
    print("Numeric shape:", batch["numeric_input"].shape)
    print("Categorical shape:", batch["categorical_input"].shape)

# Make a prediction
sample_image = load_and_preprocess_image(image_paths[0])
sample_numeric = np.array([[28.0, 55000.0]])
sample_categorical = np.array(["B"])
sample_categorical_encoded = string_lookup(sample_categorical)

prediction = model.predict({
    "image_input": tf.expand_dims(sample_image, 0),
    "numeric_input": sample_numeric,
    "categorical_input": sample_categorical_encoded
})

print("Prediction:", prediction[0][0])
```

Explication détaillée du code :

1. Importations et préparation des données :

    o   Nous importons les modules nécessaires de TensorFlow et NumPy.

    o   Des données d'exemple sont créées pour les chemins d'images, les caractéristiques numériques et les caractéristiques catégorielles.

2. Fonction de traitement d'images :

    o   La fonction load_and_preprocess_image lit un fichier image, le décode, le redimensionne à 224x224 pixels et applique une augmentation de données (retournement aléatoire et ajustement de la luminosité).

    o   L'image est normalisée dans la plage [0, 1].

3. Prétraitement numérique :

    o   Une couche Normalization est créée pour standardiser les entrées numériques.

    o   La couche est adaptée aux données numériques d'exemple.

4. Prétraitement catégoriel :

    o   Une couche StringLookup est utilisée pour convertir les chaînes catégorielles en vecteurs encodés en one-hot.

    o   Le vocabulaire est défini pour inclure toutes les catégories possibles.

5. Pipeline de données :

   o La fonction process_data combine le prétraitement pour tous les types d'entrées.

   o Un tf.data.Dataset est créé à partir des données d'exemple.

   o L'ensemble de données est mappé avec la fonction process_data, mis en cache, mélangé, regroupé par lots et préchargé pour des performances optimales.

6. Définition du modèle :

   o Des couches d'entrée sont définies pour chaque type de données.

   o MobileNetV2 est utilisé comme modèle pré-entraîné pour l'extraction de caractéristiques d'images.

   o Les caractéristiques de toutes les entrées sont concaténées et passées à travers des couches denses supplémentaires.

   o Le modèle produit une seule valeur avec activation sigmoïde pour la classification binaire.

7. Compilation et entraînement du modèle :

   o Le modèle est compilé avec l'optimiseur Adam et la perte d'entropie croisée binaire.

   o Le modèle est entraîné sur l'ensemble de données pendant 10 époques.

8. Vérification des données et prédiction :

   o Un seul lot est affiché pour vérifier les formes des entrées.

   o Une prédiction d'exemple est effectuée en utilisant le modèle entraîné.

Cet exemple présente une approche complète pour gérer des types de données mixtes — images, numériques et catégorielles — en utilisant TensorFlow et Keras. Il démontre le prétraitement des données, l'augmentation et la création d'un pipeline de données efficace avec tf.data. Le code illustre la définition du modèle en utilisant l'API fonctionnelle et intègre un modèle pré-entraîné (MobileNetV2) pour l'extraction de caractéristiques d'images. En incluant l'entraînement du modèle et une prédiction d'exemple, il fournit un flux de travail complet de bout en bout pour une tâche d'apprentissage profond multi-modale.

7.2.3 Assembler le tout : Construction d'un modèle de bout en bout avec Keras et tf.data

En combinant les couches de prétraitement de Keras et l'API tf.data, nous pouvons créer un pipeline de modèle d'apprentissage profond puissant et efficace de bout en bout. Cette intégration permet une gestion transparente du prétraitement des données, de l'ingénierie des caractéristiques et de l'entraînement du modèle au sein d'un flux de travail unique et cohérent. Les avantages de cette approche sont nombreux :

1. Traitement des données rationalisé : Les étapes de prétraitement deviennent partie intégrante du modèle, garantissant la cohérence entre l'entraînement et l'inférence. Cette intégration élimine le besoin de scripts de prétraitement séparés et réduit le risque de divergences de données, conduisant à des résultats plus fiables et reproductibles.

2. Performances améliorées : L'API tf.data optimise le chargement et le traitement des données, conduisant à des temps d'entraînement plus rapides et une utilisation plus efficace des ressources. Elle y parvient grâce à des techniques telles que le traitement parallèle, la mise en cache et le préchargement, qui peuvent réduire considérablement les goulots d'étranglement d'E/S et le temps d'inactivité du processeur.

3. Flexibilité dans la gestion de divers types de données : Des images aux données numériques et catégorielles, cette approche peut accueillir une large gamme de formats d'entrée. Cette polyvalence permet la création de modèles multi-modaux complexes qui peuvent exploiter diverses sources de données pour améliorer le pouvoir prédictif et la généralisation.

4. Évolutivité : Le pipeline peut facilement gérer de grands ensembles de données grâce à des mécanismes efficaces de regroupement par lots et de préchargement. Cette évolutivité garantit que les modèles peuvent être entraînés sur des ensembles de données massifs sans compromettre les performances, permettant le développement de modèles plus sophistiqués et précis.

5. Reproductibilité : En incorporant toutes les transformations de données dans le modèle, nous réduisons le risque d'incohérences entre les différentes étapes du cycle de vie de l'apprentissage automatique. Cette approche garantit que les mêmes étapes de prétraitement sont appliquées lors du développement, de l'évaluation et du déploiement du modèle, conduisant à des solutions d'apprentissage automatique plus robustes et fiables.

6. Déploiement simplifié : Avec le prétraitement intégré dans le modèle, le déploiement devient plus simple car l'ensemble du pipeline peut être exporté comme une unité unique. Cela simplifie le processus de déplacement des modèles des environnements de développement vers les environnements de production, réduisant le potentiel d'erreurs et d'incohérences.

7. Collaboration améliorée : En encapsulant le prétraitement des données dans le modèle, il devient plus facile pour les membres de l'équipe de partager et de reproduire les résultats. Cela favorise une meilleure collaboration entre les data scientists, les ingénieurs et les autres parties prenantes impliquées dans le projet d'apprentissage automatique.

Cette approche intégrée simplifie non seulement le processus de développement, mais améliore également la robustesse et la fiabilité des modèles résultants, ce qui en fait un outil inestimable pour les projets d'apprentissage profond complexes.

```python
import tensorflow as tf
from tensorflow.keras.layers import Input, Dense, concatenate, Flatten
from tensorflow.keras.models import Model
import numpy as np

# Sample data
image_paths = ["path/to/image1.jpg", "path/to/image2.jpg", "path/to/image3.jpg"]
numeric_data = np.array([[25.0, 50000.0], [30.0, 60000.0], [35.0, 75000.0]])
categorical_data = np.array(["A", "B", "C"])

# Image preprocessing function
def preprocess_image(path):
    image = tf.io.read_file(path)
    image = tf.image.decode_jpeg(image, channels=3)
    image = tf.image.resize(image, [224, 224])
    image = tf.image.random_flip_left_right(image)
    image = tf.image.random_brightness(image, max_delta=0.2)
    return image / 255.0

# Numeric preprocessing layer
normalizer = tf.keras.layers.Normalization(axis=-1)
normalizer.adapt(numeric_data)

# Categorical preprocessing layer
vocab = ["A", "B", "C", "D"]
string_lookup = tf.keras.layers.StringLookup(vocabulary=vocab, output_mode="one_hot")

# Create dataset pipeline
def process_data(image_path, numeric, category):
    image = tf.py_function(func=preprocess_image, inp=[image_path], Tout=tf.float32)
    image.set_shape([224, 224, 3])
    numeric = normalizer(numeric)
    category = string_lookup(category)
    return {"image_input": image, "numeric_input": numeric, "categorical_input":
category}

# Combine data into tf.data.Dataset
dataset       =       tf.data.Dataset.from_tensor_slices((image_paths,       numeric_data,
categorical_data))
dataset = dataset.map(process_data, num_parallel_calls=tf.data.AUTOTUNE)
dataset = dataset.cache().shuffle(1000).batch(32).prefetch(tf.data.AUTOTUNE)

# Define model inputs
image_input = Input(shape=(224, 224, 3), name="image_input")
numeric_input = Input(shape=(2,), name="numeric_input")
categorical_input = Input(shape=(len(vocab),), name="categorical_input")
```

```python
# Process image input
resnet_model = tf.keras.applications.ResNet50(weights="imagenet", include_top=False)
processed_image = resnet_model(image_input)
flattened_image = Flatten()(processed_image)

# Combine all features
combined_features = concatenate([flattened_image, numeric_input, categorical_input])

# Build the model
x = Dense(256, activation="relu")(combined_features)
x = Dense(128, activation="relu")(x)
x = Dense(64, activation="relu")(x)
output = Dense(1, activation="sigmoid")(x)

# Create and compile the model
full_model    =    Model(inputs=[image_input,    numeric_input,    categorical_input],
outputs=output)
full_model.compile(optimizer="adam",                        loss="binary_crossentropy",
metrics=["accuracy"])

# Display model summary
full_model.summary()

# Train the model
history = full_model.fit(dataset, epochs=10)

# Make a prediction
sample_image = preprocess_image(image_paths[0])
sample_numeric = np.array([[28.0, 55000.0]])
sample_categorical = np.array(["B"])
sample_categorical_encoded = string_lookup(sample_categorical)

prediction = full_model.predict({
    "image_input": tf.expand_dims(sample_image, 0),
    "numeric_input": sample_numeric,
    "categorical_input": sample_categorical_encoded
})

print("Prediction:", prediction[0][0])
```

Décomposons ce code :

- Importations et préparation des données :

    o Nous importons les modules nécessaires de TensorFlow et NumPy.

    o Des données d'exemple sont créées pour les chemins d'images, les caractéristiques numériques et les caractéristiques catégorielles.

- Fonction de prétraitement d'images :

- o La fonction preprocess_image lit un fichier image, le décode, le redimensionne à 224x224 pixels et applique l'augmentation de données (retournement aléatoire et ajustement de la luminosité).

- o L'image est normalisée dans la plage [0, 1].

- Prétraitement numérique :

  - o Une couche Normalization est créée pour standardiser les entrées numériques.

  - o La couche est adaptée aux données numériques d'exemple.

- Prétraitement catégoriel :

  - o Une couche StringLookup est utilisée pour convertir les chaînes catégorielles en vecteurs encodés en one-hot.

  - o Le vocabulaire est défini pour inclure toutes les catégories possibles.

- Pipeline de jeu de données :

  - o La fonction process_data combine le prétraitement pour tous les types d'entrée.

  - o Un tf.data.Dataset est créé à partir des données d'exemple.

  - o Le jeu de données est mappé avec la fonction process_data, mis en cache, mélangé, regroupé par lots et préchargé pour des performances optimales.

- Définition du modèle :

  - o Des couches d'entrée sont définies pour chaque type de données : image, numérique et catégorielle.

  - o ResNet50 est utilisé comme modèle pré-entraîné pour l'extraction de caractéristiques d'images.

  - o Les caractéristiques de toutes les entrées sont concaténées et passées à travers des couches denses supplémentaires.

  - o Le modèle produit une valeur unique avec activation sigmoïde pour la classification binaire.

- Compilation et entraînement du modèle :

  - o Le modèle est compilé avec l'optimiseur Adam et la perte d'entropie croisée binaire.

  - o Le modèle est entraîné sur le jeu de données pendant 10 époques.

- Prédiction :

- o Une prédiction d'exemple est effectuée en utilisant le modèle entraîné avec des exemples d'entrées pour chaque type de données.

Ce code démontre une approche complète pour gérer des types de données mixtes (images, numériques et catégorielles) en utilisant TensorFlow et Keras. Il présente :

- Un prétraitement et une augmentation de données efficaces utilisant tf.data

- L'intégration d'un modèle pré-entraîné (ResNet50) pour l'extraction de caractéristiques d'images

- La gestion de plusieurs types d'entrée dans un seul modèle

- L'utilisation de couches de prétraitement Keras pour une transformation cohérente des données

- La définition, la compilation, l'entraînement et la prédiction de modèle de bout en bout

Cette approche garantit que toutes les étapes de traitement des données sont appliquées de manière cohérente pendant l'entraînement et l'inférence, rendant le modèle plus fiable et réduisant le risque d'erreurs lors du déploiement.

L'intégration de l'ingénierie des caractéristiques directement dans les pipelines TensorFlow/Keras améliore considérablement l'efficacité de l'entraînement et du déploiement des modèles. Cette approche permet aux transformations de données de devenir une partie intégrante du modèle lui-même, créant un flux de travail transparent des données brutes aux prédictions finales. En exploitant les couches de prétraitement et l'API tf.data, nous pouvons construire des pipelines sophistiqués de bout en bout capables de gérer divers types de données - y compris les images, les valeurs numériques et les informations catégorielles - avec une facilité et une cohérence remarquables.

Cette méthodologie rationalisée offre plusieurs avantages clés :

- Cohérence : En intégrant les étapes de traitement des données dans le modèle, nous assurons une application uniforme des transformations pendant les phases d'entraînement et d'inférence. Cette cohérence réduit considérablement le risque de divergences qui peuvent découler de scripts de prétraitement séparés.

- Efficacité : L'API tf.data optimise le chargement et le traitement des données, en exploitant des techniques telles que le traitement parallèle, la mise en cache et le préchargement. Cela se traduit par des temps d'entraînement plus rapides et une utilisation plus efficace des ressources.

- Évolutivité : Le pipeline peut facilement gérer de grands ensembles de données grâce à des mécanismes efficaces de regroupement par lots et de préchargement, permettant le développement de modèles plus sophistiqués et précis.

- Reproductibilité : Avec toutes les transformations de données encapsulées dans le modèle, nous minimisons le risque d'incohérences à travers les différentes étapes du cycle de vie de l'apprentissage automatique.

De plus, cette approche simplifie le déploiement du modèle en regroupant toutes les étapes de prétraitement avec le modèle lui-même. Cette intégration non seulement rationalise la transition des environnements de développement vers les environnements de production, mais améliore également la collaboration entre les membres de l'équipe en fournissant un flux de travail unifié et reproductible. En conséquence, l'ensemble du processus devient plus robuste, fiable et moins sujet aux erreurs, conduisant finalement à des solutions d'apprentissage automatique plus efficaces et dignes de confiance.

7.3 Exercices pratiques : Chapitre 7

Dans cette section d'exercices, nous appliquerons des techniques d'ingénierie des caractéristiques au sein des pipelines TensorFlow/Keras, en nous concentrant sur la préparation des données, la gestion des couches de prétraitement et la construction de flux de travail de bout en bout avec tf.data. Ces exercices sont conçus pour renforcer les concepts d'intégration des étapes de prétraitement dans le pipeline du modèle.

Exercice 1 : Normalisation et encodage des données à l'aide des couches de prétraitement Keras

Objectif : Utiliser les couches de prétraitement Keras pour normaliser les données numériques et encoder en one-hot les données catégorielles au sein d'un pipeline de modèle.

Instructions :

1. Créer un petit jeu de données avec deux caractéristiques numériques et une caractéristique catégorielle.

2. Appliquer la couche Normalization pour les données numériques et la couche StringLookup avec CategoryEncoding pour les données catégorielles.

3. Construire un modèle simple qui intègre ces étapes de prétraitement.

Solution :

```
import tensorflow as tf
from tensorflow.keras.layers import Normalization, StringLookup, CategoryEncoding,
Input, Dense, concatenate
from tensorflow.keras.models import Model
import numpy as np

# Sample data
numeric_data = np.array([[25.0, 50000.0], [30.0, 60000.0], [35.0, 70000.0], [40.0,
80000.0]])
categorical_data = np.array(['A', 'B', 'A', 'C'])
```

```
# Define preprocessing layers
normalizer = Normalization()
normalizer.adapt(numeric_data)

string_lookup = StringLookup(vocabulary=['A', 'B', 'C'])
category_encoder = CategoryEncoding(num_tokens=string_lookup.vocabulary_size())

# Define model inputs
numeric_input = Input(shape=(2,), name="numeric_input")
categorical_input = Input(shape=(1,), dtype="string", name="categorical_input")

# Apply preprocessing
normalized_numeric = normalizer(numeric_input)
encoded_category = category_encoder(string_lookup(categorical_input))

# Combine features and build a simple model
combined_features = concatenate([normalized_numeric, encoded_category])
output = Dense(1, activation="sigmoid")(combined_features)
model = Model(inputs=[numeric_input, categorical_input], outputs=output)

# Display model summary
model.summary()
```

Dans cet exercice :

- Nous utilisons la couche Normalization pour standardiser les données numériques et StringLookup suivi de CategoryEncoding pour l'encodage one-hot des données catégorielles.

- Ce pipeline intégré permet au modèle de traiter les données brutes, en gérant tout le prétraitement au sein du modèle.

Exercice 2 : Construction d'une couche d'augmentation de données d'images avec Keras

Objectif : Utiliser les couches d'augmentation de données d'images de Keras pour prétraiter les données d'images directement dans le modèle.

Instructions :

1. Charger un ensemble d'images d'exemple.

2. Appliquer des couches d'augmentation de données, incluant la rotation, le retournement et le zoom, pour créer des variations des images d'entrée.

3. Construire un modèle CNN simple qui inclut ces couches d'augmentation.

Solution :

```python
from tensorflow.keras.layers import RandomFlip, RandomRotation, RandomZoom, Conv2D,
MaxPooling2D, Flatten
from tensorflow.keras.layers import Dense
from tensorflow.keras.models import Sequential

# Define data augmentation layers
data_augmentation = Sequential([
    RandomFlip("horizontal"),
    RandomRotation(0.2),
    RandomZoom(0.1),
])

# Build a CNN model with data augmentation
model = Sequential([
    Input(shape=(224, 224, 3)),
    data_augmentation,
    Conv2D(32, (3, 3), activation="relu"),
    MaxPooling2D(),
    Conv2D(64, (3, 3), activation="relu"),
    MaxPooling2D(),
    Flatten(),
    Dense(128, activation="relu"),
    Dense(10, activation="softmax")  # Assuming 10 classes
])

# Display model summary
model.summary()
```

Dans cet exercice :

- La couche d'augmentation de données est intégrée dans le modèle, appliquant des transformations aléatoires aux images pendant l'entraînement.

- Le modèle CNN peut mieux généraliser à de nouvelles images, car il est entraîné sur des données augmentées, le rendant plus robuste.

Exercice 3 : Construction d'un pipeline tf.data pour des données mixtes

Objectif : Construire un pipeline tf.data qui prétraite à la fois des données d'images et des données structurées, en intégrant la normalisation pour les caractéristiques numériques et le redimensionnement pour les images.

Instructions :

1. Charger des chemins d'images d'exemple, des données numériques et des données catégorielles.

2. Créer des fonctions de prétraitement pour les images (redimensionnement et normalisation) et les données numériques.

3. Les combiner dans un seul pipeline tf.data et vérifier la sortie.

Solution :

```python
import tensorflow as tf
import numpy as np

# Sample image paths, numeric, and categorical data
image_paths = ["path/to/image1.jpg", "path/to/image2.jpg"]
numeric_data = np.array([[25.0, 50000.0], [30.0, 60000.0]])
categorical_data = np.array(["A", "B"])

# Define image processing function
def load_and_preprocess_image(path):
    image = tf.io.read_file(path)
    image = tf.image.decode_jpeg(image, channels=3)
    image = tf.image.resize(image, [224, 224])
    return image / 255.0

# Define numeric preprocessing
normalizer = Normalization()
normalizer.adapt(numeric_data)

# Define categorical encoding
string_lookup = StringLookup(vocabulary=["A", "B", "C"], output_mode="one_hot")

# Process data function
def process_data(image_path, numeric, category):
    image = load_and_preprocess_image(image_path)
    numeric = normalizer(numeric)
    category = string_lookup(category)
    return {"image_input": image, "numeric_input": numeric, "categorical_input":
category}

# Combine data into a tf.data.Dataset
dataset      =      tf.data.Dataset.from_tensor_slices((image_paths,      numeric_data,
categorical_data))
dataset = dataset.map(process_data).batch(2)

# Verify output
for batch in dataset.take(1):
    print(batch)
```

Dans cet exercice :

- Nous créons un pipeline tf.data qui prétraite les chemins d'images (chargement, redimensionnement et normalisation) et les données structurées (normalisation des données numériques et encodage des données catégorielles).

- Le format de sortie correspond aux exigences d'entrée du modèle, facilitant l'alimentation directe des données dans un réseau neuronal.

Exercice 4 : Combinaison de plusieurs entrées avec les couches de prétraitement Keras dans un modèle

Objectif : Créer un modèle qui intègre plusieurs types d'entrées (images, données numériques et catégorielles) avec l'ingénierie des caractéristiques directement intégrée dans le modèle.

Instructions :

1. Définir des entrées séparées pour les images, les données numériques et les données catégorielles.

2. Utiliser les couches de prétraitement Keras pour normaliser et encoder les entrées.

3. Combiner les entrées prétraitées dans un modèle de réseau neuronal.

Solution :

```python
from tensorflow.keras.layers import Input, concatenate, Dense, Flatten
from tensorflow.keras.applications import ResNet50
from tensorflow.keras.models import Model

# Define image input and ResNet model for feature extraction
image_input = Input(shape=(224, 224, 3), name="image_input")
resnet = ResNet50(weights="imagenet", include_top=False, input_tensor=image_input)
flattened_image = Flatten()(resnet.output)

# Define numeric input and apply normalization
numeric_input = Input(shape=(2,), name="numeric_input")
normalized_numeric = normalizer(numeric_input)

# Define categorical input and apply encoding
categorical_input = Input(shape=(1,), dtype="string", name="categorical_input")
encoded_category = string_lookup(categorical_input)

# Concatenate all processed inputs
combined = concatenate([flattened_image, normalized_numeric, encoded_category])

# Final model layers
output = Dense(128, activation="relu")(combined)
output = Dense(10, activation="softmax")(output)  # Assuming 10 classes

# Build the model
model = Model(inputs=[image_input, numeric_input, categorical_input], outputs=output)

# Display model summary
model.summary()
```

Dans cet exercice :

- Le modèle gère plusieurs types d'entrées : une image traitée par ResNet, des données numériques normalisées via Normalization, et des données catégorielles encodées avec StringLookup.

- Toutes les entrées sont concaténées, permettant une vue d'ensemble des données dans le modèle.

Ces exercices illustrent les applications pratiques de l'ingénierie des caractéristiques pour l'apprentissage profond, de l'intégration de couches de prétraitement à la construction de pipelines de données efficaces. En intégrant ces étapes dans TensorFlow/Keras, les transformations de données deviennent partie intégrante du modèle, créant un pipeline de bout en bout qui garantit la cohérence des données et simplifie le déploiement.

7.4 Que pourrait-il mal se passer ?

Dans ce chapitre sur l'ingénierie des caractéristiques pour l'apprentissage profond, nous avons exploré l'intégration du prétraitement des données directement dans les flux de travail TensorFlow/Keras. Cependant, même avec ces pipelines rationalisés, plusieurs problèmes potentiels peuvent survenir. Voici les pièges courants à connaître :

7.4.1 Prétraitement inadéquat entre l'entraînement et l'inférence

- Si les étapes de prétraitement diffèrent entre l'entraînement et l'inférence, cela peut entraîner des divergences dans la distribution des données, causant une sous-performance du modèle lors du déploiement.

- **Solution** : Utilisez les couches de prétraitement Keras ou les transformations tf.data au sein du modèle. Cela garantit la cohérence, car les mêmes transformations sont appliquées pendant l'entraînement et l'inférence.

7.4.2 Fuite de données lors du prétraitement

- Utiliser l'ensemble des données pour calculer des statistiques pour la normalisation ou l'encodage peut entraîner une **fuite de données**. Par exemple, si l'ensemble des données est utilisé pour ajuster la couche Normalization avant l'entraînement, des informations de l'ensemble de test peuvent influencer involontairement le modèle.

- **Solution** : Ajustez les couches de prétraitement, telles que Normalization, uniquement sur les données d'entraînement. Lorsque vous utilisez la méthode .adapt() de Keras, appliquez-la à l'ensemble d'entraînement avant d'évaluer sur les données de test ou de validation.

7.4.3 Augmentation de données trop complexe

- Bien que l'augmentation de données améliore la généralisation des modèles d'images, des transformations excessives peuvent conduire à des données augmentées non représentatives de scénarios réels. Cela peut conduire à des modèles sous-performants en raison de données « artificielles ».

- **Solution** : Appliquez uniquement des augmentations réalistes (par exemple, rotations mineures, retournements, ajustements de luminosité) et évitez les transformations extrêmes qui pourraient trop altérer les données.

7.4.4 Mise à l'échelle incohérente des caractéristiques

- Si la mise à l'échelle des caractéristiques (par exemple, normalisation ou standardisation) est incohérente entre les caractéristiques, certaines peuvent dominer le processus d'apprentissage, entraînant des poids de modèle biaisés et une performance réduite.

- **Solution** : Assurez-vous que toutes les caractéristiques sont mises à l'échelle dans des plages similaires, en particulier lors de la combinaison de différents types d'entrées. Utilisez Normalization ou MinMaxScaler sur chaque ensemble de caractéristiques numériques.

7.4.5 Utilisation excessive de ressources avec de grands ensembles de données

- Charger, transformer et augmenter de grands ensembles de données avec des caractéristiques de haute dimension (par exemple, des images) peut consommer des ressources computationnelles et de la mémoire significatives, ralentissant l'entraînement.

- **Solution** : Utilisez tf.data pour gérer efficacement les grands ensembles de données. Appliquez le traitement par lots, la mise en cache et le préchargement, ce qui optimise la vitesse du pipeline et réduit la pression sur les ressources.

7.4.6 Ignorer l'ordre des données dans les séries temporelles ou les données séquentielles

- Certaines tâches, comme l'analyse de séries temporelles, nécessitent le maintien de l'ordre des données. Appliquer un mélange aléatoire ou certaines augmentations peut perturber la structure temporelle, impactant négativement la performance du modèle.

- **Solution** : Pour les séries temporelles ou les données séquentielles, désactivez le mélange et assurez-vous que les couches de prétraitement maintiennent l'ordre des événements. Appliquez des transformations qui respectent la nature séquentielle des données, comme les fenêtres glissantes ou la normalisation par pas de temps.

7.4.7 Surapprentissage avec un prétraitement statique

- Une dépendance excessive aux étapes d'ingénierie des caractéristiques statiques (par exemple, encodages fixes ou augmentations non adaptatives) peut amener les modèles à surapprendre des motifs de données spécifiques.

- **Solution** : Utilisez des transformations adaptables, comme la couche StringLookup de Keras, qui permet des mises à jour du vocabulaire basées sur de nouvelles données, ou l'augmentation de données en temps réel pour exposer le modèle à des données variées.

En comprenant ces pièges potentiels et en mettant en œuvre les meilleures pratiques, vous pouvez tirer le meilleur parti de l'ingénierie des caractéristiques au sein du framework TensorFlow/Keras. Cela garantit que les modèles sont à la fois robustes et efficaces, maintenant des performances élevées pendant l'entraînement, la validation et le déploiement.

Résumé du Chapitre 7

Dans ce chapitre, nous avons exploré les techniques essentielles et les considérations pour l'ingénierie des caractéristiques en apprentissage profond, en nous concentrant sur la manière d'intégrer le prétraitement des données directement dans les flux de travail TensorFlow/Keras. Bien que les modèles d'apprentissage profond puissent apprendre des représentations complexes à partir de données brutes, une ingénierie des caractéristiques efficace reste cruciale pour garantir la cohérence, l'efficacité et l'amélioration des performances. Lorsque les données sont correctement prétraitées, les modèles d'apprentissage profond peuvent converger plus rapidement, produire des résultats plus précis et être déployés avec un minimum d'ajustements.

Nous avons commencé par discuter de l'importance de préparer les données spécifiquement pour les réseaux neuronaux. Contrairement aux modèles d'apprentissage automatique traditionnels, les réseaux neuronaux sont sensibles aux variations de données, ce qui rend le nettoyage, la mise à l'échelle et l'encodage appropriés essentiels. Les données numériques doivent être normalisées ou standardisées pour empêcher certaines caractéristiques de dominer le processus d'entraînement. Cela permet de garantir que le modèle peut se concentrer sur les véritables motifs des données plutôt que sur les écarts dans les plages de caractéristiques. De même, les données catégorielles doivent être encodées de manière adaptée au traitement des réseaux neuronaux, souvent par encodage one-hot ou encodage entier, pour permettre au modèle d'interpréter les caractéristiques catégorielles sans supposer de relations numériques inhérentes.

Nous avons ensuite examiné les **couches de prétraitement Keras**, qui offrent un moyen simple et efficace de gérer les transformations de données au sein du modèle. Des couches comme Normalization et StringLookup fournissent la mise à l'échelle et l'encodage des données directement dans le modèle, garantissant que les transformations de données sont appliquées de manière cohérente pendant l'entraînement et l'inférence. Cette approche réduit non seulement le besoin de scripts de prétraitement externes, mais minimise également le risque d'écarts entre l'entraînement et le déploiement.

Pour des pipelines de données plus complexes, nous avons exploré l'**API tf.data**, qui permet une gestion des données flexible et efficace, en particulier avec de grands ensembles de données ou plusieurs types d'entrées. Avec tf.data, nous pouvons créer des pipelines personnalisés qui chargent, regroupent et transforment les données en temps réel, optimisant l'utilisation de la mémoire et réduisant les temps de traitement. Cette API est particulièrement puissante lors du travail avec des données d'images, car elle prend en charge le chargement et l'augmentation d'images de manière dynamique, améliorant la capacité du modèle à généraliser en l'exposant à des conditions d'entrée variées.

De plus, nous avons discuté de l'augmentation d'images comme une forme d'ingénierie des caractéristiques pour les modèles de vision. En appliquant des transformations aléatoires telles que des rotations, des retournements et des zooms, nous simulons diverses conditions du monde réel, améliorant la robustesse du modèle. L'intégration de l'augmentation dans le pipeline du modèle permet de modifier les données en temps réel, offrant des variations sans augmenter la taille de l'ensemble de données.

Enfin, nous avons mis en évidence les pièges potentiels de l'ingénierie des caractéristiques, tels que la fuite de données, le prétraitement inadéquat et l'augmentation trop complexe. Ces problèmes peuvent nuire aux performances du modèle et sont particulièrement critiques en apprentissage profond, où les modèles peuvent facilement surapprendre ou mal interpréter de subtiles variations de données.

En résumé, l'ingénierie des caractéristiques pour l'apprentissage profond est une étape critique pour atteindre la stabilité, l'efficacité et la fiabilité du modèle. En intégrant le prétraitement dans TensorFlow/Keras, nous créons un pipeline de bout en bout qui transforme les données de manière cohérente et automatisée, soutenant l'entraînement et le déploiement du modèle de manière transparente. Cette approche globale prépare nos modèles au succès dans des applications réelles, les rendant adaptables, précis et efficaces.

Chapitre 8 : AutoML et ingénierie automatisée des caractéristiques

Alors que l'apprentissage automatique s'est développé tant en accessibilité qu'en complexité, la demande d'outils rationalisant e processus de modélisation s'est accrue. L'AutoML, ou **Apprentissage Automatique Automatisé**, vise à rendre l'apprentissage automatique plus accessible et efficace en automatisant des tâches clés, notamment la sélection de modèles, l'optimisation des hyperparamètres et l'ingénierie des caractéristiques. L'ingénierie automatisée des caractéristiques, en particulier, est précieuse car elle permet la découverte de nouvelles caractéristiques pertinentes avec un apport manuel minimal, accélérant le processus de préparation des données et améliorant souvent les performances du modèle.

L'essor de l'AutoML a révolutionné la façon dont les data scientists et les praticiens de l'apprentissage automatique abordent leur travail. En automatisant des tâches chronophages et complexes, l'AutoML permet aux experts de se concentrer sur la résolution de problèmes et la stratégie de plus haut niveau. Cette automatisation augmente non seulement l'efficacité mais démocratise également l'apprentissage automatique, le rendant plus accessible à ceux ayant moins d'expertise technique.

L'ingénierie automatisée des caractéristiques, composante cruciale de l'AutoML, aborde l'un des aspects les plus difficiles de l'apprentissage automatique : la création de caractéristiques significatives à partir de données brutes. Ce processus implique la génération, la transformation et la sélection automatiques de caractéristiques pouvant avoir un impact significatif sur les performances du modèle. En tirant parti d'algorithmes avancés et de techniques statistiques, l'ingénierie automatisée des caractéristiques peut découvrir des motifs et des relations cachés dans les données qui pourraient être manqués par les analystes humains.

Dans ce chapitre, nous explorerons comment l'AutoML et l'ingénierie automatisée des caractéristiques peuvent simplifier et améliorer le pipeline d'apprentissage automatique. Nous présenterons les outils clés de l'ingénierie automatisée des caractéristiques et approfondirons des exemples pratiques démontrant comment ces outils peuvent transformer des données brutes en caractéristiques précieuses prêtes pour la modélisation. Des transformations simples aux interactions complexes de caractéristiques, l'ingénierie automatisée des caractéristiques peut considérablement augmenter la précision d'un modèle en découvrant des insights dans les données qui pourraient autrement être négligés.

Nous examinerons diverses techniques employées dans l'ingénierie automatisée des caractéristiques, telles que :

- Génération de caractéristiques : Création de nouvelles caractéristiques par des opérations mathématiques ou logiques sur les caractéristiques existantes

- Sélection de caractéristiques : Identification des caractéristiques les plus pertinentes pour un problème donné

- Encodage de caractéristiques : Transformation de variables catégorielles en représentations numériques

- Mise à l'échelle de caractéristiques : Normalisation ou standardisation de caractéristiques numériques

- Extraction de caractéristiques temporelles : Dérivation de caractéristiques significatives à partir de données de séries temporelles

De plus, nous discuterons des compromis entre l'ingénierie automatisée et manuelle des caractéristiques, en explorant des scénarios où l'intuition humaine et l'expertise du domaine peuvent compléter les processus automatisés. À la fin de ce chapitre, les lecteurs auront une compréhension approfondie de la façon dont l'AutoML et l'ingénierie automatisée des caractéristiques remodèlent le paysage de l'apprentissage automatique, permettant des cycles de développement plus rapides et des modèles plus robustes.

8.1 Exploration des outils d'ingénierie automatisée des caractéristiques

Les outils d'ingénierie automatisée des caractéristiques révolutionnent le processus de création de caractéristiques significatives à partir de données brutes, améliorant considérablement les capacités des modèles d'apprentissage automatique. Ces algorithmes sophistiqués analysent des ensembles de données complexes pour identifier des motifs et des relations qui pourraient échapper aux analystes humains, réduisant ainsi le temps et les efforts requis pour l'ingénierie manuelle des caractéristiques. En automatisant cette étape cruciale du pipeline d'apprentissage automatique, ces outils augmentent non seulement l'efficacité mais ont également le potentiel de découvrir de nouveaux insights pouvant améliorer considérablement les performances du modèle.

Dans cette section, nous examinerons en détail trois outils d'ingénierie automatisée des caractéristiques de premier plan : **Featuretools**, H2O.ai et **Google AutoML Tables**. Chacune de ces plateformes offre un ensemble unique de capacités conçues pour aborder différents aspects du processus d'ingénierie des caractéristiques :

- **Featuretools** : Se spécialise dans la synthèse profonde de caractéristiques, particulièrement habile à gérer les données relationnelles et de séries temporelles. Il excelle dans la création d'interactions complexes de caractéristiques à travers plusieurs tables, le rendant inestimable pour les projets avec des relations de données complexes.

- **H2O.ai** : Fournit une plateforme AutoML complète qui intègre l'ingénierie des caractéristiques avec la sélection de modèles et l'optimisation des hyperparamètres. Sa force réside dans l'automatisation de l'ensemble du flux de travail d'apprentissage automatique, du prétraitement des données au déploiement du modèle.

- **Google AutoML Tables** : Faisant partie de l'écosystème d'apprentissage automatique de Google Cloud, cet outil offre une intégration transparente avec d'autres services Google comme BigQuery. Il est particulièrement bien adapté pour gérer des données structurées à grande échelle et fournit une automatisation de bout en bout du processus d'apprentissage automatique.

En explorant ces outils en profondeur, nous obtiendrons des insights sur la façon dont l'ingénierie automatisée des caractéristiques peut être exploitée pour améliorer divers aspects des projets d'apprentissage automatique, de l'amélioration de la précision du modèle à l'accélération des délais de développement. Comprendre les forces uniques de chaque outil vous permettra de prendre des décisions éclairées sur la solution qui correspond le mieux aux exigences et contraintes spécifiques de votre projet.

8.1.1 Featuretools

Featuretools est une puissante bibliothèque Python qui révolutionne le processus d'ingénierie des caractéristiques grâce à la **synthèse profonde de caractéristiques**. Cette technique avancée va au-delà des simples transformations de données en combinant et manipulant intelligemment les données à travers plusieurs tables pour créer des caractéristiques significatives. La force de la bibliothèque réside dans sa capacité à gérer des structures de données complexes, excellant particulièrement dans les ensembles de données de séries temporelles et relationnelles.

La synthèse profonde de caractéristiques dans Featuretools exploite les relations inhérentes entre les tables pour générer des interactions sophistiquées de caractéristiques. Cette capacité est particulièrement précieuse lorsqu'on travaille avec des ensembles de données ayant des structures temporelles ou hiérarchiques complexes. Par exemple, dans un ensemble de données de vente au détail, Featuretools peut automatiquement créer des caractéristiques qui capturent les modèles d'achat des clients au fil du temps, ou dans un contexte de fabrication, il peut générer des caractéristiques représentant la relation entre les calendriers de maintenance des machines et la production.

L'approche de la bibliothèque en matière d'ingénierie des caractéristiques est particulièrement puissante car elle peut découvrir des motifs et des relations latents qui pourraient être négligés dans les processus manuels d'ingénierie des caractéristiques. En automatisant la découverte d'interactions complexes de caractéristiques, Featuretools permet aux data scientists d'explorer un espace de caractéristiques beaucoup plus large, conduisant potentiellement à des améliorations significatives des performances du modèle.

De plus, la capacité de Featuretools à travailler à travers plusieurs tables aborde l'un des aspects les plus difficiles de l'ingénierie des caractéristiques : l'intégration d'informations provenant de diverses sources de données. Ceci est particulièrement utile dans des scénarios où les informations pertinentes sont réparties dans différentes bases de données ou structures de données, comme dans les systèmes de santé où les données des patients, les dossiers de traitement et les résultats de laboratoire peuvent être stockés séparément.

Caractéristiques clés de Featuretools

- **Génération automatisée de caractéristiques** : Featuretools excelle dans la génération automatique de nouvelles caractéristiques à partir de données brutes en appliquant un large éventail d'opérations mathématiques sur les colonnes et les tables. Cela inclut non seulement les agrégations de base comme la somme, la moyenne et le comptage, mais aussi des transformations plus complexes telles que les percentiles, les écarts types et même des opérations personnalisées. Cette capacité permet la création de caractéristiques hautement informatives pouvant capturer des motifs nuancés dans les données.

- **Ensembles d'entités et relations** : L'un des aspects les plus puissants de Featuretools est sa capacité à travailler avec des structures de données relationnelles complexes. En définissant des relations au sein d'un ensemble d'entités, l'outil peut générer des caractéristiques multi-tables sophistiquées. Ceci est particulièrement précieux dans des scénarios avec des données hiérarchiques ou imbriquées, comme les historiques de transactions clients ou les hiérarchies de produits dans les ensembles de données de commerce électronique. Featuretools peut parcourir ces relations pour créer des caractéristiques qui encapsulent des informations à travers plusieurs entités liées.

- **Calcul efficace** : Malgré la complexité de ses capacités de génération de caractéristiques, Featuretools est conçu pour l'efficacité. Il emploie des mécanismes de mise en cache intelligents et des techniques de parallélisation pour optimiser le calcul des caractéristiques, même lors du traitement d'ensembles de données à grande échelle. Cette efficacité le rend adapté aux environnements de production où la performance est cruciale. De plus, Featuretools offre des options pour le calcul incrémentiel des caractéristiques, permettant des mises à jour efficaces des valeurs de caractéristiques lorsque de nouvelles données deviennent disponibles sans avoir besoin de tout recalculer depuis le début.

- **Ingénierie des caractéristiques personnalisable** : Bien que Featuretools automatise une grande partie du processus d'ingénierie des caractéristiques, il offre également de la flexibilité aux data scientists pour incorporer des connaissances du domaine. Les utilisateurs peuvent définir des primitives personnalisées (opérations d'ingénierie des caractéristiques) adaptées à leur domaine de problème spécifique, permettant un mélange d'approches d'ingénierie des caractéristiques automatisées et manuelles.

- **Interprétabilité et sélection de caractéristiques** : Featuretools ne génère pas seulement des caractéristiques mais fournit également des outils pour comprendre et sélectionner les plus pertinentes. Il offre des classements d'importance des caractéristiques et fournit des descriptions claires de la façon dont chaque caractéristique a été générée, améliorant l'interprétabilité de l'ensemble de caractéristiques résultant. Cette transparence est cruciale pour construire des modèles explicables et obtenir des insights sur les motifs sous-jacents dans les données.

Exemple : Utilisation de Featuretools pour l'ingénierie automatisée des caractéristiques

Parcourons un exemple simple pour voir comment Featuretools peut créer des caractéristiques automatiquement.

1. **Installer Featuretools** : Tout d'abord, installez la bibliothèque si vous ne l'avez pas encore fait :

```
pip install featuretools
```

2. **Définir un ensemble d'entités** : Un **ensemble d'entités** est une collection de tables liées. Chaque table représente une **entité** (par exemple, « clients », « transactions ») et peut avoir des relations avec d'autres tables.

```
import pandas as pd
import featuretools as ft

# Define data
customers_df = pd.DataFrame({
    'customer_id': [1, 2, 3],
    'name': ['Alice', 'Bob', 'Charlie'],
    'signup_date': pd.to_datetime(['2022-01-01', '2022-02-01', '2022-03-01'])
})

transactions_df = pd.DataFrame({
    'transaction_id': [1, 2, 3, 4, 5],
    'customer_id': [1, 2, 1, 3, 2],
    'amount': [100, 200, 50, 300, 120],
    'transaction_date': pd.to_datetime(['2022-01-10', '2022-02-15', '2022-01-20',
'2022-03-10', '2022-02-25'])
})

# Create an entity set and add data
es = ft.EntitySet(id="customer_data")
es = es.add_dataframe(dataframe_name="customers", dataframe=customers_df,
index="customer_id")
es = es.add_dataframe(dataframe_name="transactions", dataframe=transactions_df,
index="transaction_id",
```

```
                                    time_index="transaction_date")

# Define relationship between customers and transactions
es = es.add_relationship("customers", "customer_id", "transactions", "customer_id")
```

3. **Générer des caractéristiques à l'aide de la synthèse profonde de caractéristiques** : Une fois les relations établies, Featuretools peut effectuer une **synthèse profonde de caractéristiques** pour créer de nouvelles caractéristiques.

```
# Generate features automatically
feature_matrix,          feature_defs          =          ft.dfs(entityset=es,
target_dataframe_name="customers", agg_primitives=["mean", "sum", "count"])

# Display the feature matrix
print(feature_matrix.head())
```

Dans cet exemple :

- **Création d'un ensemble d'entités** : Nous définissons deux tables, customers et transactions, et spécifions une relation entre elles. Cette étape est cruciale car elle établit les fondations pour la synthèse profonde de caractéristiques. En définissant la relation entre les clients et leurs transactions, nous permettons à Featuretools de comprendre la structure hiérarchique de nos données, ce qui est essentiel pour générer des caractéristiques significatives à travers les entités liées.

- **Synthèse profonde de caractéristiques** : Featuretools crée automatiquement de nouvelles caractéristiques pour chaque client en appliquant des fonctions d'agrégation (mean, sum, count) sur les transactions. Ce processus va au-delà des agrégations simples ; il explore diverses combinaisons et transformations des données existantes. Par exemple, il peut créer des caractéristiques telles que « montant moyen des transactions au cours des 30 derniers jours », « nombre total de transactions » ou « temps écoulé depuis la dernière transaction ». La matrice de caractéristiques résultante présente des caractéristiques au niveau client basées sur l'historique des transactions, offrant une vue d'ensemble du comportement et des modèles des clients.

En automatisant la génération de caractéristiques, Featuretools produit rapidement une variété de caractéristiques potentiellement utiles, réduisant le travail manuel généralement requis dans l'ingénierie des caractéristiques. Cette automatisation est particulièrement précieuse lorsqu'on traite des ensembles de données complexes où l'ingénierie manuelle des caractéristiques serait chronophage et susceptible de négliger des motifs importants. De plus, la capacité de Featuretools à générer des caractéristiques à travers des entités liées permet la création d'insights de haut niveau qui pourraient ne pas être immédiatement apparents lorsqu'on examine des tables individuelles de manière isolée. Cela peut conduire à la découverte de caractéristiques prédictives novatrices qui améliorent considérablement les performances du modèle dans diverses tâches d'apprentissage automatique.

8.1.2 H2O.ai

H2O.ai offre une plateforme AutoML complète qui va au-delà de la simple automatisation, en intégrant des capacités sophistiquées d'ingénierie des caractéristiques. Au cœur de son système, l'AutoML de H2O utilise des algorithmes avancés pour gérer automatiquement un large éventail de transformations de données. Cela inclut l'encodage des variables catégorielles, la mise à l'échelle des caractéristiques numériques et la génération de caractéristiques polynomiales pour capturer les relations non linéaires.

La capacité de la plateforme à effectuer ces transformations de manière autonome est particulièrement précieuse dans les ensembles de données complexes où l'ingénierie manuelle des caractéristiques serait chronophage et potentiellement sujette aux erreurs. Par exemple, H2O peut détecter automatiquement la nécessité d'un encodage one-hot sur les variables catégorielles à forte cardinalité, ou appliquer des techniques de mise à l'échelle appropriées aux caractéristiques numériques avec des plages variables.

De plus, l'expertise de H2O en matière d'ingénierie des caractéristiques s'étend à la création de termes d'interaction entre les caractéristiques, ce qui peut révéler des motifs cachés dans les données qui pourraient ne pas être apparents lorsqu'on considère les caractéristiques de manière isolée. Cette capacité est particulièrement utile dans les domaines où les interactions entre caractéristiques jouent un rôle crucial, comme dans la modélisation financière ou la prédiction du comportement des clients.

En automatisant ces aspects complexes de la préparation des données et de la création de caractéristiques, H2O réduit considérablement les obstacles à la construction de modèles d'apprentissage automatique hautement performants. Cette automatisation permet non seulement de gagner du temps, mais permet également aux data scientists et analystes de se concentrer sur des tâches de plus haut niveau telles que la formulation de problèmes et l'interprétation des résultats. Par conséquent, la plateforme AutoML de H2O permet aux organisations d'itérer rapidement dans le processus de développement de modèles, facilitant des insights plus rapides et une prise de décision basée sur des prédictions fondées sur les données.

Caractéristiques clés de H2O.ai

- **Transformation automatisée des données** : La plateforme AutoML de H2O excelle dans l'automatisation des transformations de données complexes, réduisant considérablement l'effort manuel requis dans la préparation des données. Elle applique intelligemment diverses techniques d'encodage telles que l'encodage one-hot pour les variables catégorielles à faible cardinalité et l'encodage cible pour les caractéristiques à forte cardinalité. Cette adaptabilité garantit une représentation optimale des données catégorielles. Pour les caractéristiques numériques, H2O détecte et applique automatiquement les méthodes de mise à l'échelle appropriées, telles que la standardisation ou la normalisation, en fonction de la distribution des données. Cette approche automatisée permet non seulement de gagner du temps, mais minimise également le risque d'erreur humaine dans le prétraitement des caractéristiques.

- **Création d'interactions entre caractéristiques** : Allant au-delà des transformations de base, l'AutoML de H2O emploie des algorithmes sophistiqués pour générer des caractéristiques polynomiales et des termes d'interaction. Cette capacité est cruciale pour capturer les relations non linéaires et les interactions complexes entre variables qui pourraient ne pas être apparentes dans les données brutes. Par exemple, elle peut automatiquement créer des termes au carré pour les variables continues ou combiner plusieurs variables catégorielles pour former de nouvelles caractéristiques potentiellement plus prédictives. Ce processus de création d'interactions entre caractéristiques révèle souvent des motifs cachés dans les données, conduisant à des modèles plus robustes et précis.

- **Ajustement intégré des modèles** : Le module AutoML de H2O fournit une solution complète qui va au-delà de l'ingénierie des caractéristiques. Il intègre des techniques avancées de sélection de modèles et d'optimisation des hyperparamètres, créant un pipeline de bout en bout sans faille pour la construction de modèles prédictifs. La plateforme évalue une gamme diversifiée d'algorithmes, notamment les machines de boosting de gradient, les forêts aléatoires et les réseaux de neurones, en sélectionnant automatiquement les modèles les plus performants. De plus, elle emploie des stratégies sophistiquées d'optimisation des hyperparamètres, telles que la recherche aléatoire et l'optimisation bayésienne, pour affiner les paramètres des modèles. Cette approche intégrée garantit que les caractéristiques générées sont utilisées de manière optimale à travers différentes architectures de modèles, maximisant la performance prédictive globale.

La synergie entre ces composants - transformation automatisée des données, création d'interactions entre caractéristiques et ajustement intégré des modèles - crée un écosystème puissant pour les data scientists et analystes. Elle accélère non seulement le processus de développement de modèles, mais conduit également souvent à la découverte de motifs prédictifs novateurs qui pourraient être négligés dans les approches manuelles traditionnelles. Cette automatisation complète permet aux praticiens de se concentrer davantage sur la formulation de problèmes, l'interprétation des résultats et la dérivation d'insights exploitables à partir de leurs modèles.

Exemple : Utilisation de l'AutoML de H2O.ai pour l'ingénierie des caractéristiques et la construction de modèles

Voici comment nous pouvons utiliser l'AutoML de H2O.ai pour créer un ensemble de données riche en caractéristiques et construire un modèle en quelques étapes seulement.

1. **Installer H2O** : Si vous n'avez pas encore installé H2O, utilisez la commande suivante :

```
pip install h2o
```

2. **Configurer H2O et charger les données** :

```python
import h2o
from h2o.automl import H2OAutoML
h2o.init()

# Load dataset
data = h2o.import_file("path_to_dataset.csv")
data['target'] = data['target'].asfactor()  # Set target as a categorical variable if
needed
```

3. **Exécuter AutoML avec l'ingénierie des caractéristiques** :

```python
# Define response and predictor variables
y = "target"
x = data.columns.remove(y)

# Run AutoML with feature engineering enabled
automl = H2OAutoML(max_models=10, seed=42)
automl.train(x=x, y=y, training_frame=data)

# Display leaderboard
leaderboard = automl.leaderboard
print(leaderboard.head())
```

Dans cet exemple :

- **Exécution d'AutoML** : Le processus d'apprentissage automatique automatisé de H2O va au-delà du simple prétraitement. Il emploie des algorithmes sophistiqués pour gérer intelligemment différents types de données. Pour les variables catégorielles, il applique des techniques d'encodage appropriées telles que l'encodage one-hot pour les caractéristiques à faible cardinalité et l'encodage cible pour celles à forte cardinalité. Les caractéristiques numériques subissent une mise à l'échelle et une normalisation automatiques pour garantir qu'elles sont sur des échelles comparables. De plus, les capacités de création de caractéristiques de H2O s'étendent à la génération de caractéristiques complexes telles que les termes polynomiaux et les caractéristiques d'interaction, qui peuvent capturer les relations non linéaires dans les données. Cette approche complète de l'ingénierie des caractéristiques révèle souvent des motifs cachés qui pourraient être manqués dans les processus manuels.

- **Sélection de modèles et apprentissage d'ensemble** : Le processus de sélection de modèles de H2O est à la fois approfondi et efficace. Il évalue une gamme diversifiée d'algorithmes, notamment les machines de boosting de gradient, les forêts aléatoires et les modèles d'apprentissage profond. Chaque modèle est entraîné avec diverses configurations d'hyperparamètres, et leurs performances sont méticuleusement suivies. H2O emploie ensuite des techniques d'ensemble avancées pour combiner les forces de plusieurs modèles, aboutissant souvent à un modèle final qui surpasse tout algorithme individuel. La plateforme fournit un classement détaillé qui classe les modèles en fonction de mesures de performance spécifiées par l'utilisateur, offrant transparence et permettant aux utilisateurs de prendre des décisions éclairées concernant la sélection de modèles.

L'AutoML de H2O.ai réduit considérablement l'effort manuel requis dans le pipeline d'apprentissage automatique, en particulier pour les ensembles de données complexes. Sa capacité à gérer des types de données mixtes - catégorielles, numériques et temporelles - le rend particulièrement puissant pour les applications du monde réel où les données sont souvent désordonnées et hétérogènes. Les capacités d'ingénierie automatisée des caractéristiques de la plateforme sont particulièrement précieuses dans les scénarios où les méthodes manuelles traditionnelles pourraient négliger d'importantes interactions ou transformations entre caractéristiques. Cette automatisation permet non seulement de gagner du temps, mais conduit également souvent à la découverte de caractéristiques prédictives novatrices qui peuvent améliorer considérablement les performances du modèle. De plus, l'approche transparente de H2O en matière de construction et de sélection de modèles permet aux data scientists de comprendre et de faire confiance aux processus automatisés, facilitant le développement de solutions d'apprentissage automatique plus robustes et interprétables.

8.1.3 Google AutoML Tables

AutoML Tables de Google est un composant puissant de l'écosystème d'apprentissage automatique de Google Cloud, conçu pour simplifier et rationaliser l'ensemble du pipeline ML. Cet outil complet aborde les complexités du travail avec des données structurées, offrant une solution qui couvre de la préparation initiale des données jusqu'au déploiement du modèle. En automatisant des processus critiques tels que l'ingénierie des caractéristiques, la sélection de modèles et l'optimisation des hyperparamètres, AutoML Tables réduit considérablement les barrières techniques souvent associées aux projets d'apprentissage automatique.

L'une des forces principales d'AutoML Tables réside dans sa capacité à gérer l'ingénierie des caractéristiques automatiquement. Ce processus implique la transformation de données brutes en caractéristiques significatives qui peuvent améliorer les performances du modèle. AutoML Tables emploie des algorithmes sophistiqués pour identifier les caractéristiques pertinentes, en créer de nouvelles par le biais de diverses transformations, et sélectionner les caractéristiques les plus impactantes pour l'entraînement du modèle. Cette automatisation permet non seulement de gagner du temps, mais découvre également souvent des motifs complexes qui pourraient être négligés dans les processus manuels d'ingénierie des caractéristiques.

Les capacités de sélection de modèles de la plateforme sont tout aussi impressionnantes. AutoML Tables évalue une large gamme d'algorithmes d'apprentissage automatique, notamment les machines de boosting de gradient, les réseaux de neurones et les méthodes d'ensemble. Il teste systématiquement différentes architectures et configurations de modèles pour identifier le modèle le plus performant pour l'ensemble de données et le problème spécifiques. Ce processus est complété par l'optimisation automatisée des hyperparamètres, où le système affine les paramètres du modèle pour optimiser les performances, une tâche qui peut être extrêmement chronophage lorsqu'elle est effectuée manuellement.

AutoML Tables est particulièrement bien adapté aux entreprises et organisations traitant des données structurées sur Google Cloud. Son intégration avec d'autres services Google Cloud, tels que BigQuery pour le stockage et le traitement des données, crée un flux de travail sans faille de l'ingestion des données au déploiement du modèle. Cela en fait une option attrayante pour les entreprises cherchant à exploiter leur infrastructure de données existante tout en mettant en œuvre des solutions avancées d'apprentissage automatique.

Caractéristiques principales de Google AutoML Tables

- **Automatisation de bout en bout** : AutoML Tables fournit une solution complète qui couvre l'ensemble du pipeline d'apprentissage automatique. Du prétraitement initial des données à l'ingénierie des caractéristiques, la sélection de modèles et finalement le déploiement, la plateforme automatise des étapes cruciales qui nécessitent traditionnellement un effort manuel considérable. Cette automatisation permet aux data scientists et analystes de se concentrer sur la prise de décision stratégique et la formulation de problèmes plutôt que de s'enliser dans les détails de mise en œuvre technique. En rationalisant ces processus, AutoML Tables réduit considérablement le délai d'obtention d'insights pour les entreprises, permettant une prise de décision basée sur les données plus rapide.

- **Transformations avancées des caractéristiques** : Les capacités d'ingénierie des caractéristiques de la plateforme vont au-delà des simples transformations de données. AutoML Tables emploie des algorithmes sophistiqués pour générer automatiquement des caractéristiques complexes qui peuvent capturer des motifs complexes dans les données. Cela inclut la création de caractéristiques polynomiales pour modéliser les relations non linéaires, de caractéristiques d'interaction pour capturer les dépendances entre variables, et de caractéristiques temporelles pour l'analyse de données temporelles. Ces transformations avancées conduisent souvent à la découverte de caractéristiques hautement prédictives qui pourraient être négligées dans les processus manuels d'ingénierie des caractéristiques, améliorant potentiellement les performances du modèle à travers diverses tâches d'apprentissage automatique.

- **Intégration transparente avec BigQuery** : Pour les organisations exploitant l'écosystème de Google Cloud, AutoML Tables offre une intégration native avec BigQuery, l'entrepôt de données entièrement géré et sans serveur de Google. Cette intégration permet une gestion efficace de grands ensembles de données directement depuis BigQuery, éliminant le besoin de déplacement ou de duplication des données. Les utilisateurs peuvent connecter de manière transparente leurs ensembles de données BigQuery à AutoML Tables, leur permettant de construire et déployer des modèles d'apprentissage automatique sur des ensembles de données massifs sans se soucier des limitations de transfert ou de stockage de données. Cette capacité est particulièrement précieuse pour les entreprises traitant du big data, car elle leur permet d'exploiter tout le potentiel de leurs actifs de données pour les applications d'apprentissage automatique tout en maintenant les protocoles de gouvernance et de sécurité des données.

Les outils automatisés d'ingénierie des caractéristiques tels que Featuretools, H2O.ai et Google AutoML Tables offrent des solutions robustes pour générer des caractéristiques avec une intervention manuelle minimale. Ces plateformes avancées exploitent des algorithmes sophistiqués pour automatiser les tâches complexes de prétraitement des données, de création de caractéristiques et de processus de sélection. En rationalisant la transformation des données, l'agrégation et la génération d'interactions entre caractéristiques, ces outils permettent d'améliorer efficacement les performances du modèle.

Featuretools, par exemple, excelle dans l'ingénierie automatisée des caractéristiques grâce à son algorithme de synthèse profonde des caractéristiques, qui peut créer des caractéristiques significatives à partir d'ensembles de données relationnelles. Les capacités AutoML de H2O.ai s'étendent au-delà de l'ingénierie des caractéristiques pour inclure la sélection de modèles et l'optimisation des hyperparamètres, fournissant une solution complète pour l'ensemble du pipeline d'apprentissage automatique. Google AutoML Tables, intégré dans l'écosystème Google Cloud, offre une gestion transparente de grands ensembles de données et une ingénierie automatisée des caractéristiques qui peut découvrir des motifs complexes dans les données structurées.

Ces outils permettent non seulement de gagner du temps, mais ont également le potentiel de découvrir des caractéristiques novatrices et hautement prédictives que les experts humains pourraient négliger. En automatisant le processus d'ingénierie des caractéristiques, les data scientists peuvent se concentrer davantage sur la formulation de problèmes, l'interprétation des modèles et la dérivation d'insights exploitables. Ce changement de focus peut conduire à des solutions plus innovantes et à un déploiement plus rapide de modèles d'apprentissage automatique dans des applications du monde réel.

De plus, l'utilisation de ces outils automatisés d'ingénierie des caractéristiques peut démocratiser l'apprentissage automatique, le rendant plus accessible à un plus large éventail de professionnels. En réduisant le besoin d'expertise technique approfondie dans la création de caractéristiques, ces outils permettent aux experts du domaine d'exploiter les techniques d'apprentissage automatique plus efficacement, conduisant potentiellement à des percées dans divers domaines tels que la santé, la finance et les sciences environnementales.

8.2 Introduction aux outils de caractéristiques et bibliothèques AutoML

Ces dernières années, les avancées dans l'automatisation de l'apprentissage automatique ont conduit au développement d'outils et de bibliothèques puissants qui rationalisent les processus d'ingénierie des caractéristiques et de modélisation. Les **outils de caractéristiques** et les **bibliothèques AutoML** permettent aux data scientists et analystes d'automatiser des tâches essentielles telles que le nettoyage des données, la transformation, la sélection de caractéristiques et même l'entraînement de modèles. Cette automatisation facilite l'extraction d'insights précieux à partir d'ensembles de données complexes, permettant une expérimentation plus rapide et réduisant le potentiel d'erreur humaine.

Dans cette section, nous explorerons certains des outils de caractéristiques et bibliothèques AutoML les plus largement utilisés, notamment **Featuretools**, **Auto-sklearn**, **TPOT** et **MLBox**. Ces outils peuvent simplifier l'ingénierie des caractéristiques et la construction de modèles, et chacun possède des caractéristiques uniques qui le rendent adapté à des types spécifiques de projets.

8.2.1 Featuretools : Automatisation de l'ingénierie des caractéristiques avec la synthèse profonde des caractéristiques

Featuretools se distingue comme une bibliothèque puissante dédiée à l'automatisation du processus d'ingénierie des caractéristiques. Contrairement aux méthodes manuelles traditionnelles, Featuretools emploie une technique sophistiquée appelée synthèse profonde des caractéristiques pour générer des caractéristiques complexes à travers plusieurs tables ou dataframes. Cette approche est particulièrement précieuse lors du travail avec des bases de données relationnelles ou des données temporelles, où les relations entre différentes entités de données peuvent produire des insights significatifs.

La méthode de synthèse profonde des caractéristiques dans Featuretools fonctionne en parcourant les relations définies entre différentes tables d'un ensemble de données. Elle applique automatiquement diverses fonctions de transformation et d'agrégation le long de ces chemins, créant de nouvelles caractéristiques qui capturent des motifs complexes et des dépendances au sein des données. Par exemple, dans un ensemble de données de vente au détail, elle pourrait générer des caractéristiques telles que « montant moyen d'achat par client au cours des 30 derniers jours » ou « nombre de produits uniques achetés par chaque client », sans nécessiter de codage manuel de ces calculs.

Cette approche automatisée offre plusieurs avantages :

- Efficacité : Featuretools rationalise considérablement le processus d'ingénierie des caractéristiques, réduisant drastiquement le temps et les efforts requis. Cette automatisation permet aux data scientists d'allouer plus de temps et de ressources à d'autres aspects critiques du pipeline d'apprentissage automatique, tels que l'interprétation des modèles, le réglage fin et les stratégies de déploiement. En automatisant les tâches répétitives, elle permet une itération et une expérimentation plus rapides, conduisant potentiellement à des insights plus rapides et à des modèles plus robustes.

- Exhaustivité : L'approche systématique de l'outil pour l'exploration des caractéristiques est un avantage clé. En examinant de manière exhaustive toutes les combinaisons de caractéristiques possibles, Featuretools peut découvrir des motifs complexes et des relations au sein des données qui pourraient être non évidentes ou facilement négligées par les analystes humains. Cette exploration exhaustive conduit souvent à la découverte de caractéristiques hautement prédictives qui peuvent améliorer considérablement les performances du modèle, offrant un avantage concurrentiel dans des tâches d'apprentissage automatique complexes.

- Évolutivité : L'une des capacités remarquables de Featuretools est sa capacité à gérer des ensembles de données complexes à grande échelle avec plusieurs tables reliées. Cela le rend particulièrement précieux pour les applications d'entreprise où les données couvrent souvent divers systèmes et bases de données interconnectés. L'évolutivité de l'outil garantit qu'à mesure que les volumes de données augmentent et deviennent plus complexes, le processus d'ingénierie des caractéristiques reste efficace et efficient, permettant aux organisations d'exploiter l'ensemble de leur écosystème de données pour les tâches d'apprentissage automatique.

- Cohérence : La nature automatisée de Featuretools garantit une approche standardisée de la création de caractéristiques à travers différents projets et membres d'équipe. Cette cohérence est cruciale pour maintenir la qualité et la reproductibilité des modèles d'apprentissage automatique, en particulier dans des environnements collaboratifs. Elle aide à éliminer les écarts qui pourraient résulter des approches de différents analystes, garantissant que l'ingénierie des caractéristiques suit les meilleures pratiques de manière cohérente. Cette standardisation facilite également la maintenance des modèles, les mises à jour et le transfert de connaissances au sein des équipes de data science.

De plus, la cohérence fournie par Featuretools contribue à une meilleure documentation et traçabilité du processus d'ingénierie des caractéristiques. Ceci est particulièrement important pour les industries avec des exigences réglementaires strictes, où la capacité d'expliquer et de justifier les entrées du modèle est cruciale. L'approche systématique de l'outil facilite le suivi de l'origine et de la justification derrière chaque caractéristique générée, améliorant la transparence globale et l'interprétabilité du pipeline d'apprentissage automatique.

En exploitant Featuretools, les data scientists peuvent considérablement améliorer leur capacité à extraire des caractéristiques significatives à partir d'ensembles de données multi-tables complexes, améliorant potentiellement les performances et l'interprétabilité de leurs modèles d'apprentissage automatique.

Comment fonctionne Featuretools

Featuretools fonctionne en utilisant un **ensemble d'entités**, qui est une collection de dataframes reliés. Cette structure permet à l'outil de comprendre et d'exploiter les relations entre différentes tables de données. En définissant ces relations, Featuretools peut effectuer une génération sophistiquée de caractéristiques à travers diverses opérations, principalement l'agrégation et la transformation.

La puissance de Featuretools réside dans sa capacité à créer automatiquement des caractéristiques complexes et significatives à travers des ensembles de données reliés. Par exemple, dans un scénario de vente au détail avec des tables de clients et de transactions séparées, Featuretools peut générer des caractéristiques au niveau du client pleines d'insights. Celles-ci peuvent inclure des métriques telles que le montant moyen de transaction par client, la fréquence des achats ou la dépense totale sur une période spécifique.

Ce processus automatisé de génération de caractéristiques va au-delà des simples agrégations. Featuretools peut créer des caractéristiques temporelles (par exemple, « nombre de transactions au cours des 30 derniers jours »), appliquer des transformations mathématiques et même générer des caractéristiques qui couvrent plusieurs tables reliées. Par exemple, il pourrait créer une caractéristique comme « pourcentage de transactions de valeur élevée par rapport à la moyenne du client », ce qui nécessite de comprendre à la fois l'historique du client et les tendances générales des transactions.

En automatisant ces tâches complexes d'ingénierie des caractéristiques, Featuretools réduit considérablement l'effort manuel requis dans la préparation des données, permettant aux data scientists de se concentrer sur le développement et l'interprétation des modèles. Cette capacité est particulièrement précieuse lors du traitement de grands ensembles de données complexes où l'ingénierie manuelle des caractéristiques serait chronophage et sujette à négliger des motifs potentiellement importants.

Fonctions clés dans Featuretools

- **EntitySet** : Ce composant fondamental dans Featuretools gère les dataframes reliés, établissant la structure pour la synthèse profonde des caractéristiques. Il permet aux utilisateurs de définir des relations entre différentes tables, créant une représentation cohérente de structures de données complexes. Ceci est particulièrement utile lors du travail avec des bases de données relationnelles ou des ensembles de données couvrant plusieurs tables.

- **Synthèse profonde des caractéristiques (DFS)** : Au cœur de la fonctionnalité de Featuretools, DFS est un algorithme avancé qui applique diverses fonctions d'agrégation et de transformation à travers les colonnes pour générer de nouvelles caractéristiques. Il parcourt les relations définies dans l'EntitySet, créant des caractéristiques qui capturent des interactions complexes et des motifs au sein des données. DFS peut produire des caractéristiques couvrant plusieurs tables, découvrant des insights qui pourraient être difficiles à discerner manuellement.

- **Primitives de caractéristiques** : Ce sont les éléments constitutifs de l'ingénierie des caractéristiques dans Featuretools. Les primitives sont des fonctions prédéfinies telles que moyenne, somme, mode, compte et des opérations plus complexes. Elles servent de base pour la génération automatisée de caractéristiques, permettant la création d'une large gamme de types de caractéristiques. Les utilisateurs peuvent également définir des primitives personnalisées pour adapter le processus de génération de caractéristiques à des connaissances spécifiques du domaine ou à des exigences particulières.

- **Ingénierie des caractéristiques temporelles** : Featuretools excelle dans la création de caractéristiques temporelles, qui sont cruciales pour de nombreuses tâches de modélisation prédictive. Il peut générer automatiquement des caractéristiques telles que « temps écoulé depuis le dernier événement », « valeur moyenne au cours des N derniers jours » ou « somme cumulative jusqu'à ce point », capturant les dynamiques temporelles dans les données.

- **Sélection et réduction des caractéristiques** : Pour gérer le nombre potentiellement important de caractéristiques générées, Featuretools fournit des méthodes pour la sélection des caractéristiques et la réduction de dimensionnalité. Ces outils aident à identifier les caractéristiques les plus pertinentes, réduisant le bruit et améliorant les performances et l'interprétabilité du modèle.

Exemple : Ingénierie des caractéristiques avec Featuretools

Pour illustrer la puissance de Featuretools, explorons un exemple pratique utilisant deux ensembles de données interconnectés : une table **clients** et une table **transactions**. Ce scénario est courant dans de nombreuses applications commerciales, où la compréhension du comportement des clients à travers leur historique de transactions est cruciale pour la prise de décision et la modélisation prédictive.

Dans cet exemple, nous exploiterons la synthèse profonde des caractéristiques pour générer automatiquement des caractéristiques qui capturent des motifs complexes dans le comportement transactionnel des clients. Ce processus démontrera comment Featuretools peut découvrir des insights précieux qui pourraient être difficiles ou chronophages à dériver manuellement.

Les caractéristiques que nous créerons iront au-delà de simples agrégations. Elles pourraient inclure :

- Des métriques de récence : À quand remonte la dernière transaction de chaque client ?

- Des métriques de fréquence : À quelle fréquence chaque client effectue-t-il des transactions ?

- Des métriques de valeur monétaire : Quelle est la valeur moyenne ou totale des transactions de chaque client ?

- Des indicateurs de tendance : Les montants des transactions d'un client augmentent-ils ou diminuent-ils au fil du temps ?

En automatisant la création de ces caractéristiques complexes, Featuretools permet aux data scientists de générer rapidement un ensemble riche de prédicteurs qui peuvent améliorer considérablement les performances des modèles d'apprentissage automatique en aval, tels que la prédiction de l'attrition des clients ou les campagnes marketing personnalisées.

1. **Définir et ajouter des dataframes à l'EntitySet** :

```python
import featuretools as ft
import pandas as pd

# Sample customers data
customers_df = pd.DataFrame({
    'customer_id': [1, 2, 3],
    'signup_date': pd.to_datetime(['2022-01-01', '2022-02-01', '2022-03-01'])
})

# Sample transactions data
transactions_df = pd.DataFrame({
    'transaction_id': [1, 2, 3, 4, 5],
    'customer_id': [1, 2, 1, 3, 2],
    'amount': [100, 200, 50, 300, 120],
    'transaction_date': pd.to_datetime(['2022-01-10', '2022-02-15', '2022-01-20',
'2022-03-10', '2022-02-25'])
})

# Create an EntitySet and add dataframes
es = ft.EntitySet(id="customer_data")
es = es.add_dataframe(dataframe_name="customers", dataframe=customers_df,
index="customer_id")
es = es.add_dataframe(dataframe_name="transactions", dataframe=transactions_df,
index="transaction_id",
                      time_index="transaction_date")

# Define relationship between dataframes
es = es.add_relationship("customers", 'customer_id', "transactions", "customer_id")
```

2. **Générer des caractéristiques en utilisant la synthèse profonde des caractéristiques** :

```python
# Generate features with aggregation primitives like mean and sum
feature_matrix, feature_defs = ft.dfs(entityset=es,
target_dataframe_name="customers", agg_primitives=["mean", "sum", "count"])

# View the feature matrix
print(feature_matrix.head())
```

Dans cet exemple, **Featuretools** démontre sa puissance en générant automatiquement des caractéristiques sophistiquées qui fournissent des insights approfondis sur le comportement des clients. Les caractéristiques créées, telles que transactions.amount.mean et transactions.amount.sum, représentent respectivement le montant moyen et le montant total des transactions de chaque client. Ces caractéristiques générées automatiquement vont au-delà des simples agrégations et peuvent capturer des motifs complexes dans les données.

Par exemple, transactions.amount.mean donne un aperçu rapide du comportement de dépense typique d'un client, ce qui pourrait être utile pour identifier les clients à forte valeur ou détecter une activité inhabituelle. D'autre part, transactions.amount.sum fournit une vue d'ensemble de la dépense totale d'un client, ce qui pourrait être précieux pour les calculs de programmes de fidélité ou l'évaluation des risques.

Featuretools peut également créer des caractéristiques plus complexes comme des agrégations temporelles (par exemple, dépense moyenne au cours des 30 derniers jours) ou des caractéristiques qui couvrent plusieurs tables reliées (par exemple, ratio de la dépense du client par rapport à la dépense moyenne dans sa ville). Ces caractéristiques complexes, générées sans aucun codage manuel, peuvent améliorer considérablement le pouvoir prédictif des modèles d'apprentissage automatique et fournir des insights commerciaux exploitables.

En automatisant ce processus, Featuretools permet non seulement de gagner du temps, mais découvre également des motifs qui pourraient être négligés lors de l'ingénierie manuelle des caractéristiques. Cette capacité est particulièrement précieuse lors du traitement de grands ensembles de données complexes où l'espace des caractéristiques potentielles est vaste et difficile à explorer manuellement.

8.2.2 Auto-sklearn : Automatisation du pipeline complet d'apprentissage automatique

Auto-sklearn est une **bibliothèque AutoML** avancée qui révolutionne le flux de travail d'apprentissage automatique en automatisant chaque étape, de l'ingénierie des caractéristiques à la sélection de modèles et à l'optimisation des hyperparamètres. S'appuyant sur la base solide de la bibliothèque Scikit-Learn, Auto-sklearn offre une solution complète pour un large éventail de défis d'apprentissage automatique.

L'une des caractéristiques remarquables d'Auto-sklearn est sa capacité à générer automatiquement des transformations de caractéristiques. Cette capacité est cruciale pour découvrir des motifs cachés dans les données, conduisant potentiellement à une amélioration des performances du modèle. La bibliothèque utilise des algorithmes sophistiqués pour identifier les caractéristiques les plus pertinentes et en créer de nouvelles grâce à diverses transformations, un processus qui nécessite traditionnellement une expertise approfondie du domaine et un investissement en temps considérable.

En plus de l'ingénierie des caractéristiques, Auto-sklearn excelle dans la sélection de modèles. Elle peut évaluer une gamme diversifiée d'algorithmes d'apprentissage automatique, des modèles linéaires simples aux méthodes d'ensemble complexes, pour déterminer le meilleur ajustement pour un ensemble de données donné. Ce processus de sélection automatisé fait économiser aux data scientists d'innombrables heures d'essais et d'erreurs, tout en découvrant souvent des combinaisons de modèles qui pourraient être négligées lors d une exploration manuelle.

L'aspect d'optimisation des hyperparamètres d'Auto-sklearn est tout aussi impressionnant. Elle utilise des techniques d'optimisation avancées pour affiner les paramètres du modèle, une tâche qui peut être exceptionnellement chronophage et exigeante en termes de calcul lorsqu'elle est effectuée manuellement. Cette optimisation automatisée produit souvent des modèles qui surpassent ceux configurés par des experts humains.

Ce qui distingue Auto-sklearn, c'est sa capacité à optimiser simultanément l'ingénierie des caractéristiques et les paramètres du modèle. Cette approche holistique de l'optimisation peut conduire à des améliorations synergiques des performances du modèle, la rendant particulièrement précieuse pour les ensembles de données complexes où les interactions entre les caractéristiques et l'architecture du modèle ne sont pas immédiatement apparentes.

En automatisant ces aspects critiques du pipeline d'apprentissage automatique, Auto-sklearn non seulement accélère le processus de développement, mais démocratise également l'accès aux techniques avancées d'apprentissage automatique. Elle permet aux data scientists de se concentrer sur des tâches de niveau supérieur telles que la formulation de problèmes et l'interprétation des résultats, tandis que la bibliothèque gère les subtilités du développement de modèles.

Caractéristiques clés d'Auto-sklearn

- **Prétraitement automatisé des données** : Auto-sklearn excelle dans la gestion de divers types et formats de données. Elle applique automatiquement des méthodes de mise à l'échelle appropriées (par exemple, standardisation, normalisation) aux caractéristiques numériques, effectue un encodage one-hot pour les variables catégorielles et gère les données manquantes par des techniques d'imputation. Ce prétraitement complet garantit que les données sont optimalement préparées pour une large gamme d'algorithmes d'apprentissage automatique.

- **Sélection de modèles et optimisation des hyperparamètres** : En tirant parti du méta-apprentissage et de l'optimisation bayésienne, Auto-sklearn navigue efficacement dans le vaste espace des modèles potentiels et de leurs configurations. Le méta-apprentissage utilise les connaissances de tâches précédentes pour identifier rapidement les algorithmes prometteurs, tandis que l'optimisation bayésienne explore systématiquement l'espace des hyperparamètres pour trouver les paramètres optimaux. Cette combinaison réduit considérablement le temps nécessaire pour trouver des modèles performants par rapport aux méthodes traditionnelles de recherche par grille ou aléatoire.

- **Modèles d'ensemble** : Auto-sklearn va au-delà de la sélection de modèle unique en construisant des modèles d'ensemble puissants. Elle combine intelligemment plusieurs modèles performants, souvent issus de familles d'algorithmes différentes, pour créer un prédicteur final robuste. Cette approche d'ensemble améliore l'on seulement la précision globale, mais renforce également la stabilité et la généralisation du modèle, la rendant particulièrement efficace pour les ensembles de données complexes avec des motifs diversifiés.

- **Gestion du temps et des ressources** : Auto-sklearn permet aux utilisateurs de définir des contraintes de temps pour le processus d'optimisation, la rendant adaptée à la fois au prototypage rapide et au développement extensif de modèles. Elle alloue efficacement les ressources de calcul à travers différentes étapes du pipeline, assurant un équilibre entre l'exploration de différents modèles et l'exploitation de configurations prometteuses.

- **Interprétabilité et transparence** : Malgré sa nature automatisée, Auto-sklearn fournit des aperçus de son processus de prise de décision. Les utilisateurs peuvent examiner les modèles sélectionnés, leurs hyperparamètres et la composition de l'ensemble final. Cette transparence est cruciale pour comprendre le comportement du modèle et pour répondre aux exigences réglementaires dans certaines industries.

Exemple : Utilisation d'Auto-sklearn pour la construction automatisée de modèles

1. **Installer Auto-sklearn** :

```
pip install auto-sklearn
```

2. **Charger les données et entraîner avec Auto-sklearn** :

```python
import autosklearn.classification
from sklearn.model_selection import train_test_split
from sklearn.datasets import load_iris
from sklearn.metrics import accuracy_score

# Load a sample dataset
data = load_iris()
X_train, X_test, y_train, y_test = train_test_split(data.data, data.target,
test_size=0.2, random_state=42)

# Initialize and fit Auto-sklearn classifier
automl =
autosklearn.classification.AutoSklearnClassifier(time_left_for_this_task=300,
per_run_time_limit=30)
automl.fit(X_train, y_train)

# Make predictions and evaluate
y_pred = automl.predict(X_test)
print("Auto-sklearn Accuracy:", accuracy_score(y_test, y_pred))
```

Ce code démontre comment utiliser Auto-sklearn, une bibliothèque d'apprentissage automatique automatisé, pour construire et évaluer un modèle de classification. Voici une explication détaillée du code :

- Tout d'abord, il importe les bibliothèques nécessaires : Auto-sklearn pour l'apprentissage automatique automatisé, train_test_split pour la division des données, load_iris pour un jeu de données d'exemple, et accuracy_score pour l'évaluation.

- Le code charge le jeu de données iris, un jeu de données de référence courant en apprentissage automatique.

- Il divise les données en ensembles d'entraînement et de test, avec 80 % pour l'entraînement et 20 % pour les tests.

- Un classificateur Auto-sklearn est initialisé avec une limite de temps de 300 secondes pour l'ensemble de la tâche et 30 secondes par exécution.

- Le classificateur est ensuite ajusté aux données d'entraînement en utilisant la méthode fit().

- Après l'entraînement, le modèle effectue des prédictions sur l'ensemble de test.

- Enfin, il calcule et affiche la précision du modèle en utilisant la fonction accuracy_score.

Ce code illustre comment Auto-sklearn peut gérer automatiquement l'ensemble du pipeline d'apprentissage automatique, y compris la sélection de modèles, l'optimisation des hyperparamètres et le prétraitement des caractéristiques, avec une intervention manuelle minimale.

8.2.3 TPOT : Apprentissage Automatique Automatisé pour la Science des Données

TPOT (Tree-based Pipeline Optimization Tool) est un outil AutoML open-source innovant qui exploite la **programmation génétique** pour optimiser les pipelines d'apprentissage automatique. En utilisant des algorithmes évolutionnaires, TPOT explore intelligemment le vaste espace des solutions d'apprentissage automatique possibles, incluant le prétraitement des caractéristiques, la sélection de modèles et l'optimisation des hyperparamètres.

L'approche de programmation génétique utilisée par TPOT imite le processus de sélection naturelle. Elle commence avec une population de pipelines d'apprentissage automatique aléatoires et les fait évoluer de manière itérative sur plusieurs générations. À chaque génération, les pipelines les plus performants sont sélectionnés et combinés pour créer de nouveaux pipelines potentiellement meilleurs. Ce processus se poursuit jusqu'à ce qu'un nombre spécifié de générations ou un seuil de performance soit atteint.

La recherche exhaustive de TPOT englobe des milliers de combinaisons potentielles, incluant :

- La recherche exhaustive de TPOT englobe une large gamme de composants d'apprentissage automatique :

- **Transformations de Caractéristiques :** TPOT explore diverses techniques de prétraitement des données pour optimiser les caractéristiques d'entrée. Cela inclut :

  - Des méthodes de mise à l'échelle telles que la standardisation et la normalisation pour garantir que toutes les caractéristiques sont sur une échelle similaire

  - Des stratégies d'encodage pour les variables catégorielles, comme l'encodage one-hot ou l'encodage par étiquettes

  - La création de caractéristiques polynomiales pour capturer les relations non linéaires dans les données

  - Des techniques de réduction de dimensionnalité comme la PCA ou des méthodes de sélection de caractéristiques

- **Combinaisons de Modèles :** TPOT examine un ensemble diversifié d'algorithmes d'apprentissage automatique, incluant mais sans s'y limiter :

  - Des arbres de décision pour des modèles interprétables

  - Des forêts aléatoires pour un apprentissage d'ensemble robuste

  - Des machines à vecteurs de support pour une gestion efficace des espaces de haute dimension

  - Des méthodes de gradient boosting comme XGBoost ou LightGBM pour de hautes performances

  - Des réseaux de neurones pour la reconnaissance de motifs complexes

  - Des modèles linéaires pour des solutions plus simples et interprétables

- **Paramètres d'Hyperparamètres :** TPOT affine les paramètres spécifiques aux modèles pour optimiser les performances, en considérant :

  - Les taux d'apprentissage et les forces de régularisation pour les méthodes basées sur le gradient

  - Les profondeurs d'arbres et le nombre d'estimateurs pour les méthodes d'ensemble

  - Les choix de noyaux et les paramètres de régularisation pour les SVM

  - Les fonctions d'activation et les configurations de couches pour les réseaux de neurones

      o   Des stratégies de validation croisée pour garantir des estimations de performance robustes

En explorant ce vaste espace de possibilités, TPOT peut découvrir des pipelines d'apprentissage automatique hautement optimisés qui sont adaptés aux caractéristiques spécifiques de l'ensemble de données en question. Cette approche automatisée conduit souvent à des solutions qui surpassent les modèles conçus manuellement, en particulier dans les domaines de problèmes complexes.

Cette exploration exhaustive rend TPOT particulièrement précieux pour les tâches complexes qui nécessitent une ingénierie de caractéristiques étendue et une expérimentation de modèles. Il peut découvrir des relations complexes dans les données et identifier des configurations de pipeline optimales qui pourraient être négligées par les data scientists humains ou par des outils AutoML plus simples.

De plus, la capacité de TPOT à générer ces pipelines entiers, plutôt que simplement des modèles individuels, fournit une approche plus holistique de l'automatisation de l'apprentissage automatique. Cela peut conduire à des solutions plus robustes et généralisables, en particulier pour les ensembles de données avec des structures complexes ou des motifs cachés.

Caractéristiques Clés de TPOT

- **Optimisation de Pipeline** : TPOT excelle dans l'optimisation de l'ensemble du pipeline d'apprentissage automatique, du prétraitement des caractéristiques à la sélection de modèles. Cette approche globale garantit que chaque étape du processus est affinée pour fonctionner harmonieusement avec les autres, conduisant potentiellement à des performances globales supérieures.

- **Programmation Génétique** : TPOT exploite la programmation génétique pour faire évoluer les pipelines, en affinant de manière itérative les transformations de caractéristiques et les choix de modèles. Cette approche évolutionnaire permet à TPOT d'explorer efficacement un vaste espace de solutions, découvrant souvent des combinaisons innovantes que les experts humains pourraient négliger.

- **Flexibilité** : La compatibilité de TPOT avec les estimateurs Scikit-Learn le rend très polyvalent et facilement intégrable dans les flux de travail existants. Cette interopérabilité permet aux data scientists de tirer parti des capacités d'automatisation de TPOT tout en conservant la flexibilité d'incorporer des composants personnalisés lorsque nécessaire.

- **Ingénierie Automatisée des Caractéristiques** : TPOT peut automatiquement créer et sélectionner des caractéristiques pertinentes, réduisant le besoin d'ingénierie manuelle des caractéristiques. Cette capacité peut découvrir des relations complexes dans les données qui pourraient ne pas être immédiatement apparentes aux analystes humains.

- **Optimisation des Hyperparamètres** : TPOT effectue une optimisation extensive des hyperparamètres à travers divers modèles, garantissant que chaque algorithme est configuré pour des performances optimales sur l'ensemble de données donné.

- **Résultats Interprétables** : Malgré son processus d'optimisation complexe, TPOT fournit des résultats interprétables en générant du code Python pour le pipeline le plus performant. Cela permet aux utilisateurs de comprendre et d'affiner davantage les solutions automatisées si désiré.

Exemple : Construire un Pipeline d'Apprentissage Automatique avec TPOT

1. **Installer TPOT** :

```
pip install tpot
```

2. **Utiliser TPOT pour Construire et Optimiser un Pipeline** :

```python
from tpot import TPOTClassifier
from sklearn.model_selection import train_test_split
from sklearn.datasets import load_digits
from sklearn.metrics import accuracy_score, classification_report
import numpy as np
import matplotlib.pyplot as plt

# Load sample dataset
data = load_digits()
X, y = data.data, data.target

# Split the data into training and testing sets
X_train, X_test, y_train, y_test = train_test_split(X, y, test_size=0.2,
random_state=42)

# Initialize TPOT classifier
tpot = TPOTClassifier(
    generations=10,
    population_size=50,
    verbosity=2,
    random_state=42,
    config_dict='TPOT light',
    cv=5,
    n_jobs=-1
)

# Fit the TPOT classifier
tpot.fit(X_train, y_train)

# Make predictions
y_pred = tpot.predict(X_test)

# Evaluate the model
```

```python
print("TPOT Accuracy:", accuracy_score(y_test, y_pred))
print("\\nClassification Report:")
print(classification_report(y_test, y_pred))

# Export the optimized pipeline code
tpot.export("optimized_pipeline.py")

# Visualize sample predictions
fig, axes = plt.subplots(2, 5, figsize=(15, 6))
for i, ax in enumerate(axes.flatten()):
    ax.imshow(X_test[i].reshape(8, 8), cmap='gray')
    ax.set_title(f"Pred: {y_pred[i]}, True: {y_test[i]}")
    ax.axis('off')
plt.tight_layout()
plt.show()
```

Décomposition du Code :

1. Importations et Chargement des Données :

    • Nous importons les bibliothèques nécessaires : TPOT, scikit-learn pour la division des données et les métriques, numpy pour les opérations numériques, et matplotlib pour la visualisation.

    • L'ensemble de données digits est chargé à l'aide de la fonction load_digits de scikit-learn, offrant un problème de classification classique.

2. Préparation des Données :

    • L'ensemble de données est divisé en ensembles d'entraînement (80 %) et de test (20 %) à l'aide de train_test_split.

    • Un random_state fixe garantit la reproductibilité de la division

3. Initialisation du Classificateur TPOT :

    • Nous créons un TPCTClassifier avec les paramètres suivants :

        ○ generations=10 : Le nombre d'itérations pour exécuter l'algorithme de programmation génétique.

        ○ population_size=50 : Le nombre d'individus à conserver dans la population de programmation génétique.

        ○ verbosity=2 : Fournit des informations détaillées sur le processus d'optimisation.

        ○ random_state=42 : Garantit la reproductibilité des résultats.

        ○ config_dic='TPOT ight' : Utilise un espace de recherche plus petit pour des résultats plus rapides.

- o cv=5 : Effectue une validation croisée à 5 plis pendant le processus d'optimisation.
- o n_jobs=-1 : Utilise tous les cœurs de CPU disponibles pour le traitement parallèle.

4. Entraînement du Modèle :

- La méthode fit est appelée sur le classificateur TPOT, lançant le processus de programmation génétique pour trouver le meilleur pipeline.

5. Prédiction et Évaluation :

- Les prédictions sont effectuées sur l'ensemble de test à l'aide du pipeline optimisé.
- Les performances du modèle sont évaluées à l'aide de accuracy_score et classification_report, fournissant une vue complète des performances du modèle sur toutes les classes.

6. Exportation du Pipeline Optimisé :

- Le meilleur pipeline trouvé par TPOT est exporté vers un fichier Python nommé « optimized_pipeline.py ».
- Cela permet une réplication facile et un ajustement supplémentaire du modèle.

7. Visualisation :

- Une grille de 10 images de chiffres échantillons de l'ensemble de test est tracée.
- Chaque image est affichée avec ses étiquettes prédites et réelles, fournissant une représentation visuelle des performances du modèle.

Cet exemple met en valeur la capacité de TPOT à rationaliser le pipeline d'apprentissage automatique—de la sélection de modèles à l'ajustement fin des hyperparamètres. Il ne démontre pas seulement comment évaluer les performances du modèle, mais illustre également les résultats visuellement, offrant une compréhension plus riche du parcours automatisé de l'apprentissage automatique.

8.2.4 MLBox : Un Outil Complet pour le Prétraitement des Données et la Construction de Modèles

MLBox est une bibliothèque AutoML complète qui aborde l'ensemble du pipeline d'apprentissage automatique, du prétraitement des données au déploiement de modèles. Son approche holistique englobe le nettoyage des données, la sélection de caractéristiques et la construction de modèles, ce qui en fait un outil polyvalent pour les data scientists et les praticiens de l'apprentissage automatique.

L'une des caractéristiques remarquables de MLBox est sa gestion robuste des défis de données courants. Il excelle dans la gestion des valeurs manquantes, en utilisant des techniques d'imputation sophistiquées pour assurer la complétude des données. De plus, MLBox offre des stratégies avancées pour traiter le déséquilibre des données, un problème critique dans de nombreux ensembles de données du monde réel qui peut avoir un impact significatif sur les performances du modèle. Ces capacités rendent MLBox particulièrement précieux pour les projets traitant des ensembles de données désordonnés, incomplets ou déséquilibrés.

Les capacités de sélection de caractéristiques de la bibliothèque sont tout aussi impressionnantes. MLBox utilise divers algorithmes pour identifier les caractéristiques les plus pertinentes, réduisant la dimensionnalité et améliorant l'efficacité du modèle. Ce processus automatisé de sélection de caractéristiques peut découvrir des motifs et des relations importants dans les données qui pourraient être négligés lors d'une analyse manuelle.

De plus, la phase de construction de modèles de MLBox incorpore un large éventail d'algorithmes et effectue automatiquement l'ajustement des hyperparamètres. Cela garantit que le modèle final est non seulement bien adapté aux caractéristiques spécifiques de l'ensemble de données, mais également optimisé pour les performances. La capacité de la bibliothèque à gérer des tâches complexes de prétraitement et de modélisation en plusieurs étapes avec une intervention humaine minimale en fait un choix idéal pour les data scientists cherchant à rationaliser leur flux de travail et à se concentrer sur l'analyse et l'interprétation de niveau supérieur.

Caractéristiques Clés de MLBox

- **Prétraitement et Nettoyage des Données** : MLBox excelle dans l'automatisation des processus de nettoyage des données, en gérant efficacement les valeurs manquantes et les valeurs aberrantes. Il utilise des techniques d'imputation sophistiquées et des méthodes robustes de détection des valeurs aberrantes, assurant la qualité et la complétude des données. Cette caractéristique est particulièrement précieuse pour les ensembles de données présentant des incohérences ou des lacunes, économisant un temps considérable dans la phase de préparation des données.

- **Sélection et Ingénierie des Caractéristiques** : La bibliothèque intègre des algorithmes avancés de sélection de caractéristiques et des techniques de transformation. Elle peut automatiquement identifier les caractéristiques les plus pertinentes, créer de nouvelles caractéristiques significatives et effectuer une réduction de dimensionnalité. Cette capacité améliore non seulement les performances du modèle, mais fournit également des informations sur les facteurs les plus influents dans l'ensemble de données.

- **Construction Automatisée de Modèles** : MLBox va au-delà de la sélection de modèles de base en mettant en œuvre une approche globale de l'apprentissage automatique automatisé. Il explore un large éventail d'algorithmes, effectue l'ajustement des hyperparamètres et considère même les méthodes d'ensemble. L'outil adapte sa stratégie en fonction des caractéristiques spécifiques de l'ensemble de données, découvrant souvent des configurations de modèles optimales qui pourraient être négligées dans les processus manuels.

- **Évolutivité et Efficacité** : Conçu pour gérer des ensembles de données à grande échelle, MLBox intègre des capacités de calcul distribué. Cette caractéristique lui permet de traiter et d'analyser efficacement les big data, ce qui le rend adapté aux applications d'entreprise et aux industries intensives en données.

- **Interprétabilité et Explicabilité** : MLBox fournit des outils pour l'interprétation de modèles, aidant les utilisateurs à comprendre le raisonnement derrière les prédictions. Cette caractéristique est cruciale pour les applications où la transparence dans la prise de décision est essentielle, comme dans les soins de santé ou la finance.

Exemple : Utilisation de MLBox pour l'Apprentissage Automatique Automatisé

```python
from mlbox.preprocessing import *
from mlbox.optimisation import *
from mlbox.prediction import *
from sklearn.datasets import load_boston
from sklearn.model_selection import train_test_split

# Load the Boston Housing dataset
boston = load_boston()
X, y = boston.data, boston.target

# Split the data
X_train, X_test, y_train, y_test = train_test_split(X, y, test_size=0.2, random_state=42)

# Create a dictionary with the paths to your train and test datasets
paths = {"train": X_train, "test": X_test}

# Create a Reader object
rd = Reader(sep=",")

# Read and preprocess the data
df = rd.train_test_split(paths, target_name="target")

# Define the preprocessing steps
prep = Preprocessor()
df = prep.fit_transform(df)

# Define the optimization process
opt = Optimiser(scoring="neg_mean_squared_error", n_folds=5)

# Find the best hyperparameters
best = opt.optimise(df["train"], df["test"])

# Make predictions using the best model
pred = Predictor()
predictions = pred.fit_predict(best, df)
```

```
print("Predictions:", predictions)
```

Détail du Code :

1. Importations et Chargement des Données :

   o Nous importons les modules nécessaires depuis MLBox et scikit-learn.

   o Le jeu de données Boston Housing est chargé à l'aide de la fonction load_boston de scikit-learn.

2. Préparation des Données :

   o Le jeu de données est divisé en ensembles d'entraînement (80 %) et de test (20 %) à l'aide de train_test_split.

   o Un dictionnaire 'paths' est créé pour stocker les chemins vers les jeux de données d'entraînement et de test.

3. Lecture et Prétraitement des Données :

   o Un objet Reader est créé pour lire les données.

   o La méthode train_test_split est utilisée pour lire et diviser les données.

   o Un objet Preprocessor est créé et appliqué aux données à l'aide de fit_transform.

4. Processus d'Optimisation :

   o Un objet Optimiser est créé avec l'erreur quadratique moyenne comme métrique de notation et une validation croisée à 5 plis.

   o La méthode optimise est appelée pour trouver les meilleurs hyperparamètres et le meilleur modèle.

5. Prédiction :

   o Un objet Predictor est créé pour effectuer des prédictions à l'aide du meilleur modèle trouvé.

   o La méthode fit_predict est utilisée pour entraîner le modèle sur l'ensemble complet de données et effectuer des prédictions.

6. Résultats :

   o Les prédictions finales sont affichées.

Cet exemple démontre la capacité de MLBox à automatiser l'ensemble du pipeline d'apprentissage automatique, du prétraitement des données à l'optimisation du modèle et à la prédiction, avec une intervention manuelle minimale.

Les outils d'ingénierie des caractéristiques et les bibliothèques AutoML tels que Featuretools, Auto-sklearn, TPOT et MLBox sont des ressources révolutionnaires qui rationalisent le flux de travail de l'apprentissage automatique. Ces outils avancés automatisent des processus critiques incluant l'ingénierie des caractéristiques, la sélection de modèles et l'optimisation des hyperparamètres. Ce faisant, ils réduisent considérablement le temps et les efforts requis pour les tâches manuelles, permettant aux data scientists et aux praticiens de l'apprentissage automatique de se concentrer sur la résolution de problèmes et la stratégie de niveau supérieur.

L'automatisation fournie par ces outils va au-delà de la simple économie de temps. Elle conduit souvent à une amélioration des performances du modèle en explorant une gamme plus large de combinaisons de caractéristiques et d'architectures de modèles qu'il ne serait possible de le faire manuellement. Par exemple, Featuretools excelle dans la génération automatique de caractéristiques pertinentes à partir de données brutes, découvrant potentiellement des relations complexes que les analystes humains pourraient négliger. Auto-sklearn exploite le méta-apprentissage pour sélectionner et configurer intelligemment des algorithmes d'apprentissage automatique, atteignant souvent des performances de pointe avec une intervention humaine minimale.

TPOT, en tant qu'outil AutoML basé sur la programmation génétique, peut faire évoluer des pipelines d'apprentissage automatique optimaux, explorant des combinaisons d'étapes de prétraitement, de méthodes de sélection de caractéristiques et d'architectures de modèles qu'un humain ne considérerait pas. MLBox, avec son approche globale de l'ensemble du pipeline d'apprentissage automatique, offre des solutions robustes pour le prétraitement des données, la sélection de caractéristiques et la construction de modèles, ce qui le rend particulièrement précieux pour traiter des jeux de données désordonnés, incomplets ou déséquilibrés.

Ces outils non seulement démocratisent l'apprentissage automatique en rendant les techniques avancées plus accessibles aux non-experts, mais ils repoussent également les limites de ce qui est possible en termes de performances et d'efficacité des modèles. À mesure que le domaine de l'AutoML continue d'évoluer, nous pouvons nous attendre à des outils encore plus sophistiqués qui automatisent et optimisent davantage le processus d'apprentissage automatique, conduisant potentiellement à des percées dans divers domaines de l'intelligence artificielle et de la science des données.

8.3 Exercices Pratiques : Chapitre 8

Cette section d'exercices pratiques offre une expérience pratique avec les outils AutoML, en se concentrant sur l'ingénierie automatisée des caractéristiques, la sélection de modèles et l'optimisation de pipelines. En travaillant sur ces exercices, vous développerez une familiarité avec l'utilisation de bibliothèques comme Featuretools, Auto-sklearn et TPOT pour rationaliser l'ingénierie des caractéristiques et la construction de modèles.

Exercice 1 : Utilisation de Featuretools pour la Synthèse Profonde de Caractéristiques

Objectif : Créer de nouvelles caractéristiques à partir de données relationnelles en utilisant la synthèse profonde de caractéristiques de Featuretools.

Instructions :

1. Définir un ensemble de dataframes reliés, incluant une table **clients** et une table **transactions**.

2. Utiliser Featuretools pour générer des caractéristiques qui agrègent les détails des transactions au niveau du client.

3. Afficher la matrice de caractéristiques pour vérifier les caractéristiques générées.

Solution :

```python
import pandas as pd
import featuretools as ft

# Sample data
customers_df = pd.DataFrame({
    'customer_id': [1, 2, 3],
    'signup_date': pd.to_datetime(['2022-01-01', '2022-02-01', '2022-03-01'])
})

transactions_df = pd.DataFrame({
    'transaction_id': [1, 2, 3, 4, 5],
    'customer_id': [1, 2, 1, 3, 2],
    'amount': [100, 200, 50, 300, 120],
    'transaction_date': pd.to_datetime(['2022-01-10', '2022-02-15', '2022-01-20',
'2022-03-10', '2022-02-25'])
})

# Create an EntitySet and add dataframes
es = ft.EntitySet(id="customer_data")
es = es.add_dataframe(dataframe_name="customers", dataframe=customers_df,
index="customer_id")
es = es.add_dataframe(dataframe_name="transactions", dataframe=transactions_df,
index="transaction_id",
                      time_index="transaction_date")

# Define relationship and generate features
es = es.add_relationship("customers", "customer_id", "transactions", "customer_id")
feature_matrix,              feature_defs             =              ft.dfs(entityset=es,
target_dataframe_name="customers", agg_primitives=["mean", "sum", "count"])

# Display the feature matrix
print(feature_matrix.head())
```

Dans cet exercice :

- Nous définissons deux tables et établissons une relation entre elles.

- Featuretools génère automatiquement des caractéristiques au niveau du client, comme les montants moyens et totaux des transactions, en utilisant la synthèse profonde de caractéristiques.

Exercice 2 : Exécution d'Auto-sklearn pour la Sélection de Modèles et l'Ingénierie de Caractéristiques Automatisées

Objectif : Utiliser Auto-sklearn pour automatiser la sélection de modèles, l'ingénierie de caractéristiques et l'optimisation des hyperparamètres.

Instructions :

1. Charger un jeu de données échantillon et le diviser en ensembles d'entraînement et de test.

2. Initialiser un classificateur Auto-sklearn avec un budget de temps limité et l'ajuster sur les données d'entraînement.

3. Évaluer la précision du modèle sur l'ensemble de test.

Solution :

```python
import autosklearn.classification
from sklearn.model_selection import train_test_split
from sklearn.datasets import load_iris
from sklearn.metrics import accuracy_score

# Load sample dataset
data = load_iris()
X_train, X_test, y_train, y_test = train_test_split(data.data, data.target,
test_size=0.2, random_state=42)

# Initialize Auto-sklearn classifier with time constraints
automl =
autosklearn.classification.AutoSklearnClassifier(time_left_for_this_task=300,
per_run_time_limit=30)
automl.fit(X_train, y_train)

# Predict and evaluate
y_pred = automl.predict(X_test)
print("Auto-sklearn Accuracy:", accuracy_score(y_test, y_pred))
```

Dans cet exemple :

Auto-sklearn automatise le prétraitement des données, la sélection de modèles et l'optimisation des hyperparamètres, générant le modèle le plus performant dans les contraintes de temps spécifiées.

Exercice 3 : Optimisation d'un Pipeline d'Apprentissage Automatique avec TPOT

Objectif : Utiliser TPOT pour construire et optimiser un pipeline complet d'apprentissage automatique, incluant les transformations de caractéristiques et la sélection de modèles.

Instructions :

1. Charger un jeu de données et le diviser en ensembles d'entraînement et de test.

2. Utiliser TPOT pour rechercher automatiquement les meilleures transformations de caractéristiques, la sélection de modèles et les hyperparamètres.

3. Évaluer le modèle recommandé par TPOT sur l'ensemble de test.

Solution :

```python
from tpot import TPOTClassifier
from sklearn.model_selection import train_test_split
from sklearn.datasets import load_digits
from sklearn.metrics import accuracy_score

# Load sample dataset
data = load_digits()
X_train, X_test, y_train, y_test = train_test_split(data.data, data.target,
test_size=0.2, random_state=42)

# Initialize TPOT classifier and fit the pipeline
tpot = TPOTClassifier(generations=5, population_size=20, verbosity=2,
random_state=42)
tpot.fit(X_train, y_train)

# Predict and evaluate
y_pred = tpot.predict(X_test)
print("TPOT Accuracy:", accuracy_score(y_test, y_pred))

# Export optimized pipeline code
tpot.export("optimized_pipeline.py")
```

Dans cet exercice :

- TPOT effectue l'optimisation du pipeline, incluant la sélection de caractéristiques et le choix du modèle, en utilisant la programmation génétique.

- Le pipeline le plus performant est enregistré sous forme de code Python, vous permettant de le réutiliser dans de futurs projets.

Exercice 4 : Utilisation de MLBox pour le Nettoyage de Données et la Construction de Modèles

Objectif : Utiliser MLBox pour nettoyer automatiquement les données, effectuer la sélection de caractéristiques et construire un modèle optimisé.

Instructions :

1. Charger un jeu de données avec des valeurs manquantes ou des classes déséquilibrées.

2. Utiliser MLBox pour prétraiter, nettoyer et transformer les données.

3. Construire et évaluer un modèle optimisé sur les données prétraitées.

Solution :

```python
# Install MLBox if not already installed
pip install mlbox
from mlbox.preprocessing import Reader, Drift_thresholder
from mlbox.optimisation import Optimiser
from mlbox.prediction import Predictor

# Load data (MLBox requires the dataset in CSV format)
paths = ["train.csv", "test.csv"]
target_name = "target"

# Step 1: Read and preprocess data
reader = Reader(sep=",")
df = reader.train_test_split(paths, target_name)

# Step 2: Remove features with data drift
drift_thresholder = Drift_thresholder()
df = drift_thresholder.fit_transform(df)

# Step 3: Optimize model and hyperparameters
optimiser = Optimiser()
space = {
    "ne__numerical_strategy": {"search": "choice", "space": ["mean", "median"]},
    "fs__threshold": {"search": "uniform", "space": [0.01, 0.3]},
    "est__strategy": {"search": "choice", "space": ["RandomForest"]}
}
best_params = optimiser.optimise(space, df)

# Step 4: Train and evaluate the model
predictor = Predictor()
predictor.fit_predict(best_params, df)
```

Dans cet exercice :

- MLBox gère le nettoyage des données, la sélection de caractéristiques et l'optimisation du modèle avec un minimum d'intervention manuelle.

- Le Drift_thresholder supprime les caractéristiques présentant une dérive de données, améliorant la généralisation sur des données non vues.

Ces exercices présentent divers outils d'AutoML et d'ingénierie automatisée de caractéristiques, de Featuretools pour la synthèse complexe de caractéristiques à Auto-sklearn, TPOT et MLBox pour l'optimisation automatisée de pipelines. En tirant parti de ces outils, vous pouvez rationaliser le processus d'ingénierie de caractéristiques, permettant aux modèles d'améliorer leurs performances avec un effort manuel minimal.

8.4 Qu'est-ce qui pourrait mal tourner ?

L'automatisation de l'ingénierie de caractéristiques et de la sélection de modèles peut considérablement simplifier le processus d'apprentissage automatique, mais il existe certains pièges potentiels à considérer. Les comprendre peut vous aider à éviter les erreurs courantes et à garantir que les outils automatisés sont utilisés efficacement.

8.4.1 Dépendance excessive envers les pipelines automatisés

- Les outils AutoML facilitent la construction de modèles, mais ils peuvent conduire à une dépendance excessive envers les processus automatisés, qui peuvent ne pas prendre en compte les nuances spécifiques des données.

- **Solution** : Traitez les résultats de l'AutoML comme une référence de base et envisagez un ajustement fin supplémentaire ou des ajustements manuels basés sur les connaissances du domaine.

8.4.2 Fuite de données

- L'ingénierie automatisée de caractéristiques peut introduire par inadvertance une fuite de données, en particulier si certaines caractéristiques ou transformations de données capturent par inadvertance des informations de la variable cible.

- **Solution** : Examinez attentivement les caractéristiques générées et les transformations de données pour vous assurer qu'elles ne contiennent pas d'informations qui ne seraient disponibles qu'après que le résultat cible soit connu.

8.4.3 Complexité computationnelle et utilisation des ressources

- L'AutoML et l'ingénierie automatisée de caractéristiques peuvent être coûteuses en termes de calcul, en particulier avec des outils comme TPOT, qui nécessitent plusieurs itérations pour l'optimisation.

- **Solution** : Définissez des limites de temps et de calcul raisonnables pour les processus AutoML, en particulier sur des jeux de données plus volumineux. Par exemple, limitez le nombre de générations dans TPOT ou le budget de temps dans Auto-sklearn.

8.4.4 Manque d'explicabilité

- Les outils AutoML, en particulier ceux qui créent des interactions complexes de caractéristiques, peuvent aboutir à des modèles difficiles à interpréter. Sans savoir comment certaines caractéristiques ont été dérivées, il peut être difficile d'expliquer les prédictions du modèle.

- **Solution** : Utilisez des modèles plus simples ou des outils d'interprétabilité (par exemple, SHAP, LIME) pour comprendre les contributions des caractéristiques conçues. Envisagez des outils comme MLBox, qui offrent des paramètres d'interprétabilité, si l'explicabilité est critique.

8.4.5 Biais dans les caractéristiques sélectionnées automatiquement

- La sélection automatisée de caractéristiques peut introduire par inadvertance un biais si les outils privilégient certains types de caractéristiques ou de transformations, négligeant éventuellement des aspects subtils mais importants des données.

- **Solution** : Examinez régulièrement les caractéristiques sélectionnées pour vous assurer que les variables clés ne sont pas ignorées et que le modèle capture une représentation équilibrée des données.

8.4.6 Surapprentissage dû à une génération excessive de caractéristiques

- Générer trop de caractéristiques, en particulier avec des outils comme Featuretools, peut conduire au surapprentissage, où le modèle capture le bruit plutôt que des motifs significatifs.

- **Solution** : Utilisez l'élagage de caractéristiques ou limitez la profondeur de la synthèse de caractéristiques pour réduire la complexité. Envisagez des techniques de validation croisée et de régularisation pour atténuer les risques de surapprentissage.

8.4.7 Résultats incohérents entre les outils

- Différents outils AutoML peuvent produire des résultats variés en raison de différences dans le choix de l'algorithme, la sélection de caractéristiques et les méthodes d'ajustement des paramètres. Cette incohérence peut rendre difficile la sélection du meilleur modèle.

- **Solution** : Évaluez et comparez plusieurs outils sur un ensemble de validation, en utilisant des métriques de performance pour sélectionner le modèle qui généralise le mieux aux nouvelles données.

En comprenant et en abordant ces défis, vous pouvez exploiter la puissance de l'ingénierie automatisée de caractéristiques et de la sélection de modèles de manière efficace, améliorant l'efficacité tout en maintenant une qualité de modèle élevée.

Résumé du Chapitre 8

Dans ce chapitre, nous avons exploré l'impact de l'apprentissage automatique automatisé (AutoML) et de l'ingénierie automatisée des caractéristiques sur les flux de travail modernes en science des données. L'AutoML est devenu un outil puissant, permettant aux praticiens de construire des modèles d'apprentissage automatique robustes sans intervention manuelle extensive. En automatisant des tâches telles que l'ingénierie de caractéristiques, la sélection de modèles et l'optimisation des hyperparamètres, l'AutoML démocratise l'accès à l'apprentissage automatique et aide les experts à rationaliser le processus de modélisation, économisant ainsi du temps et des ressources.

Nous avons commencé par examiner le concept d'**ingénierie automatisée de caractéristiques** avec des outils comme **Featuretools**, qui utilise la **synthèse profonde de caractéristiques** pour générer des caractéristiques complexes basées sur les relations dans les données. Ce processus peut révéler des motifs significatifs dans les jeux de données relationnels en créant des caractéristiques qui combinent des informations provenant de plusieurs tables. Featuretools permet aux utilisateurs d'appliquer automatiquement des transformations et des agrégations aux données, ce qui en fait un outil précieux pour les scénarios impliquant des données de clients ou de transactions. Grâce à des commandes simples, il peut créer un jeu de données riche en caractéristiques avec un minimum de travail manuel.

Nous avons ensuite présenté les **bibliothèques AutoML** telles qu'**Auto-sklearn**, **TPOT** et **MLBox**, chacune automatisant divers aspects du pipeline d'apprentissage automatique. Auto-sklearn s'appuie sur Scikit-Learn, gérant automatiquement l'ingénierie de caractéristiques, la sélection de modèles et l'optimisation des hyperparamètres. En utilisant le méta-apprentissage et l'optimisation bayésienne, Auto-sklearn peut rapidement trouver des modèles optimaux dans des contraintes de temps spécifiées. Cela est idéal pour les tâches qui nécessitent à la fois rapidité et précision sans ajustement manuel.

TPOT applique la programmation génétique pour optimiser l'ensemble du pipeline, des transformations de caractéristiques à la sélection de modèles, en faisant évoluer itérativement le pipeline pour améliorer les performances. Cet outil est particulièrement utile lors de l'expérimentation de nombreuses combinaisons de caractéristiques, car il automatise des transformations complexes tout en produisant du code qui peut être exporté et réutilisé. **MLBox** offre une solution de bout en bout, avec de solides capacités de nettoyage de données et de détection de dérive de données, ce qui le rend adapté aux tâches nécessitant un prétraitement extensif ou travaillant avec des jeux de données potentiellement déséquilibrés.

Bien que ces outils apportent de nombreux avantages, ils présentent également des limites. Par exemple, l'accent mis par l'AutoML sur l'automatisation peut conduire à une **dépendance excessive envers les pipelines générés** et peut introduire par inadvertance une **fuite de données** ou un **surapprentissage** s'ils ne sont pas surveillés attentivement. Il est essentiel d'examiner les caractéristiques générées par ces outils pour s'assurer qu'elles ne capturent pas involontairement des informations de la variable cible. De plus, les demandes computationnelles des outils AutoML, en particulier lors de l'optimisation sur plusieurs modèles et transformations, peuvent être élevées. Définir des limites de temps et de ressources appropriées peut éviter des temps de traitement excessifs, rendant les outils AutoML plus pratiques.

Enfin, nous avons souligné le potentiel de **défis d'explicabilité des modèles** dans les modèles générés par AutoML. Parce que ces outils produisent souvent des interactions de caractéristiques complexes et sélectionnent des transformations de manière dynamique, il peut être difficile d'interpréter les décisions du modèle. Équilibrer l'efficacité de l'AutoML avec l'interprétabilité reste crucial dans les projets où la compréhension de l'importance des caractéristiques est essentielle.

En résumé, l'AutoML et l'ingénierie automatisée de caractéristiques offrent une solution robuste pour simplifier le pipeline de modélisation, rendant l'apprentissage automatique plus accessible et efficace. Bien que ces outils réduisent le travail manuel, leur efficacité dépend de la compréhension et de l'atténuation de leurs limites. En intégrant stratégiquement l'AutoML dans le flux de travail de science des données, les praticiens peuvent construire des modèles fiables et performants plus rapidement, en trouvant un équilibre entre automatisation et prise de décision éclairée.

Quiz Partie 3 : Sujets avancés et tendances futures

Ce quiz évaluera votre compréhension de la Partie 3, couvrant l'ingénierie des caractéristiques pour l'apprentissage profond, la sélection avancée de caractéristiques et l'apprentissage automatique automatisé. Chaque question vous encourage à vous rappeler des concepts clés et des techniques introduits tout au long de cette partie.

1. **Quel est l'objectif principal de la synthèse profonde de caractéristiques dans Featuretools ?**

   - A) Créer de nouvelles caractéristiques en spécifiant manuellement des transformations

   - B) Générer automatiquement de nouvelles caractéristiques en combinant et transformant des données à travers des tables liées

   - C) Optimiser la sélection de modèles en fonction des caractéristiques existantes

   - D) Améliorer l'interprétabilité des modèles d'apprentissage automatique

2. **Quelle technique d'ingénierie des caractéristiques est particulièrement utile pour traiter la multicolinéarité dans les données ?**

   - A) Synthèse profonde de caractéristiques

   - B) Augmentation de données

   - C) Techniques de régularisation telles que Lasso et Ridge

   - D) Encodage one-hot

3. **Dans quel scénario utiliseriez-vous une couche d'augmentation dans un modèle d'apprentissage profond ?**

   - A) Lorsque l'ensemble de données est équilibré et bien mis à l'échelle

   - B) Pour augmenter la variété des images d'entraînement et améliorer la robustesse du modèle

- C) Pour supprimer les caractéristiques non pertinentes de l'ensemble de données
- D) Lors de l'application de techniques AutoML à des données numériques

4. **Qu'utilise TPOT pour optimiser les pipelines d'apprentissage automatique ?**

- A) Optimisation bayésienne
- B) Réglage des hyperparamètres
- C) Programmation génétique
- D) Validation croisée

5. **Pourquoi est-il important d'utiliser la validation croisée avec Lasso et Ridge lors de la sélection de caractéristiques ?**

- A) Pour éviter le surapprentissage en s'assurant que les caractéristiques sélectionnées se généralisent à travers différentes divisions de données
- B) Pour augmenter le nombre de caractéristiques considérées par le modèle
- C) Pour réduire le temps de calcul de la sélection de caractéristiques
- D) Pour s'assurer que toutes les variables sont standardisées

6. **Comment le méta-apprentissage d'Auto-sklearn profite-t-il au processus d'entraînement du modèle ?**

- A) En adaptant le taux d'apprentissage pendant l'entraînement
- B) En utilisant des informations passées sur les modèles réussis pour améliorer l'efficacité et la précision sur de nouveaux ensembles de données
- C) En sélectionnant aléatoirement des modèles pour l'entraînement
- D) En se concentrant uniquement sur l'ingénierie des caractéristiques sans réglage du modèle

7. **Quel est un inconvénient potentiel de l'ingénierie automatisée des caractéristiques ?**

- A) Interprétabilité accrue du modèle
- B) Manque de ressources informatiques
- C) Risque de surapprentissage si trop de caractéristiques sont générées
- D) Efficacité réduite dans le déploiement du modèle

8. **Quel outil AutoML discuté dans la Partie 6 est particulièrement utile pour les données temporelles et relationnelles ?**

- o A) Auto-sklearn
- o B) MLBox
- o C) Featuretools
- o D) Google AutoML Tables

9. **Quelle est une stratégie courante pour traiter les classes déséquilibrées lors de l'utilisation de bibliothèques AutoML ?**

    - o A) Encodage one-hot de toutes les variables catégorielles
    - o B) Augmentation de données pour la classe minoritaire
    - o C) Sélection uniquement des caractéristiques numériques
    - o D) Exclusion des valeurs aberrantes de l'ensemble de données

10. **Laquelle des pratiques suivantes est recommandée pour éviter la fuite de données dans les pipelines AutoML ?**

    - o A) Utiliser les données de l'ensemble de données complet pour ajuster les transformations de mise à l'échelle
    - o B) S'assurer que les étapes d'ingénierie et de transformation des caractéristiques sont appliquées uniquement aux données d'entraînement
    - o C) Sélectionner autant de caractéristiques que possible pour améliorer la précision
    - o D) Appliquer les étapes d'ingénierie des caractéristiques après que le modèle soit complètement entraîné

Réponses

1. B) Générer automatiquement de nouvelles caractéristiques en combinant et transformant des données à travers des tables liées
2. C) Techniques de régularisation telles que Lasso et Ridge
3. B) Pour augmenter la variété des images d'entraînement et améliorer la robustesse du modèle
4. C) Programmation génétique
5. A) Pour éviter le surapprentissage en s'assurant que les caractéristiques sélectionnées se généralisent à travers différentes divisions de données
6. B) En utilisant des informations passées sur les modèles réussis pour améliorer l'efficacité et la précision sur de nouveaux ensembles de données

7. C) Risque de surapprentissage si trop de caractéristiques sont générées

8. C) Featuretools

9. B) Augmentation de données pour la classe minoritaire

10. B) S'assurer que les étapes d'ingénierie et de transformation des caractéristiques sont appliquées uniquement aux données d'entraînement

Conclusion

L'ingénierie des caractéristiques est le pont entre les données brutes et les modèles d'apprentissage automatique. Dans *Feature Engineering for Modern Machine Learning with Scikit-Learn*, nous nous sommes lancés dans un voyage exhaustif pour comprendre, manipuler et transformer les données de manière à améliorer les performances et l'interprétabilité des modèles d'apprentissage automatique. Alors que nous concluons ce volume, il convient de réfléchir aux compétences et aux connaissances essentielles que nous avons acquises tout au long de ce livre, en renforçant la valeur de l'ingénierie des caractéristiques en tant que composante fondamentale des flux de travail réussis en apprentissage automatique.

Ce livre visait à fournir une boîte à outils complète pour l'ingénierie avancée des caractéristiques, en vous offrant les compétences nécessaires pour aborder des scénarios de données complexes avec confiance. Grâce à ces connaissances, vous êtes désormais équipé pour gérer une variété d'ensembles de données réels, créer des caractéristiques innovantes, automatiser les flux de travail de données et intégrer des techniques de pointe dans vos projets. L'ingénierie des caractéristiques n'est pas seulement une compétence technique ; c'est un mélange de créativité, d'expertise du domaine et de rigueur scientifique qui vous permet d'extraire des informations significatives des données et de façonner des modèles à la fois précis et fiables.

L'importance de l'ingénierie des caractéristiques dans le succès de l'apprentissage automatique

L'ingénierie des caractéristiques est au cœur de chaque modèle d'apprentissage automatique performant. Bien que les modèles eux-mêmes soient devenus plus complexes et puissants, ils ne valent que par la qualité des données qu'on leur fournit. Des caractéristiques bien conçues mettent en évidence les motifs pertinents dans les données, permettant aux algorithmes de se concentrer sur les aspects essentiels du problème tout en ignorant le bruit. Comme vous l'avez constaté, l'ingénierie des caractéristiques nous permet de créer des représentations qui rendent la structure sous-jacente des données accessible aux algorithmes d'apprentissage automatique.

L'un des principaux enseignements de ce livre est qu'aucune technique d'ingénierie des caractéristiques ne convient à tous les problèmes. Différents ensembles de données, domaines et modèles nécessitent des stratégies d'ingénierie des caractéristiques adaptées. Ce livre a exploré un large éventail de techniques et de transformations, en soulignant l'importance d'adapter ces méthodes aux exigences spécifiques de vos données et objectifs. En comprenant les nuances de chaque technique, vous avez acquis la flexibilité nécessaire pour expérimenter et innover avec vos caractéristiques, en vous assurant qu'elles correspondent aux besoins de votre modèle et aux objectifs de votre analyse.

Maîtriser les applications pratiques et les techniques spécifiques à l'industrie

Tout au long du livre, nous avons mis l'accent sur les applications pratiques et inclus des études de cas pour illustrer comment l'ingénierie des caractéristiques est appliquée dans des scénarios réels. En travaillant sur des exemples de **segmentation client**, d'**analyse de santé** et d'**analyse de vente au détail**, vous avez acquis de l'expérience dans le développement de caractéristiques qui répondent aux différents domaines et exigences de l'industrie. Chaque domaine présente ses défis uniques—qu'il s'agisse de traiter des données éparses dans le domaine de la santé ou d'encoder des variables catégorielles complexes dans le commerce de détail—et nécessite des approches d'ingénierie des caractéristiques spécialisées.

Ces applications pratiques soulignent la polyvalence des compétences en ingénierie des caractéristiques et leur pertinence dans tous les secteurs. Que vous prédisiez l'attrition des clients, segmentiez des marchés ou diagnostiquiez des maladies, les techniques d'ingénierie des caractéristiques couvertes dans ce livre vous permettent de transformer les connaissances spécifiques au domaine en informations exploitables. Cette adaptabilité fait de l'ingénierie des caractéristiques un atout essentiel pour les scientifiques des données travaillant dans divers domaines, car les techniques peuvent être personnalisées pour répondre à des défis et objectifs spécifiques.

Pipelines Scikit-Learn : automatiser et rationaliser l'ingénierie des caractéristiques

La reproductibilité des flux de travail d'apprentissage automatique est essentielle pour construire des modèles fiables. L'un des principaux outils pour atteindre cette reproductibilité est les **pipelines Scikit-Learn**. Les pipelines vous permettent de créer des flux de travail structurés qui intègrent de manière transparente le prétraitement des données, l'ingénierie des caractéristiques et l'entraînement des modèles. En automatisant les transformations de caractéristiques et en assurant la cohérence entre les ensembles de données d'entraînement et de test, les pipelines permettent de produire des résultats reproductibles avec un risque minimal de fuite de données.

Tout au long de ce livre, nous avons exploré comment construire des pipelines qui encapsulent l'ensemble du processus d'ingénierie des caractéristiques, du nettoyage des données à la sélection des caractéristiques. La fonctionnalité pipeline de Scikit-Learn améliore non seulement l'efficacité des flux de travail d'apprentissage automatique, mais renforce également l'interprétabilité et les performances des modèles en standardisant l'application des étapes de prétraitement. Avec les pipelines, vous pouvez vous assurer que chaque transformation est appliquée de manière cohérente, quels que soient les changements ou les mises à jour de l'ensemble de données, créant ainsi un processus robuste pour gérer les données évolutives.

De plus, les pipelines rationalisent le processus d'ajustement des hyperparamètres et de sélection de modèles en vous permettant de tester différentes transformations et modèles dans le même cadre structuré. Cette capacité est particulièrement précieuse pour les projets complexes, où plusieurs modèles et étapes de prétraitement doivent être évalués et optimisés. En maîtrisant les pipelines, vous avez acquis la capacité de créer des flux de travail efficaces et reproductibles qui sont essentiels pour les projets professionnels de science des données.

Sujets avancés : apprentissage profond, AutoML et l'avenir de l'ingénierie des caractéristiques

Dans les derniers chapitres, nous avons exploré des sujets avancés d'ingénierie des caractéristiques et présenté des outils modernes comme **AutoML** et l'**ingénierie des caractéristiques pour l'apprentissage profond**. À mesure que l'apprentissage automatique continue d'évoluer, ces avancées jouent un rôle de plus en plus important dans la science des données. Les outils AutoML tels que **TPOT**, **Auto-sklearn** et **MLBox** automatisent les processus d'ingénierie des caractéristiques et de sélection de modèles, fournissant des solutions flexibles pour les projets complexes et réduisant le besoin d'intervention manuelle.

Bien qu'AutoML apporte des avantages significatifs, il est essentiel de se rappeler que les outils automatisés ne remplacent pas l'intuition et l'expertise humaines. Comme nous l'avons discuté, l'ingénierie des caractéristiques nécessite une compréhension approfondie des données, des connaissances du domaine et une approche critique des transformations de données. Les outils automatisés peuvent vous aider à explorer diverses combinaisons et transformations, mais ils sont plus efficaces lorsqu'ils sont utilisés en combinaison avec votre propre connaissance du problème. Cet équilibre entre automatisation et expertise restera crucial à mesure que les pratiques d'apprentissage automatique continueront de progresser.

Nous avons également exploré les exigences uniques de l'ingénierie des caractéristiques pour l'apprentissage profond, un domaine en pleine croissance dans la science des données. Les modèles d'apprentissage profond, bien que puissants, nécessitent souvent des techniques de prétraitement différentes par rapport aux modèles traditionnels. Des techniques comme l'**augmentation de données**, la **normalisation** et les **couches d'embedding** aident les modèles d'apprentissage profond à capturer des motifs dans des données de grande dimension. En comprenant comment préparer les données pour les réseaux neuronaux, vous êtes équipé pour travailler avec des modèles de pointe qui stimulent l'innovation dans des domaines comme la vision par ordinateur, le traitement du langage naturel et l'apprentissage par renforcement.

Vers l'avenir : appliquer les compétences en ingénierie des caractéristiques à de nouveaux défis

Alors que vous poursuivez votre parcours dans la science des données, les compétences et techniques couvertes dans ce livre serviront de fondation pour relever un large éventail de projets d'apprentissage automatique. L'ingénierie des caractéristiques est un processus d'apprentissage continu qui nécessite à la fois une expertise technique et une résolution créative de problèmes. Chaque ensemble de données présente ses défis et opportunités uniques, et votre capacité à adapter votre approche d'ingénierie des caractéristiques à ces besoins spécifiques sera un facteur déterminant de votre succès en tant que scientifique des données.

L'ingénierie des caractéristiques est un mélange d'art et de science, exigeant des scientifiques des données qu'ils équilibrent la rigueur technique avec une compréhension du domaine problématique. Alors que vous travaillez sur de futurs projets, n'oubliez pas que l'ingénierie des caractéristiques est un processus itératif. Expérimentez avec de nouvelles transformations, exploitez les connaissances du domaine et affinez votre approche en fonction des retours et des métriques d'évaluation. Les informations que vous obtenez grâce à l'ingénierie des caractéristiques amélioreront finalement la précision, l'interprétabilité et la robustesse de vos modèles.

Réflexions finales

Feature Engineering for Modern Machine Learning with Scikit-Learn est un guide complet qui vous équipe des compétences nécessaires pour transformer les données en informations significatives. En mettant l'accent sur les applications pratiques, les exercices pratiques et les exemples concrets, ce livre vous prépare à appliquer des techniques d'ingénierie des caractéristiques dans divers scénarios, de l'apprentissage automatique traditionnel à l'apprentissage profond et aux flux de travail automatisés. Nous espérons que les connaissances que vous avez acquises ici vous permettront d'apporter des contributions percutantes dans le domaine de la science des données.

L'ingénierie des caractéristiques est un domaine dynamique et en constante évolution, et les techniques que vous avez apprises ici sont conçues pour être adaptables et applicables à un large éventail de projets. L'apprentissage automatique est un outil puissant, mais il repose sur des données bien préparées, pertinentes et perspicaces. Alors que vous continuez à grandir en tant que scientifique des données, n'oubliez pas que la valeur d'un modèle réside dans la qualité de ses caractéristiques. En maîtrisant l'art de l'ingénierie des caractéristiques, vous vous préparez au succès dans la création de modèles fiables et performants.

Merci de nous avoir accompagnés dans ce voyage. Nous espérons que *Feature Engineering for Modern Machine Learning with Scikit-Learn* a été une ressource précieuse, et nous sommes impatients de voir les solutions innovantes et les informations significatives que vous créerez avec ces compétences.

À bientôt !

Félicitations pour avoir terminé ce livre d'exercices Python ! Nous espérons que vous avez trouvé ces exercices à la fois stimulants et enrichissants, et que vous avez acquis une compréhension plus approfondie de la programmation en Python.

Tout au long de ce livre, nous avons couvert un large éventail de sujets, de la syntaxe de base et des types de données aux sujets avancés comme l'apprentissage automatique et le traitement du langage naturel. Nous avons divisé les exercices en trois sections selon le niveau de difficulté, mais nous vous encourageons à explorer tous les exercices pour obtenir une compréhension complète du langage.

Dans notre entreprise de logiciels, nous croyons que la programmation ne consiste pas seulement à écrire du code. Il s'agit de résoudre des problèmes et de créer des solutions qui font la différence dans la vie des gens. Nous explorons constamment de nouvelles technologies et techniques pour rester à la pointe de l'industrie, et nous sommes ravis de partager nos connaissances et notre expérience avec vous à travers ce livre.

Nous croyons également que la pratique des compétences en programmation nécessite patience et persévérance. Il se peut que vous n'obteniez pas la bonne réponse du premier coup, et c'est normal. Les exercices de ce livre sont conçus pour vous mettre au défi, et c'est en affrontant des problèmes difficiles que vous apprendrez vraiment et grandirez en tant que programmeur.

Conclusion

En conclusion, nous espérons que vous avez trouvé ce livre d'exercices Python comme une ressource précieuse dans votre parcours pour devenir un programmeur compétent en Python. En travaillant sur ces exercices, vous avez acquis une expérience pratique avec le langage et développé des compétences de résolution de problèmes qui seront inestimables à mesure que vous continuerez à travailler sur des projets plus complexes.

Que vous soyez un débutant sans expérience en programmation ou un programmeur expérimenté cherchant à élargir vos compétences, ce livre vous a fourni un ensemble complet d'exercices pour défier et développer vos compétences de programmation en Python. De la syntaxe de base et des types de données aux sujets avancés comme l'apprentissage automatique et le traitement du langage naturel, les exercices de ce livre couvrent un large éventail de sujets, vous offrant une compréhension complète du langage.

Nous croyons que la programmation ne consiste pas seulement à écrire du code ; il s'agit de résoudre des problèmes et de créer des solutions qui font la différence dans la vie des gens. Dans notre entreprise de logiciels, nous nous engageons à créer des logiciels qui offrent des expériences créatives et résolvent des problèmes du monde réel. Nous explorons constamment de nouvelles technologies et techniques pour rester à la pointe de l'industrie, et nous sommes ravis de partager nos connaissances et notre expérience avec vous à travers ce livre.

Alors que vous poursuivez votre parcours pour devenir un programmeur compétent en Python, nous vous encourageons à continuer d'explorer de nouvelles technologies et techniques, et à pratiquer et développer vos compétences. Le domaine de la programmation est en constante évolution, et il y a toujours quelque chose de nouveau à apprendre. Nous espérons que ce livre vous a fourni une base solide en programmation Python et vous souhaitons beaucoup de succès dans vos futurs projets de programmation.

Apprenez-en davantage sur nous

Chez Cuantum Technologies, nous nous spécialisons dans la construction d'applications web qui offrent des expériences créatives et résolvent des problèmes du monde réel. Nos développeurs ont de l'expérience dans un large éventail de langages de programmation et de frameworks, notamment Python, Django, React, Three.js et Vue.js, entre autres. Nous explorons constamment de nouvelles technologies et techniques pour rester à la pointe de l'industrie, et nous sommes fiers de notre capacité à créer des solutions qui répondent aux besoins de nos clients.

Si vous souhaitez en savoir plus sur Cuantum Technologies et les services que nous offrons, veuillez visiter notre site web à **www.cuantum.tech**. Nous serons ravis de répondre à toutes vos questions et de discuter de la façon dont nous pouvons vous aider avec vos besoins en développement de logiciels.

Où continuer ?

Si vous avez terminé ce livre et que vous avez soif de nouvelles connaissances en programmation, nous aimerions vous recommander d'autres ouvrages de notre société de logiciels que vous pourriez trouver utiles. Ces livres couvrent un large éventail de sujets et sont conçus pour vous aider à continuer à développer vos compétences en programmation.

- **"ChatGPT API Bible : Maîtriser la programmation Python pour l'IA conversationnelle"** : Un guide pratique, étape par étape, pour utiliser ChatGPT, couvrant tout, de l'intégration de l'API à l'ajustement du modèle pour des tâches ou secteurs spécifiques.
- **"Traitement du langage naturel avec Python : Créez votre propre chatbot de service client"** : Cet ouvrage approfondi explore le traitement du langage naturel (NLP). Il simplifie des concepts complexes grâce à des explications claires et des exemples intuitifs.
- **"Analyse de données avec Python"** : Python est un langage puissant pour l'analyse de données, et ce livre vous aidera à en exploiter tout le potentiel. Il aborde le nettoyage, la manipulation et la visualisation des données, avec des exercices pratiques pour mettre en œuvre vos apprentissages.
- **"Apprentissage automatique avec Python"** : L'apprentissage automatique est l'un des domaines les plus passionnants de l'informatique, et ce livre vous initiera à la création de vos propres modèles avec Python. Il couvre des sujets tels que la régression linéaire, la régression logistique et les arbres de décision.
- **"Maîtriser ChatGPT et le prompt engineering"** : Ce livre vous propose un parcours complet dans le monde du prompt engineering, en couvrant les bases des modèles linguistiques d'IA jusqu'aux stratégies avancées et applications concrètes.

Tous ces ouvrages sont conçus pour vous aider à approfondir vos compétences en programmation et votre maîtrise du langage Python. Nous croyons que la programmation est une compétence qui s'apprend et se développe avec le temps, et nous nous engageons à fournir des ressources pour vous aider à atteindre vos objectifs.

Nous aimerions également profiter de cette occasion pour vous remercier d'avoir choisi notre société de logiciels comme guide dans votre parcours d'apprentissage. Nous espérons que ce livre de Python pour débutants vous a été utile, et nous avons hâte de continuer à vous fournir des ressources de qualité dans le futur. Si vous avez des suggestions ou des retours concernant nos futurs livres ou ressources, n'hésitez pas à nous contacter. Nous serions ravis d'avoir de vos nouvelles !

En savoir plus sur nous

Chez Cuantum Technologies, nous sommes spécialisés dans le développement d'applications web qui offrent des expériences créatives et répondent à des problèmes concrets. Nos développeurs possèdent une expertise dans un large éventail de langages et frameworks, notamment Python, Django, React, Three.js et Vue.js, entre autres. Nous explorons en permanence de nouvelles technologies et techniques pour rester à la pointe de l'industrie, et nous sommes fiers de notre capacité à créer des solutions adaptées aux besoins de nos clients.

Si vous souhaitez en savoir plus sur Cuantum Technologies et les services que nous proposons, veuillez visiter notre site web à l'adresse suivante : www.cuantum.tech/books. Nous serions ravis de répondre à vos questions et de discuter de la manière dont nous pouvons vous accompagner dans vos projets de développement logiciel.

CUANTUM
TECHNOLOGIES

www.cuantum.tech

www.ingramcontent.com/pod-product-compliance
Lightning Source LLC
Chambersburg PA
CBHW080126220326
41598CB00032B/4971